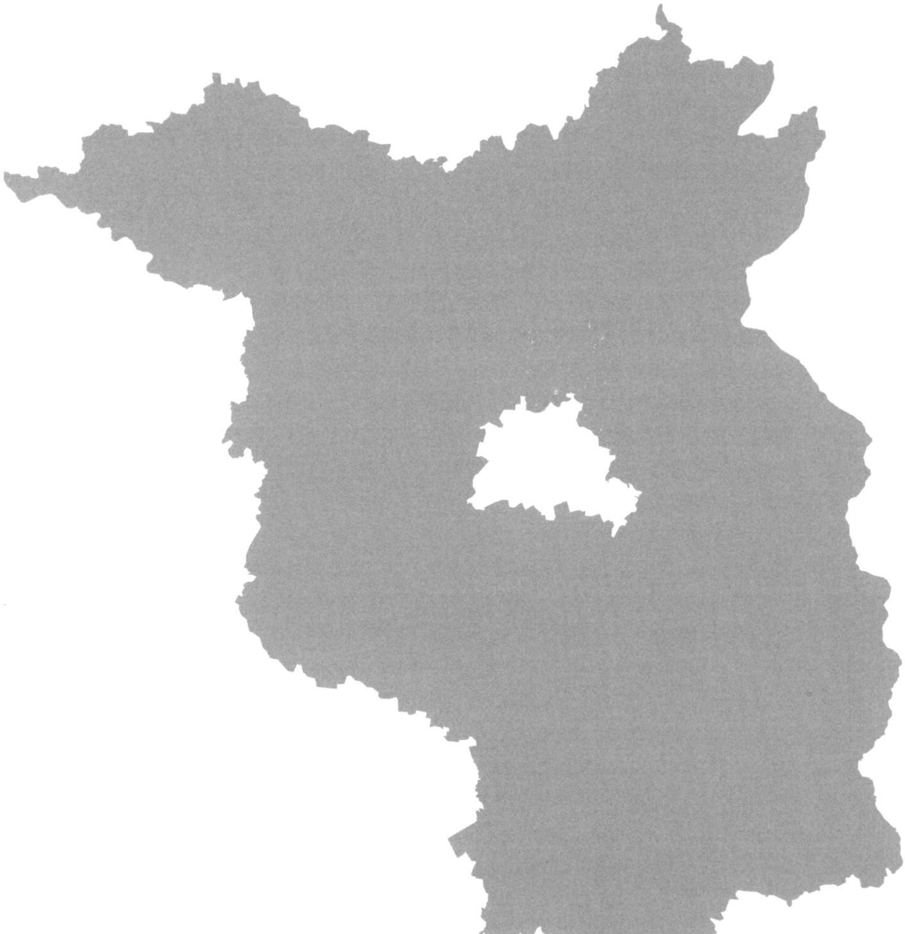

Haushalts- und Kassenrecht

Matthias Wiener
Thomas Lubosch
Martina Vogelsang

Haushalts- und Kassenrecht Land Brandenburg

Kommunalverwaltung

Lehr- und Arbeitsbuch

Schriftenreihe der Brandenburgischen Kommunalakademie
Band 2

Maximilian Verlag
Hamburg

Bibliografische Information der Deutschen Nationalbibliothek
Die Deutsche Nationalbibliothek verzeichnet diese Publikation in der Deutschen Nationalbibliografie; detaillierte bibliografische Daten sind im Internet über http://dnb.d-nb.de abrufbar.

2. überarbeitete Auflage

ISBN 978-3-7869-1067-1

Layout und Produktion: Nicole Laka
Umschlaggrafik: Nicole Laka
Druck und Bindung: Druckhaus Köthen

Printed in Germany

Zu diesem Lehr- und Arbeitsbuch wurde für die Dozenten am Studieninstitut für kommunale Verwaltung e. V. ein Lösungsbuch durch den Verfasser erstellt. Dieses dient ausschließlich den Dozenten und darf nicht an die Teilnehmer von BI-, BH-, VZ-, VA- und BIBU-Lehrgängen ausgegeben werden. Soweit Lehrgangsteilnehmer bzw. Käufer des Buches im freien Handel verschiedene Sachverhalte lösen und zur eigenen Überprüfung eine Rückmeldung benötigen, ist die erstellte Lösung an den Verfasser zu senden. Dieser wird dann entsprechende Lösungshinweise bereitstellen bzw. eine individuelle Rückmeldung geben.
Hierfür nutzen Sie bitte die nachfolgende E-Mail-Adresse:
info@BKA-brandenburg.de

Zu den Verfassern

Matthias Wiener, Jahrgang 1982, trat im Jahr 1998 in den Dienst der Stadt Dessau ein. Nach Abschluss der Ausbildung zum Verwaltungsfachangestellten nahm er den Dienst als Sachbearbeiter in der Stadtkämmerei im Amt für Stadtfinanzen auf. Dort war er verantwortlich für die Haushaltsaufstellung, die Haushaltsdurchführung und den Jahresabschluss sowie die Haushaltskonsolidierung. Im Jahr 2005 schloss er die Ausbildung zum Verwaltungsfachwirt ab und wechselte in den gehobenen allgemeinen Verwaltungsdienst. Ab dem 01.07.2007 war er als stellvertretender Projektleiter für die Einführung der Doppik in der Stadt Dessau-Roßlau verantwortlich. Neben der Umstellung des Haushaltswesens und der Buchhaltung sowie der Vermögenserfassung und Bewertung zur Erstellung der Eröffnungsbilanz nahm er auch Referentenaufgaben für die Beigeordnete für Finanzen, wie z. B. die Prüfung der Möglichkeiten zur Einführung eines Bürgerhaushalts sowie die Neuorganisation des Forderungsmanagements, wahr. Daneben wirkte er bei dem Aufbau der Anlagenbuchhaltung, dem Aufbau der Kosten- und Leistungsrechnung, der Einführung des produktorientierten Haushaltswesens sowie der Einführung des digitalen Anordnungsworkflows mit einer papierlosen Buchhaltung mit. Seit dem Jahr 2013 ist er Leiter der Abteilung Finanzbuchhaltung mit den Sachgebieten Stadtkasse, zentrale Geschäftsbuchhaltung und zentrales Forderungsmanagement und ist u. a. für das Projekt zur Umstellung auf den SEPA-Zahlungsverkehr mit verantwortlich.
Als Lehrbeauftragter für das kommunale Haushalts- und Kassenrecht ist er insbesondere für das Studieninstitut für kommunale Verwaltung Sachsen-Anhalt e. V. tätig. Daneben ist er Mitglied in verschiedenen Prüfungskommissionen und Prüfungserstellungsausschüssen und war Autor für das Reformbarometer Sachsen-Anhalt der Hochschule Harz sowie der Fachzeitschrift »Ausbildung, Prüfung, Fortbildung« (APF). Im Rahmen verschiedener Vortragstätigkeiten u. a. an der Hochschule Harz, der Seminartätigkeit in verschiedenen Städten wie z. B. der Stadt Halle (Saale), einer Vortragsreihe in Zusammenarbeit mit dem Innenministerium Sachsen-Anhalt und als Mitglied im Arbeitskreis Doppik des Städte- und Gemeindebundes Sachsen-Anhalt war er am Umstellungsprozess auf das doppische Rechnungswesen maßgeblich beteiligt.
Seit dem Jahr 2014 ist Matthias Wiener stellvertretender Vorsitzender des Fachverbandes der Kommunalkassenverwalter Sachsen-Anhalt e. V., Fachkoordinator für kommunales Haushalts- und Kassenrecht am Studieninstitut für kommunale Verwaltung Sachsen-Anhalt e. V. sowie seit Herbst 2015 Redakteur der DVP-Länderausgabe Sachsen-Anhalt.

Thomas Lubosch, Jahrgang 1958, studierte zunächst Betriebswirtschaftslehre an der Technischen Universität Berlin und nahm anschließend ein Studium der allgemeinen Verwaltung an der Fachhochschule für Verwaltung und Rechtspflege Berlin auf, das er als Diplom-Verwaltungswirt beendete. Neben seiner Tätigkeit bei der Senatsverwaltung für Justiz in Berlin absolvierte er zusätzlich ein Fachstudium an der Verwaltungsakademie Berlin und schloss dieses Studium dann als Diplom-Kameralist ab.
Zu Beginn der neunziger Jahre wechselte er in die Kommunalverwaltung des Landes Brandenburg und war zunächst im damaligen Landkreis Angermünde als Abteilungsleiter Organisation, IT und zentrale Beschaffung sowie stellvertretender Hauptamtsleiter tätig.

Aufgrund seiner bereits seit mehreren Jahren erfolgten nebenberuflichen Lehrtätigkeit an der Fachhochschule für Verwaltung und Rechtspflege Berlin sowie bei kommunalen Bildungsträgern wurde er Mitte der neunziger Jahre als hauptamtlicher Dozent an das Märkische Studieninstitut Bernau zunächst abgeordnet und später dorthin versetzt. Während dieser Zeit nahm er u. a. dort auch die Tätigkeit des Verantwortlichen für den Haushalt wahr.
Seit dem Zusammenschluss des Märkischen Studieninstituts Bernau mit dem Brandenburgischen Studieninstitut zur Brandenburgischen Kommunalakademie ist er überwiegend als hauptamtlicher Dozent in den Fächern des öffentlichen Finanzwesens tätig. Neben der Fachkoordination für den Teilbereich Kosten- und Leistungsrechnung sowie Abgabenrecht ist er als Studienreferent für den Bereich Technikunterstützte Informationsverarbeitung (TUIV) sowie für die technische und inhaltliche Betreuung der Lernplattform Moodle zuständig.
Er ist berufenes Mitglied in Prüfungsausschüssen für Aus- und Fortbildungslehrgänge der Brandenburgischen Kommunalakademie.
Seit 2011 wird er zudem an der Technischen Hochschule Wildau regelmäßig in verschiedenen Studiengängen als nebenamtliche Lehrkraft für Abgaben- und Gesellschaftsrecht eingesetzt.

Dr. Martina Vogelsang, Jahrgang 1958, studierte an der Hochschule für Ökonomie Außenwirtschaft mit dem Abschluss als Diplom-Ökonomin und nahm anschließend ein Studium an der Karl-Marx-Universität Leipzig für Fachschulpädagogik auf, das sie als Fachschulpädagogin beendete.
Im Jahr 1990 folgte die Promotion an der Hochschule für Verwaltung und Recht.
Nach der Tätigkeit als Dozentin im Bereich der Internationalen ökonomischen Beziehungen, der öffentlichen Finanzwirtschaft und Volkswirtschaftslehre an Hoch- und Fachhochschulen, im europäischen Bildungswerk für Beruf und Gesellschaft e. V. wechselte sie 1994 in eine Kommunalverwaltung des Landes Brandenburg und nahm die Funktion als Amtsleiterin im Haupt- und Ordnungsamt sowie als stellvertretende Amtsdirektorin in einer Amtsverwaltung des Landkreises Teltow-Fläming wahr.
Im Jahr 2002 nahm sie die Tätigkeit als Verwaltungsleiterin und später als hauptamtliche Dozentin für die Fächer des öffentlichen Finanzwesens und der Volkswirtschaftslehre und Studienreferentin an der Brandenburgischen Kommunalakademie auf. Seit dieser Zeit ist sie Fachkoordinatorin für die Fächer des externen Rechnungswesens und ständiges berufenes Mitglied in den Prüfungsausschüssen für das öffentliche Finanzwesen. Neben der Tätigkeit als Dozentin trägt sie seit 2011 die Verantwortung für wesentliche Bereiche in der Finanzsteuerung der Brandenburgischen Kommunalakademie.
Seit 2005 ist sie berufenes Mitglied des Fachbeirats des Ministeriums des Innern des Landes Brandenburg bei der Reform des kommunalen Haushaltsrechts in Brandenburg und Projektleiterin bei der Einführung des doppischen Haushalts-, Kassen- und Rechnungswesens in Brandenburg.
Seit 2009 wird sie als Dozentin für die öffentliche Finanzwirtschaft in den Studiengängen Verwaltung und Recht sowie Kommunales Verwaltungsmanagement und Recht an der Technischen Hochschule Wildau verpflichtet.

Inhalt

Vorwort zur 2. Auflage 11
Vorwort zur 1. Auflage 12

A Das kommunale Haushalts- und Kassenrecht 13
I. Rechtsgrundlagen 13
II. Die kommunale Finanzhoheit 13
III. Unterscheidung der öffentlichen und privaten Finanzwirtschaft 14
IV. Die kommunalen Einnahmen 15
1. Steuern 15
2. Gebühren 16
3. Beiträge 16

B Der kommunale Haushaltsplan 18
I. Begriff und Inhalt des Haushaltsplans 18
II. Wirkung des Haushaltsplans im Innen- und Außenverhältnis 18
III. Bedeutung und Funktionen des Haushaltsplans 19
IV. Bestandteile und Anlagen des Haushaltsplans 20
Übungssachverhalte zu Kapitel B 22

C Aufbau und Struktur des kommunalen Haushaltsplans 24
I. Das Drei-Komponenten-Modell 24
II. Vermögensrechnung – die kommunale Bilanz 25
III. Ergebnisrechnung/Ergebnishaushalt 27
IV. Finanzrechnung / Finanzhaushalt 32
V. Veranschlagung von Investitionen 37
1. Veranschlagung von Investitionen im Finanzhaushalt 37
1.1. Anschaffungskosten 39
1.2 Herstellungskosten 41
1.3 Schenkung 41
1.4 Mittelanmeldungen für Investitionen 42

2. Verpflichtungsermächtigungen 42
3. Abschreibung von Vermögensgegenständen 45
4. Abschreibung bei geringwertigen Wirtschaftsgütern 50
5. Die ertragswirksame Auflösung von investiven Zuwendungen, Zuschüssen und Beiträgen 52

VI. Produktrahmen 55
1. Inhalt und Ziele des produktorientierten Haushaltsplans 55
2. Struktur des Produkthaushalts 56
3. Produktbeschreibung 60

VII. Kontenrahmen 63
1. Grundlagen und Struktur des Kontenrahmens 63
2. Zusammenhang der Kontensystematik mit dem Ergebnis- / Finanzhaushalt 64
3. Erläuterung und Untergliederung der Konten 66
4. Kommunaler Kontenrahmen des Landes Brandenburg 69
5. Bildung des Produktkontos 72

Übungssachverhalte zu Kapitel C 73

D Untergliederung des Haushaltsplans 90

I. Struktur der Teilhaushalte 90

II. Aufbau der Teilpläne 92

III. Teilergebnishaushalte 93

IV. Teilfinanzpläne 96

Übungssachverhalte zu Kapitel D 103

E Haushalts-, Planungs- und Bewirtschaftungsgrundsätze 120

I. Ausgewählte allgemeine Haushaltsgrundsätze 121
1. Grundsatz der Sicherung der stetigen Aufgabenerfüllung 121
2. Grundsatz der Beachtung des gesamtwirtschaftlichen Gleichgewichts 122
3. Grundsatz der Sparsamkeit und Wirtschaftlichkeit 123
3.1 Wirtschaftlichkeit 123
3.2 Sparsamkeit 126
4. Grundsatz des Haushaltsausgleichs / Aufstellung eines Haushaltssicherungskonzepts 126
5. Grundsätze der Beschaffung von Erträgen und Einzahlungen 127
6. Grundsatz der Öffentlichkeit 129

Übungssachverhalte zu Kapitel E.I. 130

II. Ausgewählte Planungsgrundsätze 136
1. Grundsatz der Vollständigkeit 136
2. Grundsatz der Haushaltseinheit 136
3. Grundsatz der Bruttoveranschlagung 136
4. Grundsatz der Jährlichkeit 138
5. Grundsatz der zeitlichen Bindung 138

6. Grundsatz der Vorherigkeit ... 138
7. Grundsatz der periodengerechten Veranschlagung und Buchung ... 139
8. Grundsatz der Haushaltsklarheit- und wahrheit ... 140

Übungssachverhalte zu Kapitel E.II. ... 141

III. Bewirtschaftungsgrundsätze ... 148
1. Grundsatz der sachlichen Bindung ... 148
2. Grundsatz der Gesamtdeckung ... 149
2.1 Zweckbindung ... 150
2.2 Bewirtschaftungsregeln, Budgetregeln ... 151
2.3 Deckungsfähigkeit ... 152
3. Grundsatz der zeitlichen Bindung ... 158
4. Mittelübertragungen ... 159
5. Über- und außerplanmäßige Aufwendungen und Auszahlungen ... 163
5.1 Bereitstellung von über- bzw. außerplanmäßigen Aufwendungen und Auszahlungen ... 163
5.2 Über- oder außerplanmäßig? ... 164
5.3 Ermittlung des Bereitstellungsbedarfs ... 165
5.4 Voraussetzungen ... 166
5.5 Tatbestandsvoraussetzungen des § 70 BbgKVerf ... 167
6. Mittelmehrbedarf ... 171

Übungssachverhalte zu Kapitel E.III ... 176

F Haushaltssatzung ... 183

I. Haushaltskreislauf ... 183

II. Besondere Stellung der Haushaltssatzung ... 185
1. Doppelhaushalt ... 186
2. Erlass der Haushaltssatzung ... 186
2.1 Ablaufschema zum Entstehen einer Haushaltssatzung ... 187
2.2 Beteiligung der Kommunalaufsicht ... 190
2.3 Öffentliche Bekanntmachung ... 191
2.4 Besondere Merkmale ... 193
2.5 Inhalt und Form der Haushaltssatzung ... 194
2.6 Zustandekommen der Haushaltssatzung ... 197
2.7 Zusammenhang Teilpläne, Gesamtpläne, Haushaltssatzung ... 197

Übungssachverhalte zu Kapitel F ... 199

G Vorläufige Haushaltsführung ... 207

I. Ursachen der vorläufigen Haushaltsführung ... 207

II. Einschränkungen der Haushaltswirtschaft ... 208
1. Maßnahmen nach § 69 Abs. 1 Nr. 1 BbgKVerf ... 209
2. Maßnahmen nach § 69 Abs. 1 Nr. 2 BbgKVerf ... 211

3. Maßnahmen nach § 69 Abs. 1 Nr. 3 BbgKVerf ... 211
4. Erträge und Einzahlungen ... 212
Übungssachverhalte zu Kapitel G – Vorläufige Haushaltsführung ... 214

H Nachtragshaushaltssatzung ... 216
I. Grundlagen zum Erlass einer Nachtragshaushaltssatzung ... 216
II. Pflichten zum Erlass einer Nachtragshaushaltssatzung ... 216
1. Pflichtnachtragssatzung ... 217
2. Inhalt und Form der Nachtragshaushaltssatzung ... 218
Übungssachverhalte zu Kapitel H – Nachtragshaushaltssatzung ... 220

I Bewirtschaftung der Haushaltsmittel ... 225
I. Ablauf der Haushaltsbewirtschaftung ... 225
II. Haushaltsüberwachung ... 226
III. Veränderung von Ansprüchen ... 226
1. Stundung ... 227
2. Niederschlagung ... 227
3. Erlass ... 228
4. Ausnahmen ... 228
Übungssachverhalte zu Kapitel I – Bewirtschaftung der Haushaltsmittel ... 229

J Kommunales Kassenrecht ... 232
I. Anordnungsrecht ... 233
1. Anordnungsbefugnis ... 233
2. Anordnungszwang ... 234
3. Ausnahmen vom Anordnungszwang ... 235
4. Arten, Formen und Inhalt der Kassenanordnungen ... 236
4.1 Befangenheit ... 238
4.2 Trennungsgrundsatz / Vier-Augen-Prinzip ... 238
II. Feststellungsbefugnis ... 239
Übungssachverhalte zu Kapitel 10 – Kommunales Kassenrecht ... 241

Abkürzungsverzeichnis ... 245
Abbildungsverzeichnis ... 247
Literatur- und Quellenverzeichnis ... 249
Index ... 254

Vorwort zur 2. Auflage

Mit der vorliegenden Auflage erscheint das »Haushalts- und Kassenrecht Land Brandenburg« ein zweites Mal.
Die Autoren freuen sich über den großen Zuspruch, den das Buch gefunden hat.
Die Resonanz seitens der Dozenten, die die erste Auflage fest in den Unterrichtsablauf einbezogen haben, und die Rückmeldungen der Teilnehmer/innen an Fort- und Ausbildungslehrgängen der Brandenburgischen Kommunalakademie
und darüber hinaus an anderen Bildungseinrichtungen im Land bis hin zu Hoch- und Fachhochschulen waren überwältigend. Nach nur wenigen Monaten hat die erste Auflage des als Lehrbuch konzipierten Werks auch Eingang in die kommunale Praxis gefunden. Dies bestätigt unsere Bemühungen, den Lesern und Leserinnen ein Handbuch für die kommunale Praxis an die Hand gegeben zu haben.
Das vorliegende Lehrbuch in seiner zweiten Auflage soll sich dauerhaft im Land Brandenburg etablieren. Dabei geht es um die nachhaltige Vermittlung von komplexen Prozessen im doppischen Haushaltswesen, um die Unterstützung bei der Bewältigung der dabei auftretenden vielfältigen und schwierigen Fragen, die rechtssichere Anwendung von haushaltsrechtlichen Vorschriften und um die Auseinandersetzung mit den Herausforderungen der öffentlichen Finanzwirtschaft jetzt und in der Zukunft.
Die Verfasser danken dem Maximilian Verlag Koehler/Mittler für die andauernde zielführende Zusammenarbeit. Unser besonderer Dank gilt Herrn Bantle und Herrn Alpen für die intensive Unterstützung.
Gleichfalls gilt unser Dank dem Zweckverband der Brandenburgischen Kommunalakademie, der uns in jeglicher Weise bei der Entstehung und beim Einsatz des Lehrbuches unterstützt hat.
Anmerkungen, Hinweise und Verbesserungsvorschläge nehmen die Verfasser auch weiterhin gern unter info@bka-brandenburg entgegen.
Wir wünschen Ihnen auch mit der zweiten Auflage viel Erfolg, Wissens- und Erkenntniszuwachs sowie Anregung bei der Durcharbeitung des Lehrbuches und der Lösung der Fachaufgaben.

Brandenburg, im Oktober 2016

die Autoren
Matthias Wiener, Thomas Lubosch, Dr. Martina Vogelsang

Vorwort zur 1. Auflage

Das Haushalts- und Kassenrecht ist aufgrund seiner tiefen Verankerung in der kommunalen Praxis für die Mitarbeiter/-innen in den Verwaltungen von wesentlicher Bedeutung. Das vorliegende Buch soll sowohl den Auszubildenden und Teilnehmern an Fortbildungslehrgängen als auch den erfahrenen Praktikern die Einarbeitung in die Thematik sowie die Vertiefung erleichtern.
Ziel des Verfassers ist es, den Teilnehmern an den AI-Lehrgängen, den Auszubildenden sowie den nebenamtlichen Fachlehrern an der Brandenburgischen Kommunalakademie ein einheitliches Werk zur Gestaltung, Durchführung und Nachbearbeitung des Unterrichts zu bieten. Dabei werden die Lerninhalte anhand anschaulicher Übersichten erläutert und zu jedem Themenbereich mit praktischen Fallgestaltungen vervollständigt.
Die Fallgestaltungen reichen von einfachen Sachverhalten bis zur Lösung schwieriger und komplexer Problemstellungen und sind dadurch für die Lehrgänge der Auszubildenden, AI- und VFW-Lehrgänge sowie die Finanz- und Bilanzbuchhalterlehrgänge geeignet. Die Sammlung der Fallgestaltungen und Prüfungsfälle dient dabei im besonderen Maße der Aus- und Weiterbildung der Mitarbeiter/-innen der öffentlichen Verwaltung und bietet eine hervorragende Möglichkeit der Prüfungsvorbereitung. Insbesondere soll dadurch den Teilnehmern und Praktikern das Wissen und die Fähigkeit vermittelt werden, eigenständig konkrete Problemstellungen des Haushalts- und Kassenrechts in der Praxis zu lösen.
Der Aufbau des Buches orientiert sich an den entsprechenden Lehrplänen. Dabei wird das Buch ständig an aktuelle Entwicklungen im Haushalts- und Kassenrecht angepasst und aus den Erfahrungen in der praktischen Handhabung weiterentwickelt. Insofern nehmen die Verfasser Anregungen und Hinweise der Teilnehmer und Fachlehrer zur weiteren Verbesserung des Skriptes gern entgegen (info@bka-brandenburg.de).
Wir wünschen viel Erfolg bei der Durcharbeitung des Buches und der Lösung der Sachverhalte.

Potsdam, im Februar 2016

Matthias Wiener, Thomas Lubosch, Dr. Martina Vogelsang

A Das kommunale Haushalts- und Kassenrecht

I. Rechtsgrundlagen

Das kommunale Haushalts- und Kassenrecht mit seinen Regelungen in der Kommunalverfassung (BbgKVerf) und der Kommunalen Haushalts- und Kassenverordnung (KomHKV) ist Teil des besonderen Verwaltungsrechts.

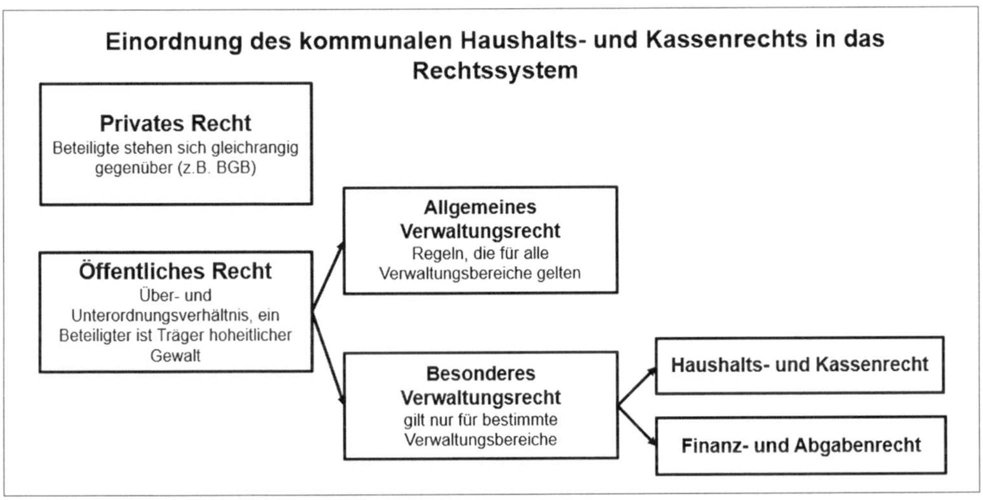

Abbildung 1: Einordnung des kommunalen Haushalts- und Kassenrechts

II. Die kommunale Finanzhoheit

Aus der kommunalen Selbstverwaltung (Art. 28 Abs. 2, 106 Abs. 6, 107 Abs. 7 GG, Art. 97 BbgLV) leitet sich neben einer Vielzahl von Hoheiten, Rechten und Kompetenzen (Planungshoheit, Organisationshoheit, Personalhoheit, Steuerhoheit, Satzungshoheit) auch die kommunale Finanzhoheit ab. Im Gegensatz zur originären Finanzhoheit des Bundes und der Länder, die in Art. 109 Abs. 1 GG geregelt ist, wird die Finanzhoheit der Kommunen aus Artikel 28 GG abgeleitet. Man spricht in diesem Zusammenhang auch von einer derivaten Finanzhoheit der Kommunen.

Unter Finanzhoheit versteht man das Recht der Kommunen zur finanziellen Eigenverantwortung. Dieses Recht ist in Art. 28 GG ausdrücklich aufgeführt und fällt somit unter die kommunale Selbstverwaltung. Aus dieser Hoheit leitet sich das Recht der Kommunen ab, eigenständig Abgaben nach den dafür vorgegebenen rechtlichen Grundlagen (Abgabenordnung, KAG etc.) zu erheben und zu verwalten. Daraus folgend besteht das Recht der Kommunen, einen Haushaltsplan aufzustellen und die zur Verfügung stehenden Haushaltsmittel zu bewirtschaften. Zur Finanzhoheit zählt auch das Recht einer angemessenen Finanzausstattung durch Bund und Land. Werden den Kommunen Aufgaben übertragen, müssen sie auch die erforderlichen Finanzmittel zur Verfügung gestellt bekommen (sog. Konnexitätsprinzip – Wer die Musik bestellt, muss sie auch bezahlen).
Demnach ist die angemessene Finanzausstattung der Gemeinden und Gemeindeverbände im Land Brandenburg auch abhängig von der Leistungsfähigkeit des Landes und der Finanzausstattung der Kommunen nach dem Finanzausgleichsgesetz des Landes Brandenburg (BbgFAG) bei der Erfüllung der vielschichtigen Selbstverwaltungsaufgaben, der durch Gesetz oder aufgrund eines Gesetzes bestehenden Aufgaben als pflichtige Selbstverwaltung und Pflichtaufgaben zur Erfüllung nach Weisung (vgl. § 3 BbgKVerf).[1]
Die Finanzhoheit und damit das kommunale Haushaltsrecht unterliegt nach § 108 ff. BbgKVerf der Kontrolle der Kommunalaufsichtsbehörde.

III. Unterscheidung der öffentlichen und privaten Finanzwirtschaft

Öffentliche Finanzwirtschaft ist Tätigkeit des Staates, durch welche dieser die Mittel zur Erfüllung seiner Aufgaben beschafft, verwaltet und verwendet. Sie umfasst die Gesamtheit aller staatlich-ökonomischen Aktivitäten des öffentlich-rechtlichen Gemeinwesens. Folgende wesentlichen Unterschiede bestehen zwischen der öffentlichen und privaten Finanzwirtschaft:

Öffentliche Finanzwirtschaft	Private Finanzwirtschaft
Verbindlichkeit der Planung Der gemeindliche Haushaltsplan wird durch die Gemeindevertretung beschlossen. Dieser ist nach §§ 65 Abs. 3, 66 Abs. 3 BbgKVerf für die Führung der Haushaltswirtschaft für ein Haushaltsjahr verbindlich. Abweichungen sind im Rahmen strenger Regelungen möglich.	**Anpassung an Marktentwicklungen** In der Privatwirtschaft werden auch Wirtschaftspläne aufgestellt. Dennoch ist es erforderlich, schneller auf Marktentwicklungen zu reagieren. Wirtschaftspläne sind daher an die Marktmechanismen regelmäßig anzupassen.
Finanzmittelbeschaffung Neben den Zuweisungen erhebt die Gemeinde zur Aufgabenerfüllung überwiegend Zwangsabgaben (z. B. Steuern, Gebühren, Beiträge).	**Einnahmenerzielung** Die Privatwirtschaft erwirtschaftet Einnahmen überwiegend durch die Veräußerung von Produkten bzw. Leistungen.

[1] Erdmann u. a., Kommunale Finanzwirtschaft im Land Brandenburg, 4. Auflage 2014, Wiesbaden, S. 23.

Öffentliche Finanzwirtschaft	Private Finanzwirtschaft
Bedarfsdeckung Die Beschaffung der gemeindlichen Finanzmittel richtet sich nach dem Bedarf der stetigen Aufgabenerfüllung (vgl. §§ 63 Abs. 1, 64 BbgKVerf). Ausschlaggebend dafür ist ein durch die Aufgabenerfüllung bedingter Finanzmittelbedarf (Minimalprinzip).	**Gewinnerzielung** Kennzeichnend für die Privatwirtschaft ist die Gewinnerzielung (vgl. § 1 ff. HGB). Daher werden Produkte und Leistungen angeboten, die einen größtmöglichen Gewinn versprechen (Maximalprinzip).
Gesamtwirtschaftliches Gleichgewicht Das öffentliche Gemeinwesen hat bei der stetigen Aufgabenerfüllung das gesamtwirtschaftliche Gleichgewicht zu beachten. (vgl. § 63 Abs. 1 BbgKVerf). Das heißt, sie muss sich konjunkturgerecht (antizyklisch) verhalten (vgl. § 1 StWG).	**Egoistische Ziele** Die Privatwirtschaft hat eine Gewinnmaximierung zum Ziel. Dies führt im Regelfall zu Egoismus und Eigennutz. Ziel ist es, den Markt beharrlich auszunutzen.

IV. Die kommunalen Einnahmen

Die Einnahmen der öffentlichen Finanzwirtschaft lassen sich nach den unterschiedlichen Rechtswegen der Ertragserzielung systematisieren.[2]

Öffentlich-rechtliche Rechtsgrundlage	Privatrechtliche Rechtsgrundlage
Abgaben • Steuern • Gebühren (Verwaltungs- und Benutzungsgebühren) • Beiträge Andere öffentlich-rechtliche Einnahmen • Finanzzuweisungen (kommunaler Finanzausgleich, Kreis- und Amtsumlage) • Umlagen • Bußgelder • Kostenersätze	• Verkaufserlöse • Mieten, Pachten, Zinsen • Konzessionsabgaben • Kredite

1. Steuern

Steuern sind Abgaben (Geldleistungen) an den Staat ohne unmittelbare Gegenleistung der öffentlichen Hand (vgl. § 3 AO, § 3 BbgKAG) zur Finanzierung der Daseinsvorsorge und -fürsorge. Die nachfolgende Übersicht gibt einen Überblick über die kommunalen Steuerarten:

---

2 Vgl. Erdmann u. a., a. a. O., S. 53.

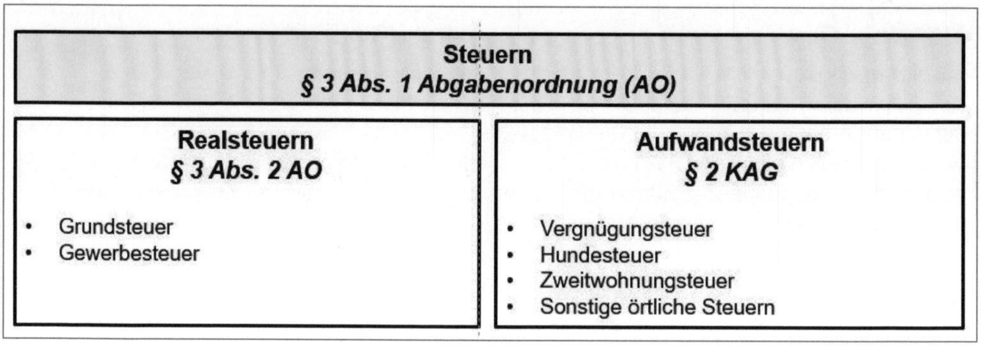

Abbildung 2: Steuern

2. Gebühren

Gebühren sind nach § 4 BbgKAG Abgaben (Geldleistungen) an den Staat aufgrund öffentlich-rechtlicher Festsetzung (Satzungspflicht § 4 Abs. 2 BbgKAG) mit unmittelbarer Gegenleistung in Form einer besonderen Verwaltungsleistung – Amtshandlung oder sonstige Tätigkeit – (Verwaltungsgebühr § 5 BbgKAG) oder für die Inanspruchnahme einer öffentlichen Einrichtung (Benutzungsgebühr § 6 BbgKAG), deren Nutzung überwiegend dem Vorteil einzelner Personen oder abgrenzbarer Personengruppen dient. Für die Gebührenerhebung gilt der Wirklichkeitsmaßstab und nur in den Fällen, in denen die Kalkulation schwierig oder unmöglich ist, der Wahrscheinlichkeitsmaßstab.
In jedem Fall gilt das Äquivalenzprinzip, wonach die Inanspruchnahme einer Leistung und die Gegenleistung (Abgabe) in einem angemessenen Verhältnis zu einander stehen müssen. So darf die erhobene Gebühr nicht in einem offensichtlichen Missverhältnis zu von der Kommune erbrachten Leistungen stehen (vgl. VV zu den §§ 5, 6 BbgKAG).

3. Beiträge

Beiträge sind Abgaben (Geldleistungen) des Eigentümers (bzw. Erbbauberechtigten) an den Staat für die Möglichkeit der Inanspruchnahme einer öffentlichen Leistung. Sie dienen dem Ersatz des Aufwands für die Herstellung, Anschaffung, Erweiterung und wesentliche Wertverbesserung einer öffentlichen Einrichtung oder Anlage, jedoch ohne Unterhaltungs- und Modernisierungsaufwendungen (vgl. § 8 BbgKAG).
Beitragsarten sind u. a.:

- Straßenausbau-, Herstellungsbeiträge (§ 8 BbgKAG)
- Erschließungsbeiträge (§ 127 BauGB)
- besondere Wegebeiträge (§ 9 BbgKAG)
- Kurbeiträge (§ 11 BbgKAG)

Nachfolgende Übersicht zeigt die Unterschiede zwischen Beiträgen und Benutzungsgebühren (Abbildung 3).

Beitrag	Benutzungsgebühr
Gegenleistung für wirtschaftlichen Vorteil durch Möglichkeit der Inanspruchnahme einer öffentlichen Einrichtung	Gegenleistung für konkrete Benutzung einer öffentlichen Einrichtung oder Anlage
Abdeckung von Investitionsauszahlungen	Abdeckung sämtlicher betriebswirtschaftlich ansatzfähiger Kosten
Passivierung in der kommunalen Bilanz und ergebniswirksame Auflösung (analog zur Abschreibung des finanzierten Anlagevermögens)	Ertrag aus laufender Verwaltungstätigkeit im Teilergebnishaushalt
Einmalige Erhebung bei der Herstellung, Erweiterung oder Verbesserung der öffentlichen Einrichtung oder Anlage	Laufende Erhebung bei jeder Benutzung der öffentlichen Einrichtung oder Anlage
In der Regel keine volle Abdeckung der Investitionsausgaben durch Beiträge; öffentliches Interesse ist durch gemeindlichen Anteil am Finanzvolumen auszuweisen	Kostendeckende Kalkulation der Benutzungsgebühren als grundsätzliche Vorgabe des Gesetzgebers, wenn Einrichtung oder Anlage dem Vorteil einzelner Personen oder Personengruppen dient
Erhebung i. d. R. nur von Grundstückseigentümern oder Erbbauberechtigten	Erhebung von sämtlichen Benutzern der öffentlichen Einrichtung oder Anlage

Abbildung 3: Abgaben

B Der kommunale Haushaltsplan

I. Begriff und Inhalt des Haushaltsplans

Die öffentliche Haushaltswirtschaft dient dem Ziel, den für die Aufgabenerfüllung notwendigen Bedarf darzustellen und gleichzeitig Deckungsmöglichkeiten aufzuzeigen. Um dies mittel- und langfristig sicherzustellen, ist eine vorausschauende Planung erforderlich. Hierzu dient der Haushaltsplan mit der mittelfristigen Ergebnis- und Finanzplanung. Eine Legaldefinition enthalten die Vorschriften zum Gemeindehaushaltsrecht[3] nicht. Vielmehr kann der Haushaltsplan wie folgt beschrieben werden:

Der Haushaltsplan ist für die Haushaltsführung der Kommunen die maßgebende Grundlage. Er stellt die kommunalen Leistungen produktorientiert zusammen und gibt Aussagen zum Ressourcenverbrauch/-aufkommen sowie den Veränderungen der liquiden Mittel bezogen auf ein Haushaltsjahr. Er stellt ein haushaltsrechtliches Ermächtigungsinstrument dar. Dadurch kommt ihm im Innenverhältnis ein verbindlicher Charakter für die mit der Ausführung des Haushalts befassten Organe und Funktionsträger der Gemeinde zu.[4] Im Rahmen der Budgetierung und produktorientierten Steuerung werden mit den Ermächtigungen konkrete Zielvorgaben verknüpft. Der Haushaltsplan ist damit das zentrale Steuerungsinstrument in der Kommune. Die stetige Aufgabenerfüllung ist demnach im Wesentlichen an die vorherige Veranschlagung im Haushaltsplan gebunden.

II. Wirkung des Haushaltsplans im Innen- und Außenverhältnis

Nach § 66 Abs. 3 BbgKVerf ist der Haushaltsplan für die Führung der Haushaltswirtschaft verbindlich. Er begründet jedoch weder Ansprüche und Verbindlichkeiten Dritter noch hebt er diese auf.

---

3 Vgl. Definition der Deutschen Gemeindeordnung/GemHVO NW 1954.

4 Vgl. Erdmann u. a., a. a. O., S. 68.

Verbindlichkeit im Innenverhältnis (Vertretung/Verwaltung)	Verbindlichkeit im Außenverhältnis (Vertretung/Verwaltung/Dritte)
Im Innenverhältnis enthält der Haushaltsplan verbindliche Vorgaben. Die Haushaltsansätze stellen Ermächtigungen dar und bilden damit eine Handlungsgrundlage. Das heißt aber auch, dass Aufwendungen und Auszahlungen nur geleistet werden dürfen, soweit ein Ansatz vorhanden ist und dieser noch nicht ausgeschöpft wurde.	Ansprüche oder Verbindlichkeiten der Kommune gegenüber Dritten können nicht lediglich durch eine Veranschlagung im Haushaltsplan begründet werden, bzw. diese entfallen auch nicht, wenn sie nicht im Haushaltsplan veranschlagt wurden. Der Haushaltsplan hat damit **keine Außenwirkung.**

Die Festsetzungen und Bestimmungen des Haushaltsplans wenden sich daher an die Organe der Verwaltung und Verwaltungsmitarbeiter, nicht jedoch an den Bürger.[5]

III. Bedeutung und Funktionen des Haushaltsplans

Der Haushaltsplan bildet die Grundlage für die Haushaltsführung der Kommune. Er erfüllt dabei insgesamt fünf wesentliche Funktionen.[6]

Bedarfsdeckungsfunktion
Diese auch als »finanzpolitische Funktion« bezeichnete Funktion des Haushaltsplans besteht in der Ermittlung und Abbildung der zur stetigen Aufgabenerfüllung nach § 63 Abs. 1 BbgKVerf notwendigen Deckungsmittel.

Ordnungsfunktion
Gegenüber einer ungeordneten Darstellung kommt dem Haushaltsplan eine ordnende Funktion zu, indem er die verschiedenen Erträge/Aufwendungen (Kontenklasse 4, 5) und Ein- sowie Auszahlungsarten (Kontenklasse 6, 7) einer Kommune systematisch darstellt. Instrumente hierzu sind der Produkt- und Kontenrahmenplan sowie die verbindlich vorgegebenen Haushaltsmuster, die nach der Verwaltungsvorschrift zum Produkt- und Kontenrahmen (VV Produkt- und Kontenrahmen) anzuwenden sind. Ziel dieser Funktion ist die Übersicht über die Finanzverhältnisse der Kommune.

Politische Funktion
Nach § 28 Abs. 2 Nr. 15 i.V.m. § 67 Abs. 4 BbgKVerf wird die Haushaltssatzung, deren Bestandteil der Haushaltsplan ist, durch die Gemeindevertretung (Stadtverordnetenversammlung, Kreistag) beschlossen. Dadurch kommen im Haushaltsplan die von der politischen Mehrheit in der Gemeindevertretung gesetzten Prioritäten und Schwerpunkte zum Ausdruck.

5 Vgl. auch Bischof, Zur Frage der Rechtswirkung von Haushaltsplan und Haushaltssatzung, GemH 1978, S. 212.

6 Vgl. Erdmann u.a., a.a.O., S. 68 f.

Kontrollfunktion
Nach § 66 Abs. 1 BbgKVerf ist der Haushaltsplan Bestandteil der Haushaltssatzung. Durch den Beschluss über die Haushaltssatzung wird der Haushaltsplan im Innenverhältnis nach § 66 Abs. 3 BbgKVerf verbindlich. Er macht damit Vorgaben für das Verwaltungshandeln und stellt gleichzeitig dessen Ermächtigungsgrundlage dar. Der Haushaltsplan stellt damit die Grundlage für die Buchführung und den Jahresabschluss nach § 82 BbgKVerf dar. Durch den Zusammenhang zwischen Haushaltsplan und Jahresabschluss dient der Haushaltsplan als Kontrollinstrument für die Gemeindevertretung und als Grundlage für die Entlastung des Hauptverwaltungsbeamten.

Gesamtwirtschaftliche/wirtschaftspolitische Funktion
Einer der zentralen Haushaltsgrundsätze ist die Berücksichtigung der Erfordernisse des gesamtwirtschaftlichen Gleichgewichts nach § 63 Abs. 1 BbgKVerf und § 1 StWG (»Magisches Viereck«). Durch diese Verpflichtung besteht die haushaltsrechtliche Notwendigkeit, flexibel auf wirtschaftliche Veränderungen zu reagieren und einen Beitrag als gesamtwirtschaftliches Ordnungsinstrument zu leisten.

IV. Bestandteile und Anlagen des Haushaltsplans

Die Bestandteile und Anlagen des Haushaltsplans ergeben sich aus § 66 BbgKVerf i. V. m. § 3 KomHKV. Dabei handelt es sich um pflichtige Bestandteile und Anlagen. Daraus können sich in der Praxis Haushaltspläne mit einem Umfang von mehreren Tausend Seiten ergeben.

Bestandteile und Anlagen des Haushaltsplans[7]

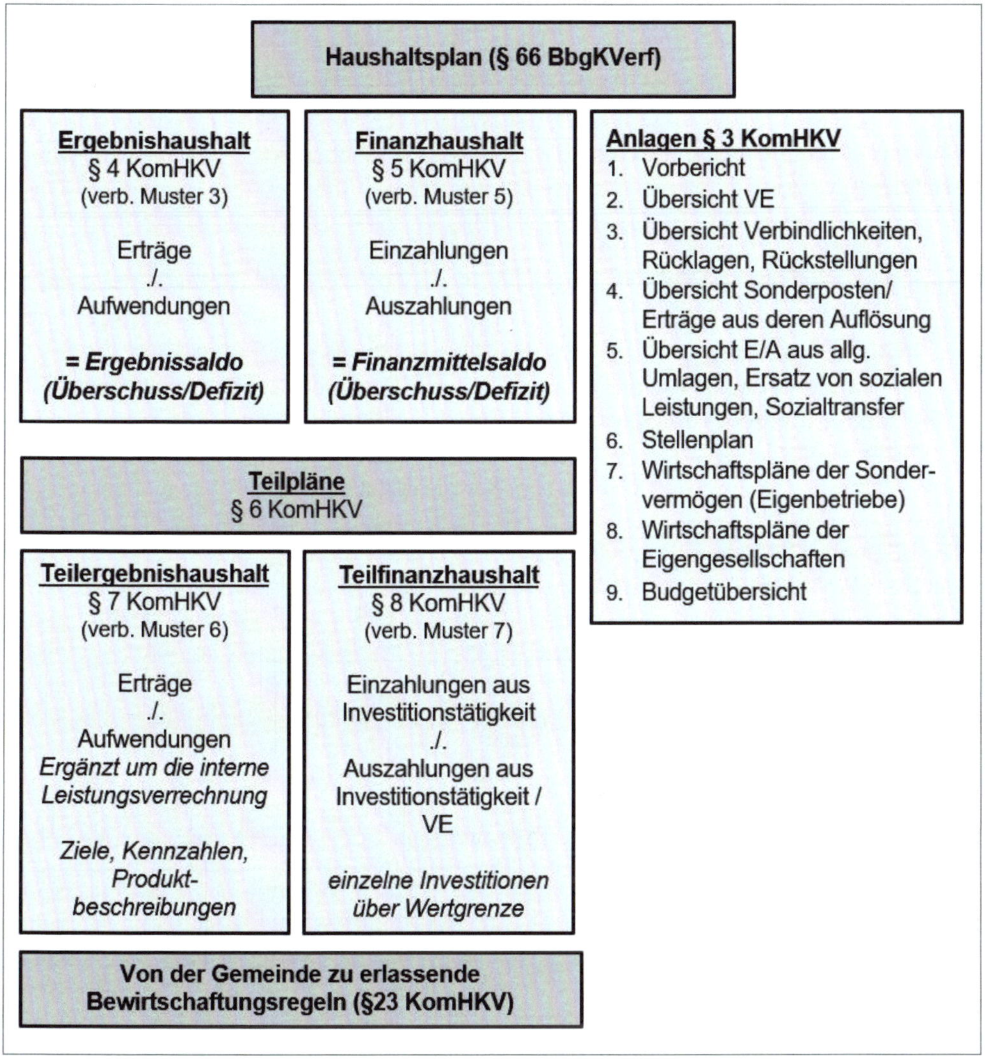

Abbildung 4: Haushaltsplan

[7] Vgl. Erdmann u.a., a.a.O., S. 70.

Übungssachverhalte zu Kapitel B

Übung 1

Erläutern Sie drei Beispiele zur Verbindlichkeit des Haushaltsplans im Innen- und Außenverhältnis.

Übung 2

Protokoll der Sitzung der Stadtverordnetenversammlung vom 04.11.2015
11. Sitzung der Stadtverordnetenversammlung der Stadt Prenzwalde
am 4. November 2015 um 18.00 Uhr im Sitzungssaal des Rathauses

ÖFFENTLICHE SITZUNG

Der Bürgermeister Biermann eröffnet die 11. Sitzung der Stadtverordnetenversammlung der Stadt Prenzwalde und begrüßt dazu die Damen und Herren Stadtverordnete, die Ortsteilbürgermeister, die Mitarbeiter der Verwaltung sowie die Presse. Er stellt die ordnungsgemäße Zustellung der Tagesordnung sowie die Beschlussfähigkeit der Vertretung fest.

TOP 1: Bericht der Verwaltung und des Hauptverwaltungsbeamten
TOP 2: Einwohnerfragestunde
TOP 3: Beschlussvorlagen
TOP 3.1.: BV 67/2015 – Haushaltssatzung/Haushaltsplan der Stadt Prenzwalde für das Haushaltsjahr 2016

Bürgermeister Götzow führte in die Beschlussvorlage zum Haushalt 2016 ein. Der vorliegende Entwurf weist ein ausgeglichenes Ergebnis im Ergebnisplan 2016 aus. Allerdings machte er auf den Umstand aufmerksam, dass der in dieser Woche erzielte Tarifabschluss zwischen der Gewerkschaft ver.di sowie der Vereinigung der kommunalen Arbeitgeber (KAV) bisher nicht vollständig im Haushaltsentwurf berücksichtigt wurde. Der Tarifabschluss vom 29.10.2015 sieht nachfolgende Tarifeinigung vor:

– Auszug –
Tarifeinigung in den Tarifverhandlungen für die Beschäftigten des öffentlichen Dienstes der kommunalen Arbeitgeber (KAV)

Teil A – Lineare Entgelterhöhung
Die Tabellenentgelte werden zum
01.01.2016 um 3,0 v. H. und ab dem
01.01.2017 um 2,4 v. H. erhöht.

> Die Entgelte der Auszubildenden erhöhen sich zum
> 01.01.2016 um 2,5 v. H. und ab dem
> 01.01.2017 um 2,0 v. H.
>
> Darüber hinaus erhalten die Beschäftigten für die Monate Oktober, November und Dezember 2015 eine Einmalzahlung von insgesamt 300 Euro. Die Einmalzahlung wird im Februar 2016 gezahlt.

Die betroffene Planposition für die Entgelte der Beschäftigten (75 Mitarbeiter) beträgt gesamtstädtisch 4,5 Mio. Euro. Für die Auszubildenden sind 150.000 Euro eingeplant. Darin ist jeweils bereits eine bisher prognostizierte Tarifsteigerung von 1 v. H. für das Jahr 2016 enthalten.
Die Beigeordnete für Finanzen machte deutlich, dass die zusätzlichen Belastungen bei Umsetzung des Tarifabschlusses nicht ohne Weiteres kompensiert werden können und im Ergebnisplan »voll durchschlagen«.
Die Haushaltssatzung sowie der Haushaltsplan 2016 wurden zur Abstimmung gestellt.

Beschlussantrag der Fraktion ProPrenzwalde:

> Die Stadt Prenzwalde setzt die zwischen der Gewerkschaft ver.di und der Vereinigung der kommunalen Arbeitgeber erzielte Tarifeinigung erst ab dem Haushaltsjahr 2017 um. Die Entgelte der Beschäftigten und Auszubildenden werden im kommenden Jahr **nicht** erhöht. Die Einmalzahlung wird nur zu 50 v. H. gewährt.

Abstimmungsergebnis zur Beschlussvorlage 67/2015 unter Berücksichtigung des Antrags der Fraktion ProPrenzwalde:
Ja: 30
Nein: 0
Enthaltungen: 1
Die Beschlussvorlage wurde damit unter Berücksichtigung des Antrags der Fraktion ProPrenzwalde mit deutlicher Mehrheit angenommen.

Aufgabe
Nehmen Sie kritisch zu dem geschilderten Beschluss der Vertretung der Stadt Prenzwalde unter Angabe der einschlägigen Rechtsvorschriften Stellung. Ermitteln Sie die Auswirkungen des Tarifabschlusses auf den Haushaltsplan 2016 der Stadt Prenzwalde. Gehen Sie auf die möglichen Auswirkungen auf den Haushaltsausgleich 2016 bei Umsetzung des Tarifabschlusses ein. Prüfen und begründen Sie, ob und inwieweit die Einmalzahlung von 300 Euro je Beschäftigtem auf den Haushaltsausgleich 2016 wirkt, und stellen Sie dabei die Veranschlagung unter Berücksichtigung des einschlägigen Veranschlagungsgrundsatzes für die Jahre 2015/2016 dar.

C Aufbau und Struktur des kommunalen Haushaltsplans

I. Das Drei-Komponenten-Modell

Zentraler Ausgangspunkt des neuen kommunalen Haushaltsrechts ist das Drei-Komponenten-Modell (Abbildung 5), bestehend aus einer Vermögens(-Bilanz), Ergebnis- und Finanzrechnung. Im Rahmen der Haushaltsaufstellung werden die beiden Komponenten Ergebnis- und Finanzrechnung um ein jeweiliges Planwerk ergänzt. Eine Plan-Vermögensrechnung wird hingegen nicht erstellt.

Mit diesem Drei-Komponenten-Modell wurde mit der Einführung des doppischen Haushalts-, Kassen- und Rechnungswesens in Brandenburg am 01.01.2011 das kamerale Rechensystem abgelöst. Damit ist der Schritt vom kameralen Geldverbrauchssystem zum doppischen Ressourcenverbrauchssystem in den Kommunen gelungen.

Im kommunalen Rechnungswesen wurden bislang nur die Einnahmen und Ausgaben erfasst, die lediglich die Veränderung des Geldvermögens abbildeten.

Mit dem neuen doppischen Rechnungswesen sind jedoch die Aufwendungen und Erträge zentrale Steuerungsinstrumente, da mit ihnen der vollständige Werteverzehr und -zugang abgebildet werden kann.[8]

Die nachfolgende Übersicht gibt einen Überblick über die wesentlichen Unterschiede zwischen dem kameralen und dem doppischen Rechnungswesen.[9]

Verwaltungskameralistik (Landes- und Bundeshaushaltswesen)	Kommunale Doppik
Ein-Komponenten-System • Einnahmen und Ausgaben (Veränderung des Geldvermögens)	**Drei-Komponenten-System** • **Einzahlungen und Auszahlungen** tatsächlicher Geldfluss – Finanzhaushalt • Vermögen und Schulden – Bilanz Aktiva – Mittelverwendung Passiva – Mittelherkunft • Erträge und Aufwendungen Veränderung des Eigenkapitals – **Ergebnishaushalt**

8 Vgl. Erdmann u. a., a. a. O., S. 31.

9 Vgl. Schuster, Neue kommunale Rechnungsprüfung, GemH 2006, S. 214.

Verwaltungskameralistik (Landes- und Bundeshaushaltswesen)	Kommunale Doppik
Kameraler Haushaltsausgleich Einnahmen = Ausgaben	**Doppischer Haushaltsausgleich** Erträge = Aufwendungen (Ergebnisrechnung)
Haushaltssystematik Gliederungs- und Gruppierungsplan	**Haushaltssystematik** Produkt- und Kontenrahmen
Pagatorische Planung[10]	Pagatorische und kalkulatorische Planung

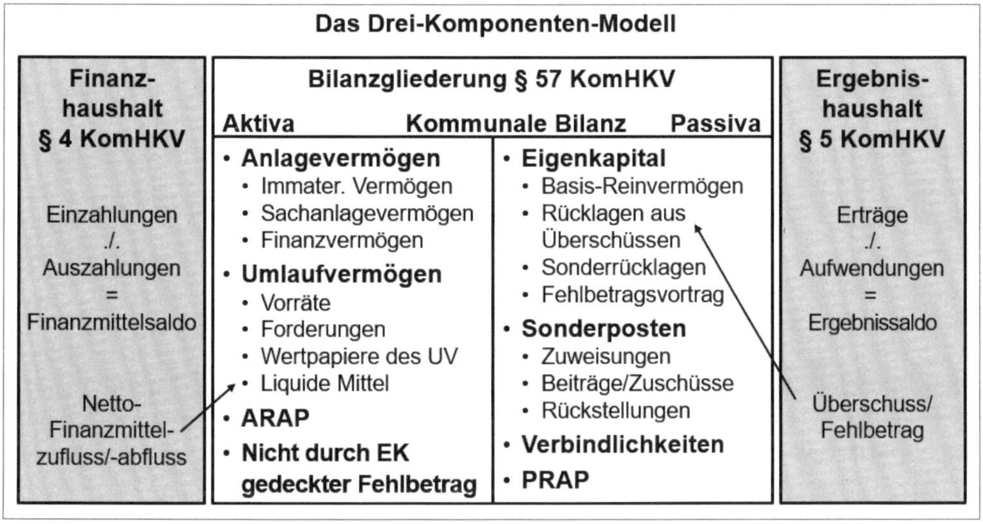

Abbildung 5: Drei-Komponenten-Modell

II. Vermögensrechnung – die kommunale Bilanz

Aus den Ergebnissen der Inventur (Inventarliste/Inventar) wird die Vermögensrechnung (kommunale Bilanz) entwickelt. Sie ist Kernstück des doppischen Rechnungswesens. Alle Vermögensgegenstände der Kommune und ihre Verbindlichkeiten werden zum 31.12. eines Haushaltsjahres – Bilanzstichtag – (vgl. § 85 BbgKVerf, § 57 KomHKV) dargestellt. Diese spiegeln sich auch im kommunalen Haushaltsplan u. a. durch Abschreibungen wider. Daneben zeigt die Bilanz die Konsequenzen für das Vermögen, die Schulden sowie das Eigenkapital aus den Ergebnissen der kommunalen Haushaltswirtschaft auf.

10 Pagatorik erfasst nur die Einnahmen und Ausgaben, ohne die zahlungsunwirksamen Vorgänge (wie Abschreibungen) zu berücksichtigen.

Für die Eröffnungsbilanz – die erste Bilanz einer Kommune zum 01.01. des Haushaltsjahres – ergibt die rein rechnerische Differenz von Vermögen und Schulden das sog. Basisreinvermögen. Es unterscheidet sich jedoch vom Eigenkapital eines privaten Unternehmens dadurch, dass hier kein eingezahltes Stammkapital o. Ä. abgebildet wird, sondern lediglich die Summe der Aktiva, denen keine Verbindlichkeiten auf der Passivseite gegenüberstehen.[11] Für die Aufstellung der Eröffnungsbilanz gelten im kommunalen Haushaltsrecht gesonderte Vorschriften (vgl. §§ 85, 141 BbgKVerf, § 67 KomHKV).

Auf der **Aktivseite** (vgl. § 57 Abs. 3 KomHKV) wird das Vermögen mit den zum Bilanzstichtag ermittelten Buchwerten aufgeführt. Dabei wird die Frage beantwortet: »Welches Vermögen steht im Eigentum der Kommune?« (Mittelverwendung).

Auf der **Passivseite** (vgl. § 57 Abs. 4 KomHKV) werden die Verpflichtungen der Kommune in der Gegenwart und für die Zukunft sowie das Eigenkapital der Gemeinde dargestellt. Dabei wird die Frage beantwortet: »Wie wird das Vermögen der Kommune finanziert?« (Mittelherkunft). Dazu gehören auch die Sonderposten gem. § 47 Abs. 4 KomHKV – siehe dazu auch Kapitel 3.5.5, Seite 53 – und die Bildung von Rückstellungen für zukünftige Verpflichtungen der Kommune nach § 48 KomHKV, z. B. für Pensionen.

Beide Bilanzseiten werden durch aktive und passive Rechnungsabgrenzungsposten (ARAP/PRAP) gem. § 53 KomHKV begrenzt. Hierbei werden die Aufwendungen und Erträge, die für nachfolgende Haushaltsjahre (nach dem Bilanzstichtag) generiert werden, aber schon im alten/laufenden Haushaltsjahr zahlungswirksam sind, dargestellt (siehe dazu Kapitel E.II.4., Seite 138).

Die Gliederung der beiden Bilanzseiten erfolgt nach der Fristigkeit.

Auf der Aktivseite wird deshalb zwischen langfristig gebundenem Vermögen (Anlagevermögen) und kurzfristigem Vermögen (Umlaufvermögen) unterschieden. Auf der Passivseite werden zunächst das Eigenkapital und dann das Fremdkapital (Verbindlichkeiten) aufgelistet. Eine Bilanz ist stets ausgeglichen, da auf den beiden Seiten der Bilanz wertmäßig der gleiche Sachverhalt abgebildet und nur nach Mittelherkunft und -verwendung unterschieden wird.

Die Gliederung der kommunalen Bilanz ergibt sich aus § 57 KomHKV. Die Untersetzung der einzelnen Bilanzpositionen ergibt sich aus den Konten der Kontenklassen 0 bis 3.[12]

Aus den Ergebnissen der Inventur entwickelt sich das Inventar (vgl. § 35 KomHKV). Das Inventar wird in Staffelform aufgestellt. Die Vermögensrechnung (Bilanz) wird auf der Grundlage des Inventars entwickelt, indem dessen Positionen zusammengefasst, bewertet und in Kontenform gegenübergestellt werden (vgl. § 57 Abs. 1 KomHKV). Die Differenz aus Vermögen und Schulden bildet das Eigenkapital.

[11] Vgl. Erdmann u. a., a. a. O., S. 32 f.

[12] Vgl. VV Produkt- und Kontenrahmen, Kontierungsplan 1 und 2, aktive und passive Bestandskonten.

Für die Stadt Prenzwalde ergibt sich zum 31.12.2014 folgende Bilanz:

Vermögensrechnung *(alle Beträge in Euro)*

Aktiva	**BILANZ**		**Passiva**
Anlagevermögen		Eigenkapital	15.700.000
Immaterielles Vermögen	100.000	Sonderposten	9.000.000
Unbebaute Grundstücke	5.200.000	Rückstellungen	10.000.000
Bebaute Grundstücke	13.000.000	Verbindlichkeiten	1.700.000
Infrastrukturvermögen	14.000.000		
Kunstgegenstände	700.000		
BGA	600.000		
Beteiligungen	500.000		
Umlaufvermögen			
Vorräte	100.000		
Öfftl.-rechtl. Forderungen	400.000		
Liquide Mittel	1.800.000		
Gesamt	**36.400.000**	**Gesamt**	**36.400.000**

Prenzwalde, den 31. Dezember 2014

Hauptverwaltungsbeamter

Abbildung 6: Vermögensrechnung

III. Ergebnisrechnung/Ergebnishaushalt

Der im Drei-Komponenten-System dargestellten Ergebnisrechnung steht in der Planungsphase der Ergebnishaushalt (Ergebnisplan) entsprechend § 66 Abs. 2 BbgKVerf, § 4 KomHKV gegenüber. Im Ergebnisplan werden Erträge und Aufwendungen unabhängig vom tatsächlichen Zahlungsmittelzufluss oder -abfluss geplant. Daher werden die Erträge und Aufwendungen in dem Haushaltsjahr abgebildet, dem sie wirtschaftlich zuzurechnen sind (vgl. § 14 Abs. 2 KomHKV). Sie tragen daher dem Grundsatz der Periodengerechtigkeit Rechnung. Die Ergebnisrechnung ist vergleichbar mit der kaufmännischen Gewinn- und Verlustrechnung nach § 275 HGB.

Im Ergebnishaushalt werden die Quellen und Ursachen des Ressourcenaufkommens bzw. Ressourcenverbrauchs abgebildet (vgl. § 2 Nr. 5 und 15 KomHKV). Der Ergebnishaushalt stellt das Gegenstück zur Ergebnisrechnung (Rückschau) im Jahresabschluss dar. Der in der Ergebnisrechnung ermittelte Jahresüberschuss oder -fehlbetrag geht in die Bilanz ein und zeigt damit unmittelbar die Veränderungen des Eigenkapitals im Laufe des Haushaltsjahres.[13]

[13] Vgl. Erdmann u. a., a. a. O., S. 32.

<table>
<tr><th colspan="2">Ergebnishaushalt</th></tr>
<tr><td>Erträge</td><td>Aufwendungen</td></tr>
<tr><td>Ressourcenaufkommen bzw. Wertezuwachs innerhalb eines Haushaltsjahres</td><td>Ressourcenverbrauch bzw. Werteverzehr innerhalb eines Haushaltsjahres</td></tr>
<tr><td colspan="2">Der Haushalt ist ausgeglichen, wenn die Erträge gleich oder größer den Aufwendungen sind (§ 63 Abs. 3 BbgKVerf).</td></tr>
<tr><td>Überschuss erhöht das Eigenkapital in der Vermögensrechnung (Substanzaufbau).</td><td>Fehlbedarf vermindert das Eigenkapital in der Vermögensrechnung (Substanzabbau).</td></tr>
<tr><td colspan="2">Gliederung in ordentlichen und außerordentlichen Bereich</td></tr>
</table>

Mit der periodengerechten Abbildung von Erträgen und Aufwendungen wird u. a. das Ziel der intergenerativen Gerechtigkeit sowie der Sicherung des Vermögensbestandes (statt Geldbestand) verfolgt. Ziel ist es dabei, dass eine Generation nicht zulasten nachfolgender Generationen mehr verbraucht, als sie erwirtschaftet. Die Differenz aus Erträgen und Aufwendungen wirkt direkt auf die Höhe des Eigenkapitals. Um das Eigenkapital dauerhaft zu erhalten, haben die Kommunen nach § 63 Abs. 3 BbgKVerf den Ergebnisplan auszugleichen, um bereits während der Planungsphase der intergenerativen Gerechtigkeit zu dienen.

Die ordentlichen Erträge und Aufwendungen sind im § 4 Abs. 1 Nr. 1–22 KomHKV aufgeführt. Diese Gliederung deckt sich mit dem verbindlich vorgeschriebenen Aufbau des Ergebnishaushalts entsprechend der Anlage 5.3 (vgl. VV Produkt- und Kontenrahmen) der verbindlichen Muster. Hierbei handelt es sich um Erträge und Aufwendungen, die regelmäßig anfallen.

Die außerordentlichen Erträge und Aufwendungen sind im § 4 Abs. 1 Nr. 23–26 KomHKV aufgeführt. Eine konkrete Abgrenzungsregelung von ordentlichen und außerordentlichen Erträgen und Aufwendungen ergibt sich aus § 4 Abs. 2 KomHKV. Danach handelt es sich um außerordentliche Erträge und Aufwendungen, wenn sie sich auf Geschäftsvorgänge beziehen, die unvorhersehbar, selten und ungewöhnlich und von wesentlicher finanzieller Bedeutung für die Kommune sind (vgl. § 4 Abs. 2 Satz 1 KomHKV). Als Beispiel werden Buchgewinne und Buchverluste im Rahmen von Vermögensveräußerungen (keine Grundstücke, Bauten, grundstücksgleichen Rechte und Finanzanlagevermögen) sowie Naturkatastrophen aufgeführt. Diesem Bereich werden damit alle Vorgänge zugeordnet, die für den normalen Verwaltungsablauf nicht üblich sind. Die Größenordnung, ab der Aufwendungen und Erträge für die Gemeinde von wesentlicher Bedeutung sind, ist in der Haushaltssatzung festzusetzen (vgl. § 4 Abs. 2 Satz 3, siehe dazu auch Kapitel F). Erträge und Aufwendungen aus dem Kauf/Verkauf von Grundstücken, Bauten, grundstücksgleichen Rechten und Finanzanlagevermögen gelten jedoch unabhängig vom Wert als außerordentlich (vgl. § 4 Abs. 2 Satz 2 KomHKV).

Die Form des Ergebnishaushaltes ist im Muster 5.3 der verbindlichen Haushaltsmuster vorgeschrieben.[14] Der Aufbau des Musters richtet sich dabei nach den Vorgaben des § 4 KomHKV.

---

[14] Vgl. VV Produkt- und Kontenrahmen KomHKV, a. a. O., Nr. 5.3.

Darüber hinaus entsprechen die dargestellten Zeilen den Kontenbereichen des kommunalen Kontenrahmenplans (Kontenklasse 4 und 5, vgl. VV Produkt- und Kontenrahmen Nr. 4.4.3).

	Ergebnishaushalt und mittelfristige Ergebnisplanung Haushaltsjahr 20.. – in EUR –						
Ertrags- und Aufwandsarten		Ergebnis des Vorvorjahres	Ansatz des Vorjahres	Ansatz	Planung Haushaltsjahr +1	Planung Haushaltsjahr +2	Planung Haushaltsjahr +3
		1	2	3	4	5	6
1.	Steuern und ähnliche Abgaben						
2.	Zuwendungen und allgemeine Umlagen						
3.	Sonstige Transfererträge						
4.	Öffentlich-rechtliche Leistungsentgelte						
5.	Privatrechtliche Leistungsentgelte						
6.	Kostenerstattungen und Kostenumlagen						
7.	Sonstige ordentliche Erträge						
8.	Aktivierte Eigenleistungen						
9.	Bestandsveränderungen						
10.	= Erträge aus laufender Verwaltungstätigkeit						
11.	Personalaufwendungen						
12.	Versorgungsaufwendungen						
13.	Aufwendungen für Sach- und Dienstleistungen						
14.	Bilanzielle Abschreibungen						
15.	Transferaufwendungen						
16.	Sonstige ordentliche Aufwendungen						
17.	= Aufwendungen aus laufender Verwaltungstätigkeit						
18.	= **Ergebnis der laufenden Verwaltungstätigkeit** (10 ./. 17)						
19.	Zinsen und sonstige Finanzerträge						
20.	- Zinsen und sonstige Finanzaufwendungen						
21.	= Finanzergebnis						
22.	= **ordentliches Jahresergebnis** (18 + 21)						
23.	außerordentliche Erträge						
24.	- außerordentliche Aufwendungen						
25.	= **außerordentliches Jahresergebnis**						
26.	**Gesamtüberschuss / Gesamtfehlbetrag** (22 + 25)						

Abbildung 7: Ergebnishaushalt

Im Kopf des Ergebnishaushalts werden entsprechend § 13 Abs. 1 KomHKV insgesamt sechs Haushaltsjahre dargestellt. Dies soll nachfolgend an einem Beispiel, ausgehend vom Haushaltsplan 2016, dargestellt werden.
In Spalte 3 findet sich der Ansatz des Haushaltsjahres (Planjahr). Hierbei handelt es sich um das Haushaltsjahr, für das der Haushaltsplan aufgestellt werden soll, also 2016. In der Spalte 2 findet sich das laufende Haushaltsjahr (Vorjahr). Da entsprechend dem Grundsatz der Vorherigkeit im laufenden Haushaltsjahr der Haushaltsplan für das Folgejahr (einen zukünftigen Zeitraum) aufgestellt werden muss, handelt es sich hier um das Jahr 2015.
Das Ergebnis des Vorvorjahres (Spalte 1) ist damit das nach § 82 Abs. 2 BbgKVerf festgestellte Jahresergebnis 2014. Nach § 72 Abs. 1 BbgKVerf i. V. m. § 13 Abs. 1 KomHKV hat die Kommune ihrer Haushaltswirtschaft eine fünfjährige mittelfristige Ergebnis- und Finanzplanung zugrunde zu legen und ihre Haushaltsplanung daran auszurichten. Das erste Planungsjahr der Ergebnis- und Finanzplanung ist das laufende Haushaltsjahr, also das Jahr 2015.
Das zweite Jahr der mittelfristigen Ergebnis- und Finanzplanung ist damit das Planjahr in Spalte 3. Darüber hinaus werden drei weitere Haushaltsjahre in den Spalten 4 bis 6 geplant und dargestellt. Grund für diese Vorausschau ist, dass die langfristige Sicherung der stetigen Aufgabenerfüllung in einer ordnungsgemäßen Haushaltswirtschaft nach § 62 Abs. 1 BbgKVerf über einen längeren Zeitraum erfolgen muss.
Eine strukturierte Prüfung der Zuordnung von Geschäftsvorfällen zu den einzelnen Punkten des § 4 KomHKV sowie den entsprechenden Zeilen des Musters für den Ergebnisplan kann mittels des nachfolgenden Schemas erfolgen.

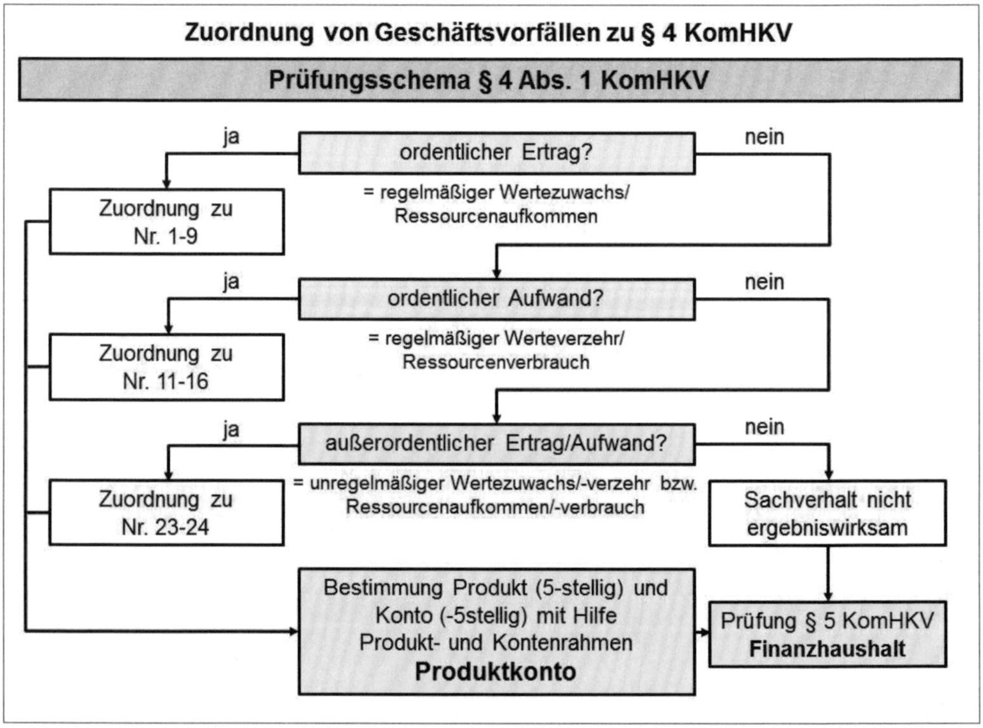

Abbildung 8: Zuordnung von Geschäftsvorfällen zu § 4 KomHKV

Beispielhafte Darstellung eines Ergebnisplans nach § 4 KomHKV[15]

Ergebnishaushalt und mittelfristige Ergebnisplanung
Haushaltsjahr 2016
– in EUR –

	Ertrags- und Aufwandsarten	Ergebnis 2014	Ansatz 2015	**Ansatz 2016**	Planung 2017	Planung 2018	Planung 2019
		1	2	**3**	4	5	6
1.	Steuern und ähnliche Abgaben	6.008.973,42	6.115.800	**6.208.900**	6.333.100	6.459.800	6.589.000
2.	Zuwendungen und allgemeine Umlagen	9.302.687,16	9.468.000	**9.612.200**	9.804.400	10.000.500	10.200.500
3.	Sonstige Transfererträge	103.941,72	105.800	**107.400**	109.500	111.700	113.900
4.	Öffentlich-rechtliche Leistungsentgelte	730.689,00	743.700	**755.000**	770.100	785.500	801.200
5.	Privatrechtliche Leistungsentgelte	932.668,86	949.200	**963.700**	983.000	1.002.700	1.022.800
6.	Kostenerstattungen und Kostenumlagen	121.555,68	123.700	**125.600**	128.100	130.700	133.300
7.	Sonstige ordentliche Erträge	151.751,04	154.400	**156.800**	159.900	163.100	166.400
8.	Aktivierte Eigenleistungen	9.678,00	9.900	**10.000**	10.200	10.400	10.600
9.	Bestandsveränderungen	19.356,00	19.700	**20.000**	20.400	20.800	21.200
10.	= Erträge aus laufender Verwaltungstätigkeit	17.381.300,88	17.690.200	**17.959.600**	18.318.700	18.685.200	19.058.900
11.	Personalaufwendungen	5.381.839,02	5.477.500	**5.560.900**	5.672.100	5.785.500	5.901.200
12.	Versorgungsaufwendungen	1.076.387,16	1.095.500	**1.112.200**	1.134.400	1.157.100	1.180.200
13.	Aufwendungen für Sach- und Dienstleistungen	2.482.213,44	2.526.300	**2.564.800**	2.654.200	2.742.000	2.802.700
14.	Bilanzielle Abschreibungen	1.818.592,98	1.850.900	**1.879.100**	1.916.700	1.955.000	1.994.100
15.	Transferaufwendungen	6.527.327,10	6.643.300	**6.744.500**	6.879.400	7.017.000	7.157.300
16.	Sonstige ordentliche Aufwendungen	35.034,36	35.700	**36.200**	36.900	37.600	38.400
17.	= Aufwendungen aus laufender Verwaltungstätigkeit	17.321.394,06	17.629.200	**17.897.700**	18.293.700	18.694.200	19.073.900
18.	= **Ergebnis der laufenden Verwaltungstätigkeit** (10 ./. 17)	59.906,82	61.000	**61.900**	25.000	-9.000	-15.000
19.	Zinsen und sonstige Finanzerträge	6.000,36	6.100	**6.200**	5.000	4.000	3.000
20.	- Zinsen und sonstige Finanzaufwendungen	65.907,18	67.100	**68.100**	40.000	10.000	6.000
21.	= Finanzergebnis	-59.906,82	-61.000	**-61.900**	-35.000	-6.000	-3.000
22.	= **ordentliches Jahresergebnis** (18 + 21)	0,00	0	**0**	-10.000	-15.000	-18.000
23.	außerordentliche Erträge	70.165,50	72.500	**72.500**	27.000	27.500	28.100
24.	- außerordentliche Aufwendungen	35.615,04	36.800	**36.800**	37.500	15.000	15.300
25.	= **außerordentliches Jahresergebnis**	17.321.394,06	17.629.200	**17.897.700**	18.293.700	18.694.200	19.073.900
26.	**Gesamtüberschuss / Gesamtfehlbetrag** (22 + 25)	59.906,82	61.000	**61.900**	25.000	-9.000	-15.000

Abbildung 9: Ergebnisplan

15 Das dargestellte Beispiel stellt einen Auszug des Ergebnisplans einer Kommune der Größenklasse 6 (10.000 bis 25.000 Einwohner) dar.

IV. Finanzrechnung / Finanzhaushalt

Der im Drei-Komponenten-Modell dargestellten Finanzrechnung steht in der Planungsphase der Finanzhaushalt entsprechend § 66 Abs. 1 Nr. 2 BbgKVerf, § 5 KomHKV gegenüber. Im Finanzhaushalt (Finanzplan) werden Einzahlungen und Auszahlungen geplant. Das heißt, hier erfolgt eine Darstellung von tatsächlichen Finanzmittelbewegungen und damit eine Vorausschau der Veränderungen der liquiden Mittel nach § 57 Abs. 3 Nr. 2.4 KomHKV. Der Finanzhaushalt stellt das Gegenstück zur Finanzrechnung (Rückschau) im Jahresabschluss dar. Die Pflicht zur Aufstellung des Finanzhaushalts ergibt sich insbesondere aus den Besonderheiten der öffentlichen Haushaltspläne und der Rechenschaftslegung und knüpft an die Rechnungslegungsvorschriften der §§ 264 Abs. 1, 297 Abs. 1 HGB (vgl. DRS II – Cash-flow-statement / Kapitalflussrechnung) an.
In Brandenburg sind sämtliche Ein- und Auszahlungen mithilfe der sog. direkten Methode zu buchen. Dies geschieht durch eine Verknüpfung der Finanz- und Ergebniskonten.
Durch die Abbildung aller Finanzströme ist es jederzeit möglich, ein tatsächliches Bild der Finanzlage der Kommune zu erhalten und Informationen für eine effiziente Liquiditätsplanung zur Verfügung zu haben.[16]
Der Finanzhaushalt hat im Wesentlichen nachfolgende Funktionen:[17]

- zeitraumbezogene Darstellung aller Finanzströme als Steuerungsinstrument für das Finanzmanagement
- Darstellung der Finanzierungsquellen zur Abbildung der Finanzierungsmöglichkeiten aus eigenen Mitteln
- Darstellung der Veränderung des Zahlungsmittelbestands im Verlauf eines Haushaltsjahres
- Bedienung der Finanzstatistik
- Ermächtigung für investive Ein- und Auszahlungen

Finanzhaushalt	
Einzahlungen	Auszahlungen
Erhöhung des Zahlungsmittelbestands innerhalb eines Haushaltsjahres	**Verringerung** des Zahlungsmittelbestands innerhalb eines Haushaltsjahres
Nettozufluss **erhöht** die liquiden Mittel in der Vermögensrechnung.	Nettoabfluss **vermindert** die liquiden Mittel in der Vermögensrechnung.
Gliederung in laufende Verwaltungstätigkeit, Investitionstätigkeit, Finanzierungstätigkeit und aus der Inanspruchnahme von Liquiditätsreserven	

Im Finanzhaushalt werden, bezogen auf ein Haushaltsjahr, fünf verschiedene Konstellationen bei der Veranschlagung berücksichtigt.[18]

---

[16] Vgl. Erdmann u.a., a.a.O., S. 81.

[17] Vgl. Erdmann u.a., a.a.O., S. 82.

[18] Vgl. Grimberg Gemeindehaushaltsrecht Sachsen-Anhalt, Kommentierung zu § 3, Wiesbaden 2011, S. 59.

1. ***Zahlungen, die gleichzeitig Aufwand oder Ertrag im laufenden Haushaltsjahr darstellen***
   Hier stimmen die Zahlungsmittelflüsse mit den Erträgen und Aufwendungen überein. Dies wird der Regelfall bei den Einzahlungen und Auszahlungen aus lfd. Verwaltungstätigkeit sein.

2. ***Zahlungen, die nicht gleichzeitig Aufwand oder Ertrag darstellen***
   Hier ist insbesondere der Zahlungsverkehr aus Investitionstätigkeit zu nennen. Dieser wird durch Erträge und Aufwendungen erst in den folgenden Jahren ergebniswirksam (Abschreibungen, ertragswirksame Auflösung von Zuweisungen).

3. ***Zahlungen, aber Aufwand oder Ertrag nicht in der gleichen (späteren) Rechenperiode***
   Hier sind insbesondere die Fälle der Periodenabgrenzung nach § 53 KomHKV zu nennen, bei denen der Leistungszeitraum und der Zahlungszeitpunkt auf verschiedene Haushaltsjahre fallen. Man spricht in diesem Fall von einer transitorischen Rechnungsabgrenzung.

4. ***Aufwand oder Ertrag im laufenden Haushaltsjahr, Zahlung in einer späteren Rechenperiode***
   Hier sind insbesondere Geschäftsvorfälle zu nennen, deren Zahlungseingänge/-ausgänge aufgrund von verspäteten Rechnungseingängen/-ausgängen am Schluss eines Haushaltsjahres anfallen. In diesen Fällen handelt es sich um die sog. antizipative Rechnungsabgrenzung.

5. ***Keine Zahlungen, aber Aufwand oder Ertrag***
   Hier sind insbesondere die Abschreibungen, die ertragswirksame Auflösung von investiven Zuwendungen sowie die Bildung von Rückstellungen zu nennen.

Entsprechend § 5 Nr. 1–16 KomHKV ist der Finanzhaushalt in Einzahlungen und Auszahlungen aus laufender Verwaltungstätigkeit gegliedert. Der Aufbau ist mit Ausnahme der aktivierten Eigenleistungen und bilanziellen Abschreibungen identisch mit den ordentlichen Gliederungsvorschriften des Ergebnishaushalts. Darüber hinaus werden auch die Planansätze überwiegend deckungsgleich sein. Entsprechende Ausnahmen können sich insbesondere aus der periodengerechten Zuordnung nach § 53 KomHKV ergeben. Darüber hinaus wird der Zahlungsverkehr aus Investitionstätigkeit nach § 5 Abs. 1 Nr. 17–34 KomHKV dargestellt. Hier werden insbesondere die Auszahlungen für Investitionen z. B. im Rahmen von Baumaßnahmen oder dem Erwerb von Anlagegütern erfasst und gleichzeitig die zur Finanzierung erhaltenen Investitionszuwendungen und Beiträge dargestellt. Gleichzeitig werden auch Vermögensveräußerungen in diesem Bereich abgebildet. Damit dient der Finanzhaushalt als Ermächtigungsgrundlage für Investitionen.
Des Weiteren wird entsprechend § 5 Nr. 35–44 KomHKV die Finanzierungstätigkeit im Finanzhaushalt abgebildet. Hierzu zählt die Aufnahme und Tilgung von Krediten. Diese beiden Vorgänge stellen einen reinen Geldmittelfluss dar und verändern in der Vermögensrechnung neben den liquiden Mitteln die Verbindlichkeiten auf der Passivseite. Die

Zinsen, die für einen Kredit zu zahlen sind, stellen dagegen auch einen Werteverzehr für die Gemeinde dar und sind als laufende Auszahlung und ordentlicher Aufwand zu veranschlagen. Das gilt auch für Zinserträge und Zinseinzahlungen.

Bei der Aufnahme von Krediten sind insbesondere die Voraussetzungen der § 64 Abs. 1 Nr. 4 und § 74 Abs. 1 BbgKVerf zu beachten. Danach ist eine Kreditaufnahme nur für Investitionen, Investitionsförderungsmaßnahmen und zur Umschuldung möglich. Darüber hinaus ist diese nur zulässig, soweit eine andere Finanzierung nicht möglich ist oder wirtschaftlich unzweckmäßig wäre.[19]

Kredite zur Liquiditätssicherung[20] nach § 76 Abs. 2 BbgKVerf werden nicht im Finanzhaushalt veranschlagt. Diese werden lediglich zum Jahresabschluss in der Finanzrechnung und in der Bilanz gem. § 57 Abs. 2 Nr. 4.3 KomHKV nachgewiesen. Der Grund hierfür ist, dass die Inanspruchnahme im laufenden Haushaltsjahr erheblich schwanken kann und abhängig von bestimmten Zahlungsterminen ist (z. B. Steuerfälligkeiten, Gehaltszahlungen etc.). Ein Ansatz ist daher nicht planbar. Vielmehr wird eine Höchstgrenze festgesetzt. Der Höchstbetrag der Kassenkredite ist durch Beschluss der Gemeindevertretung festzusetzen (vgl. § 76 Abs. 2 Satz 1).

Mit dem Finanzhaushalt und dem Nachweis von Einzahlungen und Auszahlungen wird damit die Entwicklung des Zahlungsmittelbestands vollständig nachvollziehbar. Er dient der Kommune als Ermächtigungsgrundlage für Investitionen und stellt den dafür erforderlichen Kreditbedarf dar.

Darüber hinaus werden im Finanzhaushalt gem. § 5 Nr. 42–44 KomHKV die Ein- und Auszahlungen aus der Inanspruchnahme und Zuführung von Liquiditätsreserven abgebildet. Unter Liquiditätsreserven versteht der Gesetzgeber Vermögensgegenstände des Umlaufvermögens, die leicht in Finanzmittel umzuwandeln sind, wie z. B. kurzfristige Geldanlagen und Wertpapiere mit einer Laufzeit von unter einem Jahr (vgl. § 2 Nr. 31 KomHKV).

Die Form des Finanzhaushalts ist im verbindlichen Haushaltsmuster Nr. 5.5 vorgeschrieben.[21]

Der Kopfaufbau des Finanzhaushalts folgt nach § 13 Abs. 1 KomHKV dem Ergebnishaushalt. Daneben wird auch der Bereich der laufenden Einzahlungen und Auszahlungen analog dargestellt und entspricht wiederum den Kontenbereichen des Kontenrahmens (Kontenklasse 6 und 7). Darüber hinaus erfolgt eine Ergänzung des Finanzplans gegenüber dem Ergebnisplan um den Bereich der Investitions- und Finanzierungstätigkeit und der Inanspruchnahme von Liquiditätsreserven.

Eine strukturierte Prüfung der Zuordnung von Geschäftsvorfällen zu den einzelnen Punkten des § 5 KomHKV sowie den entsprechenden Zeilen des Musters für den Ergebnisplan kann mittels des nachfolgenden Schemas erfolgen.

[19] Vgl. auch Grundsatz der Finanzmittelbeschaffung.

[20] Der Kassenkredit der Kommune.

[21] Vgl. VV zum Produkt- und Kontenrahmen Nr. 5.5.

Finanzhaushalt und mittelfristige Finanzplanung Haushaltsjahr 20.. – in EUR –						
Ein- und Auszahlungsarten	Ergebnis des Vorvorjahres	Ansatz des Vorjahres	Ansatz	Planung Haushalts-jahr +1	Planung Haushalts-jahr +2	Planung Haushalts-jahr +3
	1	2	3	4	5	6
1. Steuern und ähnliche Abgaben 2. Zuwendungen und allgemeine Umlagen 3. Sonstige Transfereinzahlungen 4. Öffentlich-rechtliche Leistungsentgelte 5. Privatrechtliche Leistungsentgelte 6. Kostenerstattungen und Kostenumlagen 7. Sonstige Einzahlungen 8. Zinsen und sonstige Finanzeinzahlungen						
9. = Einzahlungen aus laufender Verwaltungstätigkeit						
10. Personalauszahlungen 11. Versorgungsauszahlungen 12. Auszahlungen für Sach- und Dienstleistungen 13. Transferauszahlungen 14. Zinsen und sonstige Finanzauszahlungen						
15. = Auszahlungen aus laufender Verwaltungstätigkeit						
16. = **Saldo aus laufender Verwaltungstätigkeit** (9./.15)						
17. Einzahlungen aus Investitionszuwendungen 18. Einzahlungen aus Beiträgen und Entgelten 19. Einzahlungen aus der Veräußerung von immateriellen Vermögensgegenständen 20. Einzahlungen aus der Veräußerung von Grundstücken, grundstücksgleichen Rechten und Gebäuden 21. Einzahlungen aus der Veräußerung von übrigem Sachanlagevermögen 22. Einzahlungen aus der Veräußerung von Finanzanlagevermögen 23. Sonstige Einzahlungen aus Investitionstätigkeit						
24. = Einzahlungen aus Investitionstätigkeit						

Abbildung 10: Finanzhaushalt

Ein- und Auszahlungsarten	Ergebnis des Vorvorjahres	Ansatz des Vorjahres	Ansatz	Planung Haushalts-jahr +1	Planung Haushalts-jahr +2	Planung Haushalts-jahr +3
	1	2	3	4	5	6
25. Auszahlungen für Baumaßnahmen						
26. Auszahlungen von aktivierbaren Zuwendungen für Investitionen Dritter						
27. Auszahlungen für den Erwerb von immateriellen Vermögensgegenständen						
28. Auszahlungen für den Erwerb von Grundstücken, grundstücksgleichen Rechten und Gebäuden						
29. Auszahlungen für den Erwerb von übrigem Sachanlagevermögen						
30. Auszahlungen für den Erwerb von Finanzanlagevermögen						
31. Sonstige Auszahlungen aus Investitionstätigkeit						
32. = Auszahlungen aus Investitionstätigkeit						
33. = **Saldo aus Investitionstätigkeit** (24./.32)						
34. = **Finanzmittelüberschuss/ Finanzmittelfehlbetrag** (16+33)						
35. Einzahlungen aus der Aufnahme von Krediten für Investitionen						
36. Sonstige Einzahlungen aus Finanzierungstätigkeit (ohne Kassenkredite)						
37. = Einzahlungen aus der Finanzierungstätigkeit						
38. Auszahlungen für die Tilgung von Krediten für Investitionen						
39. Sonstige Auszahlungen aus der Finanzierungstätigkeit (ohne Kassenkredite)						
40. = Auszahlungen aus der Finanzierungstätigkeit						
41. = **Saldo aus der Finanzierungstätigkeit** (37./.40)						
42. Einzahlungen aus der Auflösung von Liquiditätsreserven						
43. Auszahlungen an Liquiditätsreserven						
44. = **Saldo aus der Inanspruchnahme von Liquiditätsreserven** (42./.43)						
45. = **Veränderung des Bestandes an Zahlungsmitteln** (34+41+44)						
46. + voraussichtlicher Bestand an eigenen Zahlungsmitteln am Anfang des Haushaltsjahres (ohne Liquiditätskredite und Kontokorrentverbindlichkeiten)						
47. = **voraussichtlicher Bestand an Zahlungsmitteln am Ende des Haushaltsjahres**						

Abbildung 10: Finanzhaushalt (Fortsetzung)

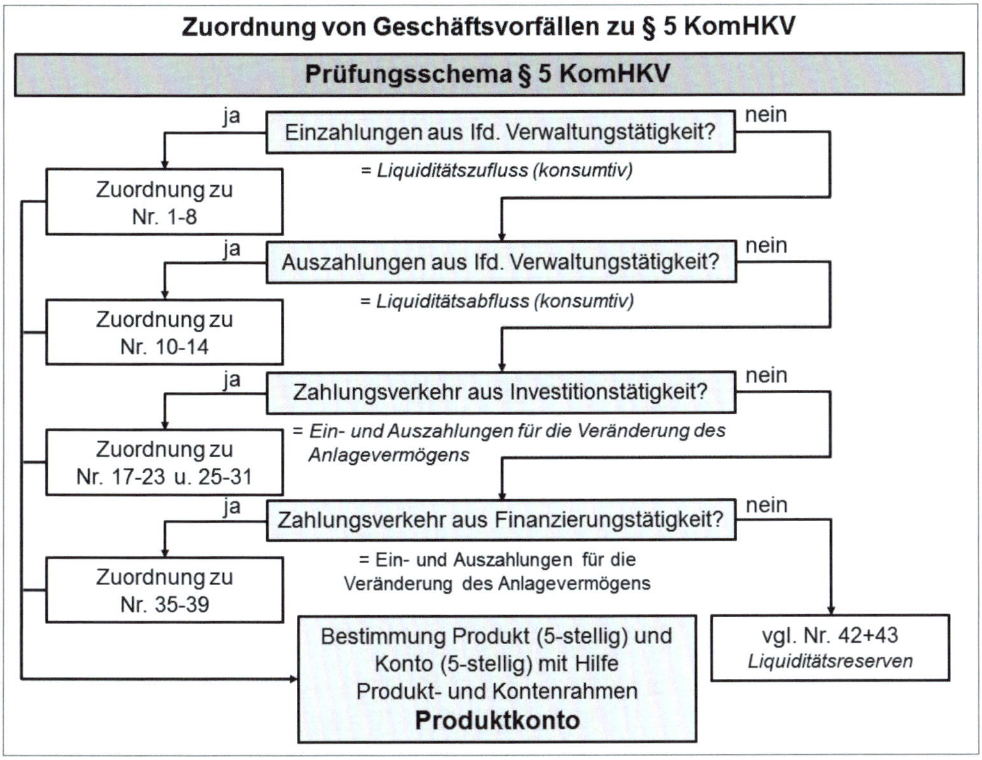

Abbildung 11: Zuordnung von Geschäftsvorfällen zu § 5 KomHKV

V. Veranschlagung von Investitionen

1. Veranschlagung von Investitionen im Finanzhaushalt

In der Praxis kommt der Investitionstätigkeit der Kommune eine zentrale Bedeutung zu. Daneben sind die Auswirkungen der Investitionstätigkeit auf den Haushaltsplan sowohl im laufenden Jahr als auch in den Folgejahren erheblich.
Bei einer Investition handelt es sich um die Veränderung des Anlagevermögens. Entsprechend § 2 Nr. 4 KomHKV zählen zum Anlagevermögen die Vermögensgegenstände, die dazu bestimmt sind, der dauerhaften Aufgabenerfüllung der Kommune zu dienen. Bei einer Nutzung zur dauerhaften Aufgabenerfüllung wird unterstellt, dass die Vermögensgegenstände nicht zur Veräußerung bestimmt sind und sie dem Verwaltungsbetrieb über mehrere Jahre dienen sollen, mindestens länger als ein Jahr.[22] Des Weiteren müssen die Vermögensgegenstände nach § 47 Abs. 1 Satz 2 KomHKV im wirtschaftlichen Eigentum der Kommune stehen. Das wirtschaftliche Eigentum geht i.d.R. über das rechtliche

[22] Grimberg/Bernhardt/Mutschler/Stockel-Veltmann, Neues Kommunales Haushaltsrecht LSA, Witten 2006, S. 275.

Eigentum hinaus (vgl. BewertL Bbg Nr. 2.8). So fallen unter das wirtschaftliche Eigentum auch Vermögensgegenstände, deren Eigentumsverhältnisse z. B. bei Grundstücken noch ungeklärt sind.[23] Der Bereich des Anlagevermögens stellt wertmäßig i. d. R. die größte Bilanzposition mit teilweise über einem 90-v. H.-Anteil am Gesamtvermögen einer Kommune dar. Somit kommt dem Anlagevermögen in der gemeindlichen Praxis eine besondere Bedeutung bei der Steuerung kommunaler Haushalte zu.

Das Anlagevermögen wird vom Umlaufvermögen abgegrenzt, das im Umkehrschluss nach § 2 Nr. 43 KomHKV nicht zur dauerhaften Aufgabenerfüllung dienen soll und damit als sog. kurzfristiges Vermögen klassifiziert wird. Hier werden z. B. zur Veräußerung vorgesehene Grundstücke zugeordnet, da der Wille zur dauerhaften Nutzung in der Kommune nicht besteht.[24]

Die bilanzielle Mindestuntergliederung des Anlagevermögens richtet sich nach § 57 Abs. 3 Nr. 1 KomHKV. Danach erfolgt eine Untergliederung des Anlagevermögens in das immaterielle Vermögen, das Sachanlagevermögen sowie das Finanzanlagevermögen.

Zum **immateriellen** Vermögen zählen Vermögensgegenstände, die nicht körperlich fassbar sind. Hierzu zählen z. B.

- Lizenzen,
- Softwareprogramme,
- Namensrechte u. a.

Das **Finanzanlagevermögen** umfasst insbesondere

- die **kommunalen Beteiligungen** (z. B. an der Stadtwerke GmbH, an Zweckverbänden),
- das **Sondervermögen** (z. B. die Eigenbetriebe und Eigengesellschaften, kommunale Wohnungsbaugesellschaften mit 100-prozentigem kommunalen Eigentum gem. § 92 BbgKVerf).

Den wertmäßig bedeutendsten Bereich stellt jedoch das **Sachanlagevermögen** dar. Unter dieser Position werden materielle Vermögensgegenstände dargestellt. Die Mindestgliederung des Sachanlagevermögens ergibt sich aus § 57 Abs. 3 Nr. 1.2 KomHKV. Hiernach ist folgende Gliederung vorgeschrieben (Abbildung 12):

		Kontengruppe
1.2.1.	Unbebaute Grundstücke und grundstücksgleiche Rechte	02
1.2.2.	Bebaute Grundstücke und grundstücksgleiche Rechte	03
1.2.3.	Grundstücke und Bauten des Infrastrukturvermögens und sonstiger Sonderflächen	04
1.2.4.	Bauten auf fremdem Grund und Boden	05
1.2.5.	Kunstgegenstände und Kulturdenkmäler	06
1.2.6.	Fahrzeuge, Maschinen und technische Anlagen	07
1.2.7.	Betriebs- und Geschäftsausstattung	08
1.2.8.	Geleistete Anzahlungen und Anlagen im Bau	09

Abbildung 12: Gliederung Vermögen

[23] Vgl. BewertL, a. a. O., Nr. 2.8.

[24] Vgl. Konto 1510.

Dieser Gliederung kommt im Unterricht bzw. in Klausuren eine besondere Bedeutung zu, da insbesondere bei der Investitionsveranschlagung eine Zuordnung zur betreffenden Bilanzposition des Sachanlagevermögens gefordert wird.
Die Zuordnungsvorschriften zum Kontenrahmen unterteilen diese Grobgliederung in verschiedene Konten und geben Erläuterungen zu deren Inhalt. Die Konten werden für das immaterielle Vermögen und das Sachanlagevermögen der Kontenklasse 0 zugeordnet, während das Finanzanlagevermögen der Kontenklasse 1 zugeordnet wird.
Bis zur Ebene des Kontos[25] ist diese Gliederung verbindlich. In der Praxis hat sich eine weitere Untergliederung durchgesetzt (vgl. VV Produkt- und Kontenrahmen Nr. 1.2), um u. a. interkommunale Vergleiche für bestimmte Vermögensbereiche zu ermöglichen bzw. zu vereinfachen. So verwenden die meisten Kommunen im Land Brandenburg eine sechsstellige Untergliederung der Konten durch die Aufnahme von Unterkonten.
Nach § 47 Abs. 5 Satz 1 KomHKV sind Vermögensgegenstände grundsätzlich mit ihren Anschaffungs- oder Herstellungskosten zu bewerten. Vereinfacht dargestellt handelt es sich bei Anschaffungskosten um den Erwerb eines Anlagegutes, während die Herstellung eines Vermögensgegenstandes Herstellungskosten verursacht (vgl. Abbildung 13).

1.1. Anschaffungskosten

Die Ermittlung der Wertansätze der Anschaffungskosten ist in § 50 Abs. 1 geregelt. Danach sind Anschaffungskosten die Aufwendungen[26], die geleistet werden, um einen Vermögensgegenstand zu erwerben und ihn in einen betriebsbereiten Zustand zu versetzen. Daneben zählen auch die Nebenkosten sowie die nachträglichen Anschaffungskosten zu den Anschaffungskosten des Vermögensgegenstandes. Minderungen des Anschaffungspreises sind abzusetzen.
Der Bewertungsleitfaden des Landes Brandenburg unter Punkt 2.4.1 ff. führt dazu näher aus:[27]

Anschaffungskosten
In der Regel handelt es sich hier um den Kaufpreis.

Anschaffungsnebenkosten
Hierzu zählen beispielsweise Notarkosten beim Grunderwerb, Kosten zur Änderung des Grundbuches, die Grunderwerbsteuer, Überführungs- und Zulassungskosten beim Erwerb von Fahrzeugen, Transportversicherungen, Frachtkosten, Montagekosten.

Anschaffungspreisminderungen
Skonto, Boni und Rabatte, Kaufpreisminderungen aufgrund von Mängelrügen

---

25 Vgl. VV Produkt- und Kontenrahmen, a. a. O., S. 50.

26 Der Verordnungsgeber nutzt hier als Begrifflichkeit »Aufwendungen«. Tatsächlich handelt es sich bei dem Erwerb oder auch bei der Herstellung eines Vermögensgegenstandes zunächst nur um »Auszahlungen«. Aufwendungen entstehen erst mit der Nutzung des Vermögensgegenstandes und werden in Form von Abschreibungen abgebildet.

27 BewertL Bbg, a. a. O., Nr. 2.4.1 ff.

Kontenklasse	Kontengruppe	Kontenart	Konto	Bereichs-abgrenzungen	
0					**Immaterielles Vermögen und Sachanlagevermögen**
	07				**Fahrzeuge, Maschinen und technische Anlagen**
		072			**Maschinen**
			0721		**Maschinen**
					Sonstige Ausrüstungen, hierzu zählen insbesondere:
					Maschinen für die Erzeugung und Nutzung von mechanischer Energie ohne Motoren für Ackerschlepper und für Luft- und Straßenfahrzeuge
					Sonstige Maschinen, Maschinen für die Land- und Forstwirtschaft, Werkzeugmaschinen und Teile dafür
		073			**Technische Anlagen**
			0731		**Technische Anlagen**
					Büromaschinen, EDV-Einrichtungen, Geräte der Elektrizitätserzeugung und -verteilung, Rundfunk-, Fernseh- und Nachrichtentechnik, Medizin-, Mess-, Steuerungs- und Regelungstechnik, Optik
		074			**Betriebsvorrichtungen**
			0741		**Betriebsvorrichtungen**
					Gemäß der Volkswirtschaftlichen Gesamtrechnung (VGR) sind Gebäudebestandteile bei den Gebäuden zu veranschlagen (vgl. Konten 0313, 0323, 0333, 0343, 0393, 0471). Unter dem Konto 0741 sind Betriebsvorrichtungen nur dann auszuweisen, wenn sie sich nicht den vorgenannten Konten zuordnen lassen. Zur Definition von Betriebsvorrichtungen vgl. Nr. 3.A II.2 Bewertungsleitfaden Brandenburg.
	08				**Betriebs- und Geschäftsausstattung,**
		082			**Betriebs- und Geschäftsausstattung**
			0821		**Betriebs- und Geschäftsausstattung**
					Einrichtungsgegenstände von Büros und Werkstätten Auch Werkzeuge der kommunalen Grünpflege, Spielsachen in Kindertagesstätten, Geschirr in Altentagesstätten usw.
			0822		**Geringwertige Wirtschaftsgüter**
		083			**Nutzpflanzungen und Nutztiere**
			0831		**Nutzpflanzungen und Nutztiere**
					Zucht- und Milchvieh, Zugtiere usw., Obst- und Rebanlagen sowie sonstige Baumbestände und Sträucher, die wiederholt Erzeugnisse liefern sowie von institutionellen Einheiten kontrolliert, verwaltet und bewirtschaftet werden. Heranwachsende Nutztiere und Nutzpflanzungen werden nur einbezogen, wenn sie für die eigene Nutzung bestimmt sind.
	09				**Geleistete Anzahlungen, Anlagen im Bau**
		091			**Geleistete Anzahlungen auf Sachanlagen**
			0911		**Geleistete Anzahlungen auf Sachanlagen**
		096			**Anlagen im Bau**
			0961		**Anlagen im Bau**

Abbildung 13: Auszug finanzstatistische Zuordnungsvorschriften zum Kontenrahmenplan

Nachträgliche Anschaffungskosten
Nachträgliche Anschaffungskosten entstehen erst nach Inbetriebnahme des Vermögensgegenstandes und müssen mit diesem in einem ursächlichen Zusammenhang stehen, hierzu zählen z. B. Wertverbesserungen aufgrund von Zusatzmodulen und Erweiterungen, Steigerung der Benutzbarkeit, spätere Erschließungskosten.
Nachträgliche Anschaffungskosten erhöhen den Buchwert des bestehenden Anlagegutes und verändern damit die Abschreibungssumme. Fallen die nachträglichen Anschaffungskosten erst in einem dem Anschaffungsjahr folgenden Haushaltsjahr an, so sind diese so zu behandeln, als wären sie zum 01.01. dieses späteren Haushaltsjahres entstanden (Abschreibung eines kompletten Jahres).[28]
Grundsätzlich verlängern nachträgliche Anschaffungskosten i. d. R. nicht die Nutzungsdauer eines Vermögensgegenstandes, sondern werden über die ursprüngliche Nutzungsdauer abgeschrieben. Ausnahmen bilden nachträgliche Anschaffungskosten, die zu wesentlichen Wertverbesserungen führen. Hier kann von einer Ausdehnung der Nutzungsdauer über die ursprünglich angesetzte Nutzungsdauer hinaus ausgegangen werden. Dies gilt analog für erhaltene investive Zuweisungen und Zuschüsse, die nach § 47 Abs. 4 KomHKV ertragswirksam aufzulösen sind.

1.2 Herstellungskosten
Nach § 50 Abs. 2 KomHKV sind Herstellungskosten, die Aufwendungen, die entstehen durch den Verbrauch von Gütern und die Inanspruchnahme von Diensten für
- die Herstellung eines Vermögensgegenstandes,
- seine Erweiterung oder
- für eine über seinen ursprünglichen Zustand hinausgehende wesentliche Verbesserung.

Eine besondere Schwierigkeit in der Praxis stellt hierbei insbesondere die Abgrenzung zwischen Herstellungskosten und Unterhaltungsaufwand dar. Der Bewertungsleitfaden des Landes Brandenburg gibt hierzu eine Orientierung und Kalkulationsvorgabe (vgl. BewertL Bbg Nr. 2.4.3.2).
Danach gelten drei wertverbessernde Maßnahmen als Investition, wenn Sie in einem zeitlichen Zusammenhang stehen und zu einer wesentlichen Wertverbesserung des Vermögensgegenstandes führen.[29]

1.3 Schenkung
Einen Sonderfall stellt die Schenkung eines Vermögensgegenstandes dar. Da die Kommune von diesem Vermögensgegenstand wirtschaftlicher Eigentümer wird, ist dieser entsprechend § 47 Abs. 1 KomHKV in die kommunale Vermögensrechnung (Bilanz) nach § 57 KomHKV aufzunehmen. Als Anschaffungskosten sind hier sog. Zeitwerte heranzuziehen. Daneben ist in gleicher Höhe ein entsprechender Sonderposten (Passivierung einer Zuwendung) in die Vermögensrechnung aufzunehmen und über die Nutzungsdauer des geschenkten Vermögensgegenstandes gem. § 47 Abs. 4 KomHKV ertragswirksam aufzulösen.[30] Dadurch

---

28 BewertL Bbg, a. a. O., Nr. 2.4.3.
29 Vgl. BewertL Bbg, a. a. O., Nr. 2.4.3.2.
30 Vgl. KomHKV – Kommentar – KomHR Bbg.

werden die durch den geschenkten Vermögensgegenstand verursachten Abschreibungen durch entsprechende Erträge zu 100 v. H. neutralisiert und belasten nicht den Haushaltsausgleich nach § 63 Abs. 4 BbgKVerf.

1.4 Mittelanmeldungen für Investitionen

In der Praxis sind die Fachbereiche im Rahmen der Haushaltsplanung aufgefordert, entsprechende Mittelanmeldungen[31] mit dem Investitionsbedarf sowie den notwendigen Verpflichtungsermächtigungen zu erstellen.

2. Verpflichtungsermächtigungen

Grundsätzlich wird das Veranschlagungsverfahren bei Investitionsmaßnahmen in zwei unterschiedliche Fallkonstellationen unterschieden:

Beträge die im Haushaltsjahr kassenwirksam werden …	Verträge bzw. Bauaufträge/Vergaben, die in künftigen Haushaltsjahren kassenwirksam werden …
= Auszahlungsansatz	**= Verpflichtungsermächtigung**
Gesamtermächtigung	

Verpflichtungsermächtigungen sind nach § 73 Abs. 1 BbgKVerf i. V. m. § 15 KomHKV Ermächtigungen zum Eingehen von Verpflichtungen, die künftige Haushaltsjahre mit Auszahlungen für Investitionen und Investitionsförderungsmaßnahmen belasten.
Für eine Verpflichtungsermächtigung müssen folgende Voraussetzungen erfüllt sein:

- Investition bzw. Investitionsförderungsmaßnahme
- Eingehen einer Verpflichtung im Haushaltsjahr (z. B. durch einen Auftrag, Kaufvertrag oder Bauvertrag)
- Auszahlung aus der Verpflichtung in späteren Haushaltsjahren

Da Verpflichtungsermächtigungen nur für Investitionsmaßnahmen vorgesehen sind, ist eine Veranschlagung nur im Finanzhaushalt möglich.
Entsprechend § 73 Abs. 2 BbgKVerf dürfen die Verpflichtungsermächtigungen zulasten der dem Haushaltsjahr folgenden drei Jahre veranschlagt werden, erforderlichenfalls bis zum Abschluss einer Maßnahme. Gem. § 15 KomHKV sind die Verpflichtungsermächtigungen maßnahmebezogen im Teilfinanzhaushalt zu veranschlagen. Dabei ist anzugeben, wie sich die Belastungen auf die künftigen Haushaltsjahre verteilen. Die Gesamtsumme aller Verpflichtungsermächtigungen des jeweiligen Haushaltsjahres wird in § 3 der Haushaltssatzung festgesetzt (vgl. verbindliches Haushaltsmuster Nr. 5.1).[32]

[31] Das dargestellte Muster wird in ähnlicher Form durch Kommunen genutzt.

[32] Vgl. VV Produkt- und Kontenrahmen Nr. 5.1, a. a. O.

Haushaltsplanung Stadt Prenzwalde
Mittelanforderung für Investitionen des Haushaltsjahres ....

Bezeichnung der Maßnahme:

Produktkonto:

Verfügungsberechtigter Fachbereich:

Von der Investition betroffenes Bestandskonto:

Deckungskreis:

	Jahr	*Mittelanmeldung*
Gesamtausgabebedarf der Maßnahme		
Bisher insgesamt in Vorjahren bereitgestellt		
Ansatz Vorjahr		
Rechnungsergebnis		
Ansatz Planjahr		
Verpflichtungsermächtigung Planjahr*		
Ansatz 1. Folgejahr		
Verpflichtungsermächtigung 1. Folgejahr		
Ansatz 2. Folgejahr		
Verpflichtungsermächtigung 2. Folgejahr		
Ansatz 3. Folgejahr		
Verpflichtungsermächtigung 3. Folgejahr		

* Die Kassenwirksamkeit der VE ist unter Begründung anzugeben.

Begründung:

Prenzwalde, den

Planstufe: verfügungsberechtigter Fachbereich **Unterschrift Fachbereichsleiter**

Abbildung 14: Mittelanforderung für Investitionen

Darstellung der Veranschlagung einer Verpflichtungsermächtigung und der daraus resultierenden Auszahlungen:

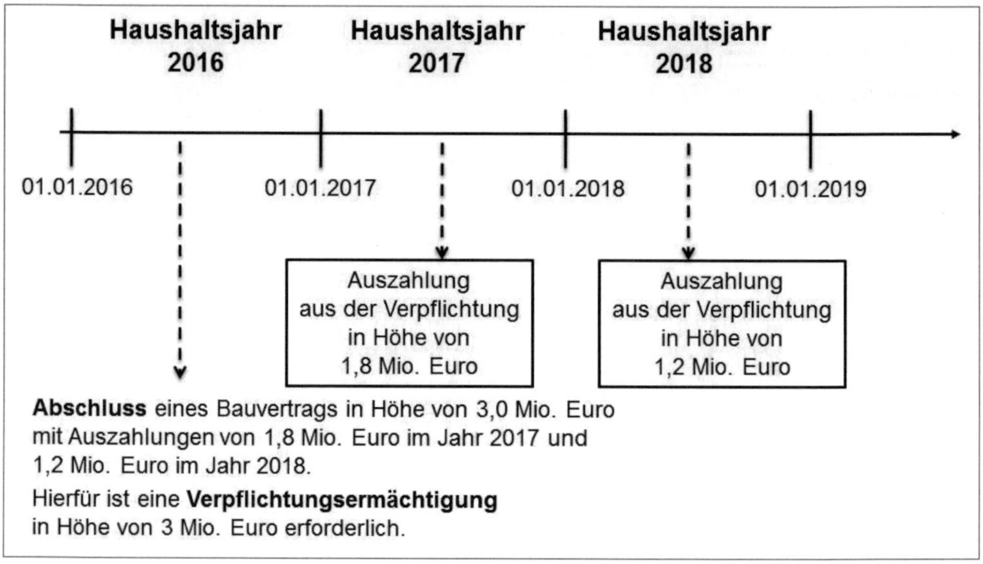

Abbildung 15: Verpflichtungsermächtigung

Beispiele zur Veranschlagung von Verpflichtungsermächtigungen

Die Stadt Prenzwalde plant den Bau eines neuen Fußballstadions mit Auszahlungen von jeweils 1 Mio. Euro in den Jahren 2016, 2017 und 2018. Es ist vorgesehen, einen Gesamtauftrag an einen Generalbauunternehmer zu vergeben.

Teilfinanzhaushalt Investitionstätigkeit	Ansatz 2015	Ansatz 2016	VE 2016	Ansatz 2017	Ansatz 2018	Ansatz 2019
in €						
Auszahlungen für Baumaßnahmen	0 Mio.	1 Mio.	2 Mio.*	1 Mio.	1 Mio.	0 Mio.

** Die Verpflichtungsermächtigung im Jahr 2016 i. H. v. 2 Mio. Euro wird mit jeweils 1 Mio. Euro 2017 und 2018 kassenwirksam.*

Wird der Gesamtauftrag bereits im Jahr 2015 vergeben, damit mit der Maßnahme im Jahr 2016 ohne weitere Verzögerungen begonnen werden kann, muss die Verpflichtungsermächtigung in voller Höhe bereits im Jahr 2015 abgebildet werden.

Teilfinanzhaushalt Investitionstätigkeit	Ansatz 2014	Ansatz 2015	VE 2015	Ansatz 2016	Ansatz 2017	Ansatz 2018
			in €			
Auszahlungen für Baumaßnahmen	0 Mio.	0 Mio.	3 Mio.*	1 Mio.	1 Mio.	1 Mio.

** Die Verpflichtungsermächtigung im Jahr 2015 i. H. v. 3 Mio. Euro wird mit jeweils 1 Mio. Euro 2016, 2017 und 2018 kassenwirksam.*

In den folgenden Haushaltsjahren müssten dann nur noch die aus der Verpflichtungsermächtigung erforderlichen Auszahlungsansätze geplant werden.

Teilfinanzhaushalt Investitionstätigkeit	Ansatz 2015	Ansatz 2016	VE 2016	Ansatz 2017	Ansatz 2018	Ansatz 2019
			in €			
Auszahlungen für Baumaßnahmen	0 Mio.	1 Mio.	0 Mio.*	1 Mio.	1 Mio.	0 Mio.

3. Abschreibung von Vermögensgegenständen

Investive Einzahlungen und Auszahlungen werden in Form von Abschreibungen (Aufwendungen) bzw. durch die ertragswirksame Auflösung der investiven Zuweisungen, Zuwendungen und Beiträge (Erträge) im Ergebnisplan veranschlagt. Die Kommunen benötigen zur kommunalen Aufgabenerfüllung eine Vielzahl von Anlagevermögen.
Dazu gehören nach § 2 Nr. 4 KomHKV Teile des Vermögens, die der dauerhaften Aufgabenerfüllung dienen. Im § 57 Abs. 3 Nr. 1 KomHKV werden die einzelnen Positionen des Anlagevermögens in der kommunalen Vermögensrechnung dargestellt. Hierzu zählen insbesondere die bebauten und unbebauten Grundstücke, das Infrastrukturvermögen sowie die Betriebs- und Geschäftsausstattung. Die Vermögensgegenstände des Anlagevermögens können aufgrund von technischem, natürlichem, moralischem oder außerordentlichem Verschleiß nur für eine bestimmte Dauer genutzt werden.
Die Abnutzung der Anschaffungs- oder Herstellungskosten (vgl. § 51 KomHKV) wird buchhalterisch durch eine Abschreibung (in Geld ausgedrückter Werteverzehr durch Abnutzung, Aufwand) abgebildet und im Haushaltsplan der Gemeinde veranschlagt. Die Abschreibung mindert den Wert des Anlagevermögens in der kommunalen Vermögensrechnung. Als Rechtsgrundlagen zur Ermittlung der Abschreibungen dienen die §§ 50, 51 KomHKV.
Die Abschreibungen haben im kommunalen Haushaltswesen eine besondere Bedeutung. Sie sind als Aufwand/Kosten Bestandteil bei der Kalkulation von Gebühren ebenso wie z. B. Kosten für Bürobedarf, Personal etc. Über den Grundsatz des Haushaltsausgleichs müssen damit auch die im Ergebnisplan veranschlagten Abschreibungen erwirtschaftet werden. Ziel ist es dabei, diese über die Nutzungsdauer der einzelnen Vermögensgegen-

stände anzusparen, damit sie im Anschluss für Neuinvestitionen zur Verfügung stehen (siehe Abbildung 16). Dies ist der sog. Abschreibungskreislauf.[33]

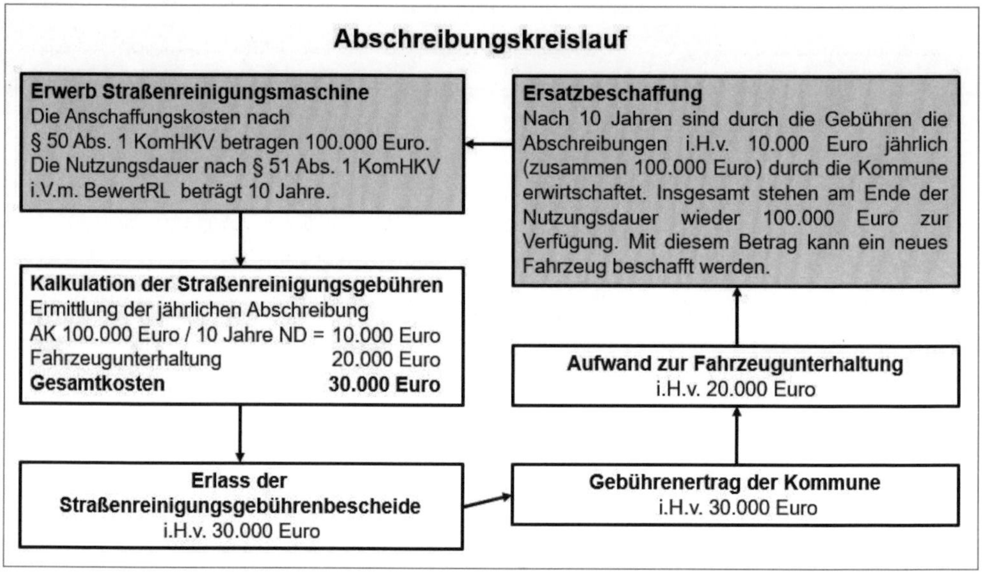

Abbildung 16: Abschreibungskreislauf

Die planmäßige Abschreibung erfolgt nach § 51 Abs. 1 KomHKV im Regelfall linear. Daneben ist noch in Ausnahmefällen die degressive (fallende Beträge) und Leistungsabschreibung (nach Maßgabe der Leistungsabgabe) zugelassen. Durch die lineare Abschreibung belasten die investiven Auszahlungen im Finanzplan über die Nutzungsdauer des Vermögensgegenstandes den Ergebnisplan und damit den Haushaltsausgleich der Gemeinden (vgl. § 63 Abs. 4 BbgKVerf). Das heißt, jede Investition belastet auch den Haushaltsausgleich, nur zeitversetzt.

Daraus folgt, dass die Kommunen für jeden Vermögensgegenstand eine betriebsgewöhnliche Nutzungsdauer definieren müssen (vgl. § 51 Abs. 2 KomHKV). Empfehlungen hierzu enthält der Bewertungsleitfaden des Landes Brandenburg mit der sog. AfA-Liste[34] (Anlage 10 BewertL Bbg).

Ergänzend kann auf die vom Bundesministerium der Finanzen herausgegebene »AfA-Tabelle für die allgemein verwendbaren Anlagegüter« zurückgegriffen werden.

33 Das dargestellte Modell berücksichtigt keine Preissteigerungen im Laufe der Nutzungsdauer (Inflation). Des Weiteren wird unterstellt, dass die festgesetzten Gebühren auch in voller Höhe kassenwirksam werden. Dies ist jedoch selten der Fall (schlechtes Zahlungsverhalten, Niederschlagung, Erlass).

34 Absetzung für Abnutzung.

Anlage 10 BewertL (Abschreibungstabelle)
Stand: September 2009 Auszug

Bezeichnung	Nutzungs-dauer	Abschr.-Satz
Feuerlöschfahrzeug	8	12,50
Feuerlöschgeräte	8	12,50
Feuerlöschgeräte (Handdrucklöschpistole)	6	16,67
Feuerlöschgeräte (Handfeuerlöschgerät)	6	16,67
Feuermeldeanlagen	10	10,00
Feuerwehrgerätehäuser, massiv	80	1,25
Feuerwehrgerätehäuser, teilmassiv	40	2,50
Feuerwehrleitern (mechanisch)	15	6,67
Feuerwehrschränke	10	10,00
Feuerwehrschutzanzug (Gas-Säure-Kontaminations-Schutzanzug)	3	33,33
Filmentwicklungsmaschinen	10	10,00
Filteranlage	15	6,67
Flip-Chart	5	20,00
Flüssigkeitssauger	10	10,00
Flutlichtanlage	20	5,00
Frankiermaschinen	6	16,67
Friedhofsbagger	8	12,50
Friedhofskapellen	80	1,25

Abbildung 17: AfA-Tabelle (Auszug)

Zu beachten ist, dass planmäßige Abschreibungen nur bei Vermögensgegenständen des Anlagevermögens erfolgen, deren Nutzung zeitlich begrenzt ist (vgl. § 51 Abs. 1 Satz 1 KomHKV). Eine Besonderheit gilt dabei für nicht abnutzbare Vermögensgegenstände wie z. B. Grundstücke und Kunstgegenstände. Diese unterliegen keiner regelmäßigen Abnutzung bzw. Werteverzehr und werden daher nicht planmäßig abgeschrieben. Dennoch können diese Vermögensgegenstände aufgrund besonderer Umstände außerplanmäßig abgeschrieben werden.

Die planmäßige Abschreibung erfolgt im Jahr der erstmaligen Nutzung bzw. Inbetriebnahme zeitanteilig, d. h. ratierlich. Nach § 51 Abs. 3 Satz 1 KomHKV erfolgt die planmäßige Abschreibung ab dem Monat der Anschaffung oder Herstellung. Das heißt, der Monat der Anschaffung für bewegliche Vermögensgegenstände oder Herstellung für unbewegliche Vermögensgegenstände wird bei der Ermittlung der zeitanteiligen Abschreibung mit berücksichtigt. Erfolgt z. B. die Anschaffung eines Vermögensgegenstands im März eines Haushaltsjahres, so sind im ersten Nutzungsjahr 10/12 abzuschreiben.

Beispiel:

Am 15.04.2016 wird das bestellte Feuerlöschfahrzeug für die Feuerwehr der Stadt Prenzwalde geliefert und noch am gleichen Tage in Betrieb genommen. Die Anschaffungskosten

betragen 120.000 Euro, und die Nutzungsdauer beträgt laut AfA-Tabelle acht Jahre. Gem. § 51 Abs. 3 KomHKV ist das Fahrzeug ratierlich abzuschreiben.
Die regelmäßige AfA beträgt 15.000 Euro pro Jahr. Im Jahr der Anschaffung ist die zeitanteilig anfallende Abschreibung ab dem Monat der Anschaffung (hier also April) abzuschreiben. Der Abschreibungszeitraum für das Jahr der Anschaffung beträgt somit neun Monate (April bis Dezember). Die AfA beträgt daher im ersten Jahr 11.250 Euro. In den folgenden sieben Jahren werden dann jeweils 15.000 Euro abgeschrieben. Im neunten Jahr muss dann der noch offene (Rest-)Teilbetrag in Höhe von 3.750 Euro abgeschrieben werden.

Im Gegensatz zur linearen Abschreibung ist nach § 51 Abs. 1 Satz 3 KomHKV eine Leistungsabschreibung möglich. Voraussetzung dafür ist, dass diese Form der Abschreibung dem Nutzungsverlauf des Vermögensgegenstandes besser entspricht. Maßgeblich für die Leistungsabschreibung ist dabei nicht die betriebsgewöhnliche Nutzungsdauer, sondern die tatsächliche Inanspruchnahme, also die erzielbaren Leistungseinheiten (wie z. B. die Kilometerleistungen von Fahrzeugen oder Betriebsstunden von Maschinen) des Vermögensgegenstandes.[35] Die Leistungsabschreibung wird ermittelt, indem die Anschaffungs- oder Herstellungskosten durch die insgesamt möglichen Leistungseinheiten dividiert und anschließend mit der im Haushaltsjahr ermittelten oder voraussichtlichen Leistungsabgabe multipliziert werden.[36]
Neben der planmäßigen Abschreibung nach § 51 Abs. 1 KomHKV können Vermögensgegenstände nach § 51 Abs. 4 KomHKV auch außerplanmäßig abgeschrieben werden.

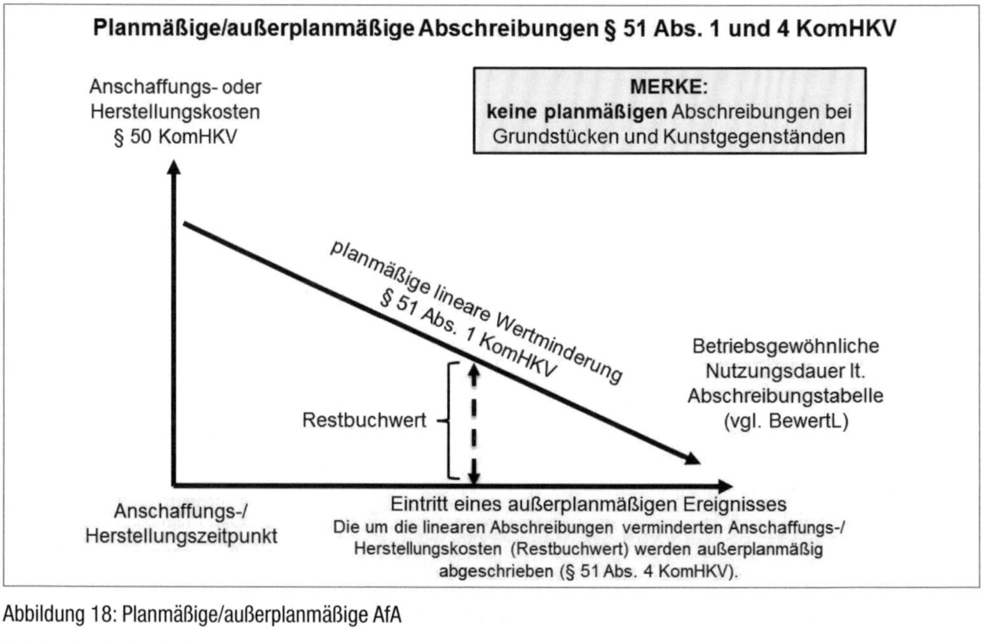

Abbildung 18: Planmäßige/außerplanmäßige AfA

[35] Vgl. Grimberg, Gemeindehaushaltsrecht Sachsen-Anhalt, Kommentierung zu § 40 GemHVO, S. 149, Nr. 2.2, Wiesbaden 2011.

[36] Vgl. Grimberg/Bernhardt/Mutschler/Stockel-Veltmann, Neues Kommunales Haushaltsrecht, 2. Auflage, Witten 2010, S. 384 ff.

Eine außerplanmäßige Abschreibung erfolgt sowohl bei Vermögensgegenständen, deren Nutzung zeitlich begrenzt ist, als auch bei Vermögensgegenständen, die grundsätzlich keiner regelmäßigen Abnutzung unterliegen. Das heißt, auch Grundstücke und Kunstgegenstände können außerplanmäßig abgeschrieben werden (z. B. Zerstörung eines Gemäldes, Minderung des Grundstückswertes aufgrund von Altlasten). Eine außerplanmäßige Abschreibung erfolgt dabei nur, soweit es sich um eine dauerhafte Wertminderung handelt. Zur Ermittlung der außerplanmäßigen Abschreibung ist der Restbuchwert nach Berücksichtigung der planmäßigen Abschreibung des Haushaltsjahres maßgeblich (Abbildung 19). Ob eine außerplanmäßige Abschreibung zu einem ordentlichen oder außerordentlichen Aufwand führt, hängt von der Wesentlichkeit und der Art des Vermögensgegenstandes ab (vgl. § 4 Abs. 2 KomHKV).

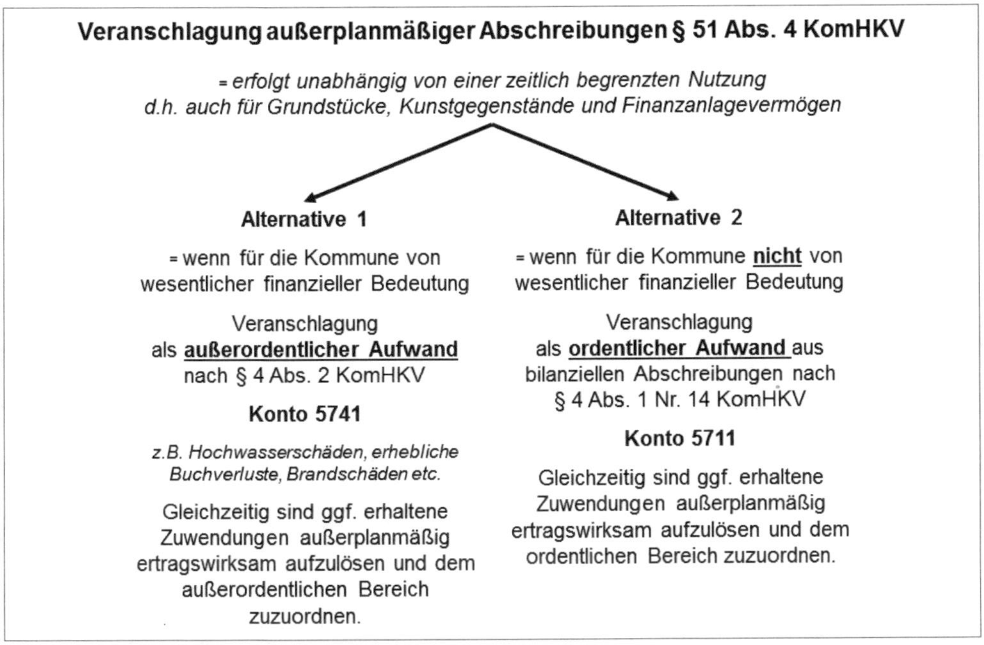

Abbildung 19: Veranschlagung außerplanmäßige AfA

Entfällt in späteren Jahren der Grund für die außerplanmäßige Abschreibung, ist nach § 51 Abs. 4 Satz 2 KomHKV der Betrag der Abschreibung im Umfang der Werterhöhung unter Berücksichtigung der Abschreibungen, die inzwischen vorzunehmen gewesen wären, zuzuschreiben. Eine Zuschreibung ist demnach nur möglich, soweit der Vermögensgegenstand im Vorfeld auch außerplanmäßig abgeschrieben wurde.[37] Die Zuschreibung wird wie die außerplanmäßige Abschreibung im Ergebnisplan ausgewiesen.[38]

37 Kirchmer/Meinecke, Kommunale Doppik Sachsen-Anhalt, Kommentierung zu § 40 Abs. 4 GemHVO Rd.-Nr. 22, Stuttgart 2012.

38 Bei Kunstgegenständen erfolgt eine Zuschreibung bei Wertsteigerung nicht (Vorsichts-/Imparitätsprinzip). Danach werden Wertsteigerungen erst bei Verkauf (Realisation) ausgewiesen, während Wertminderungen bereits bei hinreichender Wahrscheinlichkeit zu berücksichtigen sind (Grundsatz ordnungsgemäßer Buchführung). Siehe dazu auch BewertL Bbg, a. a. O., Nr. 2.2.8 f.

Zu beachten sind hierbei auch die zur Finanzierung von Vermögensgegenständen des Anlagevermögens erhaltenen Zuwendungen (Zuweisungen und Zuschüsse) und Beiträge (z. B. Straßenausbaubeiträge, Erschließungsbeiträge). Diese werden als Sonderposten auf der Passivseite der Vermögensrechnung (Finanzierung) gem. § 47 Abs. 4 KomHKV nachgewiesen und den damit geförderten Vermögensgegenständen gegenübergestellt. Damit erfolgt eine ertragswirksame Auflösung des Sonderpostens in Abhängigkeit von der Wertentwicklung des bezuschussten Vermögensgegenstandes und findet seinen Niederschlag in der Ergebnisrechnung der Kommune (Konten 4161, 4371, 4571 VV Produkt- und Kontenrahmen Nr. 4.4.3 Ergebnisrechnung).

4. Abschreibung bei geringwertigen Wirtschaftsgütern

Eine besondere Form der Abschreibung erfolgt bei den sog. geringwertigen Wirtschaftsgütern (GWG). Dabei handelt es sich um Gegenstände des Anlagevermögens, die selbstständig genutzt werden können, beweglich sind und einer Abnutzung unterliegen (vgl. § 50 Abs. 4 KomHKV). Die selbstständige Nutzbarkeit eines Vermögensgegenstandes (z. B. Stuhl, Tisch, Pkw, Fahrrad) stellt vielfach in der Praxis ein Problem dar. Ein Vermögensgegenstand ist nicht selbstständig nutzbar, wenn er nur mit einem anderen Vermögensgegenstand gemeinsam genutzt werden kann. Erst durch die gemeinsame Nutzung entsteht eine Sachgesamtheit (z. B. PC, Maus, Tastatur). Bei der Anwendung der nachfolgenden Wertgrenzen ist dann nicht auf das einzelne Anlagegut, sondern vielmehr auf den Wert der Sachgesamtheit abzustellen, sofern der Vermögensgegenstand nicht selbstständig nutzbar ist.
Nach § 50 Abs. 4 Satz 1 KomHKV ist für GWGs mit einer Wertgrenze von 150 Euro bis 1.000 Euro netto im Jahr der Anschaffung oder Herstellung ein Sammelposten zu bilden, der über einen Zeitraum von fünf Jahren unabhängig von der betriebsgewöhnlichen Nutzungsdauer abzuschreiben ist. Eine zeitanteilige (ratierliche) Abschreibung im ersten Nutzungsjahr erfolgt dabei nicht. Vielmehr wird eine komplette Jahresscheibe abgeschrieben. Scheidet ein Vermögensgegenstand aus dem Bestand der GWGs vor Ablauf der Nutzungsdauer von fünf Jahren z. B. durch Verkauf, Verlust, Zerstörung u. a. Ereignisse aus, so wird der Sammelposten nicht um diesen Wertverlust vermindert und in der ursprünglichen Höhe weiter bis zum Ablauf der fünf Jahre weiter abgeschrieben (vgl. § 50 Abs. 4 Satz 3 KomHKV).

Zusammenfassung GWG-Sammelposten
(alles Netto-Beträge)

0 Euro bis 150,00 Euro	150,01 Euro bis 1.000,00 Euro	ab 1.000,01 Euro
Verbrauchsfiktion sofortiger Aufwand *(§ 50 Abs. 4 Satz 4 KomHKV)*	geringwertiges Wirtschaftsgut Pauschalabschreibung über fünf Jahre Bildung Sammelposten *(§ 50 Abs. 4 Satz 1 KomHKV)*	Abschreibung nach Abschreibungstabelle *(§ 51 Abs. 3 KomHKV)*

Abbildung 20: GWG-Sammelposten

Nach § 50 Abs. 4 Satz 4 KomHKV werden die geringwertigen Wirtschaftsgüter (in der Praxis auch als geringstwertige Wirtschaftsgüter bezeichnet) im Haushaltsjahr der Anschaffung oder Herstellung sofort als Aufwand behandelt (sog. Verbrauchsfiktion), soweit deren Wert die Grenze von 150 Euro netto nicht übersteigt (Konto 5431, VV Produkt- und Kontenrahmen 4.4.3 – Ergebnisrechnung).

Beispielhafte Darstellung der Entwicklung eines GWG-Sammelpostens

	Sammelposten 2016	Sammelposten 2017	Sammelposten 2018
Bildung im Jahr 2016 1/5 Abschreibung Restbuchwert 31.12.2016	25.000 € 5.000 € 20.000 €		
Bildung im Jahr 2017 1/5 Abschreibung Restbuchwert 31.12.2017	 5.000 € 15.000 €	30.000 € 6.000 € 24.000 €	
Bildung im Jahr 2018 1/5 Abschreibung Restbuchwert 31.12.2018	 5.000 € 10.000 €	 6.000 € 18.000 €	20.000 € 4.000 € 16.000 €
Bildung im Jahr 2019 1/5 Abschreibung Restbuchwert 31.12.2019	 5.000 € 5.000 €	 6.000 € 12.000 €	 4.000 € 12.000 €
Bildung im Jahr 2020 1/5 Abschreibung Restbuchwert 31.12.2020	 5.000 € 0 €	 6.000 € 6.000 €	 4.000 € 8.000 €
Bildung im Jahr 2021 1/5 Abschreibung Restbuchwert 31.12.2021		 6.000 € 0 €	 4.000 € 4.000 €
Bildung im Jahr 2022 1/5 Abschreibung Restbuchwert 31.12.2022			 4.000 € 0 €

Beispiele zur Veranschlagung im Ergebnis- und Finanzplan

a) Die Stadt Prenzwalde kauft eine Digitalkamera im Wert von 100,00 Euro netto. Im Finanzhaushalt ist gem. § 5 Nr. 14 KomHKV die entsprechende Auszahlung in Höhe von 100,– Euro zu veranschlagen. Im Ergebnishaushalt ist ein entsprechender Aufwand gem. § 4 Abs. 1 Nr. 16 KomHKV i. H. v. 100,- Euro zu planen (Verbrauchsfiktion).

b) Die Stadt Prenzwalde kauft einen Beamer im Wert von 500,00 Euro netto. Im Finanzhaushalt ist gem. § 5 Nr. 29 KomHKV die entsprechende Auszahlung in Höhe von 500,– Euro zu veranschlagen. Im Ergebnishaushalt ist eine entsprechende Abschreibung gem. § 5 Abs. 1 Nr. 14, § 50 Abs. 4 KomHKV i. H. v. 100,– Euro zu berücksichtigen (1/5 der AHK – Abschreibung im Sammelposten).

c) Die Stadt Prenzwalde kauft im Juli des Haushaltsjahres einen Beamer im Wert von 1.800,– Euro netto. Die Nutzungsdauer beträgt sechs Jahre.

Im Finanzhaushalt ist gem. § 5 Nr. 29 KomHKV die entsprechende Auszahlung in Höhe von 1.800,– Euro zu veranschlagen. Im Ergebnishaushalt des Haushaltsjahres ist eine entsprechende Abschreibung gem. § 4 Abs. 1 Nr. 14, § 51 Abs. 3 KomHKV i. H. v. 150,– Euro zu berücksichtigen (ratierliche Abschreibung der AHK – Abschreibung nach Abschreibungstabelle).

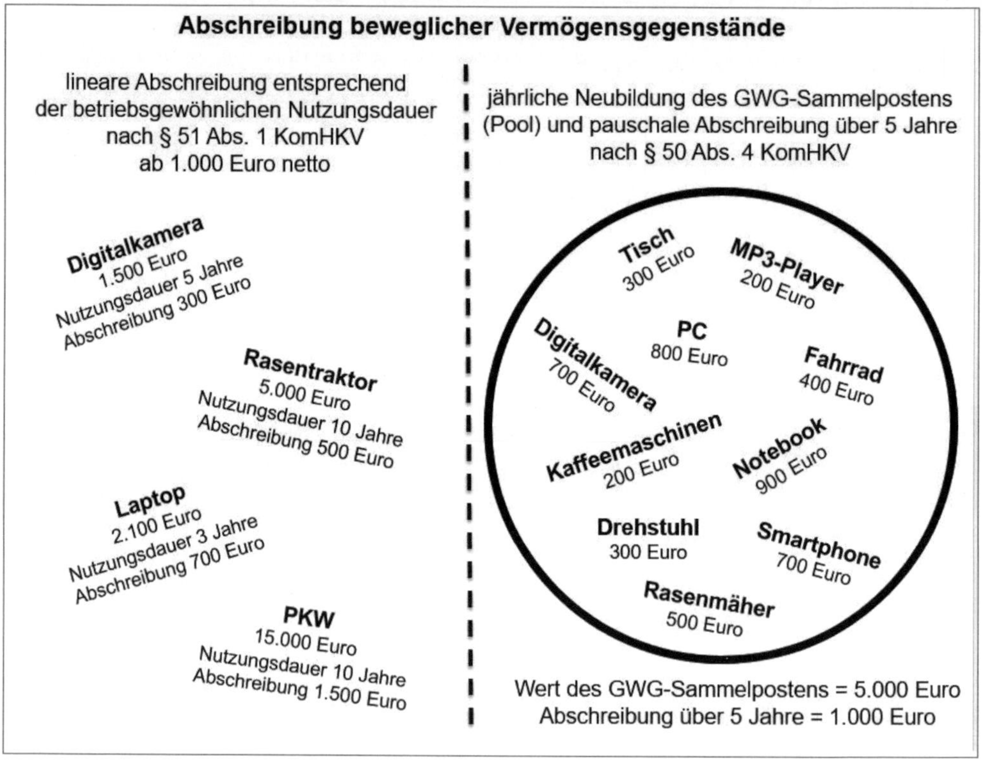

Abbildung 21: AfA von beweglichen Vermögensgegenständen

5. Die ertragswirksame Auflösung von investiven Zuwendungen, Zuschüssen und Beiträgen

Vermögensgegenstände, die unter Einsatz von Zuwendungen oder Beiträgen angeschafft oder hergestellt werden, sind in voller Höhe zu aktivieren und auf der Passivseite der Bilanz unter der Position Sonderposten auszuweisen (vgl. § 47 Abs. 4 Satz 1 KomHKV).[39] Hinsichtlich der Veranschlagung teilen die investiven Zuwendungen und Beiträge (u. a. Straßenausbau- und Erschließungsbeiträge) das Schicksal der damit finanzierten

[39] Vgl. BewertL Bbg, a. a. O., Nr. 2.11.

Vermögensgegenstände.[40] Dies hat zur Folge, dass die Zuwendungen und Beiträge im Finanzhaushalt in voller Höhe veranschlagt werden und über die Nutzungsdauer der Vermögensgegenstände ertragswirksam im Ergebnishaushalt aufgelöst werden und in Höhe der Förderquote den Aufwand aus Abschreibungen neutralisieren. Die Berechnung der ertragswirksamen Auflösung der Zuwendungen und Beiträge erfolgt gem. § 47 Abs. 4 KomHKV. Dadurch erfolgt eine Entlastung des Haushaltsausgleichs nach § 63 Abs. 4 BbgKVerf.

Die erhaltenen Zuwendungen und Beiträge folgen dabei in jedem Fall der Wertentwicklung des Vermögensgegenstandes.

Wird der Vermögensgegenstand nicht abgeschrieben (z. B. bei Grundstücken und Kunstgegenständen) erfolgt auch keine ertragswirksame Auflösung der dafür erhaltenen Zuwendungen. Wird ein Vermögensgegenstand außerplanmäßig nach § 51 Abs. 4 KomHKV abgeschrieben, muss auch die dafür erhaltene Zuwendung außerplanmäßig ertragswirksam aufgelöst werden.

Wird der Kommune ein Vermögensgegenstand geschenkt, ist die Bildung eines Sonderpostens nur bei Geldschenkungen mit investiver Zweckbindung oder Sachschenkungen möglich. Dabei ist in gleicher Höhe ein entsprechender Sonderposten (Passivierung einer Zuwendung) in die Vermögensrechnung aufzunehmen (bei Sachschenkungen mit dem beizulegenden Wert)[41] und über die Nutzungsdauer des geschenkten Vermögensgegenstandes ertragswirksam aufzulösen.[42] Dadurch werden die durch den geschenkten Vermögensgegenstand verursachten Abschreibungen durch entsprechende Erträge zu 100 v. H. neutralisiert und belasten nicht den Haushaltsgleich nach § 63 Abs. 4 BbgKVerf.[43]

Merke: Die investiven Zuweisungen und Beiträge teilen das Schicksal der damit erworbenen bzw. hergestellten Vermögensgegenstände.

Die investiven Zuwendungen und Beiträge sind jedoch von den grundsätzlich im Haushaltsjahr des Zugangs ergebniswirksam zu veranschlagenden Aufwandszuschüssen für die laufende Verwaltungstätigkeit wie z. B. die Schlüsselzuweisungen des Landes abzugrenzen. Letztere werden in voller Höhe ertragswirksam.[44]

Beispiel

Die Stadt Prenzwalde erwirbt ein neues Fahrzeug für die Feuerwehr. Die Anschaffungskosten nach § 50 Abs. 1 KomHKV betragen 100.000 Euro. Die Anschaffung des Fahrzeugs wird zu 75 v. H. durch das Land Brandenburg gefördert. Die betriebsgewöhnliche Nutzungsdauer wird mit zehn Nutzungsjahren angesetzt (siehe Abbildung 22).

---

[40] Vgl. Beschreibung zum Kontenbereich 23 des Kontenrahmenplans bzw. RdErl. des MI vom 20.12.2013 zur Bilanzierung von Sonderposten.

[41] Vgl. § 255 Abs. 4 HGB, der beizulegende (Zeit-)Wert wird in der einschlägigen Literatur auch als Marktwert/Fair Value bezeichnet.

[42] Vgl. BewertL Bbg, a. a. O., 2.11.

[43] Vgl. auch die Darstellung von Rose, ZKF 2014, Nr. 4, S. 77–81 bei der Übertragung von Vermögensgegenständen von einem öffentlichen Aufgabenträger an einen anderen öffentlichen Aufgabenträger.

[44] Vgl. BewertL Bbg, a. a. O., Nr. 2.11.

beispielhafte Darstellung

Beschaffung eines Vermögensgegenstandes für 100.000 Euro.
Nutzungsdauer 10 Jahre. Zuwendung durch das Land i.H.v. 75 v.H.

Finanzhaushalt/-rechnung

+ Einzahlungen aus Investitionszuwendungen	75.000 Euro
./. Auszahlungen für eigene Investitionen	100.000 Euro
= Saldo aus Investitionstätigkeit (25 v.H. Eigenanteil)	./. 25.000 Euro Minderung der liquiden Mittel

Ergebnishaushalt/-rechnung

+ ertragswirksame Auflösung der Zuweisung	7.500 Euro
./. Bilanzielle Abschreibung	10.000 Euro
= Jahresergebnis (25 v.H. Eigenanteil)	./. 2.500 Euro Belastung HH-Ausgleich / Minderung Eigenkapital

Abbildung 22: AfA (beispielhafte Darstellung)

Vermögensrechnung			Ergebnisrechnung	
Aktiva	**Passiva**	**Nutzungsdauer**	**Aufwand**	**Ertrag**
100.000 €	75.000 €			
90.000 €	67.500 €	Jahr 1	10.000 €	7.500 €
80.000 €	60.000 €	Jahr 2	10.000 €	7.500 €
70.000 €	52.500 €	Jahr 3	10.000 €	7.500 €
60.000 €	45.000 €	Jahr 4	10.000 €	7.500 €
50.000 €	37.500 €	Jahr 5	10.000 €	7.500 €
40.000 €	30.000 €	Jahr 6	10.000 €	7.500 €
30.000 €	22.500 €	Jahr 7	10.000 €	7.500 €
20.000 €	15.000 €	Jahr 8	10.000 €	7.500 €
10.000 €	7.500 €	Jahr 9	10.000 €	7.500 €
0 €[45]	0 €	Jahr 10	10.000 €	7.500 €

[45] Bei der Weiternutzung des Vermögensgegenstandes nach Ablauf der betriebsgewöhnlichen Nutzungsdauer wird auf einen Erinnerungswert abgeschrieben. Dies gilt analog für die ertragswirksame Auflösung der dafür erhaltenen Zuweisungen und Beiträge (Sonderposten).

Aus dem jährlichen Saldo der entstandenen Aufwendungen aus bilanzieller Abschreibung (10.000 Euro) und der Erträge aus der Auflösung der Zuweisung (7.500 Euro) ergibt sich eine Belastung des Haushaltsausgleichs i. H. v. 2.500 Euro. Dies stellt wiederum gleichzeitig den Eigenanteil von 25 v. H. dar.

VI. Produktrahmen

1. Inhalt und Ziele des produktorientierten Haushaltsplans

Unter dem Produktrahmenplan wird die Gliederung und Strukturierung der kommunalen Leistungen im Rahmen ihrer Aufgabenerfüllung in sog. Produkte verstanden. Dies ist der Output. Darunter werden auch Leistungs-(Produktions-)Ergebnisse in Form von Gütern und Dienstleistungen gesehen. Das Produkt stellt damit eine abgrenzbare Leistung bzw. eine Gruppe von Leistungen der Kommune dar, welche für Dritte (interne und externe Nutzer) erbracht werden und Ressourcenverbrauch verursachen.[46] Dabei ist es unerheblich, ob für das Produkt ein sog. »Anschluss- oder Benutzungszwang« besteht. Für die Kommunen bedeutet dies konkret, dass sie die von ihnen erstellten Güter und Dienstleistungen in einem speziellen Produktplan darstellen müssen.
Durch den Produktplan einer jeden Kommune wird u. a. auch die Fülle an wahrgenommenen Aufgaben und erbrachten Leistungen deutlich.
Für diese Produkte sind folglich Produktbeschreibungen zu erstellen, die Bestandteile des Haushaltsplans werden. Betrachtet man insgesamt den Leistungs- und damit den Produktkatalog einer Kommune, ist vielfach von einem »Gemischtwarenhandel« die Rede. Das Produkt dient dem Bürger, der Politik und der Verwaltung als zentraler Informationsträger für den kommunalen Haushalt und die von der Verwaltung erstellten Leistungen. Es stellt praktisch dar, welche Leistungen die Kommune ihren Bürgern anbietet.
Das wesentliche Ziel des produktorientierten Haushaltsplans ist ein wirtschaftlicher und transparenter Nachweis des Ressourceneinsatzes. Das notwendige Instrument dafür sind die Produkte. Die Produkte dienen dem Ziel, das zukünftige Verwaltungshandeln durch Zielvorgaben und Kennzahlen zu steuern, mehr Transparenz für Verwaltung und Politik zu erreichen und die Wirkung kommunalen Handelns in den Mittelpunkt zu stellen. Kommunalverwaltungen sollen sich vielmehr mit der Frage beschäftigen »Was erreichen wir mit unserem Mitteleinsatz?« und nicht »Wie viele Mittel wenden wir wofür auf?«.
Der Haushaltsplan weist an unzähligen Konten nach, welche Erträge erwirtschaftet werden und welche Aufwendungen entstehen. Was mit den Ressourcen tatsächlich gemacht bzw. erreicht werden soll, wird nur ungenügend dargestellt. Diese Lücke schließen die Produktbeschreibungen.
Dabei werden die Personal- und Finanzressourcen durch die Vertretung vorgegeben und mit Leistungs- und Zielvorgaben für die jeweiligen Produktverantwortlichen verknüpft. Durch diese Verknüpfung sowie die Messung des Outputs wird die Transparenz des Verwaltungshandels deutlich erhöht. Durch die Vereinbarung von Zielen und Kennzahlen dienen

[46] Vgl. § 2 Nr. 33 KomHKV.

die Produkte als zentrales Instrument der Steuerung für Politik und Verwaltungsleitung. Im kommunalen Haushaltsrecht besteht die gesetzliche Pflicht, einen Produkthaushalt nach einem verbindlich vorgegebenen Produktrahmen aufzustellen (vgl. § 6 Abs. 1 KomHKV). Dadurch werden nicht nur vereinzelte Kommunen ihre Produkte definieren, sondern alle Kommunen im gesamten Bundesgebiet. Dies erfolgt u. a. mit dem Ziel, die interkommunale Vergleichbarkeit zu fördern. Der kommunale Produktrahmen entspricht den von der Innenministerkonferenz durch Beschluss vom 21.11.2003 empfohlenen Mindestinhalten der Produktbereiche und Produktgruppen für die kommunalen Haushalte.[47]

Dieser produktorientierte Haushalt ist weit mehr als der Nachweis von Erträgen/Einzahlungen und Aufwendungen/Auszahlungen. Er wird durch die Ergänzung um eine aussagekräftige Kosten- und Leistungsrechnung zum zentralen Steuerungsinstrument für die Politik und die Verwaltungsführung.

Von keinem anderen Instrument gehen solche starken Auswirkungen auf die Entscheidungen und das Verhalten sowohl der Politik als auch der Führungskräfte und der Beschäftigten in der Verwaltung aus. Er enthält die Informationen, die für Planung, Entscheidung und Kontrolle wichtig sind, und bildet die örtliche Verantwortungsstruktur, d. h. die Verwaltungsorganisation, ab. Er definiert die Finanz- und Leistungsziele als Grundlage für eine ergebnisorientierte Steuerung und weist das Ressourcenaufkommen und den Ressourcenverbrauch vollständig aus, um damit die intergenerative Gerechtigkeit zu fördern. Nicht zuletzt ist der Haushalt der Hauptkontrakt zwischen Verwaltung und Vertretung, indem die Politik verbindliche Ziele vorgibt und die dafür erforderlichen Ressourcen zur Verfügung stellt. Zusammenfassend lässt sich der Haushalt nicht nur als »Nerv des Staates« (Richelieu), sondern als »Nerv jeder Kommunalverwaltung« bezeichnen.

2. Struktur des Produkthaushalts

Der durch den Vorordnungsgeber (Ministerium des Innern Bbg) verbindlich vorgegebene Produktrahmen erzeugt vergleichbare Informationen (durch die verbindlich vorgeschriebene Ebene der Produktgruppe). Dadurch gelingt es den Aufsichtsbehörden leichter, die jeweilige kommunale Finanzsituation mit der von anderen Gemeinden zu vergleichen und zu prüfen. Der Produktrahmenplan ist nach § 6 Abs. 1 KomHKV verbindlich anzuwenden (siehe auch VV zum Produkt- und Kontenrahmen).

Der Produktrahmenplan ist insgesamt in die nachfolgenden sieben Produktklassen gegliedert:

1	Zentrale Verwaltung
2	Schule und Kultur
3	Soziales und Jugend
4	Gesundheit und Sport
5	Gestaltung der Umwelt
6	Zentrale Finanzleistungen
7	Stiftungen

[47] Vgl. VV Produkt- und Kontenrahmen, a. a. O., Nr. 1.1 Anmerkungen zum Produktrahmen.

Die weitere Unterteilung des Produktrahmenplans erfolgt in Produktbereiche, Produktgruppen und Produkte. Bis zur Ebene der Produktgruppe (dreistellig) ist der Produktrahmenplan verbindlich vorgeschrieben. Eine weitere Untergliederung der Produktgruppen durch Anfügen einer oder mehrerer Ziffern kann von den Kommunen eigenständig vorgenommen werden. Die weitere Unterteilung in Produkte auf Produktebene ist ebenso nicht verbindlich und obliegt der Entscheidung der jeweiligen Kommune.[48] Ziel dabei ist es, eine möglichst große Vergleichbarkeit zwischen den Haushalten der Kommunen zu erreichen. Insofern wird hier die Meinung vertreten, dass eine Abweichung von den Produkten nur in begründeten Ausnahmefällen erfolgen sollte. Die Produkte wiederum werden aus den durch die Kommunen erbrachten Leistungen definiert.

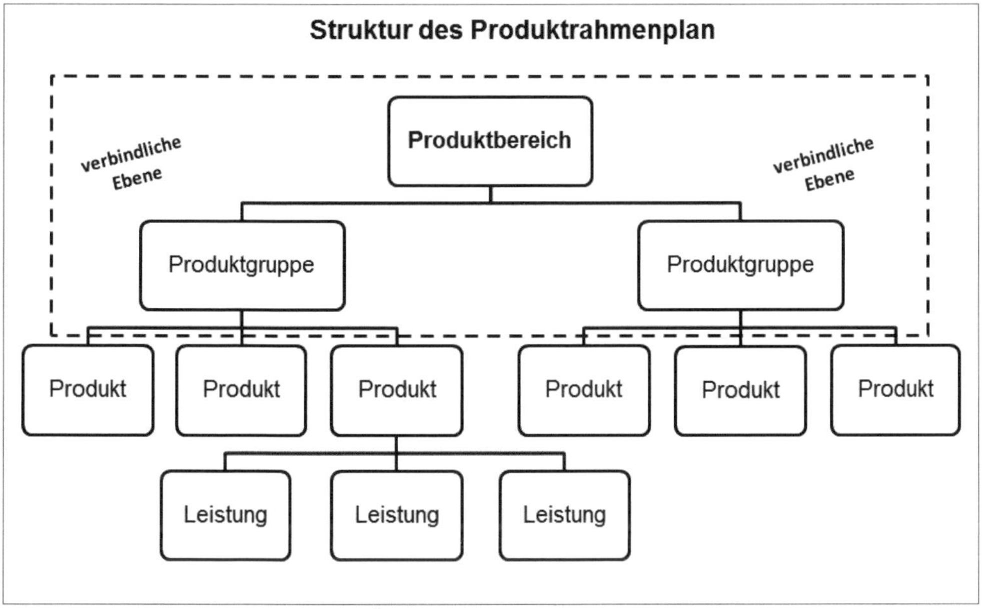

Abbildung 23: Struktur des Produktrahmenplans

48 Vgl. VV Produkt- und Kontenrahmen, a. a. O., Nr. 1.1 Anmerkungen zum Produktrahmen.

Produktrahmen des Landes Brandenburg[49]

Nr.	Produktbereiche
1	**Zentrale Verwaltung**
11	Innere Verwaltung
2	**Schule und Kultur**
21-24	Schulträgeraufgaben
25-29	Kultur und Wissenschaft
3	**Soziales**
31-35	Soziale Hilfen
36	Kinder- und Jugendhilfe
4	**Gesundheit und Sport**
41	Gesundheitsdienste
42	Sportförderung
5	**Gestaltung der Umwelt**
51	Räumliche Planung und Entwicklung
52	Bauen und Wohnen
53	Ver- und Entsorgung
54	Verkehrsflächen und -anlagen, ÖPNV
55	Natur- und Landschaftspflege
56	Umweltschutz
57	Wirtschaft und Tourismus
6	**Zentrale Finanzleistungen**
61	Allgemeine Finanzwirtschaft
7	**Stiftungen**
71	Stiftungen (unselbstständig)

Abbildung 24: Produktrahmen

Zu den einzelnen Produkten enthält der Produktrahmen inhaltliche Erläuterungen. Diese Erläuterungen dienen zur näheren Klassifizierung der Produkte und damit als Auswahlhilfe. Dabei handelt es sich um keine abschließenden Erläuterungen/Aufzählungen.

Die Untergliederung des Produkthaushalts unterliegt dem Ermessen der einzelnen Gemeinde und ist dabei von den örtlichen Rahmenbedingungen, insbesondere dem Steuerungsinteresse der Vertretung und der Verwaltungsführung, abhängig.

49 Vgl. VV Produkt- und Kontenrahmen, a. a. O., Nr. 2 Kommunaler Produktrahmen.

Auszug aus den finanzstatistischen Zuordnungsvorschriften zu den Produktgruppen[50]

Nr.	Bezeichnung der Aufgaben, Zuordnung	Kamerale Gliederung
126	Brandschutz	13
	Feuerlöschwesen, Feuerwehrschulen, Leitstellen, Technische Hilfe auch für Dritte, Aufgaben des Brandschutzes	
127	Rettungsdienst	16
	Leitstellen, Rettungsstation, Rettungswachen, bewegliche Rettungsmittel (Notarztwagen), Krankentransport, Unfallmeldestellen, Unfallstationen	
128	Katastrophenschutz	14
	Aufgaben im Katastrophen- und Zivilschutz Aufgaben nach den Sicherstellungs- und Vorsorgegesetzen Behörden- bzw. Betriebsselbstschutz Leistungen an Katastrophengeschädigte in 351	
2	**Schule und Kultur**	
21-24	**Schulträgeraufgaben**	
	Den Schulformen sind anteilig zuzuordnen: Förderung des Schulsports, z.B. für die Nutzung von Einrichtungen Dritter, Förderung von Wettbewerben usw. Gastschülerzuschüsse und Schulkostenbeiträge an kommunale Träger Zuschüsse an Schulen in freier Trägerschaft Lernmittelfreiheit Modellversuche Schulfahrten	
211	Grundschulen	21
216	Oberschulen	221, 281, 283
	Bildungsgänge zum Erwerb des erweiterten Hauptschulabschlusses (erweiterte Berufsbildungsreife) sowie zum Erwerb des Realschulabschlusses (Fachoberschulreife)	
217	Gymnasien	23
	Gymnasien ohne berufliche Gymnasien Einrichtungen im Sekundarbereich II, die zur allgemeinen Hochschulreife führen Einrichtungen des Fernunterrichts zur Erlangung der Hochschulreife	
218	Gesamtschulen	282, 284, 285
	Gesamtschulen mit gymnasialer Oberstufe Freie Waldorfschulen	
221	Förderschulen, Förderklassen	27
	Sämtliche Förderschulen und Förderklassen des allgemeinbildenden Bereichs, wie Schulen mit sonderpädagogischem Förderschwerpunkt „Lernen", „Sprache", „emotionale und soziale Entwicklung", „geistige Entwicklung", „Hören", „körperliche und motorische Entwicklung", „Sehen" sowie Schulen für Kranke	

Abbildung 25: Finanzstatistische Zuordnungsvorschriften

50 Vgl. VV Produkt- und Kontenrahmen, a. a. O., Nr. 3 Finanzstatistische Zuordnungsvorschriften.

Beispiel zur weiteren Produktuntergliederung:

Nr.	Produkt		Leistungen
2 Schule und Kultur			
21 Schulträgeraufgaben			
211 Grundschulen			
	21101	Grundschule Nord	Schulträgeraufgaben Unterhaltung/Bewirtschaftung Schulsport Schulfahrten u.a.
	21102	Grundschule Süd	
	21103	Grundschule Ost	
	21104	Grundschule West	

Abbildung 26: Produktuntergliederung

3. Produktbeschreibung[51]

Der Kopf des Produkts bildet die statistischen Vorgaben ab. Die Grundlage dafür ist der Produktrahmen des Landes Brandenburg.

Der Produkt-/Ressourcenverantwortliche muss neben der Organisations- und Steuerungsverantwortung auch über die Verantwortung über die zur Verfügung gestellten Ressourcen (Personal- und Sachkosten) verfügen. Im Regelfall betrifft dies Amts- bzw. Abteilungsleiter/-innen. Ziel muss es sein, dass derjenige, der die Verantwortung für die Erstellung des Produkts hat, auch Zugriff bzw. Möglichkeiten zur Steuerung aller damit im Zusammenhang stehenden Ressourcen erhält. Nur so kann er für ein zielorientiertes und wirtschaftliches Handeln verantwortlich gemacht werden.[52] Die Zusammenlegung von Fach- und Ressourcenverantwortung ist eine zentrale Zielstellung bei der Umsetzung der Verwaltungsreform.

Das Personal der Kommunalverwaltung ist im Prozess der Leistungserstellung eine der wichtigsten Ressourcen. Insoweit ist die Aussage über die für die Erstellung des Produkts notwendige Personalausstattung (Stellenanteile/VbE) ein Indiz für die Steuerungsrelevanz innerhalb der gesamten Kommunalverwaltung.

Die Produktbeschreibung bildet den derzeitigen Ist-Zustand ab. Änderungen aufgrund von Wegfall bzw. Neuzuordnung von Aufgaben werden in der jährlichen Fortschreibung des Produktplans berücksichtigt. Das Produkt wird mit seinen wesentlichen Merkmalen in allgemeinverständlichen Sätzen kurz beschrieben.

Zur Definition eines Produkts sind die wesentlichen Leistungen zur Erstellung des Produkts erforderlich. In der Kosten- und Leistungsrechnung (KLR) werden die Leistungen

[51] Beispielprodukt aus einem Haushaltsplan einer Gemeinde der Größenklasse 2.

[52] Vgl. Grimberg/Wiener, Der neue Haushaltsplan im NKHR, Produkte vs. Organisation?, APF 4/2010.

im Wesentlichen als Kostenträger Eingang finden und sind gleichzeitig Basis einer Zeit- und Mengenerfassung. Kriterien der Leistungsdefinition können z. B. Gebührenrelevanz, besondere Anforderungen an die Qualifikation der Mitarbeiter, Notwendigkeit der gesonderten Steuerung sowie eine Berechnung gegenüber Dritten sein. Die Definition der Art der Aufgabenerfüllung (Pflichtaufgabe, freiwillige Aufgabe bzw. Mischformen) erfolgt auf der Leistungsebene.

Im Bereich der Auftragsgrundlage sind die wesentlichen Grundlagen der Leistungserbringung aufgeführt. Dies beinhaltet gesetzliche Regelungen, Verordnungen und Beschlüsse der politischen Gremien der Kommune.

Die »Kunden« des Produkts werden im Bereich der Zielgruppe benannt. Diese muss plausibel und so konkret wie möglich bestimmt sein.

Globalziele sind Ziele, die durch Kennzahlen nicht direkt messbar sind. Hier geben im Wesentlichen nur Indikatoren eine Aussage (wie z. B. Anzahl Einwohner, Entwicklung Defizit etc.) zur notwendigen Ressourcenausstattung. Diese Indikatoren sind durch den Produkt-/Ressourcenverantwortlichen nicht bzw. nur in geringem Umfang beeinflussbar.

Bei operativen Zielen ist der Grad der Zielerreichung durch Kennzahlen messbar und durch den Produkt- bzw. Ressourcenverantwortlichen beeinflussbar. Es erfolgt die Ausweisung der Ziele, die mit der Produkterstellung verfolgt werden sollen. Dabei kann zum Beispiel auf Qualität, Quantität, Wirtschaftlichkeit und Kunden- bzw. Bürgerzufriedenheit eingegangen werden.

Den Zielen und Kennzahlen hat der Verordnungsgeber in den Vorschriften der KomHKV einen breiten Raum gegeben.

So sind in den §§ 6, 14, 29 und 56 KomHKV folgende Regelungsinhalte enthalten:

§ 6 Abs. 4 KomHKV
In jedem Teilhaushalt sind die Produktgruppen, die wesentlichen Produkte und ihre Auftragsgrundlage zu beschreiben. Die zu erreichenden Produktziele sind vorzugeben; Kennzahlen zur Messung der Zielerreichung sind anzugeben.

§ 14 Abs. 3 KomHKV
Für die gemeindliche Aufgabenerfüllung sind produktorientierte Ziele unter Berücksichtigung des einsetzbaren Ressourcenaufkommens und des voraussichtlichen Ressourcenverbrauchs festzulegen sowie Kennzahlen zur Zielerreichung zu bestimmen. Diese Ziele und Kennzahlen sollen zur Grundlage der Gestaltung der Planung, Steuerung und Erfolgskontrolle des jährlichen Haushalts gemacht werden.

§ 29 Abs. 1 KomHKV
Die Gemeindevertretung ist mindestens halbjährlich über den Stand des Haushaltsvollzugs einschließlich der Erreichung der Finanz- und Leistungsziele zu unterrichten. Die Gründe für wesentliche Abweichungen sind zu erläutern.

§ 56 Abs. 2 KomHKV
Die Teilrechnungen sind jeweils um Ist-Zahlen zu den in den Teilhaushaltsplänen ausgewiesenen Leistungsmengen und Kennzahlen zu ergänzen.

Produkt 12610 Vorbeugender und abwehrender Brandschutz, technische Hilfeleistungen

Produktgruppe 126 Brandschutz
Produktbereich 12 Sicherheit und Ordnung

Produktverantwortlicher	Stellenanteile
Amt für Brand-, Katastrophenschutz und Rettungsdienst	**63,400**

Beschreibung

Maßnahmen zur Bekämpfung von Gefahren für Personen, Tiere, Sachen und die Umwelt, die durch Brände entstehen (Brandbekämpfung)
Maßnahmen zur Abwehr von Gefahren für Personen, Tiere, Sachen und die Umwelt bei Unglücksfällen oder Notständen (technische Hilfeleistungen)
Maßnahmen zur Verhütung von Bränden sowie der Brandausbreitung (vorbeugender Brandschutz)
Brandsicherheitswachen und -schauen
Aus- und Fortbildung aller Einsatzkräfte sowohl der Berufsfeuerwehr als auch der freiwilligen Wehren
organisatorische Sicherstellung der Gefahrenabwehr
Mitwirkung bei planungs- und bauordnungsrechtlichen Verfahren
Offentlichkeitsarbeit und Schulungen

Auftragsgrundlage

Brandschutzgesell, Feuerwehrsatzung
Bauherren, Veranstalter von Versammlungen und Großveranstaltungen
Eigentümer und Verwalter von Wohn- und Gewerbegebäuden

Zielgruppen

in Not geratene Personen
Eigentümer von Sachwerten

Globalziele

erfolgreiche Brandbekämpfung und Gefahrenabwehr
Verhinderung von Brandausbrüchen und der Brandausbreitung
Sicherung von Rettungswegen
Schaffung der Voraussetzungen für einen wirkungsvollen abwehrenden Brandschutz

Kennzahlen/Indikatoren	2010	2011
1. Anzahl Brandeinsätze	317	427
2. Anzahl technische Hilfeleistungen	1.334	1.423
3. Anzahl Brandsicherheitswachen	173	146
4. Anzahl Freiwillige Feuerwehren	14	14
5. Anzahl aktive Mitglieder der Freiwilligen Feuerwehren	340	328

Leistungen	Art der Aufgabenerfüllung: pflichtig	freiwillig
Brandbekämpfung	x	
technische Hilfeleistungen	x	
Mitwirkung beim Rettungsdienst	x	
Dienstleistungen für Dritte (stadtintern und -extern)		x
Sicherstellung der Einsatzbereitschaft aller Einsatzmittel	x	
Mitwirkung beim Katastrophenschutz	x	
Brandsicherheitsschauen	x	
Bauordnungsrechtliche Mitwirkung	x	
Planungsrechtliche Mitwirkung (Träger öffentlicher Belange)	x	
Mitwirkung im Veranstaltungsrecht	x	

Abbildung 27: Produktbeschreibung

Bei der Kennzahlenbildung wird im Regelfall zunächst auf vorhandene Daten in den Fachämtern zurückgegriffen. Hier muss insbesondere das Verhältnis von Aufwand und Nutzen beachtet werden, um keine Zahlenfriedhöfe zu produzieren.
Im doppischen Haushaltswesen haben Ziele und Kennzahlen vor allem folgende Funktionen:
- Kennzahlen messen i. d. R. den Grad der Zielerreichung.
- Kennzahlen und Ziele haben eine Kontrollfunktion, die in Form von Soll-Ist-Vergleichen durchgeführt werden.

Ziele und Kennzahlen haben eine Warnfunktion, da bei Nichterreichung der Ziele/Kennzahlen, die Veränderungen und ihre Ursachen sichtbar werden.
Die jeweilige Organisationseinheit wird durch den doppischen Produkthaushalt mit der Erstellung dieses Produkts und der Erreichung der darin bestimmten Ziele »beauftragt«. Dafür bekommt die Organisationseinheit entsprechende Ressourcen zugewiesen.
Ein wesentliches Ziel ist es dabei, die Fach- und Ressourcenverantwortung zu vereinheitlichen. Nur wenn der Produktverantwortliche selbst Zugriff auf alle Ressourcen hat, kann er für Zielerreichung und wirtschaftliches Handeln verantwortlich gemacht werden. Deshalb gilt es im Rahmen der Produktbildung mögliche organisatorische Hemmnisse abzubauen.
Sollte dies nicht gelingen, werden aufwendige Verrechnungen im Rahmen der Kosten- und Leistungsrechnung bzw. die Abbildung nicht unerheblicher interner Leistungsverrechnungen in den Teilplänen notwendig. Dies ist erforderlich, um den tatsächlichen Ressourcenverbrauch für die Erstellung von Leistungen zu ermitteln, nämlich da, wo sie verursacht wurden, und nicht da, wo sie entstanden sind. Dies stellt jedoch »nur« ein technisches Problem dar. Das eigentliche organisatorische Problem – keine klaren Verantwortlichkeiten nach außen und nach innen, uneffektive Arbeitsabläufe und Prozesse, erhöhter Abstimmungsbedarf zwischen beteiligten Ämtern, Kompetenzgerangel, ein hoher Anteil an Ressourcenverbrauch, den der Verantwortliche nicht beeinflussen kann – wird nicht beseitigt.

VII. Kontenrahmen

1. Grundlagen und Struktur des Kontenrahmens

Die kommunale Haushaltsplanung und Buchführung ist durch eine erhebliche Anzahl von Geschäftsvorfällen geprägt. Es ist daher unbestritten erforderlich, die Geschäftsvorfälle auf verschiedenen Konten nachzuweisen (nicht mit Bankkonten verwechseln). Der Kontenrahmen dient der Ordnung und Übersicht und gliedert die unterschiedlichen Konten landeseinheitlich nach einer bestimmten Systematik. Hierdurch wird ein einheitlicher Aufbau des Rechnungswesens gewährleistet und eine Vergleichbarkeit mit anderen Gemeinden ermöglicht.
Die anfallenden Geschäftsvorfälle sind in allen Gemeinden gleicher oder ähnlicher Natur (z. B. Grundsteuer, Gewerbesteuer, Personalaufwand etc.). Zur Vereinheitlichung der Konten wird vom Innenministerium des Landes Brandenburg ein Kontenrahmen als Verwaltungsvorschrift vorgegeben. Bei den Kontierungsplänen handelt es sich um

Mindestanforderungen. Innerhalb dieser Vorgabe kann die jeweilige Gemeinde nach ihren eigenen Bedürfnissen einen spezifischen Kontenplan aufstellen und den weiter untergliedern. Der Kontenrahmen ist nach § 33 Abs. 3 KomHKV i.V.m. Nr. 1.2 VV Produkt- und Kontenrahmen verbindlich anzuwenden.
Der Kontenrahmen ist insgesamt in zehn Kontenklassen unterteilt. Davon sind lediglich die Kontenklassen 4/5/6/7 planungsrelevant, da entsprechend §§ 4 und 5 KomHKV im Ergebnis- und Finanzplan ausschließlich Erträge und Aufwendungen sowie Einzahlungen und Auszahlungen geplant werden.

0	Immaterielles Vermögen und Sachanlagevermögen
1	Finanzanlage-, Umlaufvermögen, aktive Rechnungsabgrenzungsposten
2	Eigenkapital, Sonderposten und Rückstellungen
3	Verbindlichkeiten und passive Rechnungsabgrenzungsposten
4	**Erträge**
5	**Aufwendungen**
6	**Einzahlungen**
7	**Auszahlungen**
8	Abschlusskonten
9	Kosten- und Leistungsrechnung

Die weitere Unterteilung des Kontenrahmens erfolgt in Kontengruppen, Kontenarten und Konten. Bis zur Ebene der Konten sind die Landesvorgaben verbindlich. Ziel dabei ist es, eine möglichst große Vergleichbarkeit zwischen den Haushalten der Kommunen zu erreichen. Weitere Unterkontierungen sollen der Transparenz und Nachvollziehbarkeit der Geschäftsvorfälle und damit der Einhaltung der Grundsätze ordnungsgemäßer Buchführung dienen. Im Land Brandenburg sind sechsstellige Konten üblich.

2. Zusammenhang der Kontensystematik mit dem Ergebnis-/Finanzhaushalt

Die Kontengruppen (zweistellig) entsprechen den Gliederungspunkten der §§ 4 und 5 KomHKV. Das heißt, die Kontensystematik des Kontenrahmens hängt ursächlich und untrennbar mit der Gliederung und dem Aufbau des Ergebnis- und Finanzhaushalts zusammen.

KG	Nr.	§ 4 KomHKV Ergebnishaushalt
		Erträge (lfd. Verwaltungstätigkeit)
40	1	Steuern und ähnliche Abgaben
41	2	Zuwendungen und allgemeine Umlagen

KG	Nr.	§ 5 KomHKV Finanzhaushalt
		Einzahlungen (lfd. Verwaltungstätigkeit)
60	1	Steuern und ähnliche Abgaben
61	2	Zuwendungen und allgemeine Umlagen

KG	Nr.	**§ 4 KomHKV Ergebnishaushalt**
		Erträge (lfd. Verwaltungstätigkeit)
42	3	Sonstige Transfererträge
43	4	Öffentlich-rechtliche Leistungsentgelte
44	5	Privatrechtliche Leistungsentgelte
	6	Kostenerstattungen und Kostenumlagen
45	7	Sonstige ordentliche Erträge
46	19	Zinsen und sonstige Finanzerträge
47	8	Aktivierte Eigenleistungen
48	27	Erträge aus internen Leistungsbeziehungen Bestandteil des Teilergebnishaushalts gem. § 7 Abs. 1 KomHKV
49	23	Außerordentliche Erträge *(beachte die Vorschriften des § 4 Abs. 2 KomHKV, siehe auch Kapitel 3.3)*
		Aufwendungen (lfd. Verwaltungstätigkeit)
50	11	Personalaufwendungen
51	12	Versorgungsaufwendungen
52	13	Aufwendungen für Sach- und Dienstleistungen
53	15	Transferaufwendungen
54	16	Sonstige ordentliche Aufwendungen
55	20	Zinsen und sonstige Finanzaufwendungen
56		*nicht belegt*

KG	Nr.	**§ 5 KomHKV Finanzhaushalt**
		Einzahlungen (lfd. Verwaltungstätigkeit)
62	3	Sonstige Transfereinzahlungen
63	4	Öffentlich-rechtliche Leistungsentgelte
64	5	Privatrechtliche Leistungsentgelte
	6	Kostenerstattungen und Kostenumlagen
65	7	Sonstige Einzahlungen aus lfd. Verwaltungstätigkeit
66	8	Zinsen und sonstige Finanzeinzahlungen
		zahlungsunwirksam
		zahlungsunwirksam
69		Einzahlungen aus der Investitionstätigkeit
69		Einzahlungen aus der Finanzierungstätigkeit
		Auszahlungen (lfd. Verwaltungstätigkeit)
70	10	Personalauszahlungen
71	11	Versorgungsauszahlungen
72	12	Auszahlungen für Sach- und Dienstleistungen
73	13	Transferauszahlungen
74	15	Sonstige Auszahlungen aus lfd. Verwaltungstätigkeit
75	14	Zinsen und sonstige Finanzauszahlungen
76		*nicht belegt*

KG	Nr.	§ 4 KomHKV **Ergebnishaushalt**
		Erträge (lfd. Verwaltungstätigkeit)
57	14	Abschreibungen
58	28	Aufwendungen aus internen Leistungsbeziehungen *(Bestandteil des Teilergebnishaushalts gem. § 7 Abs. 1 KomHKV)*
59	24	Außerordentliche Aufwendungen *(beachte die Vorschriften des § 4 Abs. 2 KomHKV, siehe auch Kapitel 3.3)*

KG	Nr.	§ 5 KomHKV **Finanzhaushalt**
		Einzahlungen (lfd. Verwaltungstätigkeit)
		zahlungsunwirksam
		zahlungsunwirksam
78		Auszahlungen aus der Investitionstätigkeit
79		Auszahlung aus der Finanzierungstätigkeit

Abbildung 28: Kontensystematik

Die Bezeichnung der Kontengruppe ist demnach identisch mit der Bezeichnung in den adäquaten Zuordnungsvorschriften des kommunalen Kontenrahmens in Brandenburg.[53] Die folgende Abbildung 29 zeigt das Konto 5211 »Unterhaltung der Grundstücke und baulichen Anlagen«, das nach § 4 Abs. 1 Nr. 13 KomHKV Bestandteil der Kontengruppe 52 »Aufwendungen für Sach- und Dienstleistungen« ist.

3. Erläuterung und Untergliederung der Konten

Zu den einzelnen Konten enthält der Kontenrahmenplan Erläuterungen (siehe Abbildung 29). Diese Erläuterungen dienen zur näheren Klassifizierung der Konten und damit als Auswahlhilfe. Dabei handelt es sich um keine abschließenden Erläuterungen/Aufzählungen.

Darüber hinaus steht es den Kommunen frei, die Konten über die im Kontenrahmenplan enthaltenen Ebenen weiter zu untergliedern.

[53] Vgl. VV Produkt- und Kontenrahmen, a. a. O., Nr. 4.4 Finanzstatistische Zuordnungsvorschriften zu den Kontierungsplänen.

Kontenklasse	Kontengruppe	Kontenart	Konto	
5				**Aufwendungen für Sach- und Dienstleistungen**
	52			**Aufwendungen**
		521		Unterhaltung der Grundstücke und baulichen Anlagen
			5211	Unterhaltung der Grundstücke und baulichen Anlagen
				Laufende Unterhaltung sind Maßnahmen, die der Erhaltung dienen und die keine erhebliche Veränderung (keine erhebliche Werterhöhung) zur Folge haben. Laufende Unterhaltung (einschl. Materialausgaben) eigener, gemieteter und gepachteter Grundstücke, Anlagen, Gebäude und einzelner Räume sowie der zu den Gebäuden gehörenden Gärten, Grün- und sonstigen Außenanlagen, z. B. Zufahrten, Wege, Staffeln und Mauern, Pausen- und Spielplätze, Turnspielgeräte, Wallanlagen Bestandteile, die baulich oder niet- und nagelfest mit dem Gebäude oder Grundstück verbunden sind, wie: Heizungs- und Klimaanlagen Küchen und Wäschereianlagen Leitungen für Wasser, Gas, Strom, Fernwärme, Abwasser, Fernmeldeanlagen, Trafostationen, eingebaute Beleuchtungsanlagen und Verdunkelungseinrichtungen, Aufzüge, Fahrstühle, Rolltreppen, Transportanlagen (Rohrpost, Seilpost u. Ä.) Uhren- und Klingelanlagen, Sicherungs- und Alarmeinrichtungen, Blitzableiter- und Brandschutzanlagen, Antennen, Einbauschränke Bauliche Anlagen auf land- oder forstwirtschaftlich oder in anderer Weise genutzten unbebauten Grundstücken (feste Umzäunungen und dgl.) Aufwendungen für die Beseitigung von Unwetter-, Katastrophen-, Tumult-, Manöver-, Kriegs-, Einbruch-, Wasser-, Feuer- und Sturmschäden Abbruchkosten, soweit nicht im Rahmen von Neubauten Aufwendungen für die Erstellung von generellen Plänen (z. B. Flächennutzungspläne, Bauleitpläne)

Abbildung 29: Kontensystematik (Beispiel)

Beispiel zur weiteren Kontenuntergliederung:

5241	Bewirtschaftung der Grundstücke und baulichen Anlagen
52411	Heizung
52412	Reinigung
52413	Wasser/Abwasser
52414	Grundbesitzabgaben
52415	Entsorgung
52416	Energie
52417	Feuer-/Inhaltsversicherungen

Auszug aus dem Haushalt der Stadt Prenzwalde mit Kontenuntergliederung (Abbildung 30). Die Untergliederung in der fünften Stelle kann in den einzelnen Kommunen, anders als hier im Beispiel ersichtlich, erfolgen.

Ertrags- und Aufwandsarten		Ergebnis 2014	Ansatz 2015	Ansatz 2016	Planung Haushalts-jahr 2017	Planung Haushalts-jahr 2018	Planung Haushalts-jahr 2019
		1	2	3	4	5	6
12	**Aufwendungen für Sach- und Dienstleistungen**	228.128,24	260.000	263.100	242.700	179.200	168.700
52110	Bauliche Unterhaltung	29.687,52	27.000	27.000	27.000	27.000	27.000
52310	Miete für Kopierer	69,96	300	200	200	200	200
52411	Heizung	27.474,02	32.000	32.000	32.000	32 000	32 000
52412	Reinigung	12899,43	16.000	16.000	16.000	16.000	16.000
52413	Wasser, Abwasser	5.162,19	4.200	5.000	5.000	5.000	5.000
52414	Grundbesitzabgaben	126,44	200	0	0	0	0
52415	Entsorgung	1.015,64	2.300	1.200	1.200	1.200	1.200
52416	Energie	26.792,69	26.000	27.000	27.000	27.000	27.000
52417	Feuer-/Inhaltsversicherungen	5.647,31	5.600	5.600	5.600	5.600	5.600
52510	Haltung von Fahrzeugen	60.236,66	42.000	42.000	42.000	42 000	42 000
52551	Unterhaltung Hardware	10.400,75	10.100	15.300	15.300	15.300	15.300
52552	Prüfung Handfeuerlöscher	4.824,68	8.000	6.000	6.000	6.000	6.000
52553	Geräte, sonstige Gebrauchsgegenstände	15.184,17	15.100	15.100	15.100	15.100	15.100
52611	Dienst- und Schutzkleidung	24.996,43	25.000	25.000	25.000	25.000	25.000
52612	Aus- und Fortbildung von Brandmeisteranwärtern	0	30.900	30.900	10.500	21.000	10.500
52613	Aus- und Fortbildung	3.610,35	5.500	5.000	5.000	5.000	5.000
52711	Softwarepflege	0	9.300	9.300	9.300	9.300	9.300
52712	Schulungsmaterial für Ersthelferausbildung	0	500	500	500	500	500

Abbildung 30: Kontenuntergliederung (Beispiel)

Zur besseren Abgrenzung dieser einzelnen Bereiche dient die sog. Bereichsabgrenzung als weiterer Bestandteil des Kontenrahmenplans. Diese Übersicht[54] ist in Nr. 4.2 der VV Produkt- und Kontenrahmen abgedruckt.
Der Aufbau der Ergebnis- und Finanzhaushaltskonten ist mit Ausnahme der zahlungsunwirksamen Erträge und Aufwendungen, der investiven Einzahlungen und Auszahlungen sowie der Einzahlungen und Auszahlungen aus Finanzierungstätigkeit im Regelfall identisch.

4				Erträge
	40			Steuern und ähnliche Abgaben
		401		Realsteuern
			4011	Grundsteuer A
			4012	Grundsteuer B
			4013	Gewerbesteuer
		402		Gemeindeanteile an den Gemeinschaftssteuern
			4021	Gemeindeanteil an der Einkommensteuer
			4022	Gemeindeanteil an der Umsatzsteuer
		403		Sonstige Gemeindesteuern
			4031	Vergnügungssteuer
			4032	Hundesteuer
			4034	Zweitwohnungssteuer
			4039	Sonstige örtliche Steuern

6				Einzahlungen
	60			Steuern und ähnliche Abgaben
		601		Realsteuern
			6011	Grundsteuer A
			6012	Grundsteuer B
			6013	Gewerbesteuer
		602		Gemeindeanteile an den Gemeinschaftssteuern
			6021	Gemeindeanteil an der Einkommensteuer
			6022	Gemeindeanteil an der Umsatzsteuer
		603		Sonstige Gemeindesteuern
			6031	Vergnügungssteuer
			6032	Hundesteuer
			6034	Zweitwohnungssteuer
			6039	Sonstige örtliche Steuern

Abbildung 31: Zusammenhang Ergebnis- und Finanzkonten

Die Kontensystematik in den Kontenklassen ist bei den zahlungswirksamen Erträgen und Aufwendungen im Regelfall identisch. Im Ertragsbereich wird aus einer 4 eine 6, und im Aufwandsbereich wird aus einer 5 eine 7 an der ersten Stelle des Kontos.

4. Kommunaler Kontenrahmen des Landes Brandenburg

Der kommunale Kontenrahmen des Landes Brandenburg[55] ist die Übersicht über die Kontenklassen (einstellig) und Kontengruppen (zweistellig). Er entspricht den von der Innenministerkonferenz durch Beschluss vom 21.09.2003 empfohlenen Mindestinhalten der Produktbereiche und Produktgruppen für die kommunalen Haushalte und orientiert sich zumindest bei den Kontenklassen 1 bis 5 an den Standardkontenrahmen (SKR) 04, der für publizitätspflichtige Firmen nach dem Bilanzrichtliniengesetz (BiRiliG) gilt.

[54] Bereichsabgrenzung der Kontierungspläne des kommunalen Kontenrahmens.

[55] Vgl. VV Produkt- und Kontenrahmen, a.a.O., Nr. 4.1 Kommunaler Kontenrahmen.

Aktiva		Passiva		Ergebnis
Kontenklasse 0	**Kontenklasse 1**	**Kontenklasse 2**	**Kontenklasse 3**	**Kontenklasse 4**
Immaterielle Vermögensgegenstände und Sachanlagevermögen	**Finanzanlagen, Umlaufvermögen und aktive RAP**	**Eigenkapital, Sonderposten und Rückstellungen**	**Verbindlichkeiten und passive RAP**	**Erträge**
00 ...	**10** Anteile an verbundenen Unternehmen	**20** Eigenkapital	**30** Anleihen	**40** Steuern und ähnliche Abgaben
01 Immaterielle Vermögensgegenstände	**12** Zweckverbände und sonstige Beteiligungen		**31** ...	**41** Zuwendungen und allgemeine Umlagen
02 Unbebaute Grundstücke und grundstücksgleiche Rechte	**12** Sondervermögen	**22** ...	**32** Verbindlichkeiten aus Kreditaufnahmen für Investitionen und Investitionsförderungsmaßnahmen	**42** Sonstige Transfererträge
03 Bebaute Grundstücke und grundstückgleiche Rechte	**13** Ausleihungen	**23** Sonderposten	**33** Verbindlichkeiten aus der Aufnahme von Kassenkrediten	**43** Öffentlich-rechtliche Leistungsentgelte
04 Grundstücke und Bauten des Infrastrukturvermögens und sonstiger Sonderflächen	**14** Wertpapiere	**24** ...	**34** Verbindlichkeiten aus Rechtsgeschäften, die Kreditaufnahmen wirtschaftlich gleichkommen	**44** Privatrechtliche Leistungsentgelte, Kostenerstattungen und Kostenumlagen
05 Bauten auf fremdem Grund und Boden	**15** Vorräte	**25** Rückstellungen für Pensionen und ähnliche Verpflichtungen	**35** Verbindlichkeiten aus Lieferungen und Leistungen	**45** Sonstige ordentliche Erträge
06 Kunstgegenstände, Kulturdenkmale	**16** Öffentlich-rechtliche Forderungen	**26** Rückstellungen für Abfalldeponien und Sanierung von Altlasten	**36** Verbindlichkeiten aus Transferleistungen	**46** Finanzerträge
07 Fahrzeuge, Maschinen und technische Anlagen	**17** Privatrechtliche Forderungen, sonstige Vermögensgegenstände	**27** Rückstellungen für unterlassene Instandhaltung	**37** Sonstige Verbindlichkeiten	**47** Aktivierte Eigenleistungen und Bestandsveränderungen
08 Betriebs und Geschäftsausstattung	**18** Liquide Mittel	**28** Sonstige Rückstellungen	**38** ...	**48** Erträge aus internen Leistungsbeziehungen
09 Geleistete Anzahlungen, Anlagen im Bau	**19** Aktive Rechnungsabgrenzung	**29** ...	**39** Passive Rechnungsabgrenzung	**49** Außerordentliche Erträge

Abbildung 32: Kommunaler Kontenrahmen

rechnung	Finanzrechnung		Abschluss	KLR
Kontenklasse 5	**Kontenklasse 6**	**Kontenklasse 7**	**Kontenklasse 8**	**Kontenklasse 9**
Aufwendungen	**Einzahlungen**	**Auszahlungen**	**Abschlusskonten**	**Kosten- und Leistungsrechnung**
50 Personalaufwendungen	**60** Steuern und ähnliche Abgaben	**70** Personalauszahlungen	**80** Eröffnungs- und Abschlusskonten	**90** Kosten und Leistungsrechnung (KLR)
51 Versorgungsaufwendungen	**61** Zuwendungen und allgemeine Umlagen	**71** Versorgungsauszahlungen	**81** Korrekturkonten	
52 Aufwendungen für Sach- und Dienstleistungen	**62** Sonstige Transfereinzahlungen	**72** Auszahlungen für Sach- und Dienstleistungen	**82** Kurzfristige Erfolgsrechnung	Die Ausgestaltung der KLR ist von jeder Kommune selbst festzulegen.
53 Transferaufwendungen	**63** Öffentlich-rechtliche Leistungsentgelte	**73** Transferauszahlungen		
54 Sonstige ordentliche Aufwendungen	**64** Privatrechtliche Leistungsentgelte, Kostenerstattungen und Kostenumlagen	**74** Sonstige Auszahlungen aus laufender Verwaltungstätigkeit		
55 Zinsen und sonstige Finanzaufwendungen	**65** Sonstige Einzahlungen aus laufender Verwaltungstätigkeit	**75** Zinsen und ähnliche Finanzauszahlungen		
56 ...	**66** Zinsen und sonstige Finanzeinzahlungen	**76** ...		
57 Bilanzielle Abschreibungen	**67** Einzahlungen aus laufender Verwaltungstätigkeit	**77** Auszahlungen aus laufender Verwaltungstätigkeit		
58 Aufwendungen aus internen Leistungsbeziehungen	**68** Einzahlungen aus Investitionstätigkeit	**78** Auszahlungen aus Investitionstätigkeit		
59 Außerordentliche Aufwendungen	**69** Einzahlungen aus Finanzierungstätigkeit	**79** Auszahlungen aus Finanzierungstätigkeit		

5. Bildung des Produktkontos

Nach der vorausgegangenen Darstellung zu den Produkten und Konten setzt sich eine Buchungsstelle oder Produktkonto wie nachfolgend dargestellt zusammen (Abbildung 33).

Gliederung Produktrahmenplan

Produktbereich	1	= Zentrale Verwaltung
Produktbereich	11	= Innere Verwaltung
Produktgruppe	111	= Verwaltungssteuerung und -service
Produkt	11130	= Zentrale Dienste

Gliederung Kontenrahmenplan

	Ergebnishaushalt		**Finanzhaushalt**	
Kontenklasse	5	= Aufwendungen	7	= Auszahlungen
Kontengruppe	50	= Personalaufwendungen	70	= Personalauszahlungen
Kontenart	501	= Dienstaufwendungen	701	= Dienstauszahlungen
Konto	50120	= Dienstaufwendungen für tariflich Beschäftigte	70120	= Dienstauszahlungen für tariflich Beschäftigte

Zusammensetzung der Buchungsstelle aus Produkt und Konto
= Dienst**aufwendungen** (11130.**5**0120) bzw. Dienst**auszahlungen** (11130.**7**0120) für Arbeitnehmer der Zentralen Dienste (z.B. Fuhrpark, Poststelle)

Abbildung 33: Gliederung des Produktrahmens

Damit ergibt sich nachfolgende Gliederung des kommunalen Haushaltsplans.

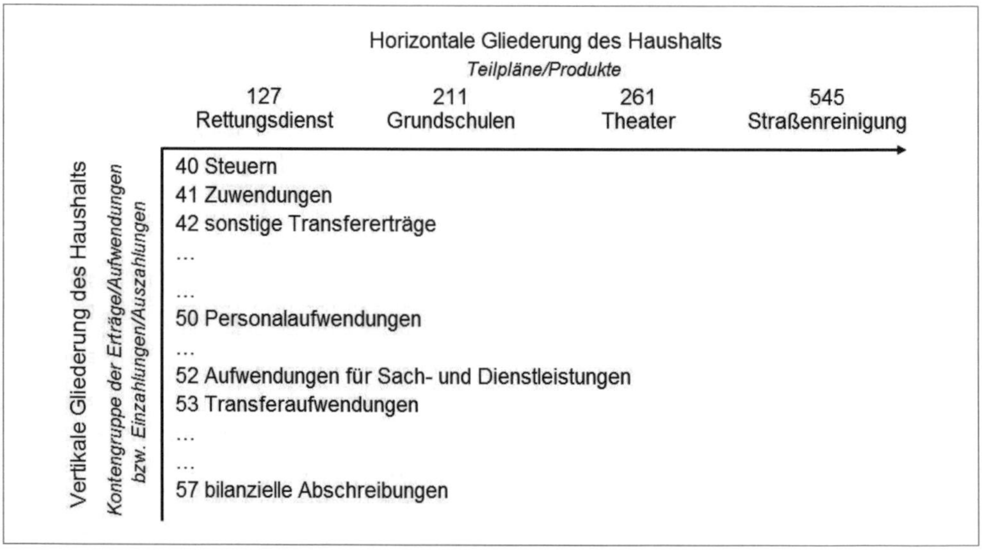

Abbildung 34: Horizontale und vertikale Gliederung des Haushaltsplans

Übungssachverhalte zu Kapitel C

Übung 3

Arbeiten Sie die Zuordnungsvorschriften zum Kontenrahmen vollständig durch. Markieren Sie dabei die Kontenklassen und Kontenbereiche. Dies erleichtert Ihnen das Auffinden von Konten zu einzelnen Sachverhalten und die Suche nach der entsprechenden Zuordnungsvorschrift.

Übung 4

Im Rahmen der Haushaltsaufstellung der Stadt Prenzwalde fallen die nachfolgenden Geschäftsvorfälle an:

1. Für die Grundschule sind Heizungskosten i. H. v. 30.000 Euro zu veranschlagen.
2. Für die Unterhaltung (Reparaturen etc.) der KITA-Gebäude fallen voraussichtlich 60.000 Euro an.
3. Für das Standesamt ist Bürobedarf im Wert von 1.000 Euro zu beschaffen.
4. Es wird mit Telefon- und Internetkosten i. H. v. 500 Euro für die Volkshochschule gerechnet.
5. Für die Ausstellung von Baugenehmigungen werden Gebühren i. H. v. 4.000 Euro erwartet.
6. Für die Unterhaltung (Reparaturen etc.) der Gemeindestraßen sind 100.000 Euro zu veranschlagen.
7. Aufgrund von Ordnungswidrigkeiten werden voraussichtlich Bußgelder i. H. v. 10.000 Euro festgesetzt.
8. Für die Mitarbeiter im Stadtordnungsdienst sind zehn Schutzwesten im Wert von je 50 Euro zu erwerben.
9. Es wird mit Gebühren für die Abwasserbeseitigung i. H. v. 25.000 Euro gerechnet.
10. Für die Beschäftigten im Katastrophenschutz fallen 300.000 Euro Personalkosten an. Für die Beamten fallen 80.000 Euro an.

Aufgabe
Bilden Sie die entsprechenden Produktkonten nach dem Produkt- und Kontenrahmen. Bilden Sie jeweils fünf Stellen (12345.12345, füllen Sie die fünfte Stelle mit einer 0 auf).

Übung 5

Für die Aufstellung des Haushaltsplans 2016 der Stadt Prenzwalde sind folgende Geschäftsvorfälle zu berücksichtigen. Ordnen Sie diese unter genauer Angabe der Rechtsvorschriften dem Ergebnis- und/oder dem Finanzhaushalt zu, bilden Sie die entsprechenden Produktkonten (fünfstellig) und nennen Sie deren Bezeichnung. Geben Sie auch die notwendigen Berechnungen an.

1) Die Stadt Prenzwalde errichtet ein Tierheim. Es entstehen im Jahr 2016 Baukosten i. H. v. 300.000 Euro. Die Nutzungsdauer beträgt voraussichtlich 60 Jahre. Die Inbetriebnahme ist für den 30.09.2016 geplant. Das Land Brandenburg fördert den Bau mit 50 v. H.

Abwandlung

Nach der Hälfte der Nutzungsdauer brennt das Gebäude ab.

2) Zur Verkehrsentlastung soll in der Stadt Prenzwalde eine neue Hochstraße für 2.300.000 Euro gebaut werden. Für Planungsleistungen fallen 100.000 Euro an. Die voraussichtliche Nutzungsdauer beträgt 60 Jahre.

3) Die Stadt Prenzwalde baut ein neues Fußballstadion für 1.400.000 Euro. Für Planungsleistungen fallen 100.000 Euro an. Die voraussichtliche Nutzungsdauer beträgt 75 Jahre. Das Land Brandenburg fördert die Maßnahme mit 50 v. H. der Baukosten. Weitere 20 v. H. Fördermittel stellen umliegende Städte zur Verfügung. Die Stadt Prenzwalde hat eine Einzahlung i. H. v. 250.000 Euro aus der Aufnahme eines Kredits vom Kreditmarkt zur Finanzierung des Fußballstadions zu veranschlagen. Der Kredit wird jährlich mit 2 v. H. getilgt und mit 4 v. H. verzinst.

4) Die Stadt Prenzwalde erhält im Jahr 2017 eine Versicherungsentschädigung i. H. v. 1 Mio. Euro für einen Brandschaden.

5) Zur Förderung des kulturellen Lebens in der Stadt Prenzwalde wird das Kulturamt im Jahr 2017 Zuschüsse i. H. v. 4.500 Euro an Kulturvereine ausreichen.

6) Für eine Klassenfahrt der Schüler der Sekundarschule wird eine Landeszuweisung i. H. v. 800 Euro zugesagt und kassenwirksam.

7) Für die Abfallentsorgung der Stadt Prenzwalde sollen drei neue Müllfahrzeuge im Wert von jeweils 80.000 Euro angeschafft werden. Die wirtschaftliche Nutzungsdauer beträgt voraussichtlich acht Jahre. Die Inbetriebnahme der Fahrzeuge erfolgt voraussichtlich im Juli 2017.

8) Der Ausbau der Hermann-Köhl-Straße wird im Jahr 2016 abgeschlossen. Die Auszahlungen betragen voraussichtlich 90.000 Euro. Den Anwohnern der Hermann-Köhl-Straße sollen im Jahr 2016 90 v. H. der beitragsfähigen Auszahlungen als Straßenausbaubeitrag in Rechnung gestellt werden.

9) Aus einem gewährten Darlehen an den Brauhausverein erhält die Stadt Prenzwalde Zinsen i. H. v. 2.500 Euro.

10) Das Sportamt der Stadt Prenzwalde überweist Zuschüsse i. H. v. 3.000 Euro an Sportvereine im Stadtgebiet. Damit finanzieren die Sportvereine die Bezahlung einer Aufwandsentschädigung von ehrenamtlichen Trainern des Jugendfußballs.

11) Der Pächter des Kornhauses (Gaststätte) hat an die Stadt Prenzwalde die festgesetzte Pacht i. H. v. 500 Euro monatlich zu zahlen.

12) Die Stadt Prenzwalde rechnet mit Erträgen/Einzahlungen aus der Hundesteuer i. H. v. 250.000 Euro. An Gewerbesteuer werden 16 Mio. Euro und an Grundsteuer B 2 Mio. Euro festgesetzt und zahlungswirksam.

Abwandlung

Wie ist der Fall zu betrachten, wenn erfahrungsgemäß nur 80 v. H. der festgesetzten Steuern als tatsächliche Zahlung zu erwarten sind?

13) Die Stadt Prenzwalde verkauft in Höhe des Buchwertes ein Kraftfahrzeug für 3.000 Euro.

Abwandlung I
Der Verkauf erfolgt für 3.500 Euro.

Abwandlung II
Der Verkauf erfolgt für 2.500 Euro.

14) Die Stadt Prenzwalde erhält i. H. v. 20.000 Euro eine Zuweisung des Landes sowie 10.000 Euro von einem Verein zur Erhaltung des Rathauses.

Abwandlung
Die Mittel sind für den Neubau des Rathauses vorgesehen.

15) Die Stadt Prenzwalde gewährt i. H. v. 10.000 Euro einen Zuschuss an den Verband der Kleingärtner e. V. für die Unterhaltung des Vereinsgebäudes.

16) Es ist der Verkauf eines städtischen Grundstücks i. H. v. 150.000 Euro (Buchwert) an ein Industrieunternehmen geplant.

17) Für die Kosten der Unterkunft (Zuschüsse an Arbeitssuchende für Wohnung und Heizung) im Rahmen des SGB II (Hartz IV) fallen im Jahr 2016 voraussichtlich 570.000 Euro an.

18) Das Tiefbauamt der Stadt Prenzwalde plant die Beschaffung eines Straßenreinigungsfahrzeugs i. H. v. 64.000 Euro. Die Nutzungsdauer beträgt zehn Jahre. Die Auslieferung und Inbetriebnahme ist im April 2017 vorgesehen.

19) Ein neuer Server soll das Netzwerk der Stadt Prenzwalde verstärken. Dafür sind 7.500 Euro einzuplanen.

20) Die Familienberatungsstelle der Stadt Prenzwalde wird durch einen freien Träger betrieben. Für die laufenden Personalkosten wird ein Zuschuss i. H. v. 20.000 Euro und für den Neubau der Beratungsstelle ein Zuschuss i. H. v. 75.000 Euro gezahlt.

21) Die Reparaturen und Wartungen der Fahrzeuge des Winterdienstes werden in der Stadt Prenzwalde vom zentralen Fuhrpark wahrgenommen. Der entsprechende Aufwand wird im Jahr 2017 voraussichtlich 15.000 Euro betragen und wird dem Winterdienst vom zentralen Fuhrpark in Rechnung gestellt.

22) Im Jahr 2016 sollen für den Winterdienst der Stadt Prenzwalde zwei neue Fahrzeuge angeschafft werden. Das erste Fahrzeug verursacht Kosten von voraussichtlich 82.000 Euro. Weiterhin fallen für die Überführung 2.000 Euro an. Der Gemeinde werden regelmäßig 10 v. H. Rabatt auf den Kaufpreis und die Überführungskosten eingeräumt. Das Fahrzeug kann voraussichtlich acht Jahre genutzt werden.
Zur Finanzierung des ersten Fahrzeugs erhält die Stadt 60 v. H. der Anschaffungskosten vom Land Brandenburg sowie 30 v. H. vom Landkreis Teltow-Barnim.
Die restlichen 10 v. H. werden über einen Kredit von der Stadtsparkasse Prenzwalde finanziert (Auszahlungskurs 100 v. H.). Der Kredit wird jährlich mit 4 v. H. verzinst (fester Zinssatz) und jährlich mit 2 v. H. getilgt (die Zins- und Tilgungsleistungen werden monatlich gezahlt).
Die Lieferung und Nutzung des Fahrzeugs sowie die Kreditaufnahme, Tilgung und Zinszahlung ist ab dem 01.11.2016 vorgesehen.
Das zweite Fahrzeug verursacht die gleichen Kosten. Jedoch besteht hier seitens des Herstellers ein Lieferengpass, sodass die Auftragsvergabe zwar im Jahr 2016 erfolgt, die Lieferung und Bezahlung jedoch erst im Jahr 2017.

Übung 6

Der Bürgermeister der Gemeinde Prenzwalde benötigt einen neuen Dienstwagen. Der Kaufpreis beläuft sich auf 35.000 Euro brutto. Da das alte Fahrzeug noch in einem guten Zustand ist, wird mit dem Händler eine Inzahlungnahme für 3.500 Euro vereinbart. Der Buchwert in der Anlagenbuchhaltung beträgt jedoch nur noch 3.000 Euro. Die Differenz aus Kaufpreis und Inzahlungnahme ist 14 Tage nach Lieferung fällig. Bei Zahlung innerhalb von fünf Tagen gewährt der Händler einen Skonto von 3 v. H. auf den Kaufpreis des neuen Fahrzeugs.

Aufgabe
Berechnen Sie die Anschaffungskosten des neuen Fahrzeugs, und veranschlagen Sie sowohl den Erwerb als auch die Inzahlungnahme im Haushaltsplan der Gemeinde Prenzwalde. Prüfen und begründen Sie, welchen Betrag die Stadtkasse der Gemeinde Prenzwalde an den Händler überweist.

Übung 7

Der Ratssaal der Gemeinde Prenzwalde muss aufgrund erheblicher Abnutzungserscheinungen neu eingerichtet werden. Entsprechend dem Angebot eines örtlichen Herstellers beläuft sich der Preis für die neuen Möbel auf 30.000 Euro. Wie üblich erhält die Gemeinde Prenzwalde einen Behördenrabatt von 20 v. H. auf den Kaufpreis. Zusätzlich verlangt der Hersteller für die Lieferung und Montage einen Pauschalpreis von 300 Euro. In dem Preis für die Möbel und Montage ist die gesetzliche Umsatzsteuer noch nicht enthalten. Bei einer Begleichung des Rechnungsbetrags innerhalb von zehn Tagen gewährt der Händler einen Skontoabzug von 3 v. H.

Aufgabe
Berechnen Sie die Anschaffungskosten. Innerhalb welchen Zeitraums ist die Rechnung zu begleichen?

Übung 8

Die Gemeinde Prenzwalde erwirbt ein neues Fahrzeug für den Winterdienst. Der Kaufpreis beträgt 90.000 Euro. Das Fahrzeug wird am 02.11.2016 angeliefert und übergeben. Der Händler gewährt bei Zahlung innerhalb von fünf Tagen auf den Kaufpreis 3 v. H. Skonto. Für die Anlieferung fallen weitere 800 Euro an. Der Spediteur gewährt 2 v. H. Skonto bei Zahlung innerhalb von zehn Tagen. Ende Januar 2017 wird ein zusätzliches Spezialschiebeschild für schwierige Witterungslagen mit erheblichem Schneefall für 4.500 Euro bestellt und geliefert. Zur Vorbereitung des Winters 2018/2019 wird ein zusätzlicher Streuteller für 6.000 Euro im Oktober 2017 bestellt und im Januar 2018 geliefert, installiert und bezahlt. Die Nutzungsdauer des Fahrzeugs beträgt zehn Jahre.

Aufgaben

a) Nennen Sie das Produktkonto (fünfstellig) für den Fahrzeugerwerb.

b) Berechnen Sie die Anschaffungskosten des Fahrzeugs im Jahr 2016.

c) Prüfen und begründen Sie, ob sich aus dem geschilderten Sachverhalt die Notwendigkeit der Veranschlagung einer Verpflichtungsermächtigung ergibt.

d) Erstellen Sie einen Abschreibungsplan unter der Annahme, dass das Fahrzeug nach Ablauf der planmäßigen Nutzungsdauer weiter genutzt wird.

e) Der Winterdienst ist in der Gemeinde Prenzwalde Bestandteil der Straßenreinigungsgebühr entsprechend der Straßenreinigungssatzung. Beschreiben Sie am Beispiel der oben dargestellten Anschaffung die Auswirkungen der Abschreibungen auf die Kalkulation der entsprechenden Gebühren sowie den betriebswirtschaftlichen Hintergrund der Abschreibungen.

Bearbeitungshinweis
Gehen Sie davon aus, dass die Zusatzspezialkomponenten bis zum Ende der Nutzungsdauer des Fahrzeugs abgeschrieben werden.

Übung 9

Sie sind Sachbearbeiter bei der Berufsfeuerwehr der Stadt Prenzwalde und erhalten das nachfolgende Angebot zur Aufnahme in den Haushaltsplan 2016.

Schludrig GmbH
Fachhändler für Motorgeräte/Baudienstleistungen
Radegaster Str. 88, 16123 Prenzwalde

Stadt Prenzwalde
Berufsfeuerwehr
Haupstr. 14-16
16123 Prenzwalde

Angebot Nr. 457/2015 vom 08.12.2015, Kundennr. 6688
Ihr Auftrag vom 05.02.2015

Menge	Gegenstand	Preis je Einheit	Gesamtpreis
5	Sägekette Typ A	11 EUR	55 EUR
3	Sägekette Typ B	15 EUR	45 EUR
2	Kopfschutz	45 EUR	90 EUR
1	Motorsäge Typ MS 261	750 EUR	750 EUR
2	Motorsäge Spezial	1.200 EUR	2.400 EUR
		Gesamtpreis netto	3.340 EUR

Preise zzgl. 19 % Mehrwertsteuer

Kontoinhaber: Göttrick Schludrig
Stadtsparkasse Prenzwalde
IBAN: DE18 1705 6060 0047 1108 15
BIC: WELADED1UMP

Finanzamt Prenzwalde
Steuernummer: 03/456/789

Aufgabe
Veranschlagen Sie die aufgeführten Positionen im Haushaltsplan 2016. Nennen Sie die Produktkonten (fünfstellig). Die Nutzungsdauer für Motorsägen beträgt sechs Jahre. Die Lieferung soll im März 2016 erfolgen.

Übung 10

Die Stadt Prenzwalde möchte eine neue Umgehungsstraße zur Verkehrsentlastung der Innenstadt herstellen. Hierzu erwirbt sie ein unbebautes Grundstück von einem Landwirt. Im Zusammenhang mit dem Erwerb fallen die nachfolgenden Bruttokosten an:

• Kaufpreis	400.000 Euro
• Grunderwerbsteuer	15.000 Euro
• Gebühren Grundbuchänderung	600 Euro
• Vermessungskosten	800 Euro
• Beurkundungsgebühren Notar	2.100 Euro
• Gebühren aus der Änderung des Liegenschaftskatasters	50 Euro

Aufgabe
Erläutern Sie, ob es sich bei der oben dargestellten Maßnahme um Anschaffungs- oder Herstellungskosten handelt. Ermitteln Sie diese, und nennen Sie das einschlägige Produktkonto.

Übung 11

Der Leiter der Finanzbuchhaltung benötigt aufgrund einer Softwareumstellung einen neuen PC. Der alte PC ist bereits über acht Jahre alt und »bremst« das tägliche Arbeiten erheblich aus. Der Zentrale IT-Service erwirbt daher die nachfolgenden Komponenten:

Beschreibung	Preis inkl. MwSt.
• PC	500 Euro
• 30-Zoll-Bildschirm	400 Euro
• Einzelarbeitsplatzscanner	600 Euro
• Tastatur	35 Euro
• Maus	20 Euro
• Drucker	250 Euro
• Tablet für Vortragstätigkeit	600 Euro
• 50er-Packung Bildschirmputztücher	15 Euro
• Rechnungsbetrag	2.420 Euro

Aufgaben

a) Nennen Sie das Produkt sowie die erforderlichen Konten mit den entsprechenden Haushaltsansätzen.

b) Der PC hat eine planmäßige Nutzungsdauer von fünf Jahren. Erstellen Sie einen Abschreibungsplan. Nach Ablauf der angegebenen Nutzungsdauer wird der PC voraussichtlich weiter genutzt.

c) Bearbeitungshinweis: Gehen Sie von einer Anschaffung im Januar des Haushaltsjahres aus.

Übung 12

Aufgrund der Privatisierung der Postbearbeitung in der Gemeinde Prenzwalde soll die vorhandene Frankiermaschine veräußert werden. Die Frankiermaschine wurde im August 2013 für 20.000 Euro erworben. Die Anlagenbuchhaltung führte die Maschine mit einer Nutzungsdauer von zehn Jahren.
Der Kaufvertrag wird im September 2016 geschlossen. Die Übergabe an den neuen Eigentümer erfolgt im Oktober 2016. Als Kaufpreis wurden 8.000 Euro vereinbart.

Aufgaben
Ermitteln Sie den Buchwert der Frankiermaschine zum Veräußerungszeitpunkt, und stellen Sie im Anschluss die Veranschlagung des Verkaufs für den Ergebnis- und Finanzhaushalt 2016 dar. Nennen Sie das Produkt und die Konten.

Übung 13

Die Gemeinde Prenzwalde muss ein neues Feuerwehrfahrzeug erwerben. Das Fahrzeug ist ausgestattet mit einer speziellen Drehleiter. Der Kaufpreis beläuft sich auf 220.000 Euro. Die Überführung des Fahrzeugs kostet 1.000 Euro. Die Zulassung des Fahrzeugs schlägt mit 50 Euro zu Buche. Die Nummernschilder kosten ebenfalls 50 Euro. Das Fahrzeug wird im Oktober 2016 bestellt und im März 2017 geliefert.
Zur Anwendung der Drehleiter bietet die Lieferfirma eine Qualifikation für die Feuerwehrleute an. Diese ist zwingend notwendig, da die Bedienung einer Drehleiter »Neuland« darstellt. Die Schulung kostet insgesamt 1.500 Euro. Daneben bietet der Lieferant eine Zusatzqualifikation an, die jedoch für die Bedienung der Drehleiter nicht zwingend erforderlich ist. Diese kostet 2.500 Euro und wird ebenfalls von der Stadt Prenzwalde beauftragt.

Aufgaben
Ermitteln Sie die Anschaffungskosten des Fahrzeugs. Veranschlagen Sie den Erwerb des neuen Feuerwehrfahrzeugs im Haushaltsplan 2016 und 2017 mit Angabe des Produkts sowie der entsprechenden Konten im Ergebnis- und Finanzhaushalt.

Abwandlung
Bei der ersten Nutzung des Fahrzeugs stellt der Fahrzeugführer fest, dass das Fahrzeug keinerlei Kühlflüssigkeit enthält, der Ölstand sowie die Bremsflüssigkeit zu gering ist. Aufgrund der umgehenden Mängelanzeige gewährt der Lieferant der Stadt einen

Preisnachlass von 500 Euro. Welche Auswirkungen hat dieser Vorgang auf die noch erforderliche Zahlung des Kaufpreises und damit auf die im Haushaltsplan veranschlagten Haushaltsmittel?

Übung 14

Im Bereich der Straßenreinigung der Gemeinde Prenzwalde wurde eine neue Straßenkehrmaschine mit einer hohen Behälterkapazität benötigt, um das zusätzliche Reinigungsvolumen durch die Fusion mit den Gemeinden Schneeberg und Rittersburgen zu kompensieren. Das Fahrzeug wurde im Mai 2013 erworben. Der Anschaffungswert betrug 80.000 Euro. Die Nutzungsdauer des Fahrzeugs wurde auf zehn Jahre geschätzt und entsprechend in die Anlagenbuchhaltung aufgenommen. Der Hersteller des Fahrzeugs gibt die Betriebsleistung mit etwa 30.000 Stunden an.

Aufgaben

a) Erstellen Sie den Abschreibungsplan für das Fahrzeug, und ermitteln Sie den Restbuchwert im Oktober 2016 bei einer linearen Abschreibung nach § 51 Abs. 3 KomHKV.

b) Ermitteln Sie weiterhin den Restbuchwert des Fahrzeugs zum 31.12.2016 auf Basis einer Leistungsabschreibung nach § 51 Abs. 1 Satz 3 KomHKV.

Nutzungsjahr	Betriebsstunden
• 2013	500
• 2014	900
• 2015	1.100
• 2016	1.000

Abwandlung

Unterstellt, durch technischen Fortschritt (insbesondere der Fahrzeughybridtechnik) sinkt der Wert des Fahrzeugs zum 31.12.2017 um 50 v. H. Beschreiben Sie, wie der Vorgang haushaltsrechtlich zu erfassen ist.

Übung 15

Die Stadt Prenzwalde möchte im Haushaltsjahr 2016 ihre gesamte Kopiertechnik modifizieren. Die derzeit genutzten, aber bereits abgeschriebenen Geräte (zwölf Geräte mit jeweils einem Erinnerungswert) sollen vollständig ausgetauscht werden. Für einen Etagenkopierer konnte noch ein Käufer gefunden werden, der bereit ist, einen Betrag i. H. v. 100 Euro zu zahlen.

Aufgaben

Prüfen und veranschlagen Sie den Sachverhalt im Haushaltsplan 2016. Nennen Sie das entsprechende Produkt und das Konto.

Übung 16

Im Rahmen der jährlichen Inventarerneuerung liegt dem Fachbereich Finanzen der Stadt Prenzwalde eine Mittelanmeldung für den Haushaltsplan 2016 des Fachbereichs Zentrale Dienste vor.

Mittelanmeldung Fachbereich Zentrale Dienste
jährliche Inventarerneuerung (Preise inkl. MwSt.)

Beschreibung	Anzahl	Einzelpreis	Gesamtpreis
• Bürotische	10	300 €	3.000 €
• Büroschränke	6	700 €	4.200 €
• Papierkörbe	15	10 €	150 €
• Beratungstisch	2	1.600 €	3.200 €
• Faxgerät	1	160 €	160 €
• Aktenvernichter	2	140 €	280 €
• Büroklammern (Packung 1.000 St.)	10	10 €	100 €
• Heftklammern (Packung 1.000 St.)	10	5 €	50 €
• Aktendullis	1.000	10 Cent	100 €
• Drehstühle	5	200 €	1.000 €
• Kommentar zur Gemeindeordnung	1	120 €	120 €
• DVP Gesetzessammlung	2	80 €	160 €

Aufgabe
Prüfen und begründen Sie die Klassifizierung der o. g. Beschaffungen nach geringwertigen Wirtschaftsgütern sowie hochwertigen Anlagegegenständen (Einzelbewertung).

Übung 17

In der Stadt Prenzwalde ist es seit Jahrzehnten Tradition, dass der Bürgermeister Mitbürgern zum 80., 90. und 100. Geburtstag sowie bei besonderen Hochzeitsjubiläen (Goldhochzeit, Diamanthochzeit etc.) gratuliert. Dabei werden immer ein Blumenstrauß sowie eine besondere Ehrennadel überreicht. Die Kosten belaufen sich pro Jahr auf 300 Euro. Im Haushaltsjahr 2016 sind aufgrund besonders vieler Jubiläen die Mittel bereits ausgeschöpft. Der Bürgermeister will nunmehr die noch verfügbaren Mittel aus seinen Verfügungsmitteln verwenden.

Aufgabe
Nennen Sie die Produktkonten für Repräsentationen und Verfügungsmittel. Begutachten Sie die Zulässigkeit des Einsatzes der Verfügungsmittel.

Übung 18

In der Bibliothek der Stadt Prenzwalde wird der Haushaltsplan für das Haushaltsjahr 2016 vorbereitet. Dabei sind noch insbesondere die nachfolgenden Anschaffungen zu berücksichtigen:

1) Um attraktiver für die Bürgerschaft zu werden, weitet die Bibliothek seit Jahren den Bestand an Bestsellern aus. Im Jahr 2016 sollen Bestseller im Wert von 1.000 Euro erworben werden. Die einzelnen Bestseller kosten jeweils zwischen 10 und 20 Euro.

2) Ende 2015 wurde das Literaturcafé fertiggestellt. Hier können Besucher beim Stöbern in Büchern Kaffee und Kuchen genießen. Für die Bewirtung ist noch entsprechendes Geschirr und Besteck anzuschaffen. Hierfür werden 500 Euro benötigt. Daneben wird ein hochmoderner Kaffeeautomat erforderlich. Dieser kostet voraussichtlich 750 Euro. Die Anschaffungen sind für März 2016 vorgesehen.

3) Der Bestand an Nutzerausweisen ist weitestgehend aufgebraucht. In den vergangenen Jahren konnten jährlich im Durchschnitt 50 neue Nutzer gewonnen werden. Um einen dauerhaften Bestand an Nutzerausweisen zu gewährleisten und einen Händlerrabatt zu sichern, werden gleichzeitig 250 Nutzerausweise erworben. Der Einzelpreis beträgt 3 Euro.

4) Neben der normalen Ausleihbibliothek wird auch eine historische Stadtbibliothek mit alten Schriften und Büchern unterhalten. Im Bibliotheksshop soll für die Besucher ein entsprechender Katalog mit den Highlights angeboten werden. Die Kataloge werden von der örtlichen Druckerei gedruckt. Es sollen insgesamt 1.000 Kataloge zum Preis von 8 Euro pro Stück erworben werden. Der Verkaufspreis wird bei 13 Euro liegen. Für das Jahr 2016 wird damit gerechnet, dass die Hälfte der Kataloge verkauft werden kann. Zusätzlich sollen 30 Kataloge in der Bibliothek den Besuchern während ihres Aufenthalts zur Verfügung gestellt werden. Diese werden auf hochwertigerem Papier gedruckt und kosten daher zusätzlich 3 Euro je Exemplar.

5) Für die historische Bibliothek soll neben den Katalogen noch eine digitale Führung mit Sprachausgabe insbesondere für ausländische Besucher ermöglicht werden. Hierfür werden zehn Tablets zum Preis von jeweils 400 Euro benötigt. Der Erwerb ist im Juni 2016 vorgesehen.

6) Zur Erhaltung der historischen Literatur wird ein neues Raumentfeuchtungsgerät benötigt, um die Luftfeuchtigkeit entsprechend zu regulieren. Der Preis liegt bei 4.500 Euro. Der Kauf soll im September 2016 erfolgen.

7) Der Bürger Schludrig hat angekündigt, der historischen Bibliothek seine alten »Schätze« zu schenken. Darunter sind Bücher aus dem 17. und 18. Jahrhundert. Der Versicherungswert dieser Bestände wurde auf 800.000 Euro taxiert. Des Weiteren besteht für die Bibliothek eine jährliche Haushaltsposition von 3.000 Euro für kleinere Ankäufe historischer Literatur aus Altbeständen bei Online-Plattformen, Flohmärkten etc.

8) Die Bibliothek verfügt über einen größeren Vorlesungssaal. Hier lesen insbesondere Autoren aus ihren Werken. Hierfür ist eine neue Mikrofon- und Lautsprecheranlage erforderlich. Der Gesamtpreis der Anlage beträgt 4.500 Euro. Daneben wird ein neues Rednerpult für 1.300 Euro sowie ein Beamer für 600 Euro benötigt. Sämtliche Anschaffungen sollen im April 2016 erfolgen.

Aufgaben

a) Nennen Sie das Produkt für die Bibliothek.

b) Veranschlagen Sie unter Angabe der Zuordnungsvorschriften die beschriebenen Anschaffungen im Ergebnis- und/oder Finanzplan 2016. Nennen Sie die erforderlichen Konten, und stellen Sie die Veranschlagungen nachvollziehbar dar (ggf. Berechnung).

c) Nutzen Sie zur Ermittlung der Abschreibung den nachfolgenden Auszug aus der Abschreibungstabelle der Stadt Prenzwalde.

Bestandskonto	Bezeichnung	Nutzungsdauer
	Hauptverkehrsstraßen	30
	Nebenstraßen	40
	Anliegerstraßen	50
	Gebäude (massiv)	80
	Gebäude (teilmassiv)	50
	Fahrzeuge	10
	Tische	8
	Stühle	8
	Büroschränke	15
	Sportgeräte	7
	Bohr- und Schleifmaschinen	12
	Werkzeuge	8
	PC-Technik inkl. Zubehör	5
	Netzwerktechnik (Server etc.)	7
	Visualisierungsgeräte (Flipchart, Beamer, Diaprojektor)	7
	Instrumente	15
	Küchengeräte (Kaffeemaschine, Geschirrspüler etc.)	5
	Lautsprecheranlagen	10
	Lichttechnik	8
	Sicherheitstechnik	10
	Klimaanlagen u. Ä.	6

Übung 19

Die Stadt Prenzwalde befindet sich in der Haushaltsplanung. Sie hat ihre Teilpläne nach Produkten gegliedert.

Aufgabe
Bestimmen Sie die Buchungsstellen für die nachfolgenden Sachverhalte. Hierbei ist die vom Ministerium des Innern empfohlene Angabe der Produktgruppe maßgebend.

Sachverhalte	Buchungsstelle
Bau eines Altenpflegeheims	
Pachterträge für eine Gaststätte	
Abschreibung für das Gebäude eines Jugendklubs	
Betriebskosten der städtischen Messehalle	
Allgemeine Zuweisungen vom Land	
Reinigungskosten für Berufsschule	
Bau einer Bushaltestelle	
Pflege des Stadtparks	
Personalkosten der Arbeitnehmer des Personalamtes	
Heizkosten für den Personalrat	
Kauf eines neuen Rettungstransportwagens	
Zuschuss an die Musikschule »Fröhlich e. V.« für neue Instrumente (jeweils über 150 Euro, aber unter 1.000 Euro netto)	
Zuschuss an den Tierschutzverein »Pfötchen e. V.« für Futtermittel	
Energiekosten des städtischen Klinikums	
Zuschuss an den Johanniter e. V. zur Betreibung einer Kindertagesstätte	
Besoldung der Beamten des Vermessungsamtes	
Fortbildungskosten für Mitarbeiter der Kindertagesstätten	
Leasingrate für den Dienstwagen des Bürgermeisters (Wagen geht nach Ablauf der Leasingzeit an den Leasinggeber zurück)	
Leasingrate für den Dienstwagen des Bürgermeisters (Wagen verbleibt nach Ablauf der Leasingzeit bei der Stadt)	
Gebühren aus Parkscheinautomaten öffentlicher Parkplätze	
Zuschuss an die Stadtmarkt GmbH zur kulturellen Umrahmung des Weihnachtsmarktes	
Kosten der Unterkunft nach SGB XII	
Kauf von Sicherheitsbekleidung für die Mitarbeiter der Vollstreckungsstelle (unter 150 Euro netto)	
Bau einer Garage für den Fuhrpark der Stadt	

Übung 20

Für die Aufstellung des Haushaltsplans 2016 sind in der Kämmerei der Stadt Prenzwalde im August 2015 die folgenden Informationen zu berücksichtigten.

1) Für die Tilgung von Krediten sind jährlich 300.000 Euro zu berücksichtigen. Daneben fallen jährlich Zinsen für bereits laufende Investitionskredite in Höhe von 650.000 Euro an. Aufgrund fallender Zinsen rechnet die Kämmerei für Kreditaufnahmen ab dem kommenden Jahr mit einem Zinssatz von 2 v. H.
2) Das Theater der Stadt Prenzwalde (als GmbH geführt) erwirtschaftet seit geraumer Zeit jährlich einen kleinen Gewinn. Dies gelang u. a. durch herausragende und über die Landesgrenzen hinweg bekannte Inszenierungen, wie z. B. »Dracula«. Wie vertraglich vereinbart, ist dieser jährlich an die Gemeinde abzuführen. Die Gewinnabführung 2015 betrug 10.000 Euro und wird im Jahr 2016 an die Gemeinde überwiesen. Aufgrund von zusätzlichen Inszenierungen wird die Gewinnabführung 2016 voraussichtlich auf 15.000 Euro steigen und im Jahr 2017 an die Gemeinde überwiesen.
3) Der im laufenden Jahr vorgesehene Höchstbetrag des Kredits zur Sicherung der Zahlungsfähigkeit (Kassenkredite) ist bereits jetzt ausgeschöpft. Die Zahlungsfähigkeit der Gemeinde kann im laufenden Haushaltsjahr nur noch durch eine Nachtragshaushaltssatzung sichergestellt werden. Daher soll der Höchstbetrag im kommenden Jahr auf 1.200.000 Euro angehoben werden.
4) Kredite für Investitionsmaßnahmen werden i. H. v. 2.000.000 Euro benötigt. Der Schuldendienst wird monatlich ab September 2016 fällig.
5) Im August 2016 soll nach langen Verhandlungen ein Bürogebäude, das bisher im Eigentum des Landes steht, erworben werden. Darin soll die Verwaltung der Stadt Prenzwalde untergebracht werden. Da das Gebäude für die Stadt Prenzwalde insgesamt zu groß ist, sollen einige umliegende Gemeinden Büroräume für Teilbereiche ihrer Verwaltung mieten. Die Anschaffungskosten belaufen sich auf 900.000 Euro (Gebäude 700.000 Euro, Grundstück 200.000 Euro). Die Restnutzungsdauer beträgt 35 Jahre. Die umliegenden Gemeinden beteiligen sich an den Anschaffungskosten mit einer zweckgebundenen Zuweisung i. H. v. 150.000 Euro und müssen dafür nur eine reduzierte Miete zahlen. Die monatliche Miete beträgt 5.000 Euro.

Aufgaben

a) Prüfen Sie, ob der Erlass einer Nachtragshaushaltssatzung für die Erhöhung der Kredite zur Sicherung der Zahlungsfähigkeit notwendig ist.
b) Veranschlagen Sie die Sachverhalte im Ergebnis- und Finanzhaushalt der Stadt Prenzwalde. Bilden Sie die notwendigen Produktkonten.
c) Prüfen Sie, inwieweit die Zuweisung der umliegenden Gemeinden für den Gebäudeerwerb auch für andere Maßnahmen verwendet werden kann. Begründen Sie Ihre Antwort ausführlich!

Übung 21

Die Stadt Prenzwalde baut im Jahr 2016 eine neue Kindertagesstätte für 5.000.000 Euro. Die Baumaßnahme wird mit 40 v. H. durch das Land Brandenburg und 20 v. H. durch umliegende Gemeinden gefördert. Die Zahlungen erfolgen vollständig im Jahr 2016. Die Inbetriebnahme ist ab dem 01.07.2016 geplant. Die Nutzungsdauer beträgt 50 Jahre.

Produkt:

Konto	Bezeichnung	2016	2017	2018	2019	2020	2021	2022

Die Kindertagesstätte wird durch ein Feuer Mitte des fünften Nutzungsjahres vollständig zerstört. Der Restbuchwert muss vollständig abgeschrieben werden.

Konto	Bezeichnung	2016	2017	2018	2019	2020

Aufgabe

Veranschlagen Sie die dargestellten Sachverhalte in den vorgegebenen Teilplänen. Bilden Sie die notwendigen Konten.

Übung 22

Die Stadt Prenzwalde will eine Kindertagesstätte mit Gesamtkosten von 3 Mio. Euro herstellen. Die Auszahlungen fallen je zu einem Drittel 2016, 2017 und 2018 an. Den Gesamtauftrag soll ein Bauunternehmen im Jahr 2016 erhalten.

Aufgabe
Wie ist zu verfahren, wenn die Auftragsvergabe jeweils jährlich nach Losen erfolgt?

Übung 23

Einige Verwaltungsbereiche der Stadt Prenzwalde müssen während der Sanierung des historischen Rathauses in ein benachbartes Bürogebäude umziehen. Für die Dauer des Umzugs von voraussichtlich zwei Jahren wird ein Mietvertrag mit der Firma Schöne Gebäude GmbH abgeschlossen. Die Miete für das Haushaltsjahr 2016 und 2017 beträgt jeweils 100.000 Euro. Kämmerin Frau Biermann veranschlagt daher im Haushaltsplan 2016 eine Verpflichtungsermächtigung i. H. v. 100.000 Euro mit Kassenwirksamkeit im Jahr 2017. Nur so kann ihrer Meinung nach der Mietvertrag im Jahr 2016 abgeschlossen werden.

Aufgabe
Prüfen und begründen Sie ausführlich, ob die Veranschlagung einer Verpflichtungsermächtigung im Jahr 2016 notwendig war.

Übung 24

Die Stadt Prenzwalde will im Haushaltsjahr 2016 mit dem Bau einer neuen Feuerwache beginnen. Der Kaufvertrag für das dazu erforderliche Grundstück wurde bereits im Jahr 2015 notariell beurkundet und die Grundbuchumschreibung vollzogen. Der Gesamtkaufpreis von 450.000 Euro wird mit 100.000 Euro 2016, 250.000 Euro 2017 sowie jeweils 50.000 Euro 2018 und 2019 kassenwirksam.
Die Baukosten belaufen sich nach Berechnungen des Hochbauamtes auf 5,0 Mio. Euro. Das ortsansässige Unternehmen »Bauklotz« soll im Frühjahr 2016 den Auftrag für die Gesamtherstellung erhalten und mit den Arbeiten beginnen. Nach dem durch das Hochbauamt vorgesehenen Baufortschritt werden die Auszahlungen mit 2,5 Mio. Euro im Jahr 2016, mit 1,5 Mio. Euro im Jahr 2017 und mit 1,0 Mio. Euro im Jahr 2018 kassenwirksam. Die Inneneinrichtung sowie die Ausrüstung für die Feuerwehrleute wird i. H. v. 500.000 Euro im Jahr 2016 bestellt und im Jahr 2018 geliefert und bezahlt. Ein weiterer Teil der Einrichtung i. H. v. 100.000 Euro wird erst im Jahr 2017 bestellt und im Jahr 2018 geliefert und bezahlt.

Aufgaben
Veranschlagen Sie die beschriebene Maßnahme im Haushaltsplan der Stadt Prenzwalde. Nutzen Sie hierfür den in der Anlage beigefügten Vordruck eines Teilfinanzplans für die kommenden drei Haushaltsjahre. Nennen Sie das Produkt sowie alle erforderlichen Konten. Bringen Sie am Teilfinanzplan die notwendigen Erläuterungen an.

Produkt:
Haushaltsjahr 2016

Konto	Teilfinanzplan Investitionstätigkeit	Ansatz 2015	Ansatz 2016	VE 2016	Planung 2017	Planung 2018	Planung 2019
	Auszahlungen Bau Feuerwache • für Erwerb von Grundstücken • für Baumaßnahmen • für Erwerb des Inventars						

Erläuterungen nach § 15 KomHKV

Haushaltsjahr 2017

Konto	Teilfinanzplan Investitionstätigkeit	Ansatz 2016	Ansatz 2017	VE 2017	Planung 2018	Planung 2019	Planung 2020
	Auszahlungen Bau Feuerwache • für Erwerb von Grundstücken • für Baumaßnahmen • für Erwerb des Inventars						

Haushaltsjahr 2018

Konto	Teilfinanzplan Investitionstätigkeit	Ansatz 2017	Ansatz 2018	VE 2018	Planung 2019	Planung 2020	Planung 2021
	Auszahlungen Bau Feuerwache • für Erwerb von Grundstücken • für Baumaßnahmen • für Erwerb des Inventars						

Übung 25

Der Ausbau der Kanalbrücke in der Stadt Prenzwalde erstreckt sich aufgrund erheblicher baulicher Veränderungen voraussichtlich über ein Jahr und wird Gesamtkosten i. H. v. 1.800.000 Euro verursachen. Mit dem Bau war nach der Sommerpause des Vorjahres begonnen worden. Aufgrund des Beschlusses des Stadtrates aus dem Juni wurden sämtliche Aufträge bereits im Vorjahr auf Basis einer Verpflichtungsermächtigung erteilt. Im Februar dieses Jahres geht nunmehr eine weitere Abschlagsrechnung des beauftragten Bauunternehmens Schludrig ein. Haushaltsmittel sind in diesem Haushaltsjahr nicht veranschlagt.

In der Grundschule »Kleine Füchse« ist es seit Jahren kaum möglich, den Schulsport ordnungsgemäß durchzuführen. Grund hierfür ist der marode Zustand der Turnhalle. Nach endlosen Diskussionen im Stadtrat, im Bauausschuss sowie im Kultur- und Sportausschuss konnte nunmehr ein Konsens bei der Frage der Finanzierung einer Sanierung (Gesamtkosten 400.000 Euro, Kassenwirksamkeit zu je 50 v. H. in diesem und im nächsten Jahr) gefunden werden. Baubeginn soll in diesem Jahr sein. Der Projektverantwortliche möchte im Februar endlich die Ausschreibung veranlassen, um anschließend unverzüglich sämtliche Mittel durch die Erteilung von Aufträgen zu binden. Nur so wäre sichergestellt, dass die Turnhalle vor Beginn des neuen Schuljahres fertiggestellt und in Betrieb genommen werden kann. In diesem Haushaltsjahr ist die Maßnahme mit einem Auszahlungsansatz i. H. v. 300.000 Euro veranschlagt. Grundlage für die Veranschlagung war eine Kostenschätzung aus dem vergangenen Jahr.

Die Verwaltung der Stadt Prenzwalde musste bisher in einem angemieteten Gebäude untergebracht werden. Der Stadtrat hatte bereits vor drei Jahren beschlossen, dass das bisher nicht genutzte historische Rathaus saniert werden soll. Hierbei ist eine Generalsanierung erforderlich, da sich das Gebäude in einem sehr schlechten und baufälligen Zustand befindet und somit bereits seit Jahren unbenutzbar ist. Das angemietete Gebäude würde dann nicht mehr benötigt, und der Mietvertrag könnte gekündigt werden. Im Teilfinanzplan des entsprechenden Produkts war im vergangenen Jahr eine Verpflichtungsermächtigung i. H. v. 600.000 Euro enthalten. Aufgrund der Überlastung des Baudezernates war eine Auftragsvergabe jedoch nicht möglich. Im Haushaltsplan für dieses Haushaltsjahr ist die erforderliche Auszahlungsermächtigung i. H. v. 600.000 Euro enthalten. Eine Auftragsvergabe soll jetzt erfolgen. Dabei sieht der Umsetzungsplan des Baudezernates einen vollständigen Abschluss der Maßnahme noch in diesem Jahr vor.

Aufgaben

a) Bilden Sie die entsprechenden Produktkonten.

b) Prüfen und begründen Sie kurz, ob die haushaltsrechtlichen Voraussetzungen für die Durchführung der drei beschriebenen Maßnahmen vorliegen.

D Untergliederung des Haushaltsplans

Der Ergebnishaushalt und die Ergebnisrechnung (Jahresabschluss-Rückschau) sowie der Finanzhaushalt und die Finanzrechnung (Jahresabschluss-Rückschau) stellen Erträge und Aufwendungen sowie Einzahlungen und Auszahlungen für die gesamte Gemeinde in komprimierter Form dar. Mittels einer solchen Darstellung besteht die Möglichkeit für einen Gesamtüberblick über die kommunale Haushaltswirtschaft. Steuerungsmöglichkeiten für die Gemeindevertretung im Rahmen der Haushaltsberatungen, insbesondere für einzelne Aufgabenbereiche und damit Produkte, sind jedoch nur schwer möglich.

I. Struktur der Teilhaushalte

Insofern ist es erforderlich, den Ergebnis- und Finanzhaushalt weiter in Teilergebnis- und Teilfinanzhaushalte zu untergliedern. Dadurch wird ein Blick auf einzelne Aufgabenbereiche ermöglicht.
Daher ist nach § 6 KomHKV der Haushalt in Teilhaushalte zu gliedern. Es handelt sich dabei um eine »Muss-Vorschrift«. Das heißt, dass der Ergebnishaushalt (§ 4 KomHKV) und der Finanzhaushalt (§ 5 KomHKV) in Teilergebnis- und Teilfinanzhaushalte zerfallen (§ 6 Abs. 1 KomHKV). Die Teilergebnis- und Teilfinanzhaushalte sind Bestandteile des Haushalts (§ 3 Abs. 1 Nr. 3 KomHKV).

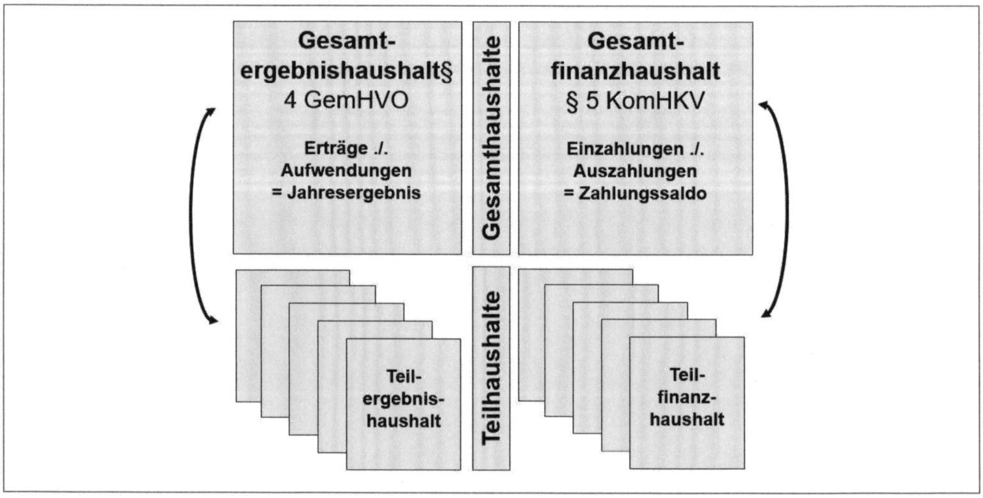

Abbildung 35: Struktur der Teilhaushalte

Teilergebnishaushalt Haushaltsjahr 20.. - in EUR -							
Ertrags- und Aufwandsarten		Ergebnis des Vorvorjahres	Ansatz des Vorjahres	Ansatz	Planung Haushaltsjahr +1	Planung Haushaltsjahr +2	Planung Haushaltsjahr +3
		1	2	3	4	5	6
1. 9.	Steuern und ähnliche Abgaben ↓ wie Ergebnishaushalt § 4 KomHKV ↓ Bestandsveränderungen						
10.	= Erträge aus laufender Verwaltungstätigkeit						
11. 16.	Personalaufwendungen ↓ wie Ergebnishaushalt § 4 KomHKV ↓ Sonstige ordentliche Aufwendungen						
17.	= Aufwendungen aus laufender Verwaltungstätigkeit						
18.	= **Ergebnis der laufenden Verwaltungstätigkeit** (1 ./. 17)						
19. 20.	Zinsen und sonstige Finanzerträge Zinsen und sonstige Finanzaufwendungen						
21.	= Finanzergebnis						
22.	= **ordentliches Jahresergebnis** (18 + 21)						
23. 24.	außerordentliche Erträge außerordentliche Aufwendungen						
25.	= **außerordentliches Jahresergebnis**						
26.	**Ergebnis vor Berücksichtigung der internen Leistungsbeziehungen** (22 + 25)						
27.	+ Erträge aus internen Leistungsverrechnungen						
28.	- Aufwendungen aus internen Leistungsverrechnungen						
29.	**Gesamtergebnis des Teilhaushalts** (22 + 25)						
	Nachrichtlich:						
30.	nicht zahlungswirksame Erträge						
31.	nicht zahlungswirksame Aufwendungen						

Abbildung 36: Auszug von Muster 5.6 zu § 7 KomHKV – Teilergebnishaushalt

Nach § 66 Abs. 3 Satz 1 BbgKVerf ist der Haushaltsplan für die Führung der Haushaltswirtschaft verbindlich (Verbindlichkeit im Innenverhältnis). Insbesondere die Teilhaushalte stellen für die Gemeindevertretung die Grundlage zur sachlichen und inhaltlichen Mittelzuweisung für einzelne Verwaltungs- und Aufgabenbereiche dar. Damit rücken die Teilhaushalte in den Mittelpunkt der politischen Steuerungsfunktion des Haushalts.
Ein wesentliches Steuerungsinstrument für die Gemeindevertretung ist die in den Teilhaushalten dargestellte mittelfristige Ergebnis- und Finanzplanung nach § 72 BbgKVerf. Dadurch ist es möglich, negative Entwicklungen sowie die Auswirkungen von Investitionsmaßnahmen zu erkennen und entsprechend gegenzusteuern.

II. Aufbau der Teilpläne

Die Teilpläne sind nach § 6 Abs. 1 KomHKV nach dem vom Ministerium des Innern vorgegebenen Produktrahmen zu gliedern. Die Mindestgliederungsebene sind die Produktbereiche. Für jeden der 28 Produktbereiche sind also mindestens ein Teilhaushalt und ein Teilfinanzhaushalt aufzustellen. Tiefere Untergliederungen sind nach den örtlichen Anforderungen und Bedürfnissen möglich. Die Mehrzahl der Kommunen wählt daher aus Steuerungsgründen die Ebene der Produkte.

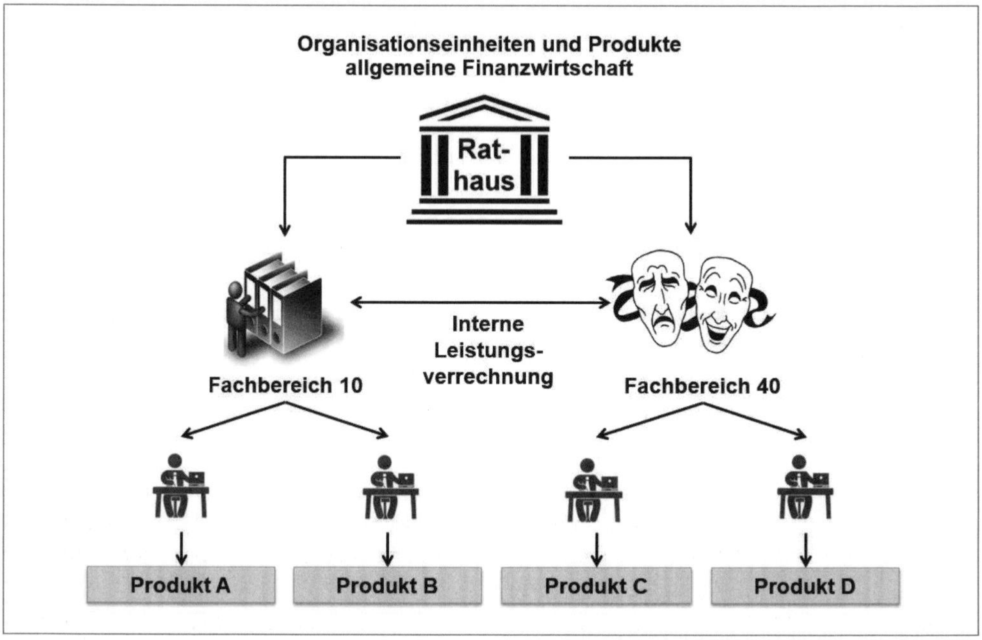

Abbildung 37: Organisationseinheiten und Produkte

Die Teilpläne bilden gem. § 6 Abs. 3 KomHKV jeweils eine Bewirtschaftungseinheit (Budget) und dienen als Grundlage für die Haushaltsberatungen der Verwaltungsführung und der Gemeindevertretung.
Durch den Beschluss der Gemeindevertretung wird eine verbindliche Ermächtigungsgrundlage vorgegeben, mit der die Kommune wirtschaften kann.
Unter einem Budget versteht der Verordnungsgeber einen vorgegebenen Finanzrahmen der zur selbstständigen und eigenverantwortlichen (für den Budgetverantwortlichen) Bewirtschaftung im Rahmen vorgegebener Sachziele und intern festzulegender Budgetregeln zur Verfügung steht.[56]
Damit wird die Verantwortung für Aufgabenerfüllung, Ressourcenverbrauch und Budget vereinheitlicht (Zusammenführung von Produkt- und Ressourcenverantwortung).

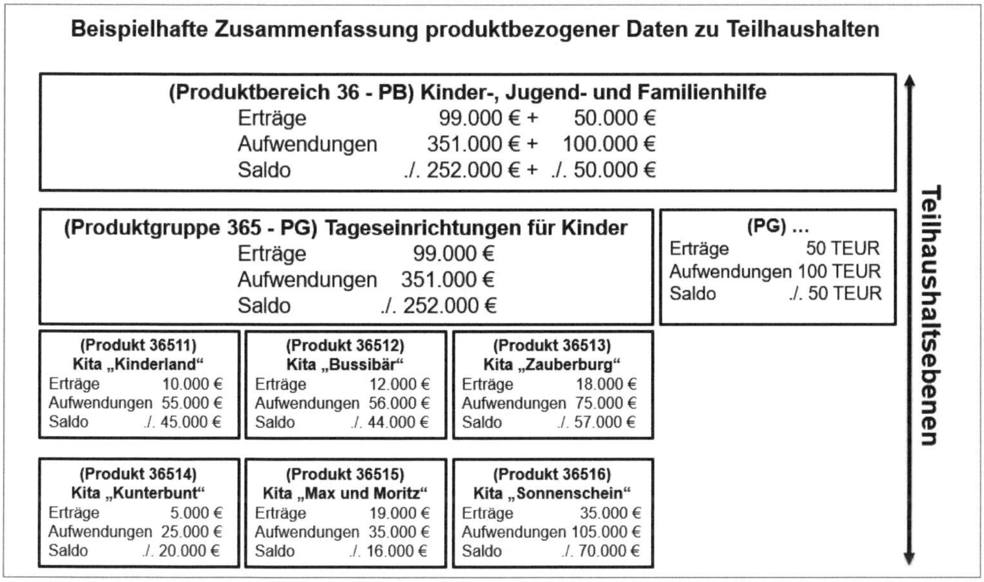

Abbildung 38: Produktbezogene Daten (in Anlehnung an Henkes, Der Jahresabschluss kommunaler Gebietskörperschaften, Berlin 2008 S. 99)

III. Teilergebnishaushalte

Die Teilergebnishaushalte bilden die entscheidende Grundlage für die Haushaltsberatungen und Haushaltsbewirtschaftung. Im Gegensatz zum Ergebnishaushalt stellen die Teilergebnishaushalte das Ressourcenaufkommen und den Ressourcenverbrauch für einzelne Aufgabenbereiche dar. Der Aufbau der Teilergebnishaushalte entspricht dem Aufbau des (Gesamt-)Ergebnishaushalts und ist entsprechend dem Muster 5.6 der verbindlichen Muster[57] zwingend vorgeschrieben.

[56] Vgl. § 2 Nr. 12 KomHKV.
[57] Vgl. VV Produkt- und Kontenrahmen, a. a. O., Nr. 5.6 zum Produkt- und Kontenrahmen.

Teilergebnishaushalt Haushaltsjahr 20.. - in EUR -							
Ertrags- und Aufwandsarten		Ergebnis des Vorvorjahres	Ansatz des Vorjahres	Ansatz	Planung Haushaltsjahr +1	Planung Haushaltsjahr +2	Planung Haushaltsjahr +3
		1	2	3	4	5	6
	wie Ergebnishaushalt § 4 KomHKV ↓						
10.	= Erträge aus laufender Verwaltungstätigkeit						
	wie Ergebnishaushalt § 4 KomHKV ↓						
17.	= Aufwendungen aus laufender Verwaltungstätigkeit						
18.	= **Ergebnis der laufenden Verwaltungstätigkeit** (1 ./. 17)						
19.	Zinsen und sonstige Finanzerträge						
20.	Zinsen und sonstige Finanzaufwendungen						
21.	= Finanzergebnis						
22.	= **ordentliches Jahresergebnis** (18 + 21)						
23.	außerordentliche Erträge						
24.	außerordentliche Aufwendungen						
25.	= **außerordentliches Jahresergebnis**						
26.	**Ergebnis vor Berücksichtigung der internen Leistungsbeziehungen** (22 + 25)						
27.	+ Erträge aus internen Leistungsverrechnungen						
28.	- Aufwendungen aus internen Leistungsverrechnungen						
29.	**Gesamtergebnis des Teilhaushalts** (22 + 25)						
	Nachrichtlich:						
30.	nicht zahlungswirksame Erträge						
31.	nicht zahlungswirksame Aufwendungen						

Abbildung 39: Teilergebnishaushalt (ordentliches Ergebnis)

Über die Abbildung der in § 4 KomHKV dargestellten Ertrags- und Aufwandsarten hinaus werden in den Teilergebnisplänen nach § 7 Abs. 1 KomHKV zusätzlich interne Leistungsbeziehungen aus der internen Leistungsverrechnung (ILV) abgebildet. Dies dient dem Ziel, das Ressourcenaufkommen bzw. den Ressourcenverbrauch verursachungsgerecht abzubilden und Leistungsbeziehungen zwischen den Teilplänen darzustellen. Dabei sollten interne Leistungsverrechnungen nur abgebildet werden, soweit sie wesentlich sind. Im jeweiligen Teilergebnishaushalt wird gem. § 7 Abs. 2 KomHKV ein Ergebnis vor und ein Ergebnis nach Berücksichtigung der internen Leistungen dargestellt.

Teilergebnishaushalt Haushaltsjahr 20.. - in EUR -							
Ertrags- und Aufwandsarten		Ergebnis des Vorvorjahres	Ansatz des Vorjahres	Ansatz	Planung Haushaltsjahr +1	Planung Haushaltsjahr +2	Planung Haushaltsjahr +3
		1	2	3	4	5	6
10.	wie Ergebnishaushalt § 4 KomHKV ↓ = Erträge aus laufender Verwaltungstätigkeit						
17.	wie Ergebnishaushalt § 4 KomHKV ↓ = Aufwendungen aus laufender Verwaltungstätigkeit						
18.	= **Ergebnis der laufenden Verwaltungstätigkeit** (1 ./. 17)						
19. 20.	Zinsen und sonstige Finanzerträge Zinsen und sonstige Finanzaufwendungen						
21.	= Finanzergebnis						
22.	= **ordentliches Jahresergebnis** (18 + 21)						
23. 24.	außerordentliche Erträge außerordentliche Aufwendungen						
25.	= **außerordentliches Jahresergebnis**						
26.	**Ergebnis vor Berücksichtigung der internen Leistungsbeziehungen** (22 + 25)						
27.	+ Erträge aus internen Leistungsverrechnungen						
28.	- Aufwendungen aus internen Leistungsverrechnungen						
29.	**Gesamtergebnis des Teilhaushalts** (22 + 25)						
	Nachrichtlich:						
30.	nicht zahlungswirksame Erträge						
31.	nicht zahlungswirksame Aufwendungen						

Abbildung 40: Teilergebnishaushalt (Gesamtergebnis)

Durch die Veranschlagung von internen Leistungsverrechnungen, die Bestandteil des jeweiligen Budgets werden, soll wirtschaftliches Handeln in der Verwaltung gefördert werden. Es dient dem Bewusstsein, dass interne Leistungen nicht kostenfrei sind. Eine Abbildung dieser Leistungsbeziehungen der Teilpläne ist jedoch nur dann sinnvoll, soweit diese steuerungsrelevant sind.

Als interne Leistungsverrechnungen werden insbesondere die Leistungen z. B. der zentralen Kopierstelle, des Gebäudemanagements, des Fuhrparks, des Bauhofs sowie des IT-Service erfasst.

Die Ermittlung der Erträge und Aufwendungen aus internen Leistungsbeziehungen erfolgt im Rahmen der Kosten- und Leistungsrechnung nach §§ 18 und 20 Abs. 5 KomHKV. Damit werden Informationen der Kosten- und Leistungsrechnung Bestandteil des gemeindlichen Haushaltsplans.

Die Abbildung der internen Leistungsverrechnung erfolgt bei der leistungserbringenden Organisationseinheit als Ertrag beim Konto 4811 und verbessert damit das Ergebnis dieses Teilplans. Das Ergebnis der leistungsnehmenden Organisationseinheit wird durch einen entsprechenden Aufwand beim Konto 5811 belastet. Für den Gesamtergebnishaushalt stellt die Darstellung der internen Leistungsverrechnung jedoch keine Belastung dar, da sich die Erträge und Aufwendungen finanzmathematisch immer ausgleichen müssen. Insofern wird im (Gesamt-)Ergebnishaushalt auf eine Abbildung verzichtet.
Aus den Summen der Erträge und Aufwendungen aller Teilergebnispläne (vor internen Leistungsverrechnungen) ergeben sich die Ansätze im (Gesamt-)Ergebnishaushalt.
Die Teilergebnisrechnungen (Muster 5.10 der verbindlichen Muster) als Rückschau zu den Teilergebnishaushalten stimmen in der Gliederung überein.
Soweit der Jahresabschluss der Gemeinde zum Zeitpunkt der Aufstellung des Haushaltsplans noch nicht geprüft wurde, ist das erstellte, ungeprüfte Jahresergebnis einzutragen. Zu berücksichtigen sind alle aufgrund zulässiger haushaltswirtschaftlicher Maßnahmen und Entscheidungen vorgenommenen Änderungen an den Ermächtigungsansätzen, z. B. Erhöhungen oder Minderungen im Rahmen von Nachtragssatzungen, aber auch über- oder außerplanmäßig bewilligte Aufwendungen/Auszahlungen sowie aus dem Vorjahr übertragene Ermächtigungen.[58]
Ein Beispiel für einen Teilergebnisplan ist in Abbildung 44 ersichtlich.

IV. Teilfinanzpläne

Wie dargestellt kommt der Abbildung von Erträgen und Aufwendungen eine besondere Bedeutung zu. Dennoch sind die Ein- und Auszahlungen insbesondere im investiven Bereich für die Gemeindevertretung von entscheidender Bedeutung und damit in den Haushaltsberatungen besonders steuerungsrelevant. Die Entscheidungen über die Investitionen gehören zu den wichtigsten und zukunftsorientiertesten Gestaltungsspielräumen der Politik. Folglich stellen die Teilfinanzpläne die Ermächtigungsgrundlage zur Tätigung von Investitionen dar. Im Gegensatz zu den Teilergebnisplänen stellt der Verordnungsgeber es den Kommunen frei, die Einzahlungen und Auszahlungen aus laufender Verwaltungstätigkeit in den Teilfinanzplänen entsprechend der Gliederungsstruktur des Finanzhaushalts nach § 5 KomHKV abzubilden. Mindestens sind jedoch die Ein- und Auszahlungen aus Investitionstätigkeit darzustellen. Hingegen sind im Investitionsbereich die Verpflichtungsermächtigungen nach § 73 BbgKVerf i. V. m. § 15 Satz 1 KomHKV zwingend maßnahmebezogen im Teilfinanzhaushalt abzubilden. Daneben ist nach § 15 Satz 2 KomHKV zwingend anzugeben, wie sich die Belastungen aus den Verpflichtungsermächtigungen auf die künftigen Haushaltsjahre verteilen. Insofern sind an den Teilfinanzplänen entsprechende Erläuterungen anzubringen. Der Aufbau der Teilfinanzhaushalte ist entsprechend dem Muster 5.7 zu § 8 KomHKV der verbindlichen Muster[59] vorgeschrieben.
Die Summe aller Einzahlungen und Auszahlungen aus der Investitionstätigkeit der Teilfinanzpläne stimmt mit der Darstellung der Investitionstätigkeit im (Gesamt-)Finanzhaushalt überein.

---

58 Vgl. 5.10 Muster zu § 56 KomHKV für die Teilergebnisrechnung.

59 Vgl. VV Produkt- und Kontenrahmen, a. a. O., Nr. 5.7 zu § 8 KomHKV für den Teilfinanzhaushalt.

Teilergebnisrechnung Haushaltsjahr 20.. - in EUR -				
Ertrags- und Aufwandsarten	Ergebnis des Vorvorjahres	Fortgeschriebener Ansatz des Haushaltsjahres	Ergebnis des Haushaltsjahres	Vergleich fortgeschriebener Ansatz / Ergebnis
	1	2	3	4
1. Steuern und ähnliche Abgaben 2. Zuwendungen und allgemeine Umlagen 3. sonstige Transfererträge 4. öffentlich-rechtliche Leistungsentgelte 5. privatrechtliche Leistungsentgelte 6. Kostenerstattungen und Kostenumlagen 7. sonstige ordentliche Erträge 8. aktivierte Eigenleistungen und 9. Bestandsveränderung				
10. = Erträge aus laufender Verwaltungstätigkeit				
12. Versorgungsaufwendungen 13. Aufwendungen für Sach- und Dienstleistungen 14. Abschreibungen 15. Transferaufwendungen 16. sonstige ordentliche Aufwendungen				
17. = Aufwendungen aus laufender Verwaltungstätigkeit				
18. = **Ergebnis der laufenden Verwaltungstätigkeit** (10 ./. 17)				
19. Zinsen und sonstige Finanzerträge 20. - Zinsen und sonstige Finanzaufwendungen				
21. = Finanzergebnis				
22. = **ordentliches Jahresergebnis** (Zeilen 18 + 21)				
23. außerordentliche Erträge 24. - außerordentliche Aufwendungen				
25. = **außerordentliches Jahresergebnis**				
26. **Gesamtüberschuss/Gesamtfehlbetrag** (22+25)				
27. Erträge aus internen Leistungsbeziehungen 28. Aufwendungen aus internen Leistungsbeziehungen				
29. = **Gesamtergebnis des Teilhaushalts**				
nachrichtlich				
30. nicht zahlungswirksame Erträge				
31. nicht zahlungswirksame Aufwendungen				

Abbildung 41: Teilergebnisrechnung

Teilfinanzhaushalt
Haushaltsjahr 20..
- in EUR -

Ein- und Auszahlungsarten	Ergebnis des Vorjahres	Ansatz des Vorjahres	Ansatz des HH	Planung Haushalts-jahr + 1	Planung Haushalts-jahr + 2	Planung Haushalts-jahr + 3	Bisher bereitgestellt (einschl. Sp. 2)	Gesamtein-zahlungen/ Gesamtaus-zahlungen
	1	2	3	4	5	6	7	8
Maßnahme: ______ **bzw. Summe einjähriger Maßnahmen unterhalb der festgesetzten Wertgrenze**								
1. Einzahlungen aus Investitionszuwendungen 2. Einzahlungen aus Beiträgen und Entgelten 3. Einzahlungen aus der Veräußerung von immateriellen Vermögensgegenständen 4. Einzahlungen aus der Veräußerung von Grundstücken, grundstücksgleichen Rechten und Gebäuden 5. Einzahlungen aus der Veräußerung von übrigem Sachanlagevermögen 6. Einzahlungen aus der Veräußerung von Finanzanlagevermögen 7. Sonstige Einzahlungen aus Investitionstätigkeit								
8. = Einzahlungen aus Investitionstätigkeit								
9. Auszahlungen für Baumaßnahmen 10. Auszahlungen von aktivierbaren Zuwendungen für Investitionen Dritter 11. Auszahlungen für den Erwerb von immateriellen Vermögensgegenständen 12. Auszahlungen für den Erwerb von Grundstücken, grundstücksgleichen Rechten und Gebäuden 13. Auszahlungen für den Erwerb von übrigem Sachanlagevermögen 14. Auszahlungen für den Erwerb von Finanzanlagevermögen 15. Sonstige Auszahlungen aus Investitionstätigkeit								
16. = Auszahlungen aus Investitionstätigkeit								
17. = Saldo aus Investitionstätigkeit								

Abbildung 42: Teilfinanzplan

Unabhängig von der Abbildung der laufenden Einzahlungen und Auszahlungen im Teilfinanzhaushalt sind die entsprechenden zahlungswirksamen Konten der Kontenklassen 6 und 7 zwingend produktbezogen zu bebuchen und bilden die entscheidenden Größen für die Finanzstatistik.
Interne Leistungsverrechnungen führen zu keinem Geldmittelfluss und werden daher nicht im Teilfinanzhaushalt dargestellt.
Da Investitionskredite nach § 74 BbgKVerf insgesamt zur Deckung von Auszahlungen für Investitionen dienen, können die Ein- und Auszahlungen aus Finanzierungstätigkeit nicht teilplanscharf dargestellt werden. Sie werden im Produktbereich 61 »Allgemeine Finanzwirtschaft« ausgewiesen.
Investitionen, die sich über mehrere Jahre erstrecken bzw. oberhalb der von der Gemeindevertretung gem. § 65 Abs. 2 Nr. 6 BbgKVerf in der Haushaltssatzung festgesetzten Wertgrenze liegen, sind einzeln darzustellen.
Bei den Verpflichtungsermächtigungen ist die Aufteilung auf die Folgejahre anzugeben.

Verpflichtungsermächtigungen/ Aufteilung auf die Folgejahre	Verpflichtungs-ermächtigungen	Planung HHJahr + 1	Planung HHJahr + 2	Planung HHJahr + 3
	1	2	3	4

Über die Zahlungsübersicht hinaus enthält der Teilfinanzhaushalt ein zusätzliches Steuerungsinstrument. Im Teilfinanzhaushalt sind Investitionen und Investitionsförderungsmaßnahmen entsprechend maßnahmenbezogen abzubilden. Diese Abbildung spiegelt im Investitionsbereich den Grundsatz der Einzelveranschlagung wider.
Bei der Darstellung der Investitionen erfolgt entsprechend § 8 Abs. 2 Satz 1 KomHKV i. V. m. § 65 Abs. 2 Nr. 6 eine Abgrenzung zwischen wesentlichen und unerheblichen Investitionen. Die Definition der Wertgrenze, ab der Investitionsmaßnahmen wesentlich und damit einzeln darzustellen sind, nimmt die Gemeindevertretung vor und wird mit der Haushaltssatzung festgesetzt. Investitionsauszahlungen unterhalb dieser Wertgrenze können zusammengefasst und pauschaliert dargestellt werden. Sie unterliegen daher nicht dem Grundsatz der Einzelveranschlagung. Dieser Einzelnachweis der wesentlichen Investitionsmaßnahmen stellt somit das zukünftige Investitionsprogramm der Gemeinde dar. Der Gemeindevertretung wird damit die Möglichkeit eröffnet, erhebliche Investitionen einzeln zu beraten und zu beschließen. Die Verpflichtungsermächtigungen und ihre Zahlungswirksamkeit sind in den Folgejahren maßnahmenbezogen abzubilden. Darüber hinaus sind für die einzelnen Investitionsmaßnahmen die bisher bereitgestellten Mittel und die Gesamtinvestitionssumme darzustellen.
Die Teilfinanzrechnung (Muster 11 der verbindlichen Muster)[60] entspricht im Aufbau dem Teilfinanzhaushalt.
Investitionen, die sich über mehrere Jahre erstrecken bzw. oberhalb der von der Gemeinde gem. § 65 Abs. 2 Nr. 6 BbgKVerf in der Haushaltssatzung festgesetzten Wertgrenze liegen, sind einzeln darzustellen. Investitionen eines Haushaltsjahres bzw. unterhalb der

60 Vgl. VV Produkt- und Kontenrahmen, a. a. O., Nr. 5.11 Muster zu § 56 KomHKV für die Teilfinanzrechnung.

Teilfinanzrechnung Haushaltsjahr 20.. - in EUR -				
Investitionsmaßnahmen	Ergebnis des Vorvorjahres	Fortge-schriebener Ansatz des Haushaltsjahres	Ergebnis des Haushaltsjahres	Vergleich fortgeschrie-bener Ansatz / Ergebnis
	1	2	3	4
Maßnahme: ______ **bzw. Summe einjähriger Maßnahmen unterhalb der festgesetzten Wertgrenze**				
1. Einzahlungen aus Investitionszuwendungen 2. Einzahlungen aus Beiträgen und Entgelten 3. Einzahlungen aus der Veräußerung von immateriellen Vermögensgegenständen 4. Einzahlungen aus der Veräußerung von Grundstücken, grundstücksgleichen Rechten und Gebäuden 5. Einzahlungen aus der Veräußerung von übrigem Sachanlagevermögen 6. Einzahlungen aus der Veräußerung von Finanzanlagevermögen 7. Sonstige Einzahlungen aus				
8. =Einzahlungen aus Investitionstätigkeit				
9. Auszahlungen für Baumaßnahmen 10. Auszahlungen von aktivierbaren Zuwendungen für Investitionen Dritter 11. Auszahlungen für den Erwerb von immateriellen Vermögensgegenständen 12. Auszahlungen für den Erwerb von Grundstücken, grundstücksgleichen Rechten und Gebäuden 13. Auszahlungen für den Erwerb von übrigem Sachanlagevermögen 14. Auszahlungen für den Erwerb von Finanzanlagevermögen 15. Sonstige Auszahlungen aus				
16. =Auszahlungen aus Investitionstätigkeit				
17. =Saldo aus Investitionstätigkeit				

Abbildung 43: Teilfinanzrechnung

Wertgrenze können zusammengefasst werden. Soweit der Jahresabschluss der Gemeinde zum Zeitpunkt der Aufstellung des Haushaltsplans noch nicht geprüft wurde, ist das erstellte, ungeprüfte Jahresergebnis einzutragen.

Zu berücksichtigen sind alle aufgrund zulässiger haushaltswirtschaftlicher Maßnahmen und Entscheidungen vorgenommenen Änderungen an den Ermächtigungsansätzen, z. B. Erhöhungen oder Minderungen im Rahmen von Nachtragssatzungen, aber auch über- oder außerplanmäßig bewilligte Aufwendungen/Auszahlungen sowie aus dem Vorjahr übertragene Ermächtigungen.

Auszug aus einem Teilergebnishaushalt Brandschutz 12610

Produkt/Produktverantwortung		12610	Brandschutz, Gefahrenabwehr u.				
Produktbereich		12	Sicherheit und Ordnung				
Produktklasse		1	Zentrale Verwaltung				
	Teilergebnishaushalt in Euro						
Ertrags- und Aufwandarten		Ergebnis 2014	Ansatz 2015	Ansatz 2016	Planung 2017	Planung 2018	Planung 2019
		1	2	3	4	5	6
1.	**Steuern und ähnliche Abgaben**	**0,00**	**0**	**0**	**0**	**0**	**0**
2.	**Zuwendungen und allgemeine Umlagen**	**25.208,00**	**27.400**	**27.800**	**28.100**	**28.400**	**28.400**
41410	*Zuweisungen für laufende Zwecke vom Bund*	*2.397,98*	*2.600*	*2.600*	*2.600*	*2.600*	*2.600*
41420	*Zuweisungen für laufende Zwecke vom Land*	*22.873,04*	*24.800*	*25.200*	*25.500*	*25.800*	*26.100*
3.	**Sonstige Transfererträge**	**0,00**	**0**	**0**	**0**	**0**	**0**
4.	**öffentlich-rechtliche Leistungsentgelte**	**50.324,00**	**54.700**	**55.500**	**56.100**	**56.700**	**56.700**
43110	*Verwaltungsgebühren*	*461,15*	*500*	*500*	*500*	*500*	*500*
43210	*Benutzungsgebühren und ähnliche Entgelte*	*49.988,66*	*54.200*	*55.000*	*55.600*	*56.200*	*56.800*
5.	**privatrechtliche Leistungsentgelte**	**13.200,00**	**13.400**	**13.600**	**13.700**	**13.800**	**13.800**
44110	*Mieten und Pachten*	*11.436,52*	*12.400*	*12.600*	*12.700*	*12.800*	*12.900*
44230	*Erträge aus dem Verkauf von Waren*	*922,30*	*1.000*	*1.000*	*1.000*	*1.000*	*1.000*
6.	**Kostenerstattungen und Kostenumlagen**	**47.564,00**	**51.700**	**52.500**	**53.000**	**53.500**	**53.500**
44820	*Erstattungen von Gemeinden/GV*	*461,15*	*500*	*500*	*500*	*500*	*500*
44880	*Erstattungen von übrigen Bereich*	*47.221,76*	*51.200*	*52.000*	*52.500*	*53.000*	*53.500*
7.	**sonstige ordentliche Erträge**	**460,00**	**500**	**500**	**500**	**500**	**500**
45620	*Säumniszuschläge*	*461,15*	*500*	500	*500*	*500*	*500*
8.	**aktivierte Eigenleistungen**	**0,00**	**0**	**0**	**0**	**0**	**0**
9.	**Bestandsveränderung**	**0,00**	**0**	**0**	**0**	**0**	**0**
10.	**= Erträge aus laufender Verwaltungstätigkeit**	**136.296,00**	**147.200**	**149.900**	**150.900**	**152.400**	**152.400**
11.	**Personalaufwendungen**	**902.286,09**	**978.300**	**993.160**	**1.003.100**	**1.013.100**	**1.013.100**
50110	*Beamte*	*55.706,92*	*60.400*	61.300	*61.900*	*62.500*	*63.100*
50120	*tariflich Beschäftigte*	*680.380,71*	*737.700*	748.900	*756.400*	*764.000*	*771.600*
50210	*Beamte*	*5.441,57*	*5.900*	6.000	*6.100*	*6.200*	*6.300*
50220	*tariflich Beschäftigte*	*11.159,83*	*12.100*	12.260	*12.400*	*12.500*	*12.600*
50320	*tariflich Beschäftigte*	*149.597,06*	*162.200*	164.700	*166.300*	*168.000*	*169.700*
12.	**Versorgungsaufwendungen**	**0,00**	**0**	**0**	**0**	**0**	**0**
13.	**Aufwendungen für Sach- und Dienstleistungen**	**266.636,93**	**289.100**	**293.400**	**296.400**	**299.400**	**302.400**
52110	*Unterhaltung der Grundst. u. baul. Anlagen*	*18.169,31*	*19.700*	20.000	*20.200*	*20.400*	*20.600*
52210	*Unterhaltung des sonst. Unbewegl. Vermögens*	*4.519,27*	*4.900*	5.000	*5.100*	*5.200*	*5.300*
52220	*Unterhaltung von Geräten, Ausstattungen etc.*	*1.844,60*	*2.000*	2.000	*2.000*	*2.000*	*2.000*
52310	*Mieten und Pachten*	*184,46*	*200*	200	*200*	*200*	*200*
52410	*Bewirtschaftung der Grundst. und baul. Anlagen*	*78.856,65*	*85.500*	86.800	*87.700*	*88.600*	*89.500*
52510	*Haltung von Fahrzeugen*	*38.183,22*	*41.400*	42.000	*42.400*	*42.800*	*43.200*
52553	*Geräte, sonstige Gebrauchsgegenstände*	*13.742,27*	*14.900*	15.100	*15.300*	*15.500*	*15.700*
52610	*besondere Aufwendungen für Beschäftigte*	*55.799,15*	*60.500*	61.400	*62.000*	*62.600*	*63.200*
52710	*besondere Verwaltungs- und Betriebsaufwendungen*	*55.338,00*	*60.000*	60.900	*61.500*	*62.100*	*62.700*

14.	**Abschreibungen**	**116.855,41**	**126.700**	**128.600**	**129.900**	**131.200**	**132.500**
57110	*bilanzielle Abschreibungen*	*116.855,41*	*126.700*	128.600	*129.900*	*131.200*	*132.500*
15.	**Transferaufwendungen**	**4.058,12**	**4.400**	**4.500**	**4.500**	**4.500**	**4.500**
53180	*Zuschüsse an übrige Bereiche*	*461,15*	*500*	500	*500*	*500*	*500*
53720	*Allgemeine Umlagen an Gemeinden/GV*	*3.596,97*	*3.900*	4.000	*4.000*	*4.000*	*4.000*
16.	**Sonstige ordentliche Aufwendungen**	**83.929,30**	**91.000**	**92.400**	**93.300**	**94.200**	**95.100**
54110	*Sonstige Personal- und Versorgungsaufwendungen*	*7.839,55*	*8.500*	8.600	*8.700*	*8.800*	*8.900*
54210	*Aufwendungen für ehrenamtliche Tätigkeit*	*60.871,80*	*66.000*	67.000	*67.700*	*68.400*	*69.100*
54310	*Geschäftsaufwendungen*	*11.620,98*	*12.600*	12.800	*12.900*	*13.000*	*13.100*
54410	*Steuern, Versicherungen, Schadensfälle*	*3.596,97*	*3.900*	4.000	*4.000*	*4.000*	*4.000*
17.	**= Aufwendungen aus lfd. Verwaltungstätigkeit**	**1.373.765,85**	**1.489.500**	**1.512.060**	**1.527.200**	**1.542.400**	**1.547.600**
18.	**= Ergebnis der lfd. Verwaltungstätigkeit** (10 ./. 17)	**-1.237.469,85**	**-1.342.300**	**-1.362.160**	**-1.376.300**	**-1.390.000**	**-1.395.200**
19.	Zinsen und sonstige Finanzerträge	0,00	0	0	0	0	0
20.	- Zinsen und sonstige Finanzaufwendungen	0,00	0	0	0	0	0
21.	**= Finanzergebnis**	**0,00**	**0**	**0**	**0**	**0**	**0**
22.	**= Ordentliches Jahresergebnis** (18 + 21)	**-1.237.469,85**	**-1.342.300**	**-1.362.160**	**-1.376.300**	**-1.390.000**	**-1.395.200**
23.	außerordentliche Erträge	0,00	0	0	0	0	0
24.	- außerordentliche Aufwendungen	0,00	0	0	0	0	0
25.	**= außerordentliches Jahres-ergebnis**	**0,00**	**0**	**0**	**0**	**0**	**0**
26.	**Gesamtüberschuss / Gesamt-Fehlbetrag** (22+25)	**-1.237.469,85**	**-1.342.300**	**-1.362.160**	**-1.376.300**	**-1.390.000**	**-1.395.200**

Abbildung 44: Teilergebnishaushalt (Beispiel Brandschutz)

Übungssachverhalte zu Kapitel D

Übung 26

Für das Haushaltsjahr 2016 sind nachfolgende Geschäftsvorfälle zu planen.

1) Den Personalaufwendungen i. H. v. 2.345.700 Euro stehen Personalauszahlungen i. H. v. 2.564.500 Euro gegenüber.

2) Mit der jährlichen Tilgung von Investitionskrediten i. H. v. 769.900 Euro werden Zinszahlungen i. H. v. 123.100 Euro fällig.

3) Das Anlagevermögen wird im Jahr 2016 durch Abschreibungen i. H. v. 1.069.900 Euro gemindert. Gleichzeitig werden Zuweisungen (Sonderposten) i. H. v. 577.500 Euro ertragswirksam aufgelöst.

4) Grund- und Gewerbesteuern werden i. H. v. 3.985.300 Euro festgesetzt. Durch die Steuerschuldner werden voraussichtlich 4.251.400 Euro gezahlt.

5) Die Schlüsselzuweisungen vom Land werden i. H. v. 1.003.100 Euro vereinnahmt.

6) Bescheide für Straßenausbaubeiträge in einer Gesamthöhe von 459.800 Euro werden an die Anlieger versendet. Davon werden voraussichtlich nur 50 v. H. tatsächlich gezahlt.

7) Für die Benutzung der städtischen Einrichtungen werden Gebühren i. H. v. 245.000 Euro erwartet. Tatsächlich werden aber voraussichtlich nur 90 v. H. in das Stadtsäckel fließen. Aus Forderungen vom vorigen Jahr werden zusätzlich Gebührenzahlungen i. H. v. 85.600 Euro erwartet.

8) Für die Bewirtschaftung von Gebäuden muss die Stadt im Jahr 2016 einen Betrag von 1.421.600 Euro aufwenden.

9) Die Auszahlungen für Neubaumaßnahmen des Jahres 2016 betragen insgesamt 345.700 Euro.

10) Für die Betreibung von Kindertagesstätten freier Träger und zur Förderung der Kultur- und Sportvereine reicht die Stadt im Jahr 2016 Zuschüsse i. H. v. 658.200 Euro aus.

11) Für die Vermietung von städtischen Gebäuden erhält die Stadt im Jahr 2016 64.100 Euro.

12) Kreditaufnahmen für Investitionen sind i. H. v. 300.000 Euro vorgesehen.

13) Die Verpflichtungsermächtigungen betragen 2.000.000 Euro.

14) Der Hebesatz für die Grundsteuer A wird auf 220 v. H., für die Grundsteuer B auf 300 v. H. und für die Gewerbesteuer auf 440 v. H. festgeschrieben. Die Hebesätze wurden bereits in einer Hebesatzsatzung festgelegt.

15) Die Beschlussfassung für die Haushaltssatzung 2016 erfolgte am 23.12.2016.

Aufgabe

a) Erstellen Sie sowohl den Ergebnis- als auch den Finanzhaushalt für das Jahr 2016.

b) Welche Bilanzpositionen werden durch den Ergebnis- und den Finanzhaushalt (bzw. Ergebnis- und Finanzrechnung) verändert? Ermitteln Sie die jeweilige Höhe der voraussichtlichen Veränderung.

c) Erstellen Sie die Haushaltssatzung. Prüfen Sie, ob die Haushaltssatzung genehmigungspflichtige Teile enthält. Fertigen Sie die Bekanntmachung, und beschreiben Sie das weitere Verfahren.

d) Prüfen Sie, ob die Kreditaufnahme in der geplanten Höhe zulässig ist. Gehen Sie dabei auf die verschiedenen Voraussetzungen ein.

Ergänzung
»Sie haben den Höchstbetrag der Liquiditätskredite im Entwurf der Beschlussvorlage mit 5.000.000 Euro angesetzt. Ich habe diesen riesigen Posten aber nicht im Entwurf des Finanzhaushalts gesehen«, sagt ein Gemeindevertreter zum Finanzdezernenten Uwe Lemming in einer Sitzungspause der letzten Gemeindevertretersitzung. »Haben Sie da etwas vergessen?«
Welche Antwort würden Sie geben?

Ertrags- und Aufwandsarten	**2016 in Euro**
1. Steuern und ähnliche Abgaben	
2. Zuwendungen und allgemeine Umlagen	
3. sonstige Transfererträge	
4. öffentlich-rechtliche Leistungsentgelte	
5. privatrechtliche Leistungsentgelte	
6. Kostenerstattungen und Kostenumlagen	
7. sonstige ordentliche Erträge	
8. aktivierte Eigenleistungen und Bestandsveränderungen	
9. Bestandsveränderung	
10. = Erträge aus laufender Verwaltungstätigkeit	
12. Versorgungsaufwendungen	
13. Aufwendungen für Sach- und Dienstleistungen	
14. Abschreibungen	
15. Transferaufwendungen	
16. sonstige ordentliche Aufwendungen	
17. = Aufwendungen aus laufender Verwaltungstätigkeit	
18. = Ergebnis der laufenden Verwaltungstätigkeit (10 ./. 17)	
19. Zinsen und sonstige Finanzerträge	
20. - Zinsen und sonstige Finanzaufwendungen	
21. = Finanzergebnis	
22. = ordentliches Jahresergebnis	
23. außerordentliche Erträge	
24. - außerordentliche Aufwendungen	
25. = außerordentliches Jahresergebnis	
26. Gesamtüberschuss/Gesamtfehlbetrag (22 + 25)	

Ein- und Auszahlungsarten		**2016 in EUR**
1.	Steuern und ähnliche Abgaben	
2.	Zuwendungen und allgemeine Umlagen	
3.	Sonstige Transfereinzahlungen	
4.	Öffentlich-rechtliche Leistungsentgelte	
5.	Privatrechtliche Leistungsentgelte	
6.	Kostenerstattungen und Kostenumlagen	
7.	Sonstige Einzahlungen	
8.	Zinsen und sonstige Finanzeinzahlungen	
9.	**= Einzahlungen aus laufender Verwaltungstätigkeit**	
10.	Personalauszahlungen	
11.	Versorgungsauszahlungen	
12.	Auszahlungen für Sach- und Dienstleistungen	
13.	Transferauszahlungen	
14.	Zinsen und sonstige Finanzauszahlungen	
15.	**= Auszahlungen aus laufender Verwaltungstätigkeit**	
16.	**= Saldo aus laufender Verwaltungstätigkeit**	
17.	Einzahlungen aus Investitionszuwendungen	
18.	Einzahlungen aus Beiträgen und Entgelten	
19.	Einzahlung a. d. Veräußerung v. imm. Vermögensgegenständen	
20.	Einzahlungen aus der Veräußerung von Grundstücken etc.	
21.	Einzahlungen a. d. Veräußerung v. übr. Sachanlagevermögen	
22.	Einzahlungen aus der Veräußerung von Finanzanlagevermögen	
23.	Sonstige Einzahlungen aus Investitionstätigkeit	
24.	**= Einzahlung aus Investitionstätigkeit**	
25.	Auszahlungen aus Investitionszuwendungen	
26.	Auszahlungen aus Beiträgen und Entgelten	
27.	Auszahlung a. d. Veräußerung v. imm. Vermögensgegenständen	
28.	Auszahlungen aus der Veräußerung von Grundstücken etc.	
29.	Auszahlungen a. d. Veräußerung v. übr. Sachanlagevermögen	
30.	Auszahlungen aus der Veräußerung von Finanzanlagevermögen	
31.	Sonstige Auszahlungen aus Investitionstätigkeit	
32.	**= Auszahlungen aus Investitionstätigkeit**	
33.	**= Saldo aus Investitionstätigkeit**	
34.	**= Finanzmittelüberschuss/- fehlbetrag**	
35.	Einzahlungen aus der Aufnahme von Krediten	
36.	Sonstige Einzahlungen aus Finanzierungstätigkeit	
37.	**= Einzahlungen aus der Finanzierungstätigkeit**	
38.	Auszahlungen aus der Aufnahme von Krediten	
39.	Sonstige Auszahlungen aus Finanzierungstätigkeit	
40.	**= Auszahlungen aus der Finanzierungstätigkeit**	
41.	**= Saldo aus Finanzierungstätigkeit**	
42.	Einzahlung aus der Auflösung von Liquiditätsreserven	
43.	Auszahlung an Liquiditätsreserven	
44.	**= Saldo aus der Inanspruchnahme von Liquiditätsreserven**	

45.	**= Veränderung des Bestandes an Zahlungsmitteln**	
46.	vorauss. Bestand an eigenen Zahlungsmitteln am Anfang des Haushaltsjahres (ohne KK)	534.261
47.	**= vorauss. Bestand an Zahlungsmitteln am Ende des Haushaltsjahres**	

Übung 27

Der Leiter des Fachbereichs Soziales der Stadt Prenzwalde hat im Juli 2016 vom Finanzdezernenten den Auftrag erhalten, für die Kindertagesstätte »Bussibär« mit 100 Plätzen den Entwurf 2016 des Teilergebnis- sowie Teilfinanzhaushalts aufzustellen.
Dem Fachbereich liegen für die Vorbereitung des Entwurfs folgende Informationen vor:

1) Für die Sozialpädagogen, Erzieher und Kinderpfleger sind folgende Entgelte zu zahlen:

- Arbeitnehmervergütung 220.000 Euro
- zzgl. 18,3 % Arbeitgeberanteil zur SV
- Aus- und Fortbildungskosten des Kita-Personals 600 Euro

2) Im Haushaltsjahr 2016 soll zur Unterhaltung der Kindertagesstätte die Fassade neu gestrichen werden. Ein geprüftes und angemessenes Angebot der ortsansässigen Firma »Simpel & Co.« sieht eine Summe von 7.200 Euro vor.

3) Es sind folgende Bewirtschaftungskosten für die Kindertagesstätte zu berücksichtigen:

- Grundbesitzabgaben 500 Euro
- Strom 600 Euro
- Wasser 1.100 Euro
- Abwasser 1.000 Euro
- Heizung 1.500 Euro
- Gebäudeversicherung 500 Euro

4) Für die Kindertagesstätte soll im Jahr 2016 ein Diaprojektor mit einem Kaufpreis von 1.450 Euro angeschafft werden. Die Lieferkosten betragen 50 Euro. Es wird mit einer Nutzungsdauer von fünf Jahren gerechnet.

5) Es sind Mieterträge/-einzahlungen für die Vermietung eines Raums i. H. v. 5.000 Euro für den Monat Januar 2016 zu berücksichtigen (Zahlungseingang ist der 20.12.2015, da die Miete vertragsmäßig am 20. des Vormonats gezahlt wird).

6) Es wurde ein Jahresleasingvertrag für einen Rasentraktor (Beginn 01.08.2016, Ende 31.07.2017) abgeschlossen. Die Zahlung der Jahresleasingrate i. H. v. 12.000 Euro erfolgt sofort nach Vertragsabschluss. Der Rasentraktor geht nach Leasingende zurück an den Leasinggeber.

7) Es fallen Baukosten für ein Nebengebäude i. H. v. 100.000 Euro im Jahr 2016 an. Die Nutzungsdauer beträgt 20 Jahre. Die Inbetriebnahme des Gebäudeteils ist ab 01.07.2016 vorgesehen. Der Anbau wird zu 100 v. H. über einen Kredit von der Sparkasse finanziert.

8) Es sind Mittel für Bürobedarf i. H. v. 300 Euro zu berücksichtigen.
9) Telefongebühren fallen voraussichtlich in Höhe von 500 Euro an.
10) Die Stadt erhebt pro Kita-Platz folgende monatliche Gebühren:
halbtags 125 Euro und ganztags 185 Euro.
Die Kita ist zu 100 v. H. belegt. Es sind 60 v. H. der Kinder halbtags angemeldet und 40 v. H. der Kinder ganztags.
11) Das Land Brandenburg zahlt für jeden Monat des Jahres eine Personalkostenzuweisung für das Fachpersonal i. H. v. 1.000 Euro.
12) Der Landkreis zahlt jährlich eine Betriebskostenzuweisung i. H. v. monatlich 20 Euro pro Kind.
13) Für die Anschaffung des neuen Diaprojektors gewährt der Landkreis eine Zuweisung in Höhe von 20 v. H. der Gesamtkosten.
14) Durch den Weihnachtsbasar, der für die Eltern abgehalten wird, werden Verkaufserlöse in Höhe von 400 Euro für gebastelten Weihnachtsschmuck erwartet. Für den Weihnachtsschmuck soll Bastelmaterial im Wert von 200 Euro gekauft und verbraucht werden.
15) Die ortsansässige Wurstfabrik beteiligt sich mit einer jährlichen Spende in Höhe von 5.000 Euro für die Unterbringung von Mitarbeiterkindern in der Kita »Bussibär«.
16) Das Hauptgebäude der Kita verursachte im Jahr 2011 Baukosten i. H. v. 3.000.000 Euro. Die geplante Nutzungsdauer beträgt 50 Jahre. Die entsprechende Wertminderung ist in jedem Haushaltsjahr zu berücksichtigen.

Aufgabe
Ordnen Sie die o. g. Geschäftsvorfälle dem Ergebnis- und/oder dem Finanzhaushalt zu. Geben Sie dabei die entsprechende Rechtsvorschrift an. Bilden Sie die entsprechenden Produktkonten.
Stellen Sie den Teilergebnis- und Teilfinanzhaushalt des Produkts Kindertagesstätte »Bussibär« auf, und fertigen Sie die entsprechenden Teilabschlüsse. Nutzen Sie dafür das beiliegende Formblatt. Geben Sie die entsprechenden Ansätze für das Haushaltsjahr 2016 an.

Bearbeitungshinweis
Die Wertgrenze nach § 8 Abs. 1 Satz 1 KomHKV wurde auf 90.000 Euro festgesetzt.

Teilergebnisrechnung Haushaltsjahr 20.. - in EUR -				
Ertrags- und Aufwandsarten	Ergebnis des Vorvorjahres	Fortge-schriebener Ansatz des Haushaltsjahres	Ergebnis des Haushaltsjahres	Vergleich fortgeschrie-bener Ansatz / Ergebnis
	1	2	3	4
1. Steuern und ähnliche Abgaben 2. Zuwendungen und allgemeine Umlagen 3. sonstige Transfererträge 4. öffentlich-rechtliche Leistungsentgelte 5. privatrechtliche Leistungsentgelte 6. Kostenerstattungen und Kostenumlagen 7. sonstige ordentliche Erträge 8. aktivierte Eigenleistungen und 9. Bestandsveränderung				
10. = Erträge aus laufender Verwaltungstätigkeit				
12. Versorgungsaufwendungen 13. Aufwendungen für Sach- und Dienstleistungen 14. Abschreibungen 15. Transferaufwendungen 16. sonstige ordentliche Aufwendungen				
17. = Aufwendungen aus laufender Verwaltungstätigkeit				
18. = **Ergebnis der laufenden Verwaltungstätigkeit** (10 ./. 17)				
19. Zinsen und sonstige Finanzerträge 20. - Zinsen und sonstige Finanzaufwendungen				
21. = Finanzergebnis				
22. = **ordentliches Jahresergebnis** (Zeilen 18 + 21)				
23. außerordentliche Erträge 24. - außerordentliche Aufwendungen				
25. = **außerordentliches Jahresergebnis**				
26. **Gesamtüberschuss/Gesamtfehlbetrag** (22+25)				
27. Erträge aus internen Leistungsbeziehungen 28. Aufwendungen aus internen Leistungsbeziehungen				
29. = **Gesamtergebnis des Teilhaushalts**				
nachrichtlich				
30. nicht zahlungswirksame Erträge				
31. nicht zahlungswirksame Aufwendungen				

Übung 28

Die Kämmerei der Gemeinde Rittersburgen hat den Haushaltsplanentwurf für den Aufgabenbereich des Fachbereichs Kultur für das Haushaltsjahr 2016 aufzustellen. Der Fachbereich Kultur ist u. a. für die Bewirtschaftung des städtischen Theaters verantwortlich. Die nachfolgenden Eckpunkte sind in die Haushaltsplanung 2016 aufzunehmen.

Erträge / Einzahlungen	HH-Ansätze
Eintrittsgelder	350.000 €
Verkauf von Programmen	15.000 €
Entgelte für Gastauftritte in anderen Theatern des Landes	30.000 €
Landeszuweisung für den laufenden Betrieb	500.000 €
Vermietung von Räumlichkeiten des Theaters	3.000 €
Zuweisung umliegender Landkreise für den laufenden Betrieb	100.000 €
Spenden von Privatpersonen	5.000 €
Landeszuweisung für neue Instrumente	30.000 €
Verkauf alter Instrumente (Buchwert 10.000 €)	15.000 €
Landeszuweisung für den Erweiterungsanbau	150.000 €
Zuweisung umliegender Landkreise für den Erweiterungsanbau	50.000 €
Spende privater Unternehmen für den Erweiterungsanbau	5.000 €
Spende Theaterverein für den Erweiterungsanbau	3.000 €

Aufwendungen / Auszahlungen	HH-Ansätze
Bewirtschaftungskosten Gebäude (Heizung, Reinigung etc.)	150.000 €
Personalkosten (Beschäftigte)	600.000 €
Sozialversicherung	100.000 €
Werbung / Druckkosten Flyer etc.	7.000 €
Gebäudeunterhaltung	50.000 €
Entgelte für Honorarkünstler	15.000 €
Erweiterungsanbau (Inbetriebnahme Oktober 2016, ND 60 Jahre)	290.000 €
Fortbildungskosten	1.500 €
Bürobedarf	2.000 €
Mitgliedsbeiträge	500 €
Anschaffung neuer Musikinstrumente (Mai 2016, ND 10 Jahre)	50.000 €
Unterhaltung der Musikinstrumente	5.000 €
Planungsleistungen Erweiterungsanbau	10.000 €

Aufgabe

Stellen Sie für das Produkt Theater den Teilergebnis- und Teilfinanzhaushalt in vereinfachter Form auf! Geben Sie dabei sämtliche Produktkonten an. Verwenden Sie hierzu die Vordrucke.

Übung 29

Sie sind als Auszubildende/-r im Fachbereich Finanzen der kreisangehörigen Stadt Prenzwalde im Landkreis Teltow-Barnim eingesetzt. Ende 2015 beschäftigt sich der Fachbereich mit der Aufstellung des Haushaltsplans für das Haushaltsjahr 2016. Dabei ist für den Prenzwalder Zoo noch nachfolgender Finanzvorfall zu berücksichtigen:
Es ist vorgesehen, das Raubtierhaus im Jahr 2016 zu vergrößern, um weitere Tiere unterbringen zu können. Hierzu soll ein entsprechender Anbau an das bisherige Gebäude für die erforderliche Nutzfläche sorgen.
Für den Anbau sind insgesamt 137.500 Euro zu berücksichtigen. Weiterhin fallen im Rahmen der Baumaßnahme 10.000 Euro für Planungsleistungen und 2.500 Euro für Bauschuttcontainer, Baustrom, Bodenuntersuchungen sowie Genehmigungen an.
Der Auftrag für den Anbau soll in voller Höhe im Jahr 2016 vergeben werden. Die Zahlungen erfolgen entsprechend dem geplanten Baufortschritt mit 60 v. H. im Jahr 2016 und 40 v. H. im Jahr 2017.
Mit der Fertigstellung und Inbetriebnahme ist ab dem 30.04.2017 zu rechnen. Die Nutzungsdauer beträgt 50 Jahre.
Das Land Brandenburg wird sich an den Herstellungskosten des Anbaus mit 50 v. H. beteiligen. Die Auszahlungen erfolgen analog der Baukosten entsprechend dem Baufortschritt.
Da die sonstigen Finanzierungsmöglichkeiten nach eingehender Prüfung nicht ausreichen, ist es erforderlich, einen Kredit von der Deutschen Bank i. H. v. 10.000 Euro aufzunehmen.
Der Auszahlungskurs beträgt 100 v. H. im Jahr 2016. Der Kredit wird jährlich mit 4 v. H. verzinst (fester Zinssatz) und jährlich mit 2 v. H. getilgt. Die Zins- und Tilgungsleistungen werden monatlich ab dem 01.11.2016 gezahlt.

Aufgaben

1) Veranschlagen Sie die einzelnen Geschäftsvorfälle mit den entsprechenden Beträgen im Ergebnis- und/oder Finanzhaushalt 2016 und 2017. Nennen Sie die entsprechenden Zuordnungsvorschriften sowie deren Bezeichnungen so genau wie möglich. Stellen Sie die Höhe des Haushaltsansatzes nachvollziehbar dar (Berechnung). Geben Sie die erforderlichen Produkte an.
2) Prüfen Sie, ob die Teilfinanzierung des Anbaus überhaupt durch einen Kredit zulässig ist. Gehen Sie dabei auf die entsprechenden Voraussetzungen einer Kreditaufnahme ein, und begründen Sie ihre Antwort ausführlich. Unterstellen Sie, dass sich weitere Finanzierungsmöglichkeiten nicht ergeben.

Übung 30

Der Fachbereich Kultur verfolgt schon seit Längerem die kühne Idee, ein neues Theater zu bauen. Nach der Diskussion von konkreten Entwürfen entschied sich der Bürgermeister Martin Götzow, das Projekt mit in den Haushaltsplanentwurf des Jahres 2016 aufzunehmen. Hierzu liegen folgende Informationen vor:
Für den Bau wird ein neues Grundstück in zentraler Lage benötigt. Die Kosten für das infrage kommende Grundstück belaufen sich auf 300.000 Euro. Mit dem bisherigen

Eigentümer des Grundstücks wurde ein Kauf in drei Raten zu je 100.000 Euro im Jahr 2016, 2017 sowie 2018 abgestimmt. Der Vertrag über den Kauf i. H. v. 300.000 Euro soll im April 2016 geschlossen werden. Der Erwerb wird jährlich mit jeweils 50.000 Euro durch das Land Brandenburg gefördert.

Das neue Theater wird voraussichtlich Baukosten i. H. v. 9.000.000 Euro verursachen. Der Gesamtauftrag soll im Mai 2016 an ein Bauunternehmen vergeben werden. Nach den Planungen des Fachbereichs Bauwesen wird sich die Baumaßnahme auf jeden Fall bis in das Jahr 2018 erstrecken. Daher werden sich die Auszahlungssummen mit 2.000.000 Euro 2016, 3.000.000 Euro 2017 und 4.000.000 Euro 2018 verteilen. Mit einer Fertigstellung und Eröffnung kann demnach erst im September 2018 gerechnet werden.

Die Baukosten i. H. v. 9.000.000 Euro werden mit 50 v. H. durch das Land Brandenburg 30 v. H. durch umliegende Gemeinden gefördert. Die Einzahlungen verteilen sich im gleichen Verhältnis auf die Jahre 2016, 2017 und 2018 wie die Auszahlungen für die Baumaßnahme.

Für die Ausstattung des Theaters mit beweglichem Inventar werden voraussichtlich 600.000 Euro benötigt. Aufgrund langer Lieferzeiten werden davon 400.000 Euro bereits im Jahr 2016 vertraglich gebunden. Die Gesamtauszahlung erfolgt erst 2018. Das Land fördert den Inventarerwerb mit 30 v. H.

Die Nutzungsdauer des Theaters wird auf 80 Jahre geschätzt. Das bewegliche Inventar hat eine Nutzungsdauer von fünf Jahren.

Aufgaben

1) Veranschlagen Sie die beschriebene Maßnahme im Teilfinanz- und -Teilergebnishaushalt. Nutzen Sie hierfür den beigefügten Vordruck. Gehen Sie dabei auf die Jahre 2016 bis 2018 ein. Bringen Sie die notwendigen Erläuterungen an.
2) Stellen Sie die Notwendigkeit und die Ermittlung der bilanziellen Abschreibungen für die betreffenden Haushaltsjahre anhand der einschlägigen Rechtsvorschrift nachvollziehbar dar, und begründen Sie dies **ausführlich.** Gehen Sie dabei auf das Grundstück, das Theater und das bewegliche Inventar ein.

Vereinfachter Teilfinanz- und Teilergebnishaushalt
Haushaltsjahr 2016 – Angaben in Euro

Produkt:

Konto	Teilfinanzhaushalt – Investitionstätigkeit Bezeichnung	Ansatz 2016	VE 2016	Ansatz 2017	Ansatz 2018	Ansatz 2019
	Einzahlungen					
	Auszahlungen					
Saldo aus Einzahlungen und Auszahlungen						
Erläuterungen nach § 15 KomHKV						

Konto	Teilergebnishaushalt Bezeichnung	Ansatz 2016	VE 2016	Ansatz 2017	Ansatz 2018	Ansatz 2019
	Erträge					
	Aufwendungen					
Saldo aus Erträge und Aufwendungen						
Erläuterungen nach § 15 KomHKV						

Übung 31

Zur Veranschlagung des Produkts »Sport« im **Haushaltsplanentwurf** 2016 der Stadt Prenzwalde sind die nachfolgend aufgeführten Finanzvorfälle zu berücksichtigen.
Für die Haushaltsjahre 2017 und 2018 ist der Neubau eines Fußballstadions für die Stadt Prenzwalde geplant.
Anfang 2017 ist es dazu erforderlich, zwei Grundstücke zu erwerben. Der Kaufvertrag (Kaufpreis 57.000 Euro) für das erste Grundstück »Drosselweg 3« wird im Jahr 2016 abgeschlossen. Der Kaufpreis wird im Jahr 2017 bezahlt. Hierfür entstehen Notarkosten in Höhe von 3.000 Euro. Die Zahlung erfolgt ebenfalls im Jahr 2017.
Der Kaufpreis und die Notarkosten des Grundstücks »Drosselweg 3« sollen zu 50 v. H. durch einen Kredit vom Kreditmarkt finanziert werden. Die Kreditaufnahme ist für das Jahr 2017 geplant. Der Kredit wird ab dem 01.01.2018 mit jährlich 2 v. H. getilgt und 4 v. H. verzinst.
Für das zweite Grundstück »Amselweg 1« soll der Kaufvertrag im Jahr 2016 abgeschlossen werden. Der Kaufpreis in Höhe von 59.000 Euro soll in zwei Raten gezahlt werden (19.000 Euro 2016 und 40.000 Euro 2017). Die Vermessungskosten i. H. v. 1.000 Euro fallen 2016 an.
Die reinen Baukosten des Stadions betragen insgesamt 5,8 Mio. Euro. Im Haushaltsplan 2017 soll ein Betrag in Höhe von 3,8 Mio. Euro eingeplant werden, der Restbetrag von 2 Mio. Euro soll im Haushaltsplanentwurf 2018 berücksichtigt werden. Es ist beabsichtigt, den kompletten Auftrag an einen Generalunternehmer im Haushaltsjahr 2016 zu vergeben. Planungsleistungen werden im Jahr 2016 in Höhe von 200.000 Euro anfallen. Die Nutzungsdauer des Stadions wird auf 80 Jahre festgelegt. Die Inbetriebnahme soll im September 2018 erfolgen.
Das Land Brandenburg hat eine Beteiligung an den Herstellungskosten (ohne Grunderwerb) des Stadions i. H. v. 40 v. H. bereits zugesagt. Umliegende Städte und Gemeinden werden sich mit 30 v. H. der Herstellungskosten (ohne Grunderwerb) beteiligen. Die Zahlungen der Zuweisungen sollen entsprechend den Auszahlungen der Herstellungskosten des Stadions (ohne Grunderwerb) erfolgen.
Die Sportanlagen (Tore etc.) mit einem Kostenvolumen i. H. v. 180.000 Euro, die voraussichtlich im November 2017 bestellt werden, sollen nach der Lieferung und Installation im Juli 2018 bezahlt werden. Die Nutzungsdauer beträgt zehn Jahre. Der Erwerb wird mit 50 v. H. vom Land Brandenburg gefördert.

Aufgaben

1) Skizzieren Sie das Drei-Komponenten-Modell, und erläutern Sie kurz den Zusammenhang der drei Komponenten.

2) Skizzieren Sie am Beispiel des neu gebauten Stadions den Abschreibungskreislauf.

3) Erläutern Sie die Begriffe »Erträge«, »Einzahlungen«, »Aufwendungen« und »Auszahlungen«.

4) Erläutern Sie anhand der einschlägigen Rechtsnorm den Grundsatz der periodengerechten Zuordnung von Finanzvorfällen. Geben Sie weiterhin ein Beispiel an, das diesen Grundsatz charakterisiert.

5) Erläutern Sie beispielhaft, worin der Unterschied zwischen Anschaffungs- und Herstellungskosten besteht.

6) Veranschlagen Sie die beschriebenen Maßnahmen im Sportbereich. Nennen Sie sämtliche Produktkonten (fünfstellig 12345.12345).

Stellen Sie jeweils die Haushaltsansätze (ggf. mit Berechnung, wenn erforderlich) für die Jahre 2016 bis 2019 dar. Nehmen Sie zusätzlich die notwendigen Eintragungen in den beigefügten Mustern vor.

Geben Sie auch die notwendigen Verpflichtungsermächtigungen mit deren Kassenwirksamkeit im jeweiligen Haushaltsjahr an.

Produkt: ______________________________

Teilergebnishaushalt
Haushaltsjahr 2016 – Angaben in Euro

			Mittelfristige Ergebnis- und Finanzhaushaltung		
Konto	Bezeichnung	**Ansatz 2016**	Ansatz 2017	Ansatz 2018	Ansatz 2019

Produkt: ______________________________

Teilfinanzhaushalt
Haushaltsjahr 2016 – Angaben in Euro

				Mittelfristige Ergebnis- und Finanzhaus-haltung		
Konto	Bezeichnung	**Ansatz 2016**	**VE 2016**	Ansatz 2017	Ansatz 2018	Ansatz 2019

Produkt: ______________________

Teilfinanzhaushalt
Haushaltsjahr 2016 – Angaben in Euro

				Mittelfristige Ergebnis- und Finanzhaushaltung		
Konto	Bezeichnung	**Ansatz 2016**	**VE 2016**	Ansatz 2017	Ansatz 2018	Ansatz 2019

Übung 32

In der Stadt Prenzwalde sind Anfang 2016 die Arbeiten für die Erstellung des Haushaltsplans 2016 immer noch in vollem Gange. Als Fachbereichsleiter/-in Finanzservice werden Sie mit nachfolgendem »Zeitungsinhalt« konfrontiert. Die darin beschriebenen Maßnahmen/Ereignisse sind im Haushaltsentwurf bisher noch nicht berücksichtigt.

Eika und Teddy bekommen ein neues Zuhause.
Neue Bärenanlage soll 2016 übergeben werden.
Die beiden Bären bekommen Umzugsstress.

Von Matthias W., Prenzwalder Tageblatt

Obwohl die Sonne am Mittwochvormittag vom Himmel lachte, mussten Eika und Teddy aufgrund verschiedener Bauarbeiten in ihrem Bärenhaus bleiben. Zwar lässt es sich in dem etwa 300 m² großen Altbau gut aushalten, jedoch sind die Schäden sowie die Abnutzung unverkennbar.

Um Abhilfe zu schaffen, gründete sich Anfang 2009 der Verein »ProBären e. V.«. Ziel des Vereins war es, einen entsprechenden Neubau des Bärengeheges voranzutreiben. Zwischenzeitlich konnte auch die Mehrheit des Stadtrates für die Maßnahme gewonnen werden, sodass eine Aufnahme der Maßnahme im Haushalt 2016 gesichert ist. Vorgesehen ist eine 2.000 m² große neue Bärenanlage mit weichem Rasen, vielen Klettermöglichkeiten und einem Badeteich. Die Kosten betragen voraussichtlich 20 Euro je m². Bis sich der Schieber in die neue Freiheit jedoch öffnet, sind noch umfangreiche Planungen vorzunehmen. Diese werden voraussichtlich den städtischen Haushalt mit 20.000 Euro belasten. Das neue Zuhause soll Mitte Juni 2016 eingeweiht werden und bietet den Bären des Prenzwalder Tierparks für voraussichtlich 20 Jahre ein neues Zuhause.

Die Tierparkleiterin Frau Sonnenschein ist bereits jetzt voller Vorfreude: »Das wird ein besonderer Tag in der Geschichte des Tierparks. Die neue Anlage wird überragende Haltungsbedingungen für die Tiere liefern. Vor einigen Jahren war es nur eine kühne Idee!«

Durch den Verein »ProBären e. V.« wurden insgesamt 40 v. H. der Herstellungskosten an Spenden von Privatpersonen gesammelt. Dieses Engagement lobte der Oberbürgermeister im letzten Amtsblatt ausdrücklich und erwartet Gleiches von anderen Vereinen und Initiativen. Er meinte: »Ich werde persönlich sicherstellen, dass die Mittel für die neue Bärenanlage eingesetzt werden.« Weiterhin wird sich das Land mit Fördermitteln i. H. v. 40 v. H. an den Herstellungskosten beteiligen. Dies sagte der Kultusminister als passionierter Tierfreund in der vergangen Woche definitiv zu.

Jedoch gab der zuständige Beigeordnete für Kultur Herr Mutig in der Stadt Prenzwalde zu bedenken, dass man so abhängig vom Land sei und aufwendige Verwendungsnachweise erbringen müsste. So möchte die Verwaltung lieber einen Kredit aufnehmen, um damit das Projekt zu finanzieren. Dies stieß beim Kultusminister auf harsche Kritik. »Da macht man sich schon für solche Projekte stark, und dann das!« äußerte sich Herr Obermeyer gegenüber dem Tageblatt. Den Vorgang möchte er durch die zuständige Kommunalaufsichtsbehörde prüfen lassen.

Die Tierparkleiterin kündigte weiterhin an, dass Eika und Teddy Gesellschaft vom zehn Jahre alten Braunbären Oskar bekommen. Dieser lebt derzeit im Berliner Zoo und soll im Jahr 2018 nach Prenzwalde umziehen. Ein entsprechender Kaufvertrag i. H. v. 10.000 Euro zwischen Prenzwalde und dem Berliner Zoo soll im Jahr 2016 geschlossen werden. Da der Umzug jedoch erst 2018 stattfinden wird, soll die tatsächliche Zahlung auch erst dann erfolgen. Der zehn Jahre alte Oskar wird voraussichtlich im Juli 2018 nach Prenzwalde umziehen. »Dies gibt der Stadtkasse die nötige Luft zum Atmen«, betonte der Finanzdezernent. Die Lebenserwartung von Oskar beträgt ab 2018 noch ca. zehn Jahre.
Verwöhnt werden Eika und Teddy übrigens mit Erdbeermarmeladen-Broten, Äpfeln und Möhren. Diese »Lunchpakete« kosten den Tierpark jährlich 10.000 Euro pro Tier und werden zu 50 v. H. von privaten Firmen finanziell gefördert.

Übung 33

Nennen Sie die Zuordnungsvorschriften und die Haushaltsansätze für den Bau des neuen Bärengeheges sowie für die Zuwendungen im Ergebnis- und Finanzhaushalt 2016. Bilden Sie die Produktkonten, und nennen Sie deren Bezeichnung.

Bearbeitungshinweis
Betrachten Sie das Bärengehege bei der Veranschlagung als ein »bebautes Grundstück«.

Übung 34

Stellen Sie dar, wie die Veranschlagung des Kaufs des neuen Bären Oskar in den Ergebnis- und/oder Finanzplänen 2016, 2017, 2018 erfolgen muss. Begründen Sie ihre Antwort kurz. Bilden Sie die Produktkonten, und nennen Sie deren Bezeichnung.
Was passiert, wenn Oskar im Jahr 2019 verstirbt?

Bearbeitungshinweis
Tiere gehören zur Betriebs- und Geschäftsausstattung (BGA) des Tierparks.

Übung 35

Prüfen Sie, ob die Aufnahme eines Kredits zum Verzicht auf die Landeszuweisung rechtlich zulässig ist. Begründen Sie Ihre Ausführungen anhand der einschlägigen Rechtsnorm ausführlich.

Bearbeitungshinweis
Die Bildung der Produktkonten bzw. die Zuordnung zum Ergebnis und/oder Finanzhaushalt ist nicht erforderlich!

Übung 36

Skizzieren Sie mittels eines Zeitstrahls die kommunale Haushaltswirtschaft für das Haushaltsjahr 2016 von der Haushaltsaufstellung bis zum Jahresabschluss. Welche Haushaltsgrundsätze müssen dabei insbesondere beachtet werden? Nennen Sie diese mit Angabe der Rechtsvorschrift. Prüfen und begründen Sie, ob sich die Stadt Prenzwalde für das Haushaltsjahr 2016 daran gehalten hat.
Dürfen die Marmeladenbrote Anfang 2016 für die Tiere »geschmiert« werden, oder muss den Tieren aufgrund der noch nicht vorliegenden Haushaltssatzung 2016 eine Zwangsdiät verordnet werden? Begründen Sie ihre Antwort ausführlich.

Übung 37

Wie kann der Hinweis des Bürgermeisters zur Mittelverwendung haushalterisch sichergestellt werden? Prüfen Sie die Voraussetzungen.

1. Abwandlung/Ergänzung
Im Dezember 2016 findet eine Schulung der Tierparkmitarbeiter zum Umgang mit der neuen gefährlichen Schlange Schnappi statt. Die Schulungskosten belaufen sich auf 2.000 Euro. Die Bezahlung erfolgt im Februar 2017.

Aufgabe
Veranschlagen Sie die Schulungskosten im entsprechenden Jahr im Ergebnis- und Finanzhaushalt, und erläutern Sie dies kurz. Nennen Sie die Zuordnungsvorschriften sowie die entsprechenden Konten.
Wie wäre der Sachverhalt zu beurteilen, wenn 10 v. H. der Kosten bereits 2016 gezahlt würden?

2. Abwandlung / Ergänzung
Der Kaufpreis des Bären Oskar i. H. v. 10.000 Euro soll mit dem Verkauf von Eika kompensiert werden. Eika soll zum Buchwert verkauft werden. Dieser beträgt zum Verkaufszeitpunkt 3.000 Euro. Insofern geht man in der Verwaltung davon aus, dass nur 7.000 Euro für den Erwerb von Oskar veranschlagt werden müssen.

Aufgabe
- **a)** Erläutern Sie unter Angabe der Zuordnungsvorschriften anhand des einschlägigen Veranschlagungsgrundsatzes kurz, ob die Veranschlagung von 7.000 Euro für den Erwerb von Oskar zulässig ist.
- **b)** Unterstellt, Eika wird für 4.000 Euro verkauft, wie ist dies bei der Veranschlagung zu berücksichtigen? Die Bildung von Konten ist nicht erforderlich.
- **c)** Unterstellt, Eika wird für 2.000 Euro verkauft, wie ist dies bei der Veranschlagung zu berücksichtigen? Die Bildung von Konten ist nicht erforderlich.

E Haushalts-, Planungs- und Bewirtschaftungsgrundsätze

Die kommunale Haushaltswirtschaft ist streng reguliert. Die Regelungen dazu finden sich in der Brandenburgischen Kommunalverfassung (BbgKVerf) sowie in der kommunalen Haushalts- und Kassenverordnung (KomHKV). Sie kommen u. a. durch Grundsätze zum Ausdruck und unterteilen sich in die allgemeinen Haushaltsgrundsätze, in Planungsgrundsätze, in Bewirtschaftungsgrundsätze und in die Grundsätze ordnungsgemäßer Buchführung (GoB).

Ausgewählte allgemeine Haushaltsgrundsätze	
Grundsatz der Sicherung der stetigen Aufgabenerfüllung	§ 63 Abs. 1, Satz 1 BbgKVerf
Grundsatz des gesamtwirtschaftlichen Gleichgewichts	§ 63 Abs. 1, Satz 2 BbgKVerf
Grundsatz der Sparsamkeit und Wirtschaftlichkeit	§ 63 Abs. 2 BbgKVerf
Grundsatz der doppelten Buchführung (GoB)	§ 63 Abs. 3 BbgKVerf
Grundsatz des Haushaltsausgleichs, der Aufstellung eines Haushaltssicherungskonzepts	§ 63 Abs. 4, 5 BbgKVerf, § 26 KomHKV
Grundsatz der Beschaffung von Erträgen und Einzahlungen (Kredite)	§ 64 BbgKVerf
Grundsatz der Öffentlichkeit	§ 67 Abs. 2 BbgKVerf
Ausgewählte Planungsgrundsätze	
Grundsatz der Vollständigkeit	§ 66 Abs. 1 BbgKVerf i. V. m. § 14 Abs. 1 KomHKV
Grundsatz der Haushaltseinheit	§ 66 Abs. 1 BbgKVerf i. V. m. § 14 Abs. 1 KomHKV
Grundsatz der Vorherigkeit	§§ 65 Abs. 1, 3, 4, 67 Abs. 4 BbgKVerf
Grundsatz der Jährlichkeit	§ 65 Abs. 1 BbgKVerf
Grundsatz der zeitlichen Bindung	§§ 3, 4 BbgKVerf
Grundsatz der sachlichen Bindung	§ 66 Abs. 3 BbgKVerf, § 28 KomHKV
Grundsatz der Einzelveranschlagung	§ 14 Abs. 1 KomHKV
Grundsatz der Bruttoveranschlagung	§ 14 Abs. 1 KomHKV

Grundsatz der periodengerechten Zuordnung von Finanzvorfällen	§ 14 Abs. 2 KomHKV
Grundsatz der Haushaltswahrheit und -klarheit	§§ 6, 10, 14 Abs. 2, 21 KomHKV

Bewirtschaftungsgrundsätze	
Grundsatz der Gesamtdeckung	§ 22 KomHKV
Grundsatz der Budgetdeckung	§ 23 KomHKV
Grundsatz der sachlichen Bindung	§ 66 Abs. 3 BbgKVerf, § 28 KomHKV
Übertragbarkeit	§ 24 KomHKV
Grundsätze ordnungsgemäßer Buchführung (GoB)	
Vollständigkeit	§ 63 Abs. 3 BbgKVerf, § 32 ff. KomHKV, § 238 Abs. 1 HGB, BewertL Bbg, Nr. 2
Verständlichkeit (Klarheit)	
Richtigkeit (Wahrheit)	
Willkürfreiheit	
Aktualität	
Relevanz (Wesentlichkeit)	
Stetigkeit	
Rechtmäßigkeit	
Öffentlichkeit	
Interperiodische Gerechtigkeit (Periodengerechtigkeit)	

I. Ausgewählte allgemeine Haushaltsgrundsätze

Nachfolgend werden ausgewählte allgemeine Haushaltsgrundsätze dargestellt. Die hierzu angeführten Erläuterungen beschränken sich dabei auf das Wesentliche.

1. Grundsatz der Sicherung der stetigen Aufgabenerfüllung

§ 63 Abs. 1 S. 1 BbgKVerf

Nach diesem Grundsatz hat die Kommune ihre Haushaltswirtschaft so zu planen und zu führen, dass die stetige Erfüllung ihrer Aufgaben gesichert ist. Dies stellt den **obersten Haushaltsgrundsatz** dar. Die Kommune muss sicherstellen, dass sie ihre Aufgaben dauerhaft wahrnehmen kann. Daraus folgt weiterhin, dass die Haushaltsplanung auch mittelfristig (§ 72 BbgKVerf, § 13 KomHKV), also für einen längerfristigen Zeitraum, erfolgen muss, um frühzeitig negativen Entwicklungen gegenzusteuern. Nach Neufassung der

haushaltsrechtlichen Vorschriften ist die Bedeutung der mittelfristigen Haushaltsplanung verstärkt worden, sodass sie jetzt auch auf der Ebene des Ergebnis- und Finanzhaushalts sowie der Teilhaushalte für drei auf das Haushaltsjahr folgende Jahre abgebildet werden muss.[61]
Nach § 2 BbgKVerf ist die Kommune in ihrem Gebiet für die Erfüllung aller Aufgaben zuständig (sog. Allzuständigkeit). Sie hat dabei die Aufgaben des eigenen Wirkungskreises (z. B. Wasserversorgung und -entsorgung, Bestattungswesen, Brandschutz, Energieversorgung, Kultur) sowie übertragene Aufgaben zu erfüllen. Dabei ist zu beachten, dass i. S. v. von § 2 BbgKVerf die Erfüllung der Pflichtaufgaben den freiwilligen Aufgaben i. d. R. vorgeht.

2. Grundsatz der Beachtung des gesamtwirtschaftlichen Gleichgewichts

Rechtsgrundlage § 63 Abs. 1 S. 2 BbgKVerf
Im Rahmen der Sicherstellung der stetigen Aufgabenerfüllung ist den Erfordernissen des gesamtwirtschaftlichen Gleichgewichts grundsätzlich Rechnung zu tragen. Danach müssen die Kommunen sich antizyklisch verhalten, d. h., sie handeln entgegen dem Konjunkturzyklus unter Beachtung des **magischen Vierecks** nach § 1 StWG.

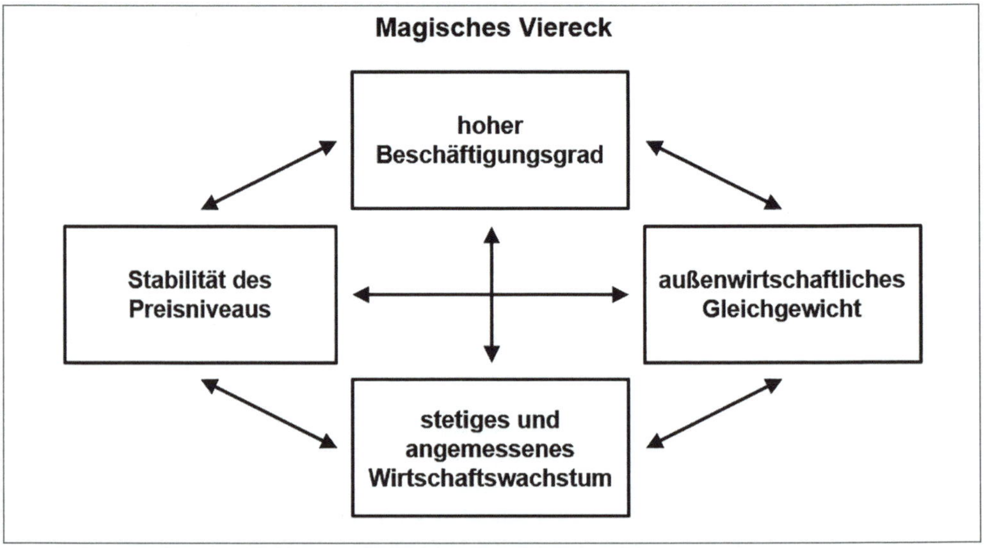

Abbildung 45: Magisches Viereck

Neben Bund und Ländern findet die Vorschrift des § 1 StWG auch für die Kommunen Anwendung (§ 16 Abs. 1 StWG). Aus der Formulierung »dabei« und »grundsätzlich« in § 63 Abs. 1 Satz 2 BbgKVerf wird deutlich, dass die Sicherung der stetigen Aufgabenerfüllung immer Vorrang hat.

[61] Vgl. Erdmann u. a., a. a. O., S. 133.

3. Grundsatz der Sparsamkeit und Wirtschaftlichkeit

Rechtsgrundlage § 63 Abs. 2 BbgKVerf, i. V. m. §§ 16, 18 KomHKV

3.1 Wirtschaftlichkeit

Nach § 63 Abs. 2 BbgKVerf ist die Haushaltswirtschaft sparsam und wirtschaftlich zu führen. Dabei handelt es sich um eine »Muss-Vorschrift«. Unter dem Gesichtspunkt der **Wirtschaftlichkeit** ist insbesondere das Aufwands- und Ertragsverhältnis verschiedener Maßnahmen zu beachten.
Die Wirtschaftlichkeit wird an nachstehenden Prinzipien (Abbildung 46) verdeutlicht:

Ökonomische Prinzipien	
Minimalprinzip	**Maximalprinzip**
mit geringstem Mitteleinsatz ein gegebenes Ziel erreichen	mit gegebenen Mitteln den größtmöglichen Erfolg erreichen

Abbildung 46: Ökonomische Prinzipien

Neben den Anschaffungs- und Herstellungskosten sind zwingend auch die Folgekosten zu berücksichtigen. Bevor Investitionen von erheblicher finanzieller Bedeutung beschlossen werden, soll nach § 16 Abs. 1 KomHKV unter mehreren in Betracht kommenden Möglichkeiten durch Wirtschaftlichkeitsvergleich, mindestens durch einen Vergleich der Anschaffungs- und Herstellungskosten sowie der sorgfältig geschätzten Folgekosten, die für die Gemeinde wirtschaftlichste Lösung ermittelt werden. Die Kontrolle der Wirtschaftlichkeit des Verwaltungshandelns erfolgt über die Kosten- und Leistungsrechnung nach § 18 KomHKV.
Das Ministerium des Innern hat für die Gemeinden und Gemeindeverbände des Landes Brandenburg einen Leitfaden für die Erstellung von Wirtschaftlichkeitsuntersuchungen herausgegeben.[62]
Mit diesem Leitfaden wird den Gemeinden und Gemeindeverbänden eine Orientierung an die Hand gegeben, bei welchen Maßnahmen eine Wirtschaftlichkeitsuntersuchung durchzuführen ist und welche Mindestanforderungen an eine solche gestellt werden. Hierdurch soll ein einheitliches und strukturiertes Herangehen bei der Durchführung und Prüfung von Wirtschaftlichkeitsuntersuchungen ermöglicht werden.
Eine Wirtschaftlichkeitsuntersuchung wird **überwiegend** einzelfallbezogen durchgeführt. Sie dient dazu, die Vorteilhaftigkeit einer Maßnahme festzustellen und bildet i. d. R. die Grundlage für die Entscheidungen über das »Ob« und das »Wie« einer Maßnahme.
Bei der Durchführung einer Wirtschaftlichkeitsuntersuchung ist immer auf deren Wirtschaftlichkeit selbst zu achten. Aufwand und Nutzen der Wirtschaftlichkeitsuntersuchung müssen analog zu § 18 Satz 2 KomHKV in einem angemessenen Verhältnis zueinander stehen. Der Einsatz einer Wirtschaftlichkeitsuntersuchung kann zu unterschiedlichen Zeit-

[62] Leitfaden für die Erstellung von Wirtschaftlichkeitsuntersuchungen, Bearbeitungsstand: 15.05.2012.

punkten oder Phasen notwendig sein. Grundsätzlich ist sie z. B. bei der Planung, Durchführung und zur abschließenden Erfolgskontrolle bei Investitionen nach § 16 KomHKV durchzuführen.

Kostenvergleichsrechnung (statische Wirtschaftlichkeitsuntersuchung)
Die Kostenvergleichsrechnung ist das sinnvollste und i. d. R. einfachste anwendbare Verfahren beim Vergleich von Alternativen oder von Ersatzmöglichkeiten und beschränkt sich auf den reinen Kostenvergleich. Ziel ist es, die Kosten der alternativen Lösungsmöglichkeiten miteinander zu messen und daraus die kostengünstigste Variante zu bestimmen. Dieses Verfahren wird vorrangig bei der Anschaffung von Wirtschaftsgütern, die in das Anlagenverzeichnis aufgenommen werden (z. B. Fahrzeuge, PC-Technik, Ausstattung etc.), angewandt.
Unterschiedliche qualitative Ergebnisse bzw. Leistungen oder Auslastungsgrade müssen durch Zusatzrechnungen (z. B. Kosten je Leistungseinheit) einbezogen werden. Die Berechnung bezieht sich beim statischen Verfahren auf nur eine Periode (i. d. R. ein Kalenderjahr). Eine Vergleichbarkeit dieser Kosten wird dadurch erreicht, dass die Kosten der gesamten Lebensdauer in laufende jährliche Kosten umgerechnet werden. Die Kapitalkosten sind ggf. in Form von Abschreibungen und (kalkulatorischen) Zinsen mit einzubeziehen.
Die Abschreibungen im Rahmen von Wirtschaftlichkeitsuntersuchungen werden auf der Grundlage der geplanten Anschaffungs- oder Herstellungskosten gem. § 51 KomHKV ermittelt. Die Erläuterungen zu Anschaffungs- und Herstellungskosten finden sich im § 50 KomHKV.

Kapitalwertmethoden (dynamische Wirtschaftlichkeitsuntersuchung)[63]
Bei der Kapitalwertmethode werden alle Einzahlungen und Auszahlungen, die im Zusammenhang mit einer Investition stehen, erfasst. Dazu gehören neben den investiven Auszahlungen bezüglich der Anschaffungs- bzw. Herstellungskosten auch die Auszahlungen, die sich aus den Folgekosten, wie Personal- und Sachkosten, ergeben. Gemeinkosten sind i. d. R. zahlungsunwirksam und werden häufig als Pauschalwerte angesetzt (z. B. Sach- und Personalgemeinkosten).
Dem stehen laufende Einzahlungen sowie die einmaligen Einzahlungen, z. B. aus Veräußerungserlösen, gegenüber. Es sind neben den investiven Zahlungen somit auch alle zahlungswirksamen Erträge und Aufwendungen in Höhe der tatsächlichen Ein- und Auszahlungen zu erfassen.
Die Methode geht davon aus, dass die Einzahlungen und Auszahlungen im Zeitablauf nach ihrer Höhe und ihrem zeitlichen Anfall unterschiedlich sein können. Eine Einzahlung ist danach umso weniger wert, je weiter sie in der Zukunft liegt, und eine Auszahlung umso belastender, je näher sie am Berechnungszeitpunkt liegt.
Bei der Kapitalwertmethode werden daher alle Einzahlungen und Auszahlungen auf den Zeitpunkt zu Beginn der Investition abgezinst und dadurch ihr Barwert ermittelt. Mit dem **Barwert** werden die Alternativen vergleichbar gemacht. Die Differenz der Einzahlungsbarwerte und der Auszahlungsbarwerte wird als der Kapitalwert einer Investition bezeichnet. Eine Investition ist dann als wirtschaftlich bzw. rentierlich zu bezeichnen, wenn der

63 Vgl. Nr. 6.3 des Leitfadens für die Erstellung von Wirtschaftlichkeitsuntersuchungen, a. a. O.

Kapitalwert gleich null oder positiv ist. Beim Vergleich von zwei Alternativen ist die Alternative vorteilhafter, die den höheren Kapitalwert hat. Können nur negative Kapitalwerte verglichen werden, ist die Alternative mit dem betragsmäßig niedrigeren negativen Kapitalwert wirtschaftlicher.
Der Abzinsungsfaktor zur Berechnung der Barwerte berechnet sich nach dem Kalkulationszinssatz, der der geforderten Mindestverzinsung der Investition entsprechen sollte.
Der Kapitalwert der Investition wird gebildet, indem vom berechneten Barwert der Rückflüsse die Anschaffungsauszahlung abgezogen wird. Für die Berechnung der Bar- und Kapitalwerte stehen auch spezielle Softwareprogramme zur Verfügung bzw. sind modularer Bestandteil der in den Kommunen eingesetzten HKR-Programme.
Die Kapitalwertmethode ist bei Investitionsmaßnahmen vorrangig dann anzuwenden, wenn

- die Einzahlungen und Auszahlungen zu unterschiedlichen Zeitpunkten erfolgen,
- die Zahlungsströme bei den betrachteten Alternativen unterschiedlich hoch sind,
- mehrjährige Betrachtungen vorzunehmen sind.

Kapitalwertmethode mit Nutzwertanalyse[64]

Die **Nutzwertanalyse** ist dann anzuwenden, wenn Lösungsmöglichkeiten im Hinblick auf nicht in Geld messbare (»nicht monetäre«) Vor- und Nachteile untersucht und bewertet werden sollen (z. B. Standortentscheidung einer kommunalen Investition).
Wenn komplexere Entscheidungen anstehen oder die Maßnahme eine erhebliche Bedeutung hat, sollte die Kapitalwertmethode mit der Nutzwertanalyse zu einer umfassenderen Kosten-Nutzen-Analyse kombiniert werden. Eine alleinige Nutzwertanalyse ohne eine zusätzliche monetäre Bewertung ist häufig wenig aussagekräftig und somit nicht ausreichend.
Der Einsatz der Nutzwertanalyse bietet sich an, wenn bei den in Betracht kommenden Alternativen auch die nicht monetären Gesichtspunkte zu berücksichtigen sind. Bei der Nutzwertanalyse werden alle Informationen ohne monetäre Bewertung quantifizierbar gemacht. Aus der Gewichtung der einzelnen Wertungskriterien und deren Bewertung ergibt sich dann der jeweilige Teilnutzwert. Die Summe der Teilnutzwerte ergibt den Gesamtnutzwert der Alternative. Von allen untersuchten Alternativen ist die mit dem höchsten Gesamtnutzwert auszuwählen.
Die Nutzwertanalyse sollte für alle relevanten Alternativen in folgenden Arbeitsschritten durchgeführt:

- Bestimmung der Wertungskriterien
- Ordnung und Gewichtung der Wertungskriterien
- Bestimmung des Bewertungsmaßstabes
- Bewertung der Alternativen hinsichtlich der Erfüllung der Kriterien
- Berechnung des Gesamtnutzwertes
- Feststellung der Geeignetheit

---

64 Vgl. Nr. 6.4 des Leitfadens für die Erstellung von Wirtschaftlichkeitsuntersuchungen, a. a. O.

3.2 Sparsamkeit

Unter dem Gesichtspunkt der **Sparsamkeit** sollen für die Erfüllung der kommunalen Aufgaben möglichst geringe Haushaltsmittel verbraucht werden, ohne dabei den Grundsatz der Wirtschaftlichkeit zu gefährden. Unter dem Begriff der Sparsamkeit versteht man im Allgemeinen die Beschränkung der Auszahlungen/Aufwendungen auf das unbedingt notwendige Maß.[65] Dabei darf die Erfüllung der Aufgaben nach dem Grundsatz der stetigen Aufgabenerfüllung nicht infrage gestellt werden. Die Messung der Sparsamkeit ist allerdings schwierig und wird kaum in Messwerten erfolgen. Vielmehr ist die Sparsamkeit an die Nützlichkeit des Mitteleinsatzes geknüpft.

Sparsamkeit und Wirtschaftlichkeit stehen entsprechend dem Wortlaut des § 63 Abs. 2 BbgKVerf gleichrangig nebeneinander. Dieser Haushaltsgrundsatz spiegelt sich u. a. auch in der Vergabepraxis nach § 30 KomHKV wider.

4. Grundsatz des Haushaltsausgleichs / Aufstellung eines Haushaltssicherungskonzepts

Rechtsgrundlage § 63 Abs. 4, 5 BbgKVerf i. V. m. § 26 KomHKV

Oberster Haushaltsgrundsatz ist nach § 63 Abs. 1, Satz 1 BbgKVerf die Sicherstellung der stetigen Erfüllung der gemeindlichen Aufgaben.

Die Brandenburgische Kommunalverfassung sowie die Aufsichtsbehörden stellen insbesondere darauf ab, dass die dauernde Leistungsfähigkeit der Gemeinde gesichert ist. Maßstab hierfür ist der Haushaltsausgleich. Diese Verpflichtung gilt unabhängig vom kommunalen Selbstverwaltungsrecht nach Art. 28 Abs. 2 GG.

Der Grundsatz des Haushaltsausgleichs nach § 63 Abs. 4 BbgKVerf ist eine **»Muss-Vorschrift«**, der Haushalt ist somit in jedem Jahr in Erträgen und Aufwendungen (Ergebnishaushalt/-rechnung) auszugleichen. Dies gilt sowohl für die Planungs- als auch Rechnungsphase sowie für die mittelfristige Ergebnis- und Finanzplanung nach § 72 BbgKVerf. Kann der Haushaltsausgleich entgegen den Grundsätzen des § 63 Abs. 4 BbgKVerf trotz Ausnutzung aller Einsparmöglichkeiten nicht erreicht werden, ist ein **Haushaltssicherungskonzept** nach § 63 Abs. 5 BbgKVerf aufzustellen. Der verbleibende Fehlbetrag ist im Jahresabschluss als Fehlbetrag aus ordentlichem/außerordentlichem Ergebnis vorzutragen. Dies dient dem Ziel, die künftige dauernde Leistungsfähigkeit der Kommune zu erreichen.

Der Verordnungsgeber sieht in § 26 KomHKV ein abgestuftes Verfahren zur Herstellung des Haushaltsausgleichs vor.[66]

Eine Bilanzausgleichspflicht besteht nach brandenburgischem Haushaltsrecht nicht.

Können Fehlbeträge trotz Ausnutzung aller Spar- und Ertragserzielungsmöglichkeiten nicht vermieden werden, ist ein Fehlbetrag vorzutragen. Ist das Eigenkapital durch Fehlbeträge vollständig aufgebraucht, so ist der das Eigenkapital übersteigende Betrag am Schluss

---

65 Vgl. Walter, APF 1987, S. 146.

66 Vgl. Erdmann u. a., a. a. O., S.141.

Ergebnishaushalt und mittelfristige Ergebnisplanung Haushaltsjahr 20.. - in EUR -						
Ertrags- und Aufwandsarten	Ergebnis des Vorvorjahres	Ansatz des Vorjahres	Ansatz des Haushaltsjahres	Planung Haushaltsjahr + 1	Planung Haushaltsjahr + 2	Planung Haushaltsjahr + 3
	1	2	3	4	5	6
1. Steuern und ähnliche Abgaben ↓ 9. Bestandsveränderung						
10. = Erträge aus laufender Verwaltungstätigkeit						
11. Personalaufwendungen ↓ 16. sonstige ordentliche Aufwendungen						
17. = Aufwendungen aus laufender Verwaltungstätigkeit						
18. = **Ergebnis der laufenden Verwaltungstätigkeit** (10 ./. 17)						
19. Zinsen und sonstige Finanzerträge 20. - Zinsen und sonstige Finanzaufwendungen						
21. = Finanzergebnis						
22. = **ordentliches Ergebnis** (Zeilen 18 + 21)						
23. außerordentliche Erträge 24. - außerordentliche Aufwendungen						
25. = **außerordentliches Ergebnis**						
26. = **Gesamtüberschuss / Gesamtfehlbetrag** (22. + 25.)						

Integration der mittefristigen Ergebnis- und Finanzplanung § 72 BbgKVerf

Abbildung 47: Mittelfristige Ergebnis- und Finanzplanung

der Bilanz unter dem Gliederungspunkt 4 »nicht durch Eigenkapital gedeckter Fehlbetrag« auf der Aktivseite der Bilanz auszuweisen (vgl. § 57 Abs. 5 KomHKV). Ein angemessener Abbau dieser bilanziellen Überschuldung durch erwirtschaftete Überschüsse ist derzeit durch den Verordnungsgeber nicht vorgesehen.

5. Grundsätze der Beschaffung von Erträgen und Einzahlungen

Rechtsgrundlage § 64 BbgKVerf

Für einen Minister ist es sehr verführerisch, ein derartiges Mittel (das Schuldenmachen) zu benutzen, das ihn in den Stand setzt, während seiner Verwaltung den großen Mann zu spielen, ohne das Volk mit Steuern zu überladen oder eine sofortige Unzufriedenheit gegen sich zu erregen.
Die Praxis des Schuldenmachens wird daher fast unfehlbar von jeder Regierung missbraucht werden.
David Hume, schottischer Philosoph, Ökonom und Historiker (1711–1776)

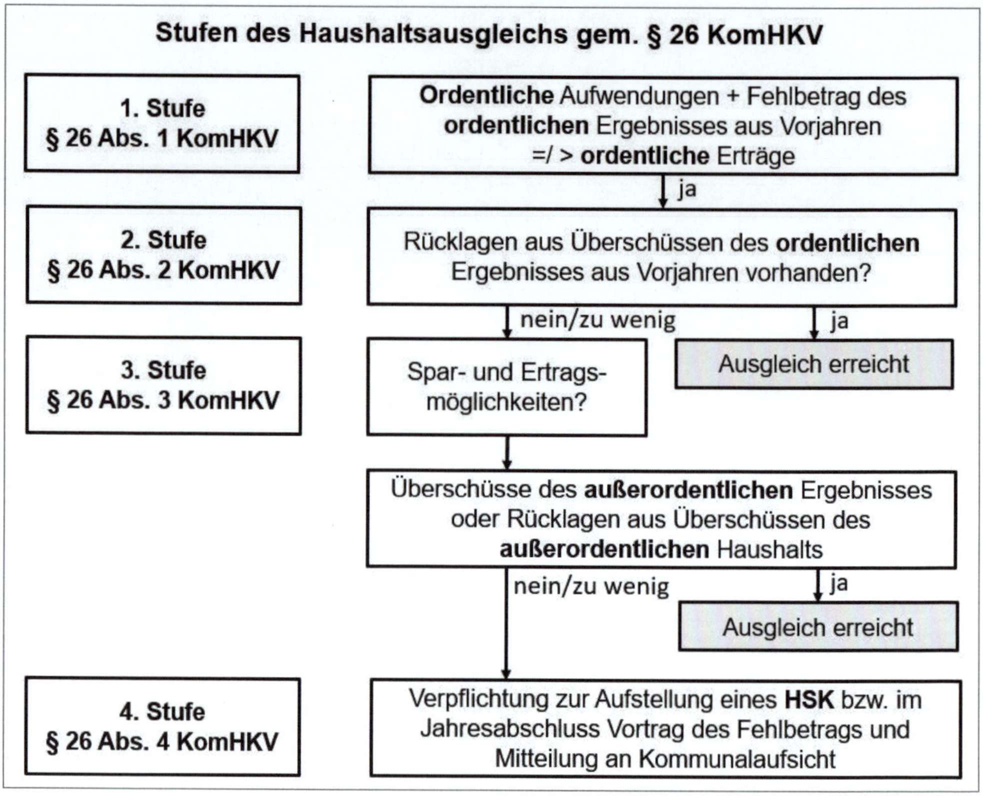

Abbildung 48: Stufen des Haushaltsausgleichs (vgl. Erdmann u.a., a.a.O., S. 114)

Nach den Grundsätzen der Einnahmebeschaffung erhebt die Gemeinde Abgaben (Steuern, Gebühren, Beiträge) nach den gesetzlichen Vorschriften (vgl. § 64 Abs. 1 BbgKVerf, i.V.m. §§ 3, 4, 8–11 KAG).
Gesetzliche Vorschriften sind z.B. die Steuergesetze (Grundsteuergesetz, Gewerbesteuergesetz), das Kommunalabgabengesetz (KAG) oder sonstige Rechtsnormen, wie Gebühren- und Beitragssatzungen der Kommunen.
Des Weiteren hat die Kommune die zur Erfüllung ihrer Aufgaben erforderlichen Finanzmittel zu beschaffen. Dies stellt das sog. Bedarfsdeckungsprinzip dar, wonach die Erträge/Einzahlungen den Aufwendungen/Auszahlungen folgen.
Dabei hat die Kommune die nachfolgende **Rangfolge** (Subsidiaritätsprinzip – Nachrangigkeit) zu beachten:
Die Gemeinde finanziert sich

1. vorrangig aus sonstigen Finanzmitteln
   alle Finanzmittel außer Entgelte, Steuern und Kredite, wie z.B. Mieten, Pachten, Verkaufserlöse, Zinsen, Zuweisungen und Zuschüsse
2. soweit vertretbar und geboten aus Entgelten für ihre Leistungen, wie z.B. Gebühren, Beiträge, Eintrittsgelder

3. im Übrigen aus Steuern, z. B. Grundsteuer A und B, Gewerbesteuer, Hundesteuer, Vergnügungsteuer

4. über Kredite

Eine Kreditaufnahme ist nach § 64 Abs. 3 BbgKVerf nur zulässig, soweit eine andere Finanzierung nicht möglich oder wirtschaftlich unzweckmäßig ist. Dabei ist zu beachten, dass Kreditaufnahmen (Kredite und kreditähnliche Rechtsgeschäfte) nach § 74 Abs. 1 BbgKVerf nur für Investitionen, Investitionsförderungsmaßnahmen oder Umschuldungen zulässig sind.

Kredite in diesem Sinne sind das unter Verpflichtung der Rückzahlung von Dritten oder Sondervermögen mit Sonderrechnung aufgenommene Kapital mit Ausnahme der Kassenkredite (vgl. § 2 Nr. 28 KomHKV).

6. Grundsatz der Öffentlichkeit

Rechtsgrundlage § 67 Abs. 5 BbgKVerf

Der Grundsatz der Öffentlichkeit regelt die Beteiligung der Bürger und Einwohner einer Kommune an deren Finanzwirtschaft. Nach §§ 36, 39 BbgKVerf ist eine Beschlussfassung der Gemeindevertretung über die Haushaltssatzung öffentlich. Dies gilt auch für die Sitzung der Fachausschüsse nach § 44 BbgKVerf, es sei denn, das öffentliche Wohl oder das berechtigte Interesse Einzelner wird beeinträchtigt. Nach § 67 Abs. 5 BbgKVerf ist die Haushaltssatzung zu veröffentlichen bzw. die Einsichtnahme zu gewährleisten. Enthält die Satzung genehmigungspflichtige Teile, so ist diese erst nach Erteilung zu veröffentlichen.

Übungssachverhalte zu Kapitel E.I.

Übung 38

Die Stadt Prenzwalde befindet sich in der Aufstellungsphase des Haushaltsplans 2016. Der Haushaltsausgleich konnte seit über zehn Jahren nicht bzw. nur aufgrund erheblicher Konsolidierungsmaßnahmen erreicht werden. Grund hierfür war ein deutlicher Konjunkturabschwung. Durch die Ansiedlung eines weltweit tätigen Computerherstellers und eine anziehende Konjunktur ist mit einer erheblichen Steigerung der Gewerbesteuererträge zu rechnen. Der Finanzdezernent Oberschlau möchte die Hälfte der zusätzlichen Haushaltsmittel direkt in den Straßenunterhalt »reinvestieren«, da dieser in den letzten Jahren stark vernachlässigt wurde. Die andere Hälfte soll für die Ausweitung kultureller Aktivitäten (Stadtteilfeste etc.) verausgabt werden, da nach Meinung des Finanzdezernenten auch die Bürger den Aufschwung spüren sollen.
Der sich derzeit in der Ausbildung befindende Göttrick Schludrig ist jedoch anderer Auffassung. Aufgrund der seit Jahren defizitären Haushaltslage sollten die Mittel doch jetzt gespart werden.

Abwandlung
Wie ist der Sachverhalt zu beurteilen, wenn die zusätzlichen Gewerbesteuererträge ausschließlich in die dringende Unterhaltung der städtischen Kindertagesstätten fließen sollen?

Aufgabe
Prüfen und begründen Sie kurz, welche Auffassung im Einklang mit den haushaltsrechtlichen Vorschriften steht.

Übung 39

Der Haushalt 2016 der Stadt Prenzwalde befindet sich derzeit in der Aufstellungsphase. Für den folgenden Vorgang sollen noch die entsprechenden Haushaltsmittel in den Plan aufgenommen werden:
Im Laufe des Jahres 2016 wird die Anschaffung eines neuen Fahrzeugs für die Straßenreinigung notwendig. Der zuständige Leiter hat sich auf dem Kfz-Markt über die in Betracht kommenden Fahrzeugtypen informiert. Für die zu erfüllende Aufgabe kommen lediglich zwei Fahrzeugtypen infrage:

Typ A: Anschaffungskosten 90.000 Euro, Kosten der jährlichen Wartung 4.500 Euro, an Kraftstoffkosten werden bei der zu erwartenden Fahrleistung monatlich 2.500 Euro erwartet.

Typ B: Anschaffungskosten 98.000 Euro, Kosten der jährlichen Wartung 2.500 Euro, die monatlichen Kraftstoffkosten liegen bei gleicher Fahrleistung bei 1.600 Euro.

Die weiteren Merkmale der beiden Fahrzeuge (Motorstärke, Höchstgeschwindigkeit, Steuern und Versicherung etc.) sind gleich. Die Nutzungsdauer des anzuschaffenden Fahrzeugs ist mit zehn Jahren veranschlagt. Der zuständige Leiter schlägt wegen der niedrigeren Anschaffungskosten vor, den Typ A zu kaufen. Der Kämmerer Schludrig äußert gegen den Vorschlag Bedenken. Nach ihm vorliegenden Informationen sei der Kraftstoffverbrauch des Typs B wesentlich niedriger und seine Wartungsintervalle seien länger. Aus diesem Grund sei der Typ B, der im Übrigen den Ansprüchen in gleicher Weise gerecht werde, vorzuziehen.

Aufgabe
Prüfen Sie, unter Heranziehung des einschlägigen Haushaltsgrundsatzes, welches der beiden Fahrzeuge zu kaufen ist. Beziehen Sie sich dabei auf die Aufwendungen eines Jahres.

Übung 40

Die Stadt Prenzwalde befindet sich in der Aufstellungsphase des Haushaltsplans 2016. Der Fachbereichsleiter Bauwesen überlegt, ob er im Haushaltsjahr 2016 nicht gleich größere Mengen an Streusalz für den Winterdienst bestellt. Nach seinen Vorstellungen soll das vorhandene Lager vollständig gefüllt werden. Die Kapazität ist ausreichend, um den Winterdienst der Jahre 2016, 2017 und 2018 sicherzustellen. Es würden insgesamt Kosten von 170.000 Euro entstehen, welche dem Lieferanten sofort nach Lieferung bezahlt werden müssten. Dadurch würde die Stadt einen Rabatt gegenüber einer jährlichen Bestellung von insgesamt 20 v.H. erzielen.

Aufgabe
Prüfen Sie unter Beachtung der allgemeinen Haushaltsgrundsätze die Anschaffung des Streusalzes, und veranschlagen Sie die entsprechenden Beträge im Haushalt 2016.

Übung 41

Im Rahmen der Aufstellung des Haushaltsplans der Stadt Prenzwalde sind die nachfolgenden Finanzvorfälle zu beurteilen:

a) Für die Instandhaltung der Kindertagesstätten gewährt das Land aus einem speziellen Förderprogramm eine zweckgebundene Zuweisung. Als Auflage ist es wie üblich erforderlich, nach Beendigung der Maßnahme einen Verwendungsnachweis zu erstellen. Der Fachbereichsleiter Finanzen möchte dennoch auf die Zuweisung verzichten und dafür lieber die Hundesteuer sowie die Benutzungsgebühren der Kindertagesstätten anheben.

b) Der Tierpark der Stadt Prenzwalde erwirtschaftet jährlich ein Defizit i.H.v. 80.000 Euro. Aus Konsolidierungsgründen schlägt das Gemeindevertretermitglied Schludrig vor, die Eintrittsgelder so weit zu erhöhen, dass dadurch eine Kostendeckung erreicht werden kann. Die kostendeckende Gebühr für eine Tageskarte würde ca. 23 Euro pro

Person betragen. Die Finanzausschussvorsitzende Oberschlau schlägt hingegen die Erhöhung der Grundsteuer vor, um das Defizit in der Einrichtung abzudecken.

c) Für die Herstellung eines neuen Fußballstadions ist es möglich, Kredite von der Sparkasse aufzunehmen. Die Verzinsung liegt bei 3,6 v. H. Als alternative Finanzierungsmöglichkeit steht eine Geldanlage der Stadt zur Verfügung. Diese wird mit 2 v. H. verzinst. Der Kämmerer möchte die Geldanlage nicht antasten und lieber den Kredit aufnehmen.

Abwandlung
Wie wäre der Sachverhalt zu entscheiden, wenn die Geldanlage mit 5 v. H. verzinst wird?

Aufgabe
Prüfen und begründen Sie, ob die geplanten Finanzierungen zulässig sind.

Übung 42

Die Stadt Prenzwalde betreibt drei Kindertagesstätten. Auf der Basis von Berechnungen des zuständigen Fachbereichs wird deutlich, dass die Kinderbetreuung entsprechend der Vorgabe des Kinderförderungsgesetzes des Landes Brandenburg nicht mehr vollständig gesichert ist. Die Kindergartenplätze in den drei Einrichtungen sind vollständig belegt. Der zuständige Fachbereich rechnet jedoch mit einer deutlichen Zunahme der zu betreuenden Kinder. Um diesem Bedarf gerecht zu werden, ist es notwendig, eine der bestehenden Kindertagesstätten auszubauen und zu erweitern. Nur so kann der gesetzliche Betreuungsanspruch sichergesellt werden.

Aufgabe
Prüfen Sie unter Beachtung des einschlägigen Haushaltsgrundsatzes, ob der Anbau zwingend herzustellen ist. Nennen Sie das Produktkonto.

Bearbeitungshinweis
Beachten Sie bitte die Vorschriften des Zweiten Gesetzes zur Ausführung des Achten Buches des Sozialgesetzbuches – Kinder- und Jugendhilfe – (Kindertagesstättengesetz – KitaG).

Übung 43

Die Haushaltssatzung der kreisfreien Stadt Prenzwalde ist am 03.02.2016 für das Haushaltsjahr 2016 immer noch nicht öffentlich bekannt gemacht. Aufgrund dringender Projekte müssen jedoch unverzüglich mehrere Kreditaufnahmen erfolgen.
Hierzu gab es in der vergangenen Woche beim Bürgermeister Götzow eine Beratung mit dem verantwortlichen Finanzdezernenten Lemming und der Kämmerin Frau Biermann. Nunmehr liegt Ihnen nachfolgender Gesprächsvermerk vor:

Stadt Prenzwalde Prenzwalde, 01.02.2016
Referat des Bürgermeisters I/wie

Gesprächsvermerk vom 01.02.2016 / 9:00 bis 11:00 Uhr

Teilnehmer: Bürgermeister Herr Götzow
Finanzdezernent Herr Lemming
Kämmerin Frau Biermann

Ausgangspunkt ist die nach wie vor nicht genehmigte Haushaltssatzung 2016 (Stadtratsbeschluss BV327/2016 vom 23.12.2016). Darin ist eine Kreditermächtigung i. H. v. 4,5 Mio. Euro enthalten. Der Höchstbetrag der Kassenkredite wurde auf 15 Mio. Euro festgesetzt.
Aufgrund der Feiertage und des Jahreswechsels 2015/2016 erfolgte eine Vorlage bei der Kommunalaufsicht erst am 12.01.2016, die immer noch keine Stellungnahme zur Haushaltssatzung abgegeben hat.
Die Haushaltssatzung 2015 enthielt eine Kreditermächtigung nach § 74 Abs. 2 BbgKVerf i. H. v. 3 Mio. Euro. Diese war entsprechend § 74 Abs. 4 BbgKVerf i. V. m. § 19 StabG beschränkt. Aufgrund der Verzögerung verschiedener Bauprojekte wurden davon jedoch nur 1,8 Mio. Euro in Anspruch genommen.
Der Kassenkredit wurde bis auf einen Betrag von 4 Mio. Euro vollständig im Jahr 2015 ausgeschöpft.

Festlegungen
Aufgrund des anstehenden Baubeginns der neuen Grundschule am Mäuseberg und des damit verbundenen Bedarfs an liquiden Mitteln ist eine Kreditaufnahme i. H. v. 1,2 Mio. Euro vorzunehmen. Die Aufnahme erfolgt aus dem nicht vollständig in Anspruch genommenen Kreditrahmen 2015. Die Aufsichtsbehörde wird nicht informiert.
Für den dringenden Baubeginn der neuen Elbbrücke ist ein Kredit i. H. v. 1,5 Mio. Euro aus der Kreditermächtigung 2016 aufzunehmen. Der Kreditvertrag wird von der Kämmerin Biermann unterschrieben und der Stadtverordnetenversammlung in der Sitzung Ende Februar 2016 zur Kenntnis gegeben.
Für die Begleichung der Personalkosten Februar 2016 wird unverzüglich ein Kassenkredit i. H. v. 3 Mio. Euro aufgenommen.
Abschließend brachte Bürgermeister Götzow seinen Unmut über die Kommunalaufsichtsbehörde zum Ausdruck und wies seinen Referenten Herrn Fröhlich an, die Haushaltssatzung am kommenden Montag den 06.02.2016 öffentlich bekannt zu machen, wenn die Kommunalaufsichtsbehörde bis dahin immer noch nicht reagiert hat.

Aufgabe
Prüfen und begründen Sie anhand der einschlägigen Rechtsnormen ausführlich, ob die im Sachverhalt geschilderten Punkte mit den haushaltsrechtlichen Vorschriften im Einklang stehen.

Auszug aus Gesetz zur Förderung der Stabilität und des Wachstums der Wirtschaft (StabG)

§ 19

Zur Abwehr einer Störung des gesamtwirtschaftlichen Gleichgewichts kann die Bundesregierung durch Rechtsverordnung mit Zustimmung des Bundesrates anordnen, dass die Beschaffung von Geldmitteln im Wege des Kredits im Rahmen der in den Haushaltsgesetzen oder Haushaltssatzungen ausgewiesenen Kreditermächtigungen durch den Bund, die Länder, die Gemeinden und Gemeindeverbände sowie die öffentlichen Sondervermögen und Zweckverbände beschränkt wird. Satz 1 gilt nicht für Kredite, die von Gemeinden, Gemeindeverbänden oder Zweckverbänden zur Finanzierung von Investitionsvorhaben ihrer wirtschaftlichen Unternehmen ohne eigene Rechtspersönlichkeit aufgenommen werden.

Übung 44

In der Stadt Prenzwalde laufen die letzten Vorbereitungen für den Haushalt 2016. Der Haushaltsplan wurde vom Bürgermeister gebilligt. Nunmehr müssen noch die Daten aus dem Haushaltsplan für die Haushaltssatzung zusammengestellt werden. Hierzu liegen die nachfolgenden Informationen vor:

- Grundsteuer 155.000 Euro
- Allgemeine Zuweisungen vom Land 236.500 Euro
- Benutzungsgebühren 27.000 Euro
- Zinsen für Kredite 17.500 Euro
- Gewerbesteuer 180.000 Euro
- Arbeitnehmervergütung 570.000 Euro
- Zuweisungen vom Land für Investitionen 5.000 Euro
- Aus- und Fortbildungskosten 2.000 Euro
- Abschreibungen 113.000 Euro
- Kosten Druckerei (Formulare) 5.500 Euro
- Jubiläen (Ehrentage) 2.500 Euro
- Reinigungskosten 1.000 Euro
- Investitionen 10.000 Euro

Kreditaufnahmen für Investitionen sind vom Fachbereich Finanzen i. H. v. 20.000 Euro vorgesehen. Die Verpflichtungsermächtigungen betragen 8.000 Euro. Der Höchstbetrag der Kredite zur Liquiditätssicherung soll durch Beschluss der Vertretung auf 50.000 Euro festgesetzt werden. Der Hebesatz für die Grundsteuer A wird auf 220 v. H., für die Grundsteuer B auf 300 v. H. und für die Gewerbesteuer auf 440 v. H. festgesetzt. Die Hebesätze wurden bereits in einer Hebesatzsatzung festgeschrieben. Die Beschlussfassung für die Haushaltssatzung 2016 erfolgte am 23.12.2015.

Aufgaben

a) Ordnen Sie die beschriebenen Finanzpositionen dem Ergebnis- und/oder Finanzplan zu (unterstellen Sie dabei, dass die ordentlichen Erträge und Aufwendungen mit Ausnahme der Abschreibungen in gleicher Höhe zahlungswirksam werden).
b) Bilden Sie die notwendigen Konten.
c) Erstellen Sie die Haushaltssatzung.
d) Prüfen und begründen Sie kurz, ob die Haushaltssatzung genehmigungspflichtige Teile enthält.
e) Prüfen und begründen Sie, ob mit der Aufstellung der Haushaltssatzung gegen den Grundsatz des Haushaltsausgleichs verstoßen wurde.
f) Prüfen und begründen Sie ausführlich, ob die Kreditaufnahme in der geplanten Höhe zulässig ist. Gehen Sie dabei auf die verschiedenen Voraussetzungen ein.

Übung 45

Der Fachbereich Bauwesen der Stadt Prenzwalde prüft den Bau eines neuen Radwanderweges entlang der Elbe. Zur Auswahl stehen zwei Varianten.
Variante A: befestigter Weg / AHK 200.000 Euro / Nutzungsdauer 40 Jahre
Variante B: unbefestigter Weg / AHK 150.000 Euro / Nutzungsdauer 20 Jahre
Zur Finanzierung soll ein Kredit aufgenommen werden. Die Laufzeit soll 30 Jahre betragen.

Aufgabe

Prüfen Sie unter Beachtung von § 63 Abs. 4 BbgKVerf, welche der beiden Varianten den Haushaltsausgleich am geringsten belastet.

Übung 46

Die von der Stadtverordnetenversammlung Prenzwalde beschlossene Haushaltssatzung wird öffentlich bekannt gemacht. Der Bürger Schludrig liest die Bekanntmachung am 08.12. im Prenzwalder Tageblatt und wundert sich, dass das ihn interessierende Produkt »Förderung des Sports« nicht abgedruckt ist. Die Bekanntmachung enthält nur Gesamtzahlen, die für ihn keine Aussagekraft und keinen Informationswert besitzen.

Aufgabe

Welche Auskunft ist dem Bürger Schludrig zu erteilen, wenn er die Verwaltung zum vorgenannten Problem befragt?

II. Ausgewählte Planungsgrundsätze

Nachfolgend werden ausgewählte Planungsgrundsätze erläutert. Die Erläuterungen beschränken sich dabei auf das Wesentliche.

1. Grundsatz der Vollständigkeit

Rechtsgrundlage § 66 Abs. 1 BbgKVerf i.V.m. § 14 Abs. 1 KomHKV
Der Grundsatz der Vollständigkeit nach § 66 Abs. 1 BbgKVerf i.V.m. § 14 Abs. 1 KomHKV besagt, dass der Haushaltsplan **alle** anfallenden Erträge, Aufwendungen, Einzahlungen, Auszahlungen und Verpflichtungsermächtigungen enthält. Diese Regelungen knüpfen an die Aufgabenerfüllung der Gemeinde an, denn im Haushaltsplan sollen alle finanzwirtschaftlichen Auswirkungen abgebildet und zusammenhängend dargestellt werden.[67] Eine Ausnahme von diesem Grundsatz stellen nach § 19 KomHKV fremde Finanzmittel dar. Diese werden nicht im Haushaltsplan der Kommune nachgewiesen.

2. Grundsatz der Haushaltseinheit

Rechtsgrundlage § 66 Abs. 1 BbgKVerf i.V.m. § 14 Abs. 1 KomHKV
Der Grundsatz der Haushaltseinheit besagt, dass die Kommune alle Erträge, Aufwendungen, Einzahlungen und Auszahlungen in nur **einem Haushaltsplan** nachweist. Schattenhaushalte oder gar schwarze Kassen sind damit strengstens verboten. Ausgenommen hiervon sind das Beteiligungsvermögen (vgl. § 92 BbgKVerf, z.B. Eigenbetriebe und Eigengesellschaften) sowie rechtlich selbstständige Stiftungen. Diese stellen eigene Wirtschaftspläne auf.

3. Grundsatz der Bruttoveranschlagung

Rechtsgrundlage § 14 Abs. 1 KomHKV
Der Grundsatz der Bruttoveranschlagung nach § 14 Abs. 1 KomHKV (strenges Saldierungs-/Verrechnungsverbot) erfordert eine getrennte Veranschlagung von Erträgen und Aufwendungen im Ergebnisplan und von Einzahlungen und Auszahlungen im Finanzplan. Eine Verrechnung ist unzulässig. Dies dient dem Ziel, den Haushaltsplan klar und übersichtlich zu gestalten.
Der Grundsatz der Bruttoveranschlagung gilt auch für die Vermögensrechnung. Gem. § 47 Abs. 1 KomHKV sind die Positionen der Aktiv- und Passivseite der Bilanz vollständig und unverrechnet abzubilden.
Ausnahmeregelungen zur Bruttoveranschlagung ergeben sich aus § 20 Abs. 1 und 2 KomHKV. Danach werden gem. § 20 Abs. 1 Rückzahlungen zu viel eingegangener Beträge bei den Erträgen und Aufwendungen abgesetzt, wenn die Rückzahlung im gleichen

[67] Vgl. Erdmann u.a., a.a.O., S. 149.

Haushaltsjahr erfolgt. Gleiches trifft auf zu viel ausgezahlte Beträge zu. Abgaben[68], abgabeähnliche Erträge und allgemeine Zuweisungen, die durch die Kommune zurückzuzahlen sind, gelten nicht als Aufwand, sondern müssen von den Erträgen abgesetzt werden. Dies gilt auch, wenn sie sich auf Erträge der Vorjahre beziehen. Die Regelung ist auch für die damit im Zusammenhang stehenden Einzahlungen und Auszahlungen anzuwenden.[69]

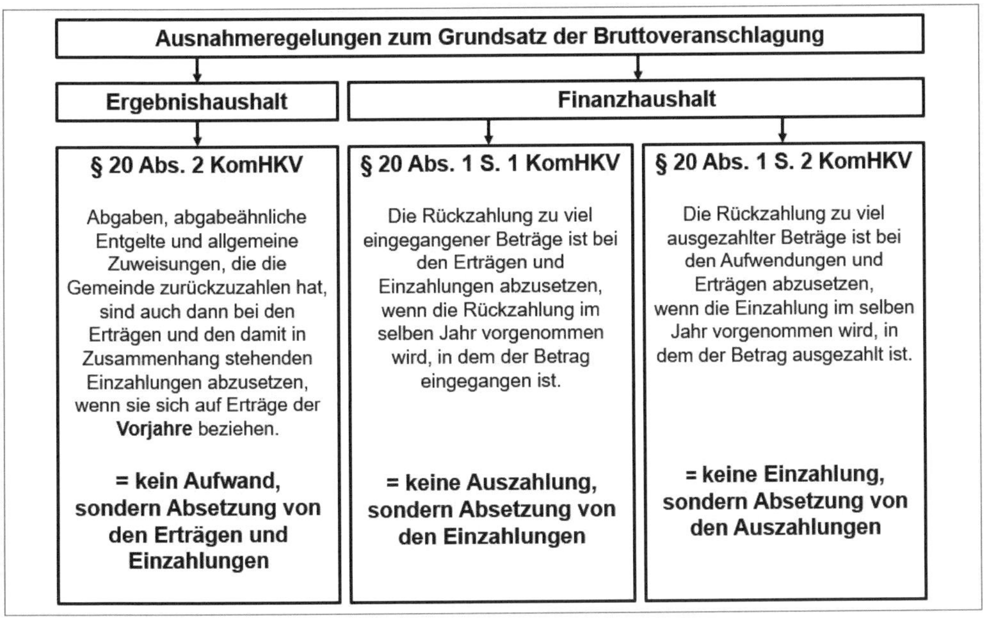

Abbildung 49: Ausnahmen zur Bruttoveranschlagung

Eine weitere Besonderheit nach § 50 Abs. 1 Satz 3 KomHKV sind die im Rahmen der Anschaffung oder Herstellung von Vermögensgegenständen gewährten Rabatte, Preisnachlässe, Boni und Skontierungen. Dabei handelt es sich nicht um Erträge bzw. Einzahlungen, sondern um Kaufpreisminderungen, die abzusetzen sind. Damit mindern diese auch die Investitionsauszahlungen.[70]

Ein Rabatt wird vor Abschluss eines Vertrags zwischen dem Käufer und Verkäufer vereinbart. Das heißt, die Rechnung enthält bereits den um den Rabatt geminderten Betrag. Der Skonto stellt hingegen eine nachträgliche Kaufpreisminderung dar, die den Kunden veranlassen soll, eine gute Zahlungsmoral durch Zahlung innerhalb einer bestimmten Frist zu beweisen (z.B. Rechnungsbetrag abzgl. 3 v.H. Skonto bei Zahlung innerhalb von sieben Tagen).

68 Vgl. § 1 KAG Bbg, Steuern, Gebühren und Beiträge.

69 Nach RdErl. des MISA vom 25.02.2014 gilt die Regelung analog für die damit im Zusammenhang stehenden Einzahlungen und Auszahlungen.

70 Vgl. BewertL Bbg, a.a.O., Nr. 2.4.1.

4. Grundsatz der Jährlichkeit[71]

Rechtsgrundlage § 65 Abs. 1 BbgKVerf
Entsprechend § 65 Abs. 1 BbgKVerf haben die Kommunen für jedes Haushaltsjahr eine Haushaltssatzung zu erlassen. Im Gegensatz zu anderen gemeindlichen Satzungen ist damit eine jährliche Beschlussfassung der Vertretung über die Haushaltssatzung nach 67 Abs. 4 BbgKVerf erforderlich.

5. Grundsatz der zeitlichen Bindung

Rechtsgrundlage § 65 Abs. 3, 4 BbgKVerf
Nach § 65 Abs. 3 BbgKVerf tritt die Haushaltssatzung mit Beginn des Haushaltsjahres in Kraft und gilt für das Haushaltsjahr. Nach § 65 Abs. 4 BbgKVerf ist das Haushaltsjahr das Kalenderjahr. Die Haushaltssatzung gilt folglich nur vom 01.01. bis 31.12. Durch diese zeitliche Bindung der Haushaltssatzung auf ein Kalenderjahr gelten die im Haushaltsplan enthaltenen Haushaltsermächtigungen auch nur für ein Jahr.
In den Kommunen entsteht daher vielfach das sog. »Dezemberfieber«. Das heißt, in der Praxis besteht das Ziel, die Haushaltsansätze vollständig bis zum Kassenschluss (Mitte Dezember des Haushaltsjahres) auszuschöpfen. Um dabei unwirtschaftliches Handeln zu vermeiden, hat der Gesetzgeber u. a. als Ausnahme zum Grundsatz der zeitlichen Bindung die Möglichkeiten zur Übertragung von Haushaltsermächtigungen nach § 24 KomHKV geschaffen (siehe dazu auch Kapitel E.III.4. – Mittelübertragungen –, Seite 159 ff.).

6. Grundsatz der Vorherigkeit

Rechtsgrundlage §§ 65 Abs. 1, 3 und 4, 67 Abs. 4 BbgKVerf
Aus dem Grundsatz der Jährlichkeit und zeitlichen Bindung resultiert, dass die Aufstellungsphase der Haushaltssatzung noch im alten Haushaltsjahr, also vor Beginn des neuen Haushaltsjahres, abgeschlossen sein muss. Somit soll die Haushaltssatzung spätestens einen Monat vor Ablauf des Haushaltsjahres der Kommunalaufsichtsbehörde zur Genehmigung vorgelegt werden (vgl. § 67 Abs. 4 Satz 2 BbgKVerf). Die neue Haushaltssatzung kann damit bereits im laufenden Haushaltsjahr für das neue Haushaltsjahr öffentlich bekannt gemacht werden und rechtzeitig am 01.01. in Kraft treten. Gelingt dies nicht, befindet sich die Kommune in der vorläufigen Haushaltsführung nach § 69 BbgKVerf (siehe dazu Kapitel G – Vorläufige Haushaltsführung –, Seite 207 ff.).

---

[71] Vielfach erfolgt auch eine gemeinsame Darstellung als Grundsatz der Jährlichkeit und zeitlichen Bindung.

7. Grundsatz der periodengerechten Veranschlagung und Buchung

Rechtsgrundlage § 14 Abs. 2 KomHKV

Ausgangspunkt ist der Grundsatz der Jährlichkeit nach § 65 Abs. 1, 3 u. 4 BbgKVerf, wonach die Rechnungsperiode (Haushaltsjahr) das Kalenderjahr, also der 01.01. bis 31.12. des Haushaltsjahres, darstellt.

Der Veranschlagungsgrundsatz der periodengerechten Zuordnung von Finanzvorfällen ist geregelt in § 14 Abs. 2 KomHKV. Dabei kommen im Ergebnis- und Finanzplan unterschiedliche Veranschlagungsregeln zum Einsatz.[72]

Der Ergebnisplan weist durch Erträge und Aufwendungen ein Ressourcenaufkommen bzw. einen Ressourcenverbrauch nach. Entsprechend dem Grundsatz sind Erträge und Aufwendungen in dem Haushaltsjahr zu veranschlagen, in dem sie verursacht wurden und wirtschaftlich zuzurechnen sind **(sog. Verursachungsprinzip im Ergebnishaushalt),** unabhängig vom Zeitpunkt der tatsächlichen Zahlung. Für die Veranschlagung ist ausschließlich der Leistungszeitpunkt bzw. der Leistungszeitraum maßgeblich.

Im Finanzplan wird hingegen durch Einzahlungen und Auszahlungen der Geldmittelfluss in einer Kommune dargestellt. Die Einzahlungen und Auszahlungen sind daher in dem Haushaltsjahr zu veranschlagen, in dem sie kassenwirksam werden **(sog. Kassenwirksamkeitsprinzip im Finanzplan, vgl. § 14 Abs. 2 Satz 2 KomHKV).**

---

*In welchem Jahr **erfolgt** die Zahlung? =* *Veranschlagung im **Finanz-HH***
*In welchem Jahr liegt der **Grund** der Zahlung? =* *Veranschlagung im **Ergebnis-HH***

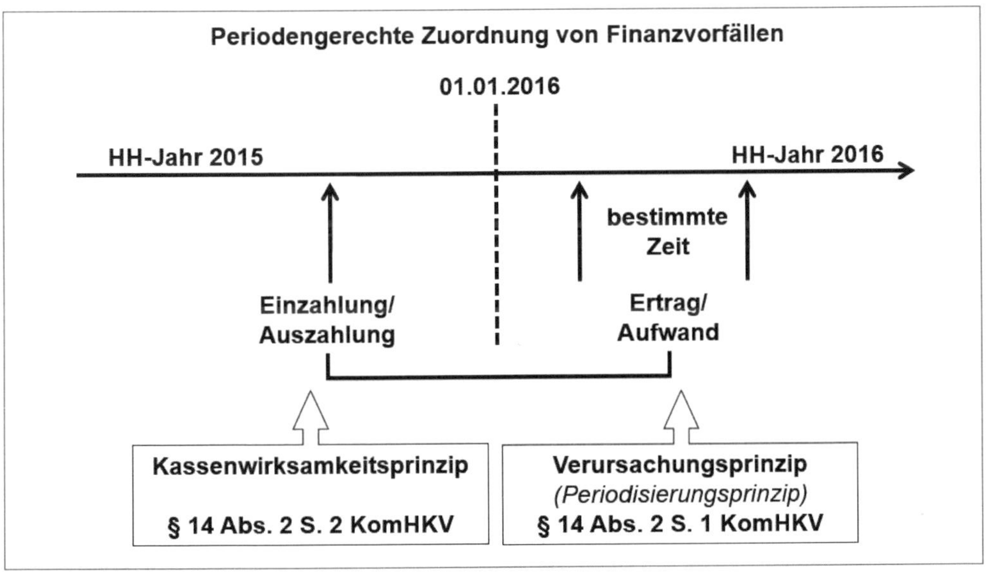

Abbildung 50: Periodengerechte Zuordnung von Finanzvorfällen

---

72 Vgl. hierzu u. a. auch den Themenkomplex der Rechnungsabgrenzung in der Buchführung.

8. Grundsatz der Haushaltsklarheit und -wahrheit

Rechtsgrundlagen: §§ 14 Abs. 2 Satz 3, §§ 6, 7, 14 Abs. 3 und 21 KomHKV
Der Grundsatz der **Haushaltsklarheit** besagt, dass das Zahlenwerk verständlich und übersichtlich gestaltet werden muss, sodass die Gemeindevertreter und Dritte, z. B. Bürger, Unternehmen und Institutionen, sich in kurzer Zeit einen Überblick über die kommunale Finanzwirtschaft verschaffen können. Dazu dienen v. a. die den Teilhaushalten beizufügenden Produktbeschreibungen. Weiterhin sind dem Haushaltsplan Erläuterungen zu einzelnen Haushaltspositionen nach § 21 KomHKV, Anlagen und ein Vorbericht beizufügen (vgl. §§ 3, 9, 10 KomHKV).
Der Grundsatz der **Haushaltswahrheit** nach § 14 Abs. 2 Satz 3 KomHKV besagt, dass die Erträge und Einzahlungen bzw. Aufwendungen und Auszahlungen zu errechnen sind. Sofern dies nicht möglich ist, sind die Ansätze sorgfältig zu schätzen. Scheinansätze oder willkürliche Ansätze, z. B. zur Herbeiführung des Haushaltsausgleichs, sind folglich verboten.

Übungssachverhalte zu Kapitel E.II.

Übung 47

1) Die Stadt Prenzwalde benötigt einen neuen Rasentraktor für das Grundschulgelände inkl. Sportanlagen. Dieser soll geleast werden. Die Überweisung der Einjahres-Leasingrate erfolgt am 01.11.2016 i. H. v. 6.000 Euro zu Beginn des Jahresnutzungszeitraums.
2) Die Stadt Prenzwalde erhält eine Mietzahlung von 5.000 Euro am 03.12.2016 für den städtischen Ratssaal. Der Verein zur Züchtung von Kanarienvögeln möchte hier im Januar 2017 seine Jahreshauptversammlung abhalten.
3) Die Stadt Prenzwalde betreibt seit dem Jahr 1905 einen kommunalen Friedhof. Für die Benutzung einer Grabstätte verlangt die Stadt eine Grabbenutzungsgebühr i. H. v. 1.250 Euro. Damit erwirbt man das Recht zur Nutzung für einen Zeitraum von 25 Jahren. Im Jahr 2016 werden voraussichtlich insgesamt Grabbenutzungsgebühren von 100 Einwohnern entrichtet.
4) Die Stadt Prenzwalde führt ab September 2016 einen VFW-Inhouse-Lehrgang durch. Die Unterrichtstage verteilen sich wie folgt:
   2016 – 12 Unterrichtstage
   2017 – 34 Unterrichtstage
   2015 – 14 Unterrichtstage
   Zur Begleichung der Dozentenhonorare ist es erforderlich, die Teilnehmergebühren i. H. v. insgesamt 48.000 Euro bereits kurz vor Beginn des Lehrgangs an die Fortbildungseinrichtung zu zahlen.
5) Die Kfz-Steuer für den städtischen Fuhrpark wird im Oktober 2016 für einen Zeitraum von einem Jahr an das Finanzamt gezahlt. Insgesamt überweist die Stadt Prenzwalde 6.000 Euro. Die Kfz-Versicherung wird für einen Jahreszeitraum im Juni 2016 gezahlt. Die Höhe beträgt 18.000 Euro.
6) Erfahrungswerte zeigen, dass im Januar 2016 Endabrechnungen für den Energieverbrauch der Berufsschulen für das Jahr 2015 eingehen. Es wird mit Nachzahlungen in Höhe von 5.000 Euro gerechnet.
7) Für die Aufstellung des Haushaltsplans 2016 der Stadt Prenzwalde teilt die Personalabteilung Ihnen folgende Planungsgrundlagen für aktive Beschäftigte des Fachbereichs Öffentliches Grün/Landschaftsbau mit:

   - Beamtenbesoldung für Jan.–Dez. 2016 — 300.000 Euro
   - Vergütung für Arbeitnehmer — 830.000 Euro
   - Arbeitgeberanteile zur Sozialversicherung (Arbeitnehmer) — 220.000 Euro

Die Besoldung für den Monat Januar wird aufgrund des Alimentationsprinzips bereits im Dezember des Vorjahres zahlungswirksam. Die Besoldung für den Monat Januar 2016 beträgt 36.000 Euro. Die Besoldung für den Monat Januar 2017 beträgt 40.000 Euro.

8) Am 15.12.2016 wird eine Gewerbesteuerforderung des Jahres 2016 gegenüber dem Unternehmen »Apfel« in Höhe von 250.000 Euro fällig. Das Unternehmen befindet sich jedoch vorübergehend in Zahlungsschwierigkeiten. Daher wird kurzfristig eine Stundung (Hinausschiebung der Fälligkeit) bis zum 01.03.2017 gewährt.

9) Die Beschaffungsstelle der Stadt Prenzwalde kauft im Jahr 2016 für 10.000 Euro Arzneistoffe für das städtische Klinikum. Diese werden voraussichtlich zu 50 v. H. im Jahr 2016, zu 20 v. H. im Jahr 2017 und zu 30 v. H. im Jahr 2018 verbraucht.

10) Durch die ortsansässige Elbtrans GmbH wird voraussichtlich im Oktober Streugut im Wert von 20.000 Euro gespendet. Dieses ist ausreichend, um den gesamten Bedarf für den bevorstehenden Winter (November 2016 bis März 2017 zu decken).

11) Für das Tierheim der Stadt Prenzwalde ist die Beschaffung von Futtermitteln im Wert von 7.500 Euro zu veranschlagen. Davon werden voraussichtlich nur 50 v. H. auch tatsächlich im Haushaltsjahr verbraucht.

Aufgabe
Veranschlagen Sie die dargestellten Sachverhalte im Ergebnis- und/oder Finanzhaushalt unter Angabe der Zuordnungsvorschriften, der Produktkonten sowie der Haushaltsansätze für die betroffenen Haushaltsjahre.

Übung 48

Mittelanmeldung zur Haushaltsplanung 2016 des Theaters Prenzwalde

Für das Theater der Stadt Prenzwalde werden im Jahr 2016 folgende Ein- und Auszahlungen sowie Erträge und Aufwendungen erwartet:

- *Auszahlungen für die tariflich Beschäftigten des Theaters für Tätigkeiten im Jahr 2016* — *1.200.000 €*
- *Auszahlungen für nebenamtlich tätige Künstler* — *360.000 €*
- *Betriebskosten 2016* — *27.000 €*
- *Auszahlungen für den Erwerb von Material* — *6.000 €*
- *Auszahlungen für das Abschlusskonzert 2016* — *1.400 €*
- *Gebäudeunterhaltung* — *45.000 €*
- *Einzahlungen aus Dauerkarten* — *480.000 €*
- *Abschreibungen auf Musikinstrumente* — *6.000 €*

Das Spieljahr beginnt jeweils im September und endet im August des Folgejahres. Die Honorare für die nebenamtlichen Künstler werden rückwirkend überwiesen. Für das Spieljahr 2016/2017 wird mit Honorarauszahlungen von 390.000 Euro gerechnet. Aufgrund der Satzung werden die Dauerkarten zu Beginn des Spieljahres für das anstehende Spieljahr entrichtet. 2015 betrugen die Einzahlungen 210.000 Euro. Für das Material ist die zentrale Beschaffungsstelle zuständig. Hier wird das Material eingelagert und nach Bedarf ausgereicht und verbraucht. Anfang 2016 hat der Lager-

bestand für das Theater einen Wert von 5.000 Euro. Ende 2016 hat der Lagerbestand voraussichtlich einen Wert von 7.000 Euro.
Ich bitte um Aufnahme in den Haushaltsplan.

Schludrig
Einrichtungsleiter

Aufgaben

a) Erläutern Sie den Unterschied zwischen Erträgen und Einzahlungen sowie Aufwendungen und Auszahlungen. Nennen Sie ein Beispiel für einen nicht zahlungswirksamen Ertrag sowie für einen nicht zahlungswirksamen Aufwand.

b) Prüfen Sie die Veranschlagung der Mittelanmeldung im **Ergebnis- und/oder Finanzplan 2016 und 2017,** und begründen Sie dies **kurz.** Bilden Sie die erforderlichen Produktkonten.

Bearbeitungshinweis
Es ist davon auszugehen, dass die Honorare für die nebenamtlichen Künstler sowie die Benutzungsgebühren monatlich in gleicher Höhe anfallen.

Übung 49

Die Volkshochschule der Stadt Prenzwalde plant im kommenden Jahr die Durchführung von drei »Kochkursen für den modernen Hausmann«. Für die Teilnahme sind Teilnehmerentgelte zu entrichten. Diese werden nach der Satzung der Volkshochschule innerhalb von zwei Wochen nach Beginn des Lehrgangs fällig.
Der Stundensatz beträgt 3,50 Euro je Teilnehmer (fiktiv). Ein Kochkurs hat entsprechend der aktuellen Konzeption einen Umfang von 150 Stunden. Kalkuliert wird mit 25 Teilnehmern je Lehrgang und damit, dass der Lehrgang im Herbst 2016 beginnen wird. Danach würden anteilig 90 Stunden im Jahr 2016 und 60 Stunden im Folgejahr stattfinden.
Neben den anteiligen Verwaltungskosten stellen die Dozentenhonorare mit 25 Euro pro Unterrichtsstunde den größten Kostenfaktor dar. Es ist geplant, den Unterricht ausschließlich von erfahrenen Honorarkräften leiten zu lassen.

Aufgabe

Nennen Sie die einschlägigen Rechtsnormen für die Veranschlagung im Ergebnis- und/oder Finanzplan. Bilden Sie die entsprechenden Konten. Begründen Sie ausführlich anhand der einschlägigen Rechtsnormen, welche Beträge in welchen Haushaltsjahren zu veranschlagen sind.

Übung 50

Die Stadt Prenzwalde muss eine neue Straßenreinigungsmaschine anschaffen. Der Kaufpreis der neuen Straßenreinigungsmaschine beträgt 149.500 Euro. Darüber hinaus sind 500 Euro Überführungskosten zu zahlen. Bei Abschluss des Kaufvertrags werden von dem Händler auf den Kaufpreis inkl. der Überführungskosten 6 v. H. Rabatt gewährt. Soweit eine Zahlung innerhalb von sieben Tagen erfolgt, kann die Stadt 3 v. H. Skonto vom Rechnungsbetrag abziehen. Der Händler nimmt die alte Straßenreinigungsmaschine in Zahlung. Hierfür erhält die Stadt 13.000 Euro. Dies entspricht dem von der Anlagenbuchhaltung ermittelten Wert zum Veräußerungszeitpunkt.

Aufgabe

Füllen Sie die nachfolgende Tabelle aus. Welchen Betrag zahlt die Gemeindekasse an den Händler tatsächlich aus?[73]

		Betrag in Euro
Kaufpreis der neuen Straßenreinigungsmaschine		
+	Überführungskosten	
./.	Rabatt	
Zwischensumme = Rechnungsbetrag		
./.	Skonto (unter Beachtung von § 50 Abs. 1 KomHKV)	
Anschaffungskosten nach § 50 Abs. 1 KomHKV		

Veranschlagung im Finanzplan **HH-Ansatz**

Konto______ Erwerb der neuen Straßenreinigungsmaschine ____________

Konto______ Verkauf der alten Straßenreinigungsmaschine ____________

Betrag, den die Gemeindekasse tatsächlich an den Händler auszahlt ____________

In der Stadt Prenzwalde wird zum gegenwärtigen Zeitpunkt sehr intensiv am Haushaltsplan für das Haushaltsjahr 2016 gearbeitet.

Die Stadt Prenzwalde beabsichtigt für die Berufsfeuerwehr den Kauf eines neuen Löschfahrzeugs, da das vorhandene Gerät nicht mehr den Sicherheitsbestimmungen entspricht. Für das alte Löschfahrzeug zahlt der Hersteller noch 5.000 Euro (entspricht dem Restbuchwert). Der Anschaffungspreis für das Löschfahrzeug wird voraussichtlich 350.000 Euro betragen. Für 50.000 Euro sollen noch Zusatzgeräte angeschafft werden (nicht selbstständig nutz-

[73] Vgl. BewertL Bbg, a. a. O., Nr. 2.4.1. Darstellung in Anlehnung an Rose, Kommunale Finanzwirtschaft Niedersachsen, 3. Aufl., Kiel 2008, S. 182

bar). Bei dem neuen Fahrzeug ist von einer Nutzungsdauer von zehn Jahren auszugehen. Die 5.000 Euro für die Inzahlungnahme des alten Fahrzeugs werden vom Hersteller gleich vom Anschaffungspreis abgezogen.
Neben dem Gesamtkaufpreis sind 2.000 Euro Überführungskosten zu zahlen.
Auf den Kaufpreis werden üblicherweise vom Hersteller 5 v. H. Rabatt gewährt.
Von der Landesregierung ist mit einer Zuweisung in Höhe von 10 v. H. des Anschaffungspreises zu rechnen.
Die restlichen Anschaffungskosten sollen über einen Kredit finanziert werden, der bei einem Kreditinstitut aufgenommen werden soll und innerhalb von fünf Jahren zurückgezahlt wird. Der Auszahlungskurs des Kredits beträgt 100 v. H.
Das Fahrzeug kann nach Aussage des Herstellers im Januar 2016 geliefert werden.

Aufgabe

a) Geben Sie den Veranschlagungsgrundsatz an, der insbesondere bei der Veranschlagung des Anschaffungspreises zu berücksichtigen ist.

b) Veranschlagen Sie alle Vorgänge für das Haushaltsjahr 2016, die mit dem Kauf und der Finanzierung des Löschfahrzeugs in Verbindung stehen.

c) Geben Sie für alle Vorgänge die Produktkonten unter Berücksichtigung des verbindlichen Produkt- und Kontenrahmens an.

d) Begründen Sie Ihre Antworten unter Heranziehung der entsprechenden Rechtsgrundlage.

Übung 51

Die Stadt Prenzwalde erhält vom Land Brandenburg Zuweisungen zur Sportförderung i. H. v. 30.000 Euro. Zur Weiterreichung dieser Zuweisungen an die Sportvereine der Stadt hat die Stadt Prenzwalde eine Sportförderrichtlinie mit speziellen Kriterien erlassen. Im Saldo wird der Haushalt der Stadt nicht belastet, da die Zuweisungen eins zu eins weitergereicht werden. Der Fachbereichsleiter möchte den Vorgang deshalb gar nicht im städtischen Haushalt nachweisen.

Aufgabe

Veranschlagen Sie den Sachverhalt im Ergebnis- und Finanzhaushalt der Stadt Prenzwalde. Bilden Sie die Produktkonten. Begründen Sie die Veranschlagung anhand des einschlägigen Veranschlagungsgrundsatzes.

Übung 52

Für die Ausstellung von Reisepässen erwartet das Einwohnermeldeamt im Jahr 2016 Gebühren i. H. v. 5.000 Euro. Die Erstellung der Dokumente kostet die Stadt 4.000 Euro. Das Fachamt möchte nur den Saldo der Gebühr von 1.000 Euro ausweisen.

Aufgabe

Veranschlagen Sie den Sachverhalt im Ergebnis- und Finanzhaushalt der Stadt Prenzwalde. Bilden Sie die Produktkonten. Begründen Sie die Veranschlagung anhand des einschlägigen Veranschlagungsgrundsatzes.

Übung 53

Die Anwohner der Elbstraße wurden aufgrund der gültigen Straßenausbaubeitragssatzung verpflichtet, 70 v. H. der Herstellungskosten (100.000 Euro) des Straßenneubaus an die Stadt Prenzwalde zu zahlen. Im Nachgang gingen einige Anwohner in Widerspruch. In dem sich anschließenden gerichtlichen Verfahren wurde festgestellt, dass die Straßenausbaubeitragssatzung rechtswidrig war. Die Gemeinde Prenzwalde wurde verpflichtet, die bereits gezahlten Straßenausbaubeiträge an die Anwohner zurückzuzahlen.

Aufgabe
Prüfen und begründen Sie die Veranschlagung des Vorgangs im Haushaltsplan der Stadt Prenzwalde.

Übung 54

Die Stadt Prenzwalde ist Eigentümerin mehrerer Mietwohnungen. Die Mieter leisten eine monatliche Miete von durchschnittlich 600 Euro zzgl. eines Betriebskostenvorschusses. Aufgrund der Nachberechnung der Betriebskosten für das vergangene Jahr wurde festgestellt, dass die Betriebskostenvorschüsse durch die Mieter um insgesamt 12.000 Euro zu hoch ausgefallen sind. Die Stadt Prenzwalde muss diesen Betrag nunmehr zurückerstatten.

Aufgabe
Prüfen und begründen Sie den Nachweis der Rückerstattung des Betriebskostenvorschusses, wenn a) die Rückerstattung im gleichen Haushaltsjahr erfolgt und b) erst im kommenden Haushaltsjahr erfolgen soll.

Übung 55

Im Rahmen der Aufstellung des Haushaltsplans werden von der Stadt Prenzwalde die Steuererträge gegenüber dem Vorjahr um 10 v. H. angehoben. Der Leiter des Fachbereichs Finanzen ist eine Frohnatur und geht bei der Schätzung aller Erträge und Einzahlungen generell sehr optimistisch vor.
Unberücksichtigt lässt er dabei den generellen wirtschaftlichen Abschwung im gesamten Bundesgebiet, der ein Einbrechen insbesondere der Gewerbesteuer vermuten lässt.

Aufgabe
Untersuchen Sie die Vorgehensweise des Haushaltssachbearbeiters, und begründen Sie Ihre Antwort.

Übung 56

Zum 01.04.2016 soll der neue Kindergarten »Knirpsentreff« der Stadt Prenzwalde in Betrieb genommen werden. Es wird mit folgenden Erträgen/Einzahlungen und Aufwendungen/Auszahlungen gerechnet:

1) Die monatlichen Personalkosten betragen 19.300 Euro. Ab August 2016 steigen die Personalkosten auf 19.600 Euro. Die Jahressonderzahlung beträgt gem. TVöD 80 v. H. des durchschnittlichen monatlichen Entgelts der Kalendermonate Juli, August und September.
2) Die Leiterin wird ab Betriebsbeginn in der im Gebäude des Kindergartens untergebrachten Dienstwohnung wohnen. Die monatliche Miete beträgt 800 Euro.

Aufgabe

Veranschlagen Sie die für den Haushaltsplan 2016 erforderlichen Beträge für die Kita »Knirpsentreff«. Erläutern Sie dabei die zu beachtenden haushaltsrechtlichen Grundsätze unter Angabe der Rechtsvorschrift. Bilden Sie die entsprechenden Produktkonten.

III. Bewirtschaftungsgrundsätze

1. Grundsatz der sachlichen Bindung

Nach § 66 Abs. 3 Satz 1 BbgKVerf ist der Haushaltsplan mit seinen Festsetzungen (Planansätzen) für die Führung der Haushaltswirtschaft der Kommune überwiegend im Innenverhältnis verbindlich. Die Außenwirkung der Haushaltssatzung bezieht sich nur auf die Hebesätze der Realsteuern und die festzusetzenden Umlagen (vgl. hierzu Kapitel F.II.2.5 – Inhalt und Form der Haushaltssatzung –, Seite 194). Zu beachten ist in diesem Zusammenhang, dass Ansprüche und Verbindlichkeiten Dritter durch ihn weder begründet noch aufgehoben werden.[74] Dennoch ist es erforderlich, die Haushaltswirtschaft flexibel zu gestalten, um im laufenden Haushaltsjahr auf unvorhergesehene Situationen reagieren zu können bzw. gewisse Freiheiten für die Produktverantwortlichen zu schaffen.
Hierzu dienen die Instrumente der **flexiblen Haushaltsführung.** Änderungen bzw. Ergänzungen von Haushaltsvermerken im Rahmen der flexiblen Haushaltsführung (siehe Kapitel E.III.2.2 – Bewirtschaftungsregeln, Budgetregeln –, Seite 151) erfordern jedoch zwingend den Erlass einer Nachtragshaushaltssatzung nach § 68 BbgKVerf, da der Haushaltsplan mit seinen Wertangaben und Vermerken einen Bestandteil der Haushaltssatzung i. S. v. § 65 Abs. 2 Nr. 1 darstellt.

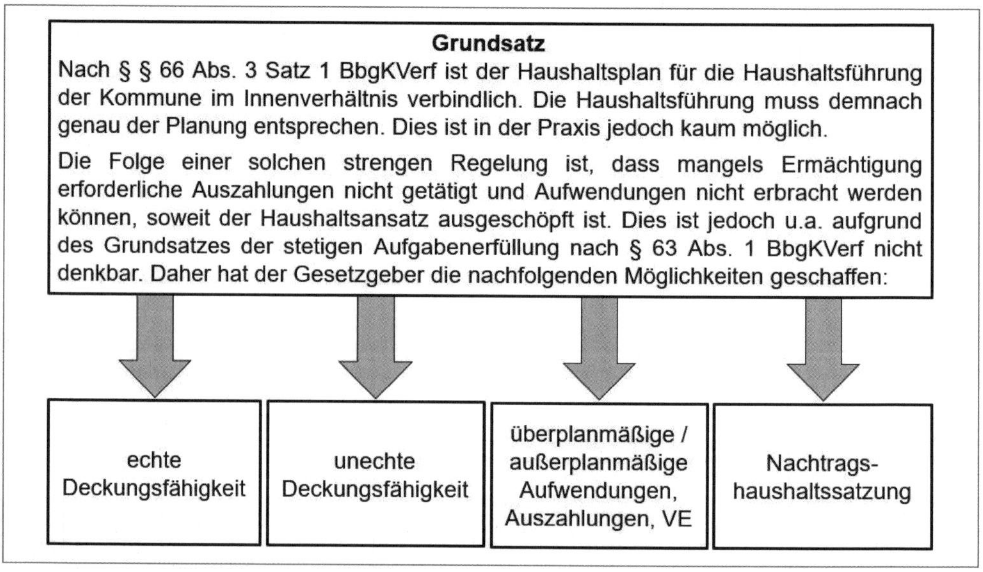

Abbildung 51: Grundsatz der sachlichen Bindung

[74] Vgl. § 66 Abs. 3 Satz 2 BbgKVerf.

2. Grundsatz der Gesamtdeckung

Ausgangspunkt ist der Grundsatz der Gesamtdeckung nach § 22 KomHKV. Danach dienen

- die ordentlichen Erträge[75] des Ergebnishaushalts insgesamt zur Deckung der ordentlichen Aufwendungen des Ergebnishaushalts und
- die außerordentlichen Erträge[76] des Ergebnishaushalts insgesamt zur Deckung der außerordentlichen Aufwendungen des Ergebnishaushalts

sowie

- die Einzahlungen aus laufender Verwaltungstätigkeit des Finanzhaushalts insgesamt zur Deckung der Auszahlungen aus laufender Verwaltungstätigkeit sowie für die Auszahlungen aus der Finanzierungstätigkeit.

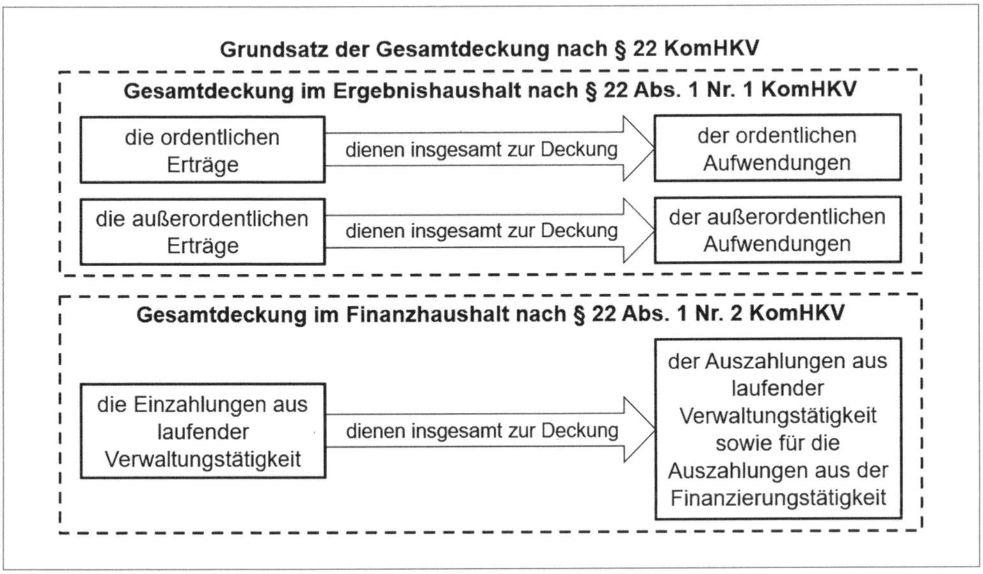

Abbildung 52: Grundsatz der Gesamtdeckung

Wie in Abbildung 52 ersichtlich, wird im doppischen Haushaltsrecht der Deckungsbezug getrennt zum einen für den Ergebnishaushalt und zum anderen für den Finanzhaushalt hergestellt. Eine Deckung außerhalb dieser in sich geschlossenen Rechenwerke ist nur in den engen Grenzen des § 23 Abs. 3 KomHKV möglich, wenn nämlich zahlungswirksame Aufwendungen eines Budgets für einseitig deckungsfähig zugunsten von Investitionsauszahlungen des Budgets erklärt werden. In diesem Fall können konsumtive Aufwendungen als Deckung für investive Maßnahmen herangezogen werden.
Nach § 22 Abs. 1 Nr. 2 KomHKV dienen im Finanzhaushalt die Einzahlungen der laufenden Verwaltungstätigkeit grundsätzlich der Deckung der Auszahlungen für die laufende Verwaltungstätigkeit. Sie sollen darüber hinaus jedoch ausreichen, um die ordentliche Tilgung von Krediten zu finanzieren.

---

[75] Zur Begriffsbestimmung siehe Kapitel C.III., S. 28.

[76] Ebd.

Verbleiben gem. § 22 Abs. 1 Nr. 3 KomHKV nach Deckung der ordentlichen Kredittilgung Finanzmittelüberschüsse aus der laufenden Verwaltungstätigkeit, dienen diese Überschüsse daher zur Deckung aller übrigen Auszahlungen des Finanzhaushalts.
Die übrigen Einzahlungen des Finanzhaushalts dienen gem. § 22 Abs. 1 Nr. 4 KomHKV ebenfalls insgesamt der Deckung aller Auszahlungen des Finanzhaushalts (ohne Auszahlungen der laufenden Verwaltungstätigkeit). Einschränkungen ergeben sich hier vor allem hinsichtlich der Einzahlung aus Krediten, die gem. § 74 BbgKVerf nur für Investitionen, Investitionsförderungsmaßnahmen und zur Umschuldung aufgenommen werden dürfen.[77]

Ordentlicher und außerordentlicher Ergebnishaushalt
Im Ergebnishaushalt ist nach § 22 Abs. 1 Nr. 1 KomHKV zwischen dem ordentlichen und dem außerordentlichen Ergebnis zu trennen. Eventuelle Überschüsse des außerordentlichen Ergebnisses dürfen gem. § 26 Abs. 3 KomHKV erst nachrangig (i. d. R. nach Ausnutzung aller Sparmöglichkeiten) zur Deckung der ordentlichen Aufwendungen herangezogen werden.
Wie bereits in Kapitel C.III. ausführlich ausgeführt, stellt der ordentliche Ergebnishaushalt mit den ordentlichen Aufwendungen und Erträgen den haushaltsrechtlichen Normalfall dar. Im Gegensatz hierzu sind gem. § 4 Abs. 3 KomHKV Erträge und Aufwendungen als außerordentlich auszuweisen, die auf unvorhersehbaren, seltenen und ungewöhnlichen Vorgängen von wesentlicher finanzieller Bedeutung für die Gemeinde beruhen, sowie Erträge und Aufwendungen aus der Veräußerung von Grundstücken, grundstücksgleichen Rechten, Bauten und Finanzanlagevermögen. Die Größenordnung bzw. Wertgrenze, ab der Aufwendungen und Erträge als für die Gemeinde von wesentlicher finanzieller Bedeutung angesehen werden und somit außerordentlich sind, wird in der Haushaltssatzung festgesetzt.

2.1 Zweckbindung

Die allgemeine und regelmäßige Zweckbindung von Erträgen und Einzahlungen für bestimmte Aufwendungen bzw. Auszahlungen wäre im Sinne des doppischen Rechnungssystems wenig zielführend und würde somit eine Ausnahme vom Grundsatz der Gesamtdeckung nach § 22 KomHKV darstellen. Die in der früheren Gemeindehaushaltsverordnung aufgeführten Regelungen über die Anbringung von Zweckbindungsvermerken sind somit in der KomHKV nicht mehr enthalten.
Dem Grundsatz der Gesamtdeckung folgend, ist es grundsätzlich unzulässig, Erträge und Einzahlungen für die Leistung bestimmter Aufwendungen und Auszahlungen zu beschränken. Dieser Grundsatz gilt, soweit Rechtsvorschriften oder vertragliche Vereinbarungen nichts anderes regeln. So sind z. B. zweckgebundene Zuweisungen aus der Gesamtdeckung ausgenommen. Fördermittelbescheide enthalten üblicherweise entsprechende Regelungen.
Die Verpflichtung zur zweckgerechten Verwendung von Erträgen und Einzahlungen ergibt sich also primär nicht aus der KomHKV, sondern aus möglichen Bestimmungen der

[77] Erdmann u. a., a. a. O., S. 165.

Fördermittelgeber oder sonstiger rechtlicher Vorgaben. Zweckbindungsvermerke haben daher im Haushaltsplan keine rechtlich verbindlichen Auswirkungen auf die Verwendungsmöglichkeit dieser Mittel, sondern sind rein informativ. Den Gemeinden wird jedoch freigestellt, Zweckbindungsvermerke im Haushaltsplan auszubringen.

Zweckbindung von Erträgen / Einzahlungen
Dennoch **können** Erträge oder Einzahlungen aufgrund rechtlicher Verpflichtungen zweckgebunden sein und auf die Verwendung bestimmter Aufwendungen und Auszahlungen beschränkt werden, wenn sich die Beschränkung aus der Herkunft oder Natur (z. B. durch Festlegung eines Verwendungszwecks bei Zuweisungen und Zuschüssen bei Spenden, Erschließungsbeiträgen etc.) der Erträge/Einzahlungen ergibt.
Gem. § 24 Abs. 3 KomHKV bleiben die Ermächtigungen zur Leistung der entsprechenden Aufwendungen bis zur Erfüllung des Zwecks und die Ermächtigungen zur Leistung der entsprechenden Auszahlungen bis zur Fälligkeit der letzten Zahlung verfügbar. Mit dieser Regelung soll gewährleistet werden, dass zweckgebundene Erträge oder Einzahlungen auch in den Folgejahren für ihren Zweck zur Verfügung stehen.[78]

Zweckbindung von Aufwendungen / Auszahlungen
Auch für die Zweckbindung von Aufwendungen und Auszahlungen gilt der Grundgedanke der möglichst flexiblen Haushaltswirtschaft, wonach Aufwendungen mit Aufwendungen und Auszahlungen mit Auszahlungen innerhalb der festgesetzten Budgets gegenseitig deckungsfähig sind. Daher sind Zweckbindungen nur unter bestimmten Voraussetzungen möglich.

Verfügungsmittel
Nach § 2 Nr. 47 KomHKV stehen dem Hauptverwaltungsbeamten oder dem Ortsbürgermeister für dienstliche Zwecke Mittel zur Verfügung, für die sonst keine Aufwendungen veranschlagt sind. Das sind in der Regel Mittelansätze von wenigen Hundert bis Tausend Euro, über deren Verwendung der Hauptverwaltungsbeamte oder Ortsbürgermeister für dienstliche Zwecke (z. B. zu Repräsentationszwecken) frei verfügen kann. Dennoch sind die Dokumentationsgrundsätze der Haushaltswirtschaft zu beachten.
Daher können nach § 17 Abs. 1 KomHKV Verfügungsmittel des Hauptverwaltungsbeamten und des Ortsbürgermeisters im Ergebnishaushalt veranschlagt werden. Die veranschlagten Mittel dürfen nicht überschritten oder übertragen werden und sind auch nicht deckungsfähig.

2.2 Bewirtschaftungsregeln, Budgetregeln

Der sich aus § 2 Nr. 12 KomHKV ergebende Gedanke, einer Kommune einen vorgegebenen Finanzrahmen zur selbstständigen und eigenverantwortlichen Bewirtschaftung im Rahmen vorgegebener Sachziele zuzuweisen, wird durch intern festzulegende Budgetregelungen individuell ausgestaltet. Hierbei ist jedoch zu berücksichtigen, dass entsprechende Regelungen nicht gegen geltendes Haushaltsrecht verstoßen dürfen.

---

[78] Vgl. Erdmann u. a., a. a. O., S. 162 f.

Die Spielräume für Bewirtschaftungs- und Budgetregeln werden in den Kommunen unterschiedlich stark genutzt. So kommen manche Kommunen mit keinen oder nur sehr wenig einschränkenden Regeln aus, während andere Kommunen stringente Bewirtschaftungs- und Budgetregeln erlassen.

Grundsätzlich gilt, dass die Bewirtschaftung der Budgets gem. § 23 Abs. 5 KomHKV nicht zu einer negativen Veränderung des ordentlichen Jahresergebnisses sowie des Finanzmittelüberschusses führen darf. Solange der Ergebnishaushalt unausgeglichen ist, werden alle Budgets auch zum Abbau des Fehlbetrags beitragen müssen.

Bewirtschaftungs- und Budgetregeln beinhalten zudem die Festlegungen, welche Aufwands- und Auszahlungsansätze i. S. d. § 23 KomHKV deckungsfähig oder nicht deckungsfähig sind. Sie stellen somit die verbindlichen Haushaltsvermerke dar.[79]

Häufig werden von der gegenseitigen Deckungsfähigkeit nach § 23 Abs. 1 KomHKV die nachstehenden zahlungsunwirksamen Aufwendungen ausgenommen:

- Abschreibungen (Kontengruppe 57) und andere nicht zahlungswirksame Aufwendungen
- Aufwendungen aus internen Leistungsbeziehungen (Kontengruppe 58)
- außerordentliche Aufwendungen (Kontengruppe 59)

Zudem werden in nicht wenigen Kommunalverwaltungen die Personal- und Versorgungsaufwendungen (Kontengruppe 50 und 51) aus der gegenseitigen Deckungsfähigkeit herausgenommen.

2.3 Deckungsfähigkeit

Bei der sich aus § 66 Abs. 3 BbgKVerf ergebenden Verbindlichkeit des Haushaltsplans für die Haushaltswirtschaft handelt es sich um eine nach innen gerichtete Regelung. Sämtliche Organe der Kommune sind daher grundsätzlich an die im Haushaltsplan getroffenen Festlegungen gebunden. Diese als **Grundsatz der sachlichen Bindung** bekannte rechtliche Regelung wird jedoch im Interesse einer möglichst hohen Flexibilität durch die Möglichkeit der Deckungsfähigkeit durchbrochen.

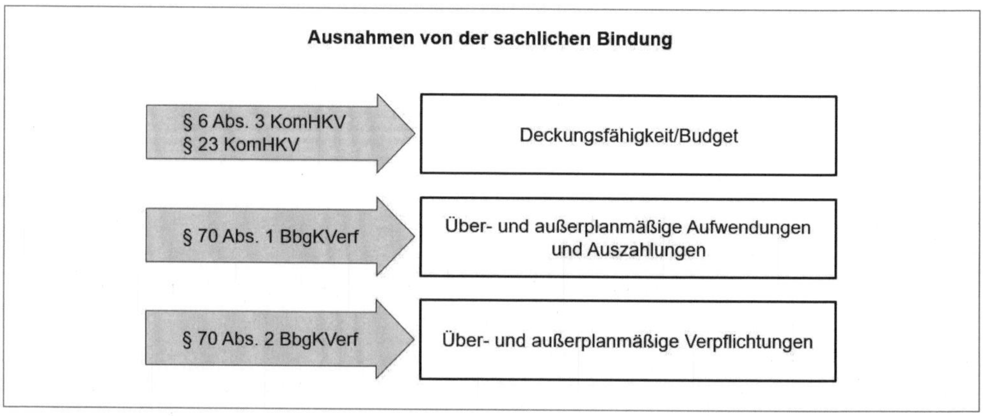

Abbildung 53: Ausnahmen von der sachlichen Bindung

[79] So z. B. der Wortlaut des § 23 Abs. 2 KomHKV: »... können für gegenseitig oder einseitig deckungsfähig erklärt werden ...«

Deckungsfähigkeit bedeutet zunächst einen Mittelaustausch zwischen einzelnen Haushaltspositionen. Sie stellt somit ein Instrument dar, mit deren Hilfe der Grundsatz der sachlichen Bindung von Aufwands-/Auszahlungsansätzen durchbrochen werden kann.

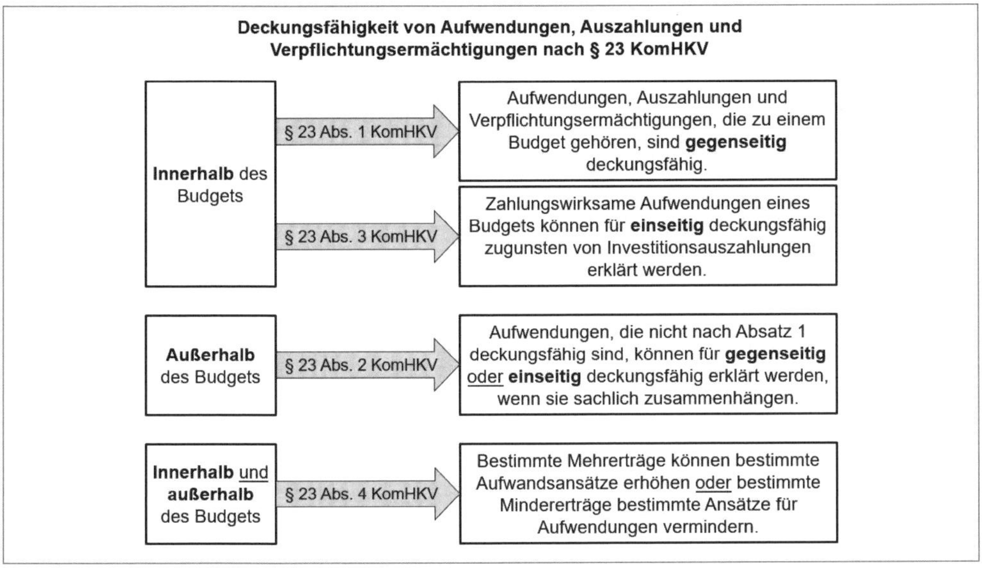

Abbildung 54: Deckungsfähigkeit

Einseitige/gegenseitige Deckungsfähigkeit
Bei der **einseitigen Deckungsfähigkeit** im Rahmen der flexiblen Haushaltsführung wird ein bestimmter Aufwands-/Auszahlungsansatz als Deckungsquelle zwar für einen anderen Ansatz bestimmt, dieser andere Ansatz ist aber nicht Deckungsquelle für den erstgenannten Ansatz. Das hat zur Folge, dass der deckungspflichtige Haushaltsansatz nicht auch deckungsberechtigt ist.
Sie ist somit gegeben, wenn Mehraufwendungen/-auszahlungen für ein bestimmtes Sachkonto nur durch Minderaufwendungen/-auszahlungen aus einem anderen Sachkonto bestritten werden können, das letztgenannte Sachkonto jedoch umgekehrt nicht Deckungsquelle ist.
Nach § 23 Abs. 2 KomHKV können Aufwendungen und Auszahlungen sowie die Verpflichtungsermächtigungen, die nicht zum gleichen Budget gehören, für einseitig deckungsfähig erklärt werden, wenn sie sachlich zusammenhängen.
Für zahlungswirksame Aufwendungen eines Budgets, die nach § 23 Abs. 3 KomHKV zugunsten von Investitionsauszahlungen des Budgets deckungsfähig erklärt werden, gilt immer die einseitige Deckungsfähigkeit.

Beispiel für einseitige Deckungsfähigkeit nach § 23 Abs. 1 KomHKV
Sachkonto 5431 (Geschäftsaufwendungen) ist Deckungsquelle für Sachkonto 5261 (Besondere Aufwendungen für Beschäftigte), aber umgekehrt ist SK 5261 nicht Deckungsquelle für SK 5431.

Gegenseitige Deckungsfähigkeit im Rahmen der flexiblen Haushaltsführung liegt vor, wenn Aufwands-/Auszahlungsansätze wechselseitig in Anspruch genommen werden dürfen. Dadurch sind sie gegenseitig deckungsberechtigt und deckungspflichtig.
Alle Aufwendungen und Auszahlungen sowie die Verpflichtungsermächtigungen im Budget sind gem. § 23 Abs. 1 KomHKV zunächst grundsätzlich gegenseitig deckungsfähig (Budgetdeckung). Haushaltsrechtliche Vorschriften (z. B. Verfügungsmittel, Zweckbindungen etc.) können dies aber ausschließen, oder im Haushaltsplan werden andere Festlegungen getroffen (Bewirtschaftungs- oder Budgetregeln).

Einseitige/gegenseitige Deckungsfähigkeit nach § 23 Abs. 1 KomHKV

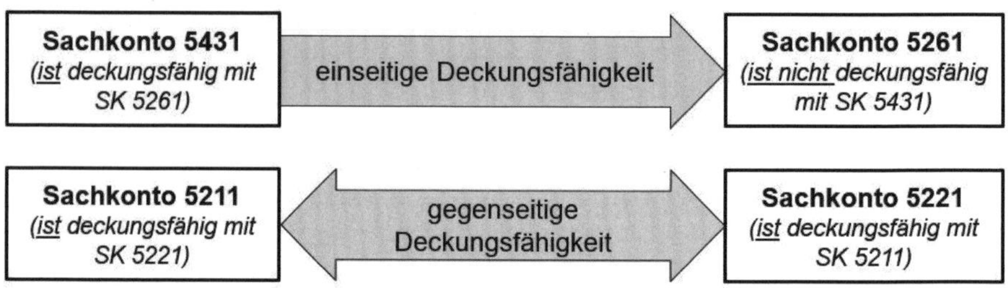

Abbildung 55: Einseitige/gegenseitige Deckungsfähigkeit

Nach § 23 Abs. 2 KomHKV können Aufwendungen und Auszahlungen sowie die Verpflichtungsermächtigungen, die nicht zum gleichen Budget gehören, aber auch für gegenseitig deckungsfähig erklärt werden, wenn sie sachlich zusammenhängen.

Beispiel für gegenseitige Deckungsfähigkeit nach § 23 Abs. 2 KomHKV
Produktkonto 2710.5211 (Unterhaltung der Grundstücke und baulichen Anlagen bei Volkshochschulen) ist Deckungsquelle für Produktkonto 2110.5211 (Unterhaltung der Grundstücke und baulichen Anlagen bei Volkshochschulen) und umgekehrt.

Deckungskreise/Deckungsringe
Für die einseitige oder gegenseitige Deckungsfähigkeit nach § 23 Abs. 2 KomHKV können die Kommunen sog. Deckungskreise oder -ringe bestimmen, die häufig in Tabellen- oder Listenform – aber auch durch Beschreibung oder Erklärung – die Deckungsfähigkeit der Ergebnis- und Finanzkonten festlegen (siehe Abbildung 56).
Häufig werden die Personal- und Versorgungsaufwendungen, aber auch die Aufwendungen für Sach- und Dienstleistungen sowie sonstige ordentliche Aufwendungen budgetübergreifend für gegenseitig deckungsfähig erklärt.
Soll ein Deckungskreis der gegenseitigen Deckung eingerichtet werden, so müssen mindestens zwei Aufwands-/Auszahlungsansätze zu einem solchen Deckungskreis zusammengefasst werden. Im Unterschied zur einseitigen Deckungsfähigkeit wird die Rolle, die ein Sachkonto innerhalb dieses Deckungskreises einnimmt, nicht vorab definiert. Jedes

der Sachkonten kann im konkreten Bewirtschaftungsfall entweder deckungsberechtigt oder deckungspflichtig sein.

Stadt Prenzwalde **Haushalt 2016**

Deckungskreise

Über die Deckungsfähigkeit kann die Stadt Prenzwalde nach § 23 Abs. 1 KomHKV eigene Festlegungen treffen.

Für das Haushaltsjahr 2016 gilt:

1. Für alle Konten können Deckungskreise eingerichtet werden.

   Ausgenommen sind:
   - Konten für Aufwendungen aus internen Leistungsbeziehungen
   - Konten, für die eine Einbindung in die Deckungskreise nicht sinnvoll möglich ist
2. Bereits durch Rechtsgeschäfte gebundene, aber noch nicht fällige Aufwendungen und Auszahlungen dürfen nicht zur Deckung eingesetzt werden.
3. Nach § 23 Abs. 2 KomHKV werden folgende Deckungskreise gebildet:
   a) Personalaufwendungen und Versorgungsaufwendungen
   b) Abschreibungen
   c) Aufwendungen für Sach- und Dienstleistungen
   d) sonstige ordentliche Aufwendungen

   Die eingerichteten Deckungskreise für die Aufwendungen nach a) – d) in den jeweiligen Budgets sind zusätzlich gegenseitig deckungsfähig. Die Deckungsfähigkeit der zugehörigen Finanzkonten gilt entsprechend.

   Mehraufwendungen, die aus den Deckungskreisen gedeckt werden können, und die damit im Zusammenhang stehenden Planabweichungen gelten nicht als überplanmäßig.
4. Neu einzurichtende Konten, die sich aufgrund der buchhalterischen Anforderungen ergeben, können nachträglich in die sachlich zugehörigen Deckungskreise aufgenommen werden und gelten nicht als außerplanmäßig.

Abbildung 56: Deckungskreise (Praxisbeispiel)

Geborene / gekorene Deckungsfähigkeit

Die ständige Deckungsfähigkeit kraft Gesetzes nach § 23 Abs. 1 KomHKV (Budgetdeckung) wird auch geborene Deckungsfähigkeit genannt. Sie stellt somit die grundsätzliche Möglichkeit für den Budgetverantwortlichen, Haushaltsmittel flexibel einzusetzen und schafft zusätzliche Anreize für wirtschaftliches Handeln.[80] Die durch Haushaltsvermerk oder Deckungskreise / -ringe erklärte einseitige oder gegenseitige Deckungsfähigkeit wird demgegenüber als gekorene Deckungsfähigkeit bezeichnet.

Echte / unechte Deckungsfähigkeit

Die einseitige oder gegenseitige Deckungsfähigkeit von Aufwendungen und von Auszahlungen und der Verpflichtungsermächtigungen für Investitionen und Investitionsför-

[80] Vgl. Erdmann u. a., a. a. O., S. 162 f., S. 154.

derungsmaßnahmen nach **§ 23 Abs. 1 bis 3 KomHKV** wird als **echte Deckungsfähigkeit** bezeichnet. Hierbei werden Mehraufwendungen/Mehrauszahlungen bzw. höhere Verpflichtungsermächtigungen bei einer Haushaltsposition durch Minderaufwendungen/Minderauszahlungen bzw. geringere Inanspruchnahme von Verpflichtungsermächtigungen bei einer anderen Haushaltsposition ausgeglichen. Dadurch verändert sich nicht das Haushaltsvolumen. Die Summen der Verminderung bzw. Erhöhung sind exakt gleich.
Die Mittelübertragungen im Rahmen der echten Deckungsfähigkeit erhöhen aber nicht die ursprünglichen Planansätze, sondern schreiben sie lediglich fort. Mittelübertragungen können und werden nicht mit dem Haushaltsplan beschlossen, sondern mit dem Jahresabschluss übertragen. Hierfür ist eine separate Spalte (Spalte 2) in der Ergebnis- und Finanzrechnung nach §§ 54, 55 KomHKV vorgesehen (vgl. Abbildung 57). In Spalte 2 sind alle aufgrund zulässiger haushaltswirtschaftlicher Maßnahmen und Entscheidungen vorgenommenen Änderungen an den Ermächtigungsansätzen[81] zu berücksichtigen.

Ergebnisrechnung Haushaltsjahr 20 - in EUR -
(Muster zu § 54 KomHKV für die Ergebnisrechnung)

Ertrags- und Aufwandarten		Ergebnis des Vorvorjahres	Fortgeschriebener Ansatz des Haushaltsjahres	Ergebnis des Haushaltsjahres	Vergleich fortgeschriebener Ansatz/ Ergebnis
		1	2	3	4
1. ⋮ 26.	**Gesamtüberschuss/Gesamtfehlbetrag** (22+25)				

Abbildung 57: Fortgeschriebener Ansatz in der Ergebnisrechnung

Die Deckungsfähigkeit nach **§ 23 Abs. 4 KomHKV** wird dagegen als **unechte Deckungsfähigkeit** bezeichnet, da Mehrerträge bestimmte Ansätze für Aufwendungen sowie Mehreinzahlungen bestimmte Ansätze für Mehrauszahlungen erhöhen bzw. Mehrerträge bzw. Mehreinzahlungen für entsprechende Mehraufwendungen bzw. Mehrauszahlungen verwendet werden dürfen. Auch hier bedarf es dafür keines formellen Bereitstellungsverfahrens, weil entsprechende Deckungsvermerke bereits vorhanden sein müssen.
Die unechte Deckungsfähigkeit stellt eigentlich eine Durchbrechung der Verbindlichkeit des Haushaltsplans im Innenverhältnis nach § 66 Abs. 3 BbgKVerf dar, da hierdurch die vorgegebenen Haushaltsansätze (Ermächtigungen) überschritten werden können.
Zu beachten ist, dass Mehraufwendungen bzw. Mehrauszahlungen nach § 23 Abs. 4 KomHKV nicht als überplanmäßige Aufwendungen/Auszahlungen (siehe auch Kapitel E.III.5. – Über- und außerplanmäßige Aufwendungen und Auszahlungen –, Seite 163) gelten.

[81] Zum Beispiel Erhöhungen oder Minderungen im Rahmen von Nachtragssatzungen, aber auch über- oder außerplanmäßig bewilligte Aufwendungen/Auszahlungen sowie aus dem Vorjahr übertragene Ermächtigungen.

Beispiel

Die Stadt Prenzwalde hat im Produkt 2631 – Musikschule – die Erträge aus Spenden von Privatpersonen beim Sachkonto 4148 (Planansatz 10.000 Euro) für zweckgebunden zugunsten des Sachkontos 5271 »Besondere Verwaltungs- und Betriebsaufwendungen – Veranstaltungen« (Planansatz 15.000 Euro) erklärt. Durch eine zusätzliche Spende im laufenden Haushaltsjahr i. H. v. 5.000 Euro dürfen diese Haushaltsmittel aufgrund der unechten Deckungsfähigkeit zusätzlich aufgewendet werden. Damit stehen insgesamt 20.000 Euro für Veranstaltungen zur Verfügung.

Besonderheit der Deckungsfähigkeit nach § 23 Abs. 3 KomHKV

Bei der Deckungsfähigkeit nach § 23 Abs. 3 KomHKV wird der Grundsatz durchbrochen, wonach eine Deckung nur innerhalb der getrennten Bereiche (Komponenten) des Ergebnis- bzw. Finanzhaushalts möglich ist. Diese Vorschrift ermöglicht es der Kommune, zahlungswirksame Aufwendungen eines Budgets für einseitig deckungsfähig zugunsten von Investitionsauszahlungen des Budgets zu erklären. In diesem Fall können also (konsumtive) Aufwendungen als Deckung für (investive) Maßnahmen herangezogen werden. Umgekehrt ist dies nicht möglich, es handelt sich somit um eine einseitige Deckungsfähigkeit.

Sinn macht diese Regelung vor allem dann, wenn durch Einsparungen im konsumtiven Bereich langfristige und nachhaltige Investitionen ermöglicht werden.

Beispiel

Die Stadt Prenzwalde hat im Produkt 2631 – Musikschule – die Aufwendungen der Sachkonten 5211 »Unterhaltung der Grundstücke und baulichen Anlagen« (Ansatz 10.000 Euro) und 5241 »Bewirtschaftung der Grundstücke und baulichen Anlagen« (Ansatz 25.000 Euro) für einseitig deckungsfähig zugunsten des Kontos 7851 – Auszahlungen für Hochbaumaßnahmen – (investiver Ansatz 100.000 Euro) erklärt. Entsprechend § 23 Abs. 3 KomHKV dürfen nunmehr Einsparungen bei den Sachkonten 5211 sowie 5241 für Mehrauszahlungen beim Konto 7851 genutzt werden.

Da die Deckungsfähigkeit nur einseitig gilt, ist sie umgekehrt nicht möglich (Einsparungen beim Sachkonto 7851 dürfen nicht für Mehrauszahlungen bei den Sachkonten 5211/7211 und 5241/7241 verwendet werden).

Fazit der Deckungsfähigkeit nach § 23 KomHKV

Zusammenfassend kann gesagt werden, dass das im § 23 KomHKV rechtlich vorgegebene hohe Maß an Flexibilität einen erheblichen Vorteil bei der Bewirtschaftung der Mittel darstellt. Es eröffnet den Budgetverantwortlichen, aber auch den Satzungsgebern (Kreistag, Gemeindevertretung, Amtsausschuss) sowie den Kämmerern, die Möglichkeit, den haushaltswirtschaftlichen Spielraum deutlich zu vergrößern.

In der kommunalen Praxis wird jedoch die Wahrnehmung der Budgetverantwortung nicht selten durch völlig unnötige Zweckbindungen, Budgetregelungen und Bewirtschaftungsregeln beschränkt, obwohl diese Einschränkungen dem Geist der flexiblen Haushaltsführung widersprechen und diese auch im doppischen Haushalt vom Gesetzgeber zunächst nicht

vorgesehen sind. In Abbildung 54 wird dieses Prinzip der grundsätzlichen Flexibilität mit der Möglichkeit der Deckungsfähigkeit noch einmal verdeutlicht.
Nach dem Grundprinzip der kommunalen Doppik im Land Brandendburg soll Fach- und Ressourcen-(Budget-)Verantwortung in einer Hand sein. Insofern liegt die Zuständigkeit unter Berücksichtigung von § 2 Nr. 12 KomHKV für Maßnahmen im Rahmen der flexiblen Haushaltsführung nach § 23 KomHKV weder beim Kämmerer noch beim Hauptverwaltungsbeamten, sondern grundsätzlich beim jeweiligen Budgetverantwortlichen. Eine Abweichung hiervon ist in den gesetzlichen Vorschriften nicht vorgesehen und müsste gesondert durch Beschluss der Gemeindevertretung geregelt werden.

Deckungsfähigkeit nach § 23 KomHKV
Zuständigkeit liegt beim Budgetverantwortlichen

DF = Deckungsfähigkeit	Abs. 1	Abs. 2	Abs. 3	Abs. 4
DF kraft Gesetzes	x			
DF durch HH-Vermerk		x	x	x
Echte DF	x	x	x	
Unechte DF				x
Einseitige DF		x	x	x
Gegenseitige DF	x	x		

Abbildung 58: Deckungsfähigkeit nach § 23 KomHKV

3. Grundsatz der zeitlichen Bindung

Der Grundsatz der zeitlichen Bindung besagt, dass die Haushaltssatzung und somit der Haushaltsplan grundsätzlich nur für ein Haushaltsjahr gilt. Im § 65 Abs. 4 BbgKVerf wird verdeutlicht, dass das Haushaltsjahr das Kalenderjahr ist, also vom 01.01. bis zum 31.12. eines jeden Jahres. Für einzelne Bereiche kann durch Gesetz oder Rechtsverordnung jedoch Abweichendes bestimmt werden. Hierdurch soll sichergestellt werden, dass jedes Jahr aufs Neue und für jedes Haushaltsjahr gesondert ein Haushaltsplan auf- und festgestellt wird.
Eine Inanspruchnahme der Haushaltsermächtigungen kann sich aus verschiedenen Gründen jedoch verzögern (z.B. durch Verschiebungen im Bauablauf, verspätete Fördermittelzusagen etc.). Insbesondere vor dem Hintergrund des Grundsatzes der Vorherigkeit, der bestimmt, dass die Haushaltssatzung bereits vor Beginn des Haushaltsjahres aufzustellen ist, können in der Praxis nicht immer alle Eventualitäten bekannt sein bzw. berücksichtigt werden.
Die sich zwangsläufig daraus ergebende Berücksichtigung der nicht verbrauchten Mittel bei der Erstellung des Haushaltsplans des nächsten Jahres ist grundsätzlich nicht möglich,

da dieser in einem Zeitraum aufgestellt wird, in dem die genaue Inanspruchnahme der Ermächtigungen des laufenden Jahres noch nicht absehbar ist. Um die Zahl der Übertragungsvermerke in den Haushaltsplänen zu reduzieren, ist im neuen kommunalen Haushaltsrecht eine generelle gesetzliche Übertragbarkeit aller Aufwands- und Auszahlungsermächtigungen geregelt worden.
Nach Ablauf des Haushaltsjahres erlischt somit die im Haushaltsplan ausgesprochene Ermächtigung der Verwaltung, die Aufwendungen und Auszahlungen zu bewirtschaften. Dies hätte zur Folge, dass die bis zum Ende des Jahres nicht verbrauchten Haushaltspositionen im Folgejahr grundsätzlich nicht mehr verwendet werden dürften. Da nicht in Anspruch genommene Haushaltsmittel grundsätzlich verfallen, würde sich für die mittelbewirtschaftende Stelle Sparsamkeit nicht auszahlen.
Dies hatte in den Zeiten der alten Gemeindehaushaltsverordnung das sog. »Dezemberfieber« zur Folge. Unter diesem umgangssprachlichen Begriff versteht man das tatsächliche oder vermeintliche Verhalten der Kommunen, die noch nicht verbrauchten Haushaltsmittel für das Jahr noch um jeden Preis auszugeben (nämlich im Dezember), um für das neue Haushaltsjahr wieder die entsprechenden Mittel bewilligt zu bekommen.[82]

4. Mittelübertragungen

Die Reform des kommunalen Haushaltsrechts eröffnet für die Kommunen damit die rechtliche Möglichkeit, die Übertragung von nicht in Anspruch genommenen Aufwands-und Auszahlungspositionen bei Bedarf vorzunehmen. Ob davon im Rahmen des Jahresabschlusses tatsächlich Gebrauch gemacht wird, hängt nicht zuletzt von der haushaltswirtschaftlichen Situation ab.[83]
Sofern der Haushaltsplan nicht ausgeglichen ist, kann ein der Haushaltssituation angemessener Teilbetrag der Aufwendungen und Auszahlungen übertragen werden. Bei der Inanspruchnahme der Übertragungsmöglichkeiten ist jedoch die Haushaltssituation der Kommune zu berücksichtigen. Zwar belasten die Übertragungen nicht das Ergebnis des Jahres, in dem die Übertragungen stattfinden, aber sie stellen eine Vorbelastung des folgenden Haushaltsjahres dar. Vor diesem Hintergrund wird die Kommune, insbesondere bei unausgeglichenen Haushalten, sorgfältig abwägen müssen, welche Übertragungen für die Haushaltswirtschaft des folgenden Jahres unabdingbar erforderlich sind. In diesem Fall empfiehlt sich eine Regelung in den jeweiligen Bewirtschaftungs-/Budgetregeln der Kommune. Dort könnte z. B. geregelt sein, dass bei nicht ausgeglichenem Haushalt nur ein genau angegebener Betrag der ersparten Mittel übertragbar ist.[84]
Managementbedingte Mehrerträge/Mehreinzahlungen im Budget berechtigen in sehr vielen Kommunen zu Mehraufwendungen/Mehrauszahlungen des Budgets. Managementbedingte Mehrerträge/Mehreinzahlungen liegen dann vor, wenn sie auf Initiative und durch gezieltes Einwirken und Steuern des budgetverantwortlichen Fachamtes erzielt wurden. Haben Minderaufwendungen/Minderauszahlungen oder managementbedingte

[82] Vgl. Wirtschaft von A bis Z: Grundlagenwissen für Schule und Studium, Beruf und Alltag, 5. Auflage, Mannheim 2013.
[83] Vgl. Erdmann u. a., a. a. O., S. 160.
[84] Vgl. Erdmann u. a., a. a. O., S. 162.

Mehrerträge/Mehreinzahlungen zur Reduzierung des Zuschussbedarfs des Budgets geführt (Budgetverbesserungen), werden diese Mittel häufig auf Antrag zu einem bestimmten Prozentbetrag in das nächste Haushaltsjahr übertragen.[85]

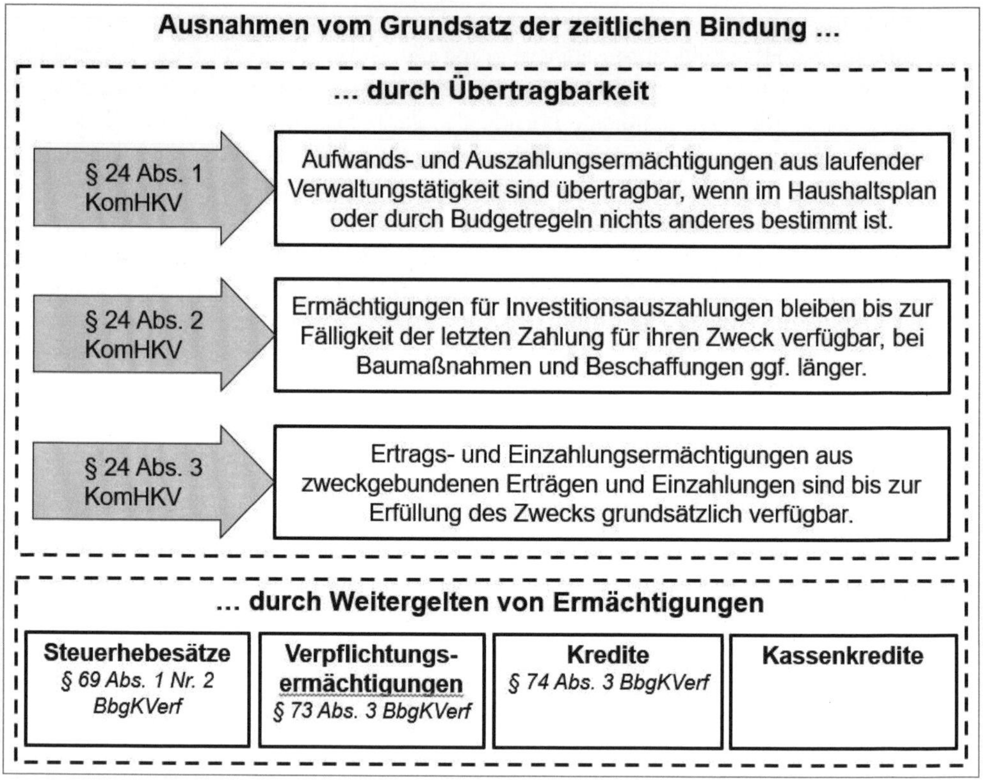

Abbildung 59: Ausnahmen vom Grundsatz der zeitlichen Bindung

Mittelübertragung nach § 24 Abs. 1 KomHKV

Die Möglichkeit der Mittelübertragung soll die Flexibilität, die nach § 23 KomHKV für das laufende Haushaltsjahr vorgesehen ist, durch Anwendung des § 24 Abs. 1 KomHKV fortführen. Die Mittelübertragung ist per Gesetz ausschließlich auf die Darstellung der Auswirkungen auf den Ergebnis- und Finanzhaushalt im Jahresabschluss beschränkt.

In allen Fällen des § 24 Abs. 1 KomHKV sind die übertragenen Ermächtigungen bis zum Ende des folgenden Haushaltsjahres verfügbar. Sie erhöhen somit den Ermächtigungsansatz für das folgende Haushaltsjahr. Hintergrund dieser Regelung ist, dass Ermächtigungen, die bis zum Ende des folgenden Jahres nicht ausgeschöpft werden, für die Bewirtschaftung entweder nicht mehr erforderlich sind oder dass eine Neuveranschlagung im danach folgenden Haushaltsjahr möglich ist. Sie verfallen daher am Ende des auf die Übertragung folgenden Haushaltsjahres.

[85] So z. B. die Bewirtschaftungsregeln des Landkreises Uckermark.

Nicht verbrauchte und übertragene Haushaltsmittel werden auch als sog. »Haushaltsreste« bezeichnet. Diese Ermächtigungsübertragung führt zu einem »fortgeschriebenen Haushaltsansatz« (vgl. Abbildung 57). Die Übertragbarkeit von Haushaltsermächtigungen bewirkt zusätzliche Aufwendungen und Auszahlungen, die eigentlich das Vorjahr hätten belasten müssen. Insbesondere vor dem Hintergrund des Grundsatzes des Haushaltsausgleichs nach § 63 Abs. 4 BbgKVerf sind für die übertragenen Aufwandspositionen entsprechende Deckungsquellen erforderlich.
Dabei ist zu beachten, dass Verfügungsmittel des Bürgermeisters nach § 17 Abs. 1 KomHKV nicht übertragbar sind und nicht für deckungsfähig erklärt werden dürfen.

Mittelübertragung nach § 24 Abs. 2 KomHKV
Ermächtigungen für Investitionsauszahlungen bleiben gem. § 24 Abs. 2 bis zur Fälligkeit der letzten Zahlung für ihren Zweck verfügbar, bei Baumaßnahmen und Beschaffungen längstens jedoch zwei Jahre nach Schluss des Haushaltsjahres, in dem der Bau in seinen wesentlichen Teilen in Benutzung genommen werden kann.
Werden Investitionsmaßnahmen im Haushaltsjahr nicht begonnen, bleiben die Ermächtigungen bis zum Ende des zweiten dem Haushaltsjahr folgenden Jahres verfügbar. Insbesondere das Einzelveranschlagungsgebot für Investitionen nach § 8 Abs. 2 KomHKV bietet die Grundlage für eine maßnahmenbezogene Übertragung dieser Auszahlungsermächtigungen.

Übertragung zweckgebundener Ermächtigungen nach § 24 Abs. 3 KomHKV
Sind Erträge oder Einzahlungen aufgrund rechtlicher Verpflichtungen (z.B. Spenden, Fördermittel, Erschließungsbeiträge etc.) zweckgebunden, bleiben diese Ermächtigungen oder die zur Leistung der entsprechenden Aufwendungen gem. § 24 Abs. 3 KomHKV bis zur Erfüllung des Zwecks und die Ermächtigungen zur Leistung der entsprechenden Auszahlung bis zur Fälligkeit der letzten Zahlung verfügbar. Hierdurch soll sichergestellt werden, dass zweckgebundene Erträge oder Einzahlungen auch in den Folgejahren für ihren Zweck zur Verfügung stehen.

Weitergelten von Ermächtigungen der Haushaltssatzung
Abweichend vom Grundsatz der Jährlichkeit gem. § 65 Abs. 4 BbgKVerf bleiben bestimmte Regelungen der Haushaltssatzung im Rahmen der vorläufigen Haushaltsführung nach § 69 BbgKVerf über das Haushaltsjahr hinaus gültig, wenn die Haushaltssatzung für das neue Jahr noch nicht in Kraft getreten ist. Dabei handelt es sich um folgende Regelungen:

- *(Real-)Steuerhebesätze*
  Die bisherigen Steuerhebesätze sind gem. § 69 Abs. 1 Nr. 2 BbgKVerf die Grundlage für die Erhebung der Grund- und Gewerbesteuer während der vorläufigen Haushaltsführung. Ist in der neuen, noch nicht gültigen Haushaltssatzung eine Erhöhung der Steuerhebesätze vorgesehen, kann zunächst nur der alte Hebesatz angewendet werden. Nach Inkrafttreten wird dann der höhere Steuersatz rückwirkend zum 01.01. des Haushaltsjahres erhoben. Zwar findet die rückwirkende Geltung der höheren Hebesätze ihre Grenzen in dem aus dem Rechtsstaatsprinzip folgenden

Rückwirkungsverbot, das den Einzelnen in seinem Vertrauen auf den Bestand von Rechtsnormen schützt. Der Grundsatz des Vertrauensschutzes ist aber nicht verletzt, soweit der Betroffene schon in dem Zeitpunkt, in dem die rückwirkende Regelung in Kraft tritt, nicht mit dem Fortbestand der alten Regelung rechnen konnte bzw. im Gegenteil sogar mit der entsprechenden später rückwirkend in Kraft gesetzten Regelung rechnen musste.[86]

- *Kreditermächtigung*
  Sie gilt gem. § 74 Abs. 3 BbgKVerf bis zum Ende des auf das Haushaltsjahr folgenden Jahres und, wenn die Haushaltssatzung für das übernächste Jahr nicht rechtzeitig öffentlich bekannt gemacht wird, bis zum Erlass dieser Haushaltssatzung.

- *Verpflichtungsermächtigungen*
  Sie gelten nach § 73 Abs. 3 BbgKVerf i. V. m. § 15 KomHKV bis zum Ende des Haushaltsjahres und, wenn die Haushaltssatzung für das folgende Haushaltsjahr nicht rechtzeitig öffentlich bekannt gemacht wird, bis zum Erlass dieser Haushaltssatzung.

Gem. § 24 Abs. 4 KomHKV gelten die Regelungen der Absätze 1 bis 3 auch für bereits bewilligte über- und außerplanmäßige Aufwendungen und Auszahlungen. Zu beachten ist hier die in der Haushaltssatzung ersichtliche Wertgrenze, nach denen ab einer festzusetzenden Größenordnung die vorherige Zustimmung der Gemeindevertretung erforderlich ist. Soweit es sich um Aufwendungen und Auszahlungen handelt, die nach dem Perioden- bzw. Kassenwirksamkeitsprinzip von vornherein dem folgenden Haushaltsjahr zuzuordnen sind, ist eine Veranschlagung im Folgejahr vorzunehmen bzw. sind ggf. über- und außerplanmäßige Bewilligungen zu den Ansätzen des neuen Haushalts herbeizuführen.[87]

Beispiel

Der Jahresabschluss des HH-Jahres 2016 ergibt bei planmäßiger Abwicklung einen Überschuss des ordentlichen Ergebnisses von 50.000 Euro, der der »Rücklage aus Überschüssen des ordentlichen Ergebnisses« (Sachkonto 2021) zugeführt werden soll. Von den ersparten Aufwandsermächtigungen werden 10.000 Euro in das nächste Haushaltsjahr übertragen. Daraus ergibt sich eine Ergebnisverbesserung für das Haushaltsjahr 2016 in Höhe von 10.000 Euro, sodass der Überschussrücklage 60.000 Euro zugeführt werden. Unterstellt, das Planergebnis des Jahresabschlusses 2017 würde 0 Euro betragen, beliefe sich das tatsächliche Ergebnis bei Inanspruchnahme der übertragenden Aufwendungen auf –10.000 Euro. Die Verrechnung des negativen Ergebnisses mit Rücklagen aus Überschüssen ordentliches Ergebnis des Jahres 2016 ergäbe dann einen Bestand Rücklage zum 31.12.2017 in Höhe von 40.000 Euro

---

Werden somit Ermächtigungen in das Folgejahr übertragen (vgl. Abbildung 60), erhöhen sie zwar das Volumen der Aufwendungen und Auszahlungen des bereits verabschiedeten Haushalts, beeinflussen dadurch aber den Ergebnishaushalt und auch die vorhandenen

[86] So auch VG Gelsenkirchen, Urteil vom 12.04.2013, Az. 5 K 3283/12.

[87] Vgl. Erdmann u. a., a. a. O., S. 163.

Finanzmittel, also die Liquidität. Übertragungen von Aufwandsermächtigungen müssen zwangsläufig zu einer Ergebnisverschlechterung des folgenden Haushaltsjahres führen, da sie im abgeschlossenen Haushaltsjahr zu einer Ergebnisverbesserung in gleicher Höhe geführt haben.

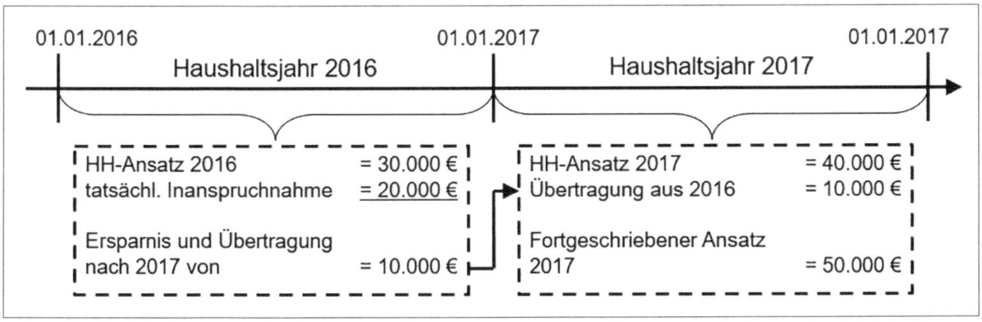

Abbildung 60: Übertragung von Ermächtigungen

Werden Ermächtigungen übertragen, ist dem Jahresabschluss nach § 24 Abs. 5 KomHKV i. V. m. § 58 Abs. 2 Nr. 10 KomHKV eine Übersicht der Übertragungen mit Angabe der Auswirkungen auf den Ergebnishaushalt und den Finanzhaushalt beizufügen.

5. Über- und außerplanmäßige Aufwendungen und Auszahlungen

Die Rechtsgrundlage für die Bereitstellung zur Leistung von über- und außerplanmäßigen Mehraufwendungen und Mehrauszahlungen stellt § 70 BbgKVerf dar.

5.1 Bereitstellung von über- bzw. außerplanmäßigen Aufwendungen und Auszahlungen

Grundlage der kommunalen Haushaltswirtschaft stellen die im Haushaltsplan zur Verfügung gestellten Mittel dar. Diese sind so zu bewirtschaften, dass sie i. S. v. § 28 Abs. 1 KomHKV für alle anfallenden Aufwendungen und Auszahlungen im Haushaltsjahr ausreichen. Sie bilden entsprechend § 66 Abs. 3 BbgKVerf die verbindliche Handlungsgrundlage der Kommune. Da der Haushaltsplan nach dem Grundsatz der Vorherigkeit bereits im Vorjahr aufgestellt wird und dieser damit eine Zukunftsprognose darstellt, ist es im laufenden Haushaltsjahr in der Verwaltungspraxis üblich, dass die geplanten Haushaltsmittel nicht ausreichen bzw. Haushaltsmittel für bestimmte Zwecke überhaupt nicht geplant wurden.

Um das Budgetrecht der Gemeindevertretung durch über- und außerplanmäßige Aufwendungen und Auszahlungen nicht auszuhöhlen, schreibt die Kommunalverfassung darüber hinaus vor, dass erhebliche Überschreitungen der vorherigen Zustimmung durch die Gemeindevertretung bedürfen. Dies gilt für alle Aufwendungen, unabhängig davon, ob eine rechtliche Verpflichtung zur Leistung besteht (z. B. Personalaufwendungen), ob es sich um Aufwendungen handelt, die erst in späteren Jahren zahlungswirksam werden (Rückstellungen), oder ob die Aufwendungen gar nicht zahlungswirksam werden (z. B. Abschreibungen). Alle diese Aufwendungen verbrauchen Ressourcen und beeinflussen

die Haushaltssituation und damit die Handlungsfähigkeit künftiger Jahre in erheblichem Maß. Ausnahmen von der vorherigen Zustimmungspflicht durch die Gemeindevertretung hat der Gesetzgeber daher nicht zugelassen.
Eine andere Beurteilung ist lediglich für reine Abschlussbuchungen möglich. Hierzu zählt z. B. die Zuführung eines in der Ergebnisrechnung entstandenen Überschusses an die entsprechende Rücklage. Hierbei werden keine Ressourcen verbraucht, die die Ergebnisrechnung und damit den Haushaltsausgleich beeinflussen. Vielmehr wird der sich aus dem Jahresabschluss rechnerisch ergebende Überschuss entsprechend den gesetzlichen Vorgaben auf die entsprechende Bilanzposition gebucht.[88]

5.2 Über- oder außerplanmäßig?

Für die Verfahrensweise nach § 70 BbgKVerf spielt es zunächst keine Rolle, ob eine über- oder außerplanmäßige Aufwendung/Auszahlung erfolgen soll. Sie ist in beiden Fällen vom Ablauf und von den Voraussetzungen weitgehend identisch. Eine Unterscheidung ist nur deshalb notwendig, weil § 70 Abs. 2 BbgKVerf nur für überplanmäßige Auszahlungen, nicht aber für außerplanmäßige Auszahlungen gilt.

Überplanmäßige und außerplanmäßige Aufwendungen und Auszahlungen nach § 70 BbgKVerf

Nach § 70 Abs. 1 BbgKVerf sind **überplanmäßige** und **außerplanmäßige** Aufwendungen und Auszahlungen nur zulässig, wenn sie unabweisbar sind und die Deckung gewährleistet ist. Über die Leistung dieser Aufwendungen und Auszahlungen entscheidet der Kämmerer, soweit die Gemeindevertretung in der Haushaltssatzung keine anderen Regelungen trifft. Sind die Aufwendungen und Auszahlungen erheblich, so bedürfen sie der vorherigen Zustimmung der Gemeindevertretung.

überplanmäßig § 2 Nr. 44 KomHKV	**außerplanmäßig** § 2 Nr. 8 KomHKV
Aufwendungen oder Auszahlungen, die die Ermächtigungen im Haushaltsplan, zuzüglich der übertragenen Ermächtigungen, übersteigen.	Aufwendungen oder Auszahlungen, für die im Haushaltsplan keine Ermächtigung veranschlagt und keine aus den Vorjahren übertragenen Ermächtigungen verfügbar sind.

Abbildung 61: Überplanmäßige/außerplanmäßige Aufwendungen und Auszahlungen

Sowohl in den Begriffen »überplanmäßig« als auch »außerplanmäßig« ist das Wort »Plan« enthalten. Hierbei ist der Haushaltsplan gemeint, der in seinen Ansätzen (Planermäch-

[88] http://www.doppik-kom.brandenburg.de/cms/detail.php/bb1.c.171634.de

tigungen) durch eine Maßnahme nach § 70 BbgKVerf tangiert wird. Es geht bei diesen Begriffen also nicht darum, ob der Mehrbedarf für eine Maßnahme »geplant oder ungeplant« ist, sondern ob für die Maßnahme – vereinfacht ausgedrückt – ein Produktkonto vorhanden ist, dessen Ansatz nicht ausreicht (überplanmäßig), oder ein Produktkonto nicht vorhanden ist (außerplanmäßig).
Überplanmäßige Aufwendungen/Auszahlungen sind demnach Aufwendungen/Auszahlungen, die den Aufwendungsansatz im Haushaltsplan überschreiten. Dies bezieht sich somit auf die Teilergebnispläne, in denen die Aufwendungs-/Auszahlungsermächtigungen enthalten sind. Entscheidet sich eine Kommune für die Mindestgliederung nach Produktbereichen, steht eine über- bzw. außerplanmäßige Aufwendung/Auszahlung immer im Bezug zu den dort ausgewiesenen Aufwendungs-/Auszahlungspositionen.

Beispiel
Im Produktkonto 2630.5241 »Bewirtschaftung der Grundstücke und baulichen Anlagen der Musikschule« wurde im aktuellen Teilergebnisplan ein Betrag von 20.000 Euro eingestellt bzw. veranschlagt. Dieser Betrag ergab sich aus den Planungen für das aktuelle Haushaltsjahr und setzte sich aus den drei folgenden Positionen zusammen:

- *Betriebskosten 10.000 Euro*
- *Gebäudeversicherung 2.000 Euro*
- *Hausreinigung 8.000 Euro*

Im Laufe des Haushaltsjahres erhöhen sich die Kosten für die Hausreinigung um 3.000 Euro auf nunmehr 11.000 Euro pro Jahr.
Werden die fehlenden 3.000 Euro vollständig durch Einsparungen bei den beiden anderen Positionen erreicht, liegt hier keine überplanmäßige Aufwendung vor. Der Gesamtansatz des Produktkontos wird nicht überschritten, und es ist anzunehmen, dass der zusätzliche Aufwand unterhalb der in der Haushaltssatzung angegebenen Wertgrenze für den Erlass einer Haushaltsnachtragssatzung gem. § 68 Abs. 2 Nr. 2 BbgKVerf liegen dürfte. Erst wenn ein Ausgleich innerhalb des Produktkontos nicht möglich wäre, käme ggf. eine Maßnahme nach § 70 BbgKVerf infrage.

Wie bereits schon an anderer Stelle ausgeführt, werden nach § 66 Abs. 4 BbgKVerf durch den Haushaltsplan keine Ansprüche Dritter begründet noch aufgehoben. Das bedeutet, dass innerhalb des Sachkontos die noch vorhandenen Ansätze für jegliche Maßnahmen verwendet werden können, die dem Produktkonto entsprechen. Dies gilt nicht, wenn Mittel
- bereits verwendet wurden,
- Vormerkungen für Mittel vorliegen oder
- Verträge bereits rechtsgültig geschlossen wurden und hieraus eine Zahlungspflicht für das aktuelle Haushaltsjahr entsteht.

5.3 Ermittlung des Bereitstellungsbedarfs
Vor dem Beginn des Verfahrens nach § 70 BbgKVerf ist zunächst die Höhe des über- bzw. außerplanmäßigen Bedarfs festzustellen und der zusätzliche Aufwendungs- bzw. Auszahlungsbedarf bis zum Ende des Haushaltsjahres zu ermitteln.

Dies ergibt sich aus dem Grundsatz der Jährlichkeit nach § 65 Abs. 4 BbgKVerf, wonach nicht der aktuelle Bedarf, sondern der Gesamtbedarf maßgeblich ist. Dies wird durch § 70 Abs. 3 noch konkretisiert, wonach die grundsätzlichen Regelungen des § 70 BbgKVerf entsprechende Anwendung auf Maßnahmen finden, durch die später über- oder außerplanmäßige Aufwendungen und Auszahlungen entstehen können.

Beispiel

Die Kommune erkennt im Herbst des aktuellen Haushaltsjahres, dass der Mittelansatz erschöpft ist, jedoch eine Rechnung über 5.000 Euro vorliegt und noch in diesem Haushaltsjahr eine weitere Rechnung über 3.000 Euro eingehen wird. Der zusätzliche Aufwandsbedarf liegt somit bei 8.000 Euro.

Die Höhe des Bereitstellungsbedarfs lässt sich aus Abbildung 62 gut erkennen.

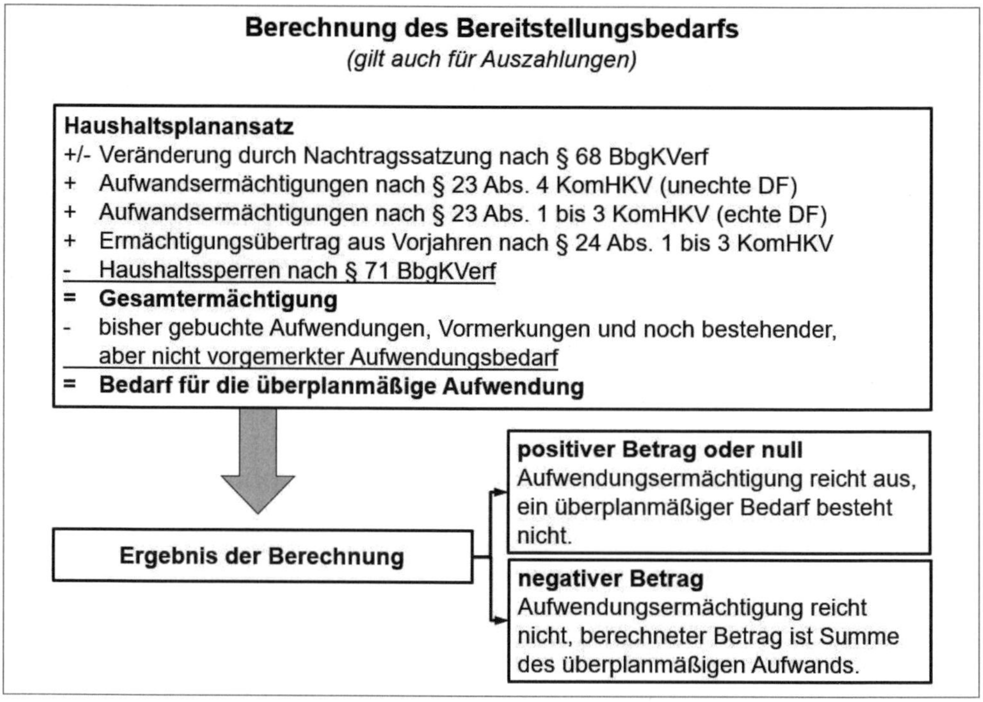

Abbildung 62: Berechnungsschema des Bereitstellungsbedarfs

5.4 Voraussetzungen

Bevor Haushaltsmittel über- oder außerplanmäßig bereitgestellt werden, müssen zunächst die nachfolgenden Möglichkeiten ausgeschöpft bzw. angewandt werden:

Flexible Haushaltsführung

- unechte Deckungsfähigkeit gem. § 23 Abs. 4 KomHKV
- echte Deckungsfähigkeit gem. § 23 Abs. 1 bis 3 KomHKV
- übertragene Ermächtigungen gem. § 24 Abs. 1 bis 3 KomHKV

Nachtragshaushaltssatzung
Soweit sich nach Ausschöpfung der flexiblen Haushaltsführung immer noch ein Mehrbedarf ergibt, ist zunächst eine mögliche **Pflicht zur Aufstellung einer Nachtragshaushaltssatzung** zu prüfen (§ 68 Abs. 2 BbgKVerf). Soweit eine Pflicht zur Aufstellung einer Nachtragshaushaltssatzung besteht, werden die benötigten Haushaltsmittel bereits dort veranschlagt, und eine Prüfung über-/außerplanmäßiger Aufwendungen und Auszahlungen kann entfallen.
Eine Pflichtnachtragssatzung ist bei bisher nicht veranschlagten oder zusätzlichen Aufwendungen oder Auszahlungen in den Fällen des § 68 Abs. 2 Nr. 2 BbgKVerf erforderlich. Liegen die Tatbestandsmerkmale dieser Bestimmung vor, kann das Verfahren nach § 70 BbgKVerf nicht angewandt werden. Insofern muss § 68 Abs. 2 BbgKVerf gegenüber dem Verfahren nach § 70 BbgKVerf vorrangig angewendet werden (vgl. auch Kapitel H, Seite 216). Die Prüfungsreihenfolge ist zwingend einzuhalten und wird in Abbildung 63 verdeutlicht.

Prüfungsablauf üpl./apl.
(gilt grundsätzlich auch für Auszahlungen)

keine Pflicht zur Nachtragshaushaltssatzung
(§ 68 Abs. 2 BbgKVerf)

↓

keine Aufwendungspositionen ohne Überschreitungsmöglichkeit
(§ 17 Abs. 1 KomHKV)

↓

Unabweisbarkeit der Mehraufwendung
(§ 70 Abs. 1, Satz 1)

↓

Deckung der Mehraufwendung
(§ 70 Abs. 1, Satz 1)

Abbildung 63: Prüfungsablauf üpl./apl.

Die Verfügungsmittel nach § 17 Abs. 1 KomHKV dürfen nicht überschritten sowie als Deckungsquelle herangezogen werden und sind daher für überplanmäßige Aufwendungen bzw. Auszahlungen nicht heranzuziehen. Der Gesetzgeber hatte die Absicht, die zweckfreien Verfügungsmittel in ihrer Höhe möglichst gering zu halten, um die Einzelveranschlagung zu betonen. Erst wenn die bei beiden oben genannten Tatbestände nicht vorliegen, ist die Prüfung zum eigentlichen Bewilligungsverfahren der über- und außerplanmäßigen Bereitstellung möglich.

5.5 Tatbestandsvoraussetzungen des § 70 BbgKVerf

Im § 70 Abs. 1 BbgKVerf werden zwei Tatbestandsmerkmale erwähnt, die beim Zutreffen beider Merkmale zur Rechtsfolge der Bereitstellung von über- oder außerplanmäßigen Aufwendungen/Auszahlungen führt. Die Bewilligung ist jedoch nur zulässig, wenn die Aufwendungen oder Auszahlungen unabweisbar sind und die Deckung gewährleistet ist.

Sachliche Unabweisbarkeit
Eine Aufwendung oder Auszahlung ist dann sachlich unabweisbar, wenn sich aus der Aufgabenerfüllung der Kommune zwingend ein dringendes Bedürfnis zur Erfüllung der Aufgabe ergibt. Gründe hierfür können rechtlicher Art (z. B. veränderte Rechtsgrundlagen, die zur Erhöhung von Transferleistungen führt), vertraglicher Art (z. B. Preisanpassungen, Vertragsstrafen), tatsächlicher Art (z. B. Straßenschäden) oder anderer Art (Gefahrenbegriff nach OBG) sein. Das Bundesverfassungsgericht (BVerfG) hat zur Frage der Unabweisbarkeit ausgeführt: »Nur wenn eine Ausgabe ohne Beeinträchtigung schwerwiegender politischer, wirtschaftlicher oder sozialer Staatsinteressen nicht mehr zeitlich aufgeschoben werden kann, besteht für sie ein unabweisbares Bedürfnis.«[89] Diese auf den Bundeshaushalt abzielenden Ausführungen können jedoch dem Wesen nach auch auf den kommunalen Haushalt angewendet werden.

Zeitliche Unabweisbarkeit
Eine zeitliche Unabweisbarkeit liegt vor, wenn eine Verschiebung von sachlich unabweisbaren Aufwendungen bzw. Auszahlungen in ein späteres Haushaltsjahr nicht möglich oder wirtschaftlich unzweckmäßig wäre.

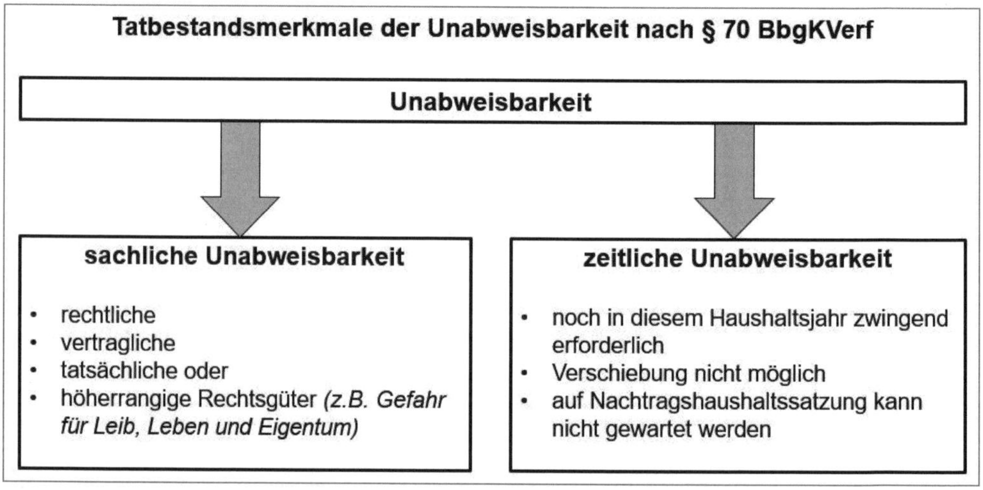

Abbildung 64: Tatbestandsmerkmale der Unabweisbarkeit nach § 70 BbgKVerf

Deckung
Soweit ein Mehrbedarf vorhanden ist, muss nunmehr **die Deckung gewährleistet** sein. Hierbei ist der Grundsatz der Gesamtdeckung nach § 22 KomHKV heranzuziehen. Danach dürfen Deckungsmöglichkeiten innerhalb des Ergebnis- bzw. Finanzplans herangezogen werden (Minderaufwendungen und -auszahlungen bzw. Mehrerträge und -einzahlungen).

[89] BVerfG, Grundsatzurteil vom 25.05.1977 (BVerfGE 45,1).

Nach dem Grundsatz der Gesamtdeckung ist es grundsätzlich unzulässig, Zweckbindungen von Mitteln vorzunehmen (siehe auch Kapitel E.III.2.1, Seite 150). Dennoch können Erträge oder Einzahlungen aufgrund rechtlicher Verpflichtungen zweckgebunden sein und auf die Verwendung bestimmter Aufwendungen und Auszahlungen beschränkt werden. Diese zweckgebundenen Mittel in anderen Produkten/Teilplänen des Haushalts dürfen nicht zur Deckung herangezogen werden. Gleiches gilt für die Verfügungsmittel nach § 17 Abs. 1 KomHKV.
Somit gelten Einsparungen bei sämtlichen anderen als den oben genannten Aufwandskonten/Auszahlungskonten bzw. Mehrerträge/Mehreinzahlungen dem Grunde nach als Deckungsquellen. Die Deckung muss jeweils im Ergebnishaushalt oder Finanzhaushalt gewährleistet sein.

Deckungsreserve
Weiterhin stellt die vom Gesetzgeber im § 17 Abs. 2 KomHKV vorgesehene Möglichkeit der Veranschlagung einer Deckungsreserve (eines sog. Leertitels) einen Deckungsansatz dar. Dieser zweckfreie Planansatz bietet der Kommune die Möglichkeit, Mittel zur Deckung über- und/oder außerplanmäßiger Aufwendungen und Auszahlungen im Ergebnis- und Finanzhaushalt bereits bei der Haushaltsplanung zur Verfügung zu stellen. Der Ansatz darf nicht überschritten werden, und die Mittel sind i. S. d. § 24 KomHKV übertragbar, soweit sie zur Finanzierung von Aufwendungen in Anspruch genommen worden sind, die im folgenden Jahr fällig werden. Diese beiden unmittelbaren Voraussetzungen (Unabweisbarkeit und Deckung) sind aber nur dann zu prüfen, wenn nicht eine vorrangige Pflicht zur Nachtragssatzung gem. § 68 Abs. 2 BbgKVerf besteht oder eine überplanmäßige Bewilligung wegen der Art der Haushaltsposition (z. B. Verfügungsmittel nach § 17 Abs. 1 KomHKV) ausscheidet.

Über- und außerplanmäßige Verpflichtungen
Verpflichtungen zur Leistung von Investitionsauszahlungen sowie für Investitionsförderungsmaßnahmen künftiger Jahre dürfen gem. § 73 Abs. 5 BbgKVerf ausnahmsweise auch über- und außerplanmäßig eingegangen werden, wenn sie unabweisbar sind und der in der Haushaltssatzung festgesetzte Gesamtbetrag der Verpflichtungsermächtigungen nicht überschritten wird. Dabei gelten die Vorschriften des § 70 Abs. 1 Satz 2 und 3 BbgKVerf entsprechend.

Zustimmung
Grundsätzlich entscheidet nach § 70 Abs. 1 Satz 2 BbgKVerf der Kämmerer über die Maßnahme, soweit die Gemeindevertretung in ihrer Haushaltssatzung keine andere Regelung trifft.
Sofern die über-/außerplanmäßigen Aufwendungen und Auszahlungen jedoch nach Umfang oder Bedeutung **erheblich** sind, bedürfen sie nach § 70 Abs. 1 Satz 3 BbgKVerf der **Zustimmung** der Gemeindevertretung. Diese **Zustimmung** muss vor Leistung des Aufwands bzw. der Auszahlung erfolgen, um die kommunale Finanzhoheit der Gemeindevertretung zu gewährleisten (siehe Abbildung 65). Die Erheblichkeitsgrenze ist dabei durch jede Kommune zu definieren und in der Haushaltssatzung festzulegen (vgl. § 70 Abs. 1 Satz 4 BbgKVerf).

Haushaltssatzung
der Gemeinde Prenzwalde für das Haushaltsjahr 20..
(Muster zu § 65 BbgKVerf für die Haushaltssatzung)

Auf Grund des § 67 der Kommunalverfassung des Landes Brandenburg wird nach Beschluss der Gemeindevertretung vom ... folgende Haushaltssatzung erlassen:

§ 1

⋮

§ 5

1. ...
2. ...
3. Die Wertgrenze, ab der überplanmäßige und außerplanmäßige Aufwendungen und Auszahlungen der vorherigen Zustimmung der Gemeindevertretung bedürfen, wird auf ... Euro festgesetzt.
4. ...

Abbildung 65: Wertgrenzen

Zudem kann in dringenden Angelegenheiten, deren Erledigung nicht bis zu einer ohne Frist und formlos einberufenen Sitzung der Gemeindevertretung aufgeschoben werden kann, der Hauptverwaltungsbeamte im Einvernehmen mit dem Vorsitzenden der Gemeindevertretung zur Abwehr einer Gefahr oder eines erheblichen Nachteils für die Kommune selbst entscheiden (Eilentscheidung). Die Eilentscheidung bedarf der (nachträglichen) Genehmigung der Gemeindevertretung nach § 58 BbgKVerf.
Erst nach Vorliegen der erforderlichen Zustimmung kann eine über- oder außerplanmäßige Aufwendung geleistet werden.

Zuständigkeit für die Zustimmung zur Maßnahme nach § 70 BbgKVerf

Grundsätzliche Entscheidung durch den **Kämmerer**, soweit die Gemeindevertretung in der Haushaltssatzung keine anderen Regelungen trifft *(§ 70 Abs. 1, Satz 2 BbgKVerf)*

↓

Bei erheblichen Mehraufwendungen bedarf die Mittelverwendung der (vorherigen) Zustimmung der **Gemeindevertretung.** *(§ 70 Abs. 1, Satz 3 BbgKVerf)*

↓

Erst nach Vorliegen der erforderlichen Zustimmung kann eine über- oder außerplanmäßige Aufwendung geleistet werden.

Abbildung 66: Zuständigkeit bei Zustimmung nach § 70 BbgKVerf

6. Mittelmehrbedarf

Bei einem Zeitraum von mehr als einem Jahr von der Planung zum Vollzug des Haushalts können unvorhergesehene Veränderungen eintreten. Diesen Tatsachen wurden durch entsprechende Verfahrensregeln und Rechtsnormen Rechnung getragen.
Mehrbedarfe im Ergebnis- und Finanzhaushalt stellen grundsätzlich Abweichungen von dem Grundsatz der Vollständigkeit nach § 66 Abs. 1 BbgKVerf dar. Diese zusätzlichen Mittelbedarfe kommen in der Praxis jedoch regelmäßig vor, weil bei Aufstellung des Haushaltsplans aus der Natur der Sache häufig nur Schätzungen erfolgen oder sich Sachverhalte, politische oder gesellschaftliche Anforderungen und rechtliche Rahmenbedingungen im Laufe des Haushaltsjahres ändern können.
Auch wenn weitgehend die geplanten Mittelansätze mit dem tatsächlichen Bedarf übereinstimmen oder entsprechend den Ansätzen gewirtschaftet wird, werden regelmäßig Mehraufwendungen und Mehrauszahlungen anfallen.

Bereitstellungsmöglichkeiten für Mehraufwendungen und Mehrauszahlungen
Aus der Vielzahl von Deckungsmöglichkeiten für Mehraufwendungen und Mehrauszahlungen ergibt sich daher die Notwendigkeit, eine gewisse Reihenfolge zu schaffen, um die Prüfung zur Bereitstellung der zusätzlichen Bereitstellung der Ermächtigungen rechtlich korrekt, aber auch praktikabel durchführen zu können.

Prüfungsschema zur Bereitstellung zusätzlicher Haushaltsmittel
Das Prüfschema (Abbildung 67) soll in Form von Prüfschritten nachvollziehbar dargestellt werden. Die Frage nach der Reihenfolge der einzelnen Prüfschritte sollte immer unter Beachtung der Rechtsrahmen, nach dem Verwaltungsaufwand und dem Sinn der Vorschriften betrachtet werden. Es ist in der Regel wirtschaftlicher, ein Verfahren innerhalb der Zuständigkeit des Budgetverantwortlichen durchzuführen (flexible Haushaltsführung), das ohne großen Verwaltungsaufwand erfolgen kann.
Erst wenn diese Maßnahmen nicht zum gewünschten Erfolg führen, müssen andere Instanzen, wie der Kämmerer oder die Gemeindevertretung, aktiv werden. Es bietet sich unter Beachtung dieser Gesichtspunkte deshalb an, die nachstehend aufgeführte und begründete Reihenfolge der Bereitstellungsarten anzuwenden.
Wichtig ist, dass gerade im Rahmen der flexiblen Haushaltsführung die Reihenfolge der Prüfschritte innerhalb des § 23 KomHKV nicht zwingend vorgegeben ist. Dennoch bietet sich an, die Prüfungsschritte nach sachlichen Gesichtspunkten auszuwählen, sofern keine zwingenden rechtlichen Verfahren (z. B. Erlass einer Nachtragshaushaltssatzung) dem entgegenstehen.

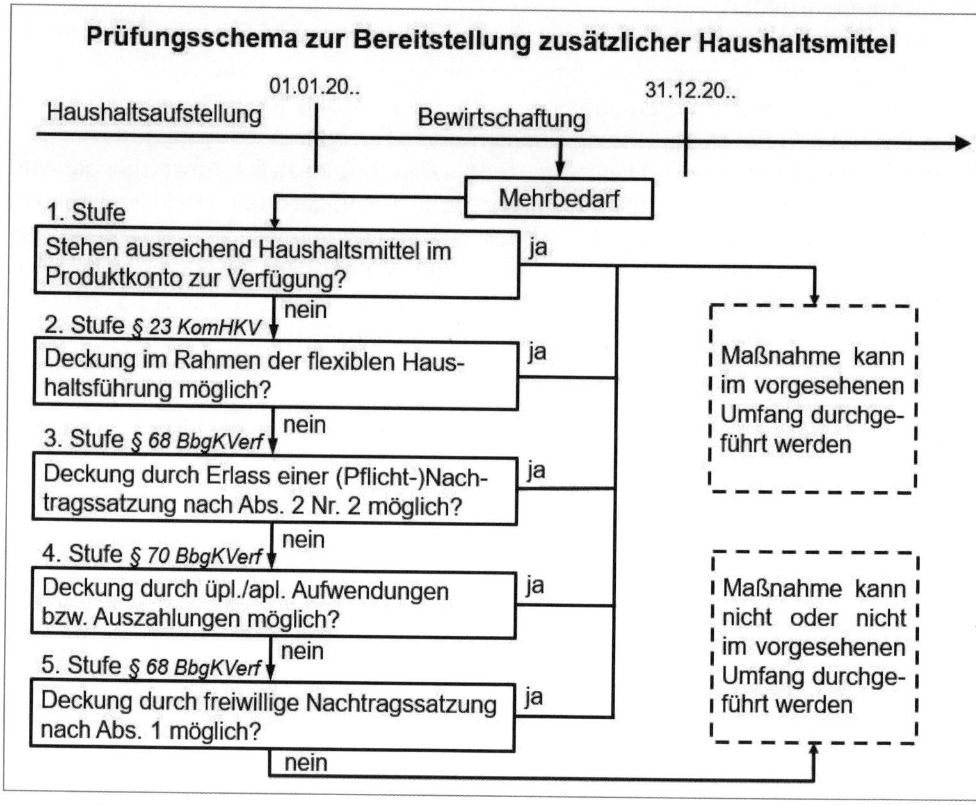

Abbildung 67: Prüfschema zur Bereitstellung zusätzlicher Haushaltsmittel

Wenn im Rahmen einer Mehrbedarfsprüfung bereits ersichtlich wird, dass die Deckung von zusätzlichen Aufwendungen vollständig oder teilweise durch Erträge Dritter erfolgen kann, wird die unechte Deckungsfähigkeit nach § 23 Abs. 4 an erster Stelle stehen. Wenn nämlich bereits diese Prüfung ergibt, dass der Mehraufwand vollständig durch entsprechende (Mehr-)Erträge gedeckt werden kann, sind weitere Prüfungsschritte im Rahmen der echten Deckungsfähigkeit i. d. R. entbehrlich.

Beispiel

Ein Dienstfahrzeug (angesiedelt im Bereich Allgemeine Verwaltung) wird durch einen nicht verschuldeten Unfall beschädigt, der Sachschaden beläuft sich auf 3.000 Euro. Im entsprechenden Produktkonto 1110.5251 »Haltung von Fahrzeugen« stehen jedoch nur noch 1.000 Euro zur Verfügung. Wenn gleichzeitig bekannt wird, dass die Versicherung des Unfallverursachers den Schaden komplett erstatten wird (Sachkonto 4461 »Sonstige privatrechtliche Erstattung«), macht es Sinn, vor allen anderen Maßnahmen zu prüfen, ob der Mehrbedarf durch eine unechte Deckungsfähigkeit nach § 23 Abs. 4 KomHKV gedeckt werden kann.

Ausgangspunkt:
Mehrbedarf im Vergleich zur Haushaltsplanung bei einer Haushaltsposition (vgl. Abbildung 62)

1. Stufe: Stehen noch Mittel im entsprechenden Produktkonto zur Verfügung?
Wie bereits ausgeführt, werden nach § 66 Abs. 3 BbgKVerf durch den Haushaltsplan keine Ansprüche Dritter begründet noch aufgehoben. Das bedeutet, dass innerhalb des Sachkontos die noch vorhandenen Ansätze für jegliche Maßnahmen verwendet werden können, die dem Produktkonto entsprechen. Dies hat zur Folge, dass zunächst die noch verfügbaren Mittel des entsprechenden Produktkontos zu verwenden sind.
Reicht der Ansatz jedoch nicht aus oder ist er bereits vollständig ausgeschöpft, beginnt die eigentliche Mehrbedarfsprüfung.

2. Stufe: Deckung im Rahmen der flexiblen Haushaltsführung?
- Deckung im Rahmen der unechten Deckungsfähigkeit (Budgetverantwortung) bei Mehrerträgen / Mehreinzahlungen nach § 23 Abs. 4 KomHKV (siehe oben)
- Deckung im Rahmen der echten Deckungsfähigkeit im Budget nach § 23 Abs. 1 bis 3 KomHKV
- Deckung durch übertragene Haushaltsmittel vom Vorjahr nach § 24 Abs. 1 bis 3 KomHKV

Reicht der Ansatz durch die Deckung im Rahmen der flexiblen Haushaltsführung nunmehr aus, ist die Mehrbedarfsprüfung an dieser Stelle beendet, und die Maßnahme kann durchgeführt werden.
Reicht die Deckung durch das Instrument der flexiblen Haushaltsführung dagegen nicht aus, wird nunmehr die Notwendigkeit des Erlasses einer Pflichtnachtragssatzung geprüft.

3. Stufe: Deckung durch Erlass einer (Pflicht-)Nachtragshaushaltssatzung?
Wenn die Deckung im Rahmen der flexiblen Haushaltsführung nicht möglich ist, dann muss im nächsten Schritt geprüft werden, ob die Voraussetzungen zum Erlass einer (Pflicht-)Nachtragshaushaltssatzung nach § 68 Abs. 2 Nr. 2 BbgKVerf vorliegen. Demnach hat die Kommune unverzüglich eine Nachtragssatzung zu erlassen, wenn bisher nicht veranschlagte oder zusätzliche Einzelaufwendungen oder Einzelauszahlungen in einem im Verhältnis zu den gesamten Aufwendungen oder Auszahlungen erheblichen Umfang geleistet werden sollen. Die Höhe der maßgeblichen Erheblichkeitsgrenze wird in der Haushaltssatzung festgelegt (Abbildung 68).

- **Freiwillige Nachtragshaushaltssatzung** nach § 68 Abs. 1 BbgKVerf bis Ende des Haushaltsjahres jederzeit möglich.
- Pflicht zum Erlass einer **Pflicht-Nachtragshaushaltssatzung** nach § 68 Abs. 2 Nr. 2 BbgKVerf, wenn die Wertgrenze überschritten wird.

Soweit diese Voraussetzungen erfüllt sind und eine Nachtragspflicht gegeben ist, ist die Deckung durch eine Nachtragssatzung zu gewährleisten. Auf die Nachtragssatzung sind die Vorschriften über die Haushaltssatzung anzuwenden (vgl. Kapitel H).

Haushaltssatzung
der Gemeinde Prenzwalde für das Haushaltsjahr 20..
(Muster zu § 65 BbgKVerf für die Haushaltssatzung)

Aufgrund des § 67 der Kommunalverfassung des Landes Brandenburg wird nach Beschluss der Gemeindevertretung vom … folgende Haushaltssatzung erlassen:

§ 1

⋮

§ 5

1. …
2. …
3. …
4. Die Wertgrenzen, ab der eine Nachtragssatzung zu erlassen ist, werden bei:
   a) der Entstehung eines Fehlbetrages auf … Euro und
   b) bei bisher nicht veranschlagten oder zusätzlichen Einzelaufwendungen oder Einzelauszahlungen auf … Euro festgesetzt.

Abbildung 68: Wertgrenze für Nachtragssatzungen

Durch die Pflicht zur vollständigen Deckung des Mehrbedarfs mittels Nachtragssatzung ist die Mehrbedarfsprüfung an dieser Stelle ebenfalls beendet, und die Maßnahme kann durchgeführt werden.

4. Stufe: Deckung durch über- oder außerplanmäßige Aufwendungen / Auszahlungen?
Wenn eine Deckung im Rahmen der flexiblen Haushaltsführung nicht oder nicht vollständig möglich ist und die Voraussetzungen für eine Pflichtnachtragssatzung nicht vorliegen, ist eine Prüfung über die Möglichkeiten der Deckung im Rahmen von über- oder außerplanmäßigen Aufwendungen / Auszahlungen nach § 70 BbgKVerf notwendig.
Wie bereits im Kapitel E.III.5. ab Seite 163 beschrieben, müssen vor der Anordnung der Maßnahme durch den Kämmerer oder die Gemeindevertretung folgende Merkmale geprüft werden:

- Deckung des Mehrbedarfs muss unter Beachtung des Grundsatzes der Gesamtdeckung nach § 22 KomHKV gewährleistet sein.
- Sachliche Unabweisbarkeit und zeitliche Unabweisbarkeit muss vorliegen.
- Zuständigkeit der Gemeindevertretung bei Überschreiten der Erheblichkeitsgrenze
- ggf. Eilentscheidung nach § 58 BbgKVerf

5. Stufe: Deckung durch freiwillige Nachtragssatzung?
Sollten alle bis zu diesem Punkt durchzuführenden Schritte nicht zum gewünschten Erfolg führen und somit weiterhin keine ausreichenden Mittel zur Verfügung stehen, ist es der Kommune grundsätzlich nicht gestattet, die Maßnahme dennoch durchzuführen.
Es bliebe daher nur die Möglichkeit, ganz allgemein eine freiwillige Nachtragssatzung nach § 68 Abs. 1 Satz 1 unter Beachtung der vorgegebenen Verfahrensregeln und -abläufen gem. § 67 BbgKVerf i. V. m. § 63 Abs. 2 BbgKVerf zu beschließen.

Diese Maßnahme stellt in der Praxis die letzte Möglichkeit dar, die mit einem erheblichen Aufwand verbunden ist. Sofern im Rahmen einer freiwilligen Nachtragssatzung keine anderen oder zusätzlichen satzungsrelevanten Änderungen erfolgen, wird eine Gemeindevertretung tendenziell eher zurückhaltend in Bezug auf Erlass einer Nachtragssatzung sein, vor allem wenn sich der Fehlbedarf in einer geringen Größenordnung bewegt. Hier ist der Grundsatz der Wirtschaftlichkeit und Sparsamkeit nach § 63 Abs. 2 BbgKVerf zu beachten.
In diesem Falle bleibt der Kommune nichts anderes übrig, als u. a.

- die Maßnahme nicht oder unter anderen finanziellen Vorgaben durchzuführen,
- eine Aufgabenumverteilung i. S. v. § 22 KomHKV vorzunehmen,
- Maßnahmen zeitlich in spätere Haushaltsjahre zu verschieben,
- Nachverhandlungen durchzuführen,
- Vormerkungen herauszunehmen,
- andere Prioritäten bei den Aufwands-/Auszahlungsansätzen zu finden.

Übungssachverhalte zu Kapitel E.III

Übung 57

Die Stadt Prenzwalde betreibt seit dem 01.01.2015 eine Schwimmhalle. Mitte des Haushaltsjahres 2016 wird festgestellt, dass der Bedarf an Chlor (Konto 5281) viel höher ist als geplant. Ohne die Beschaffung des Chlors kann der Weiterbetrieb der Schwimmhalle nur noch für wenige Tage gesichert werden.
Insgesamt stehen lt. Haushaltsplan 5.000 Euro zur Verfügung. Tatsächlich werden bis zum Ende des Haushaltsjahres jedoch 15.000 Euro benötigt.
Um im laufenden Haushaltsjahr flexibel zu sein, wurde durch einen entsprechenden Haushaltsvermerk das Konto 5281 gegenseitig deckungsfähig mit den Konten 5241 (Bewirtschaftung der Grundstücke und baulichen Anlagen) und 5211 (Unterhaltung der Grundstücke und baulichen Anlagen) erklärt. Bei beiden Produktkonten werden voraussichtlich bis zum Ende des Haushaltsjahres jeweils 3.000 Euro gegenüber der ursprünglichen Planung nicht benötigt. Des Weiteren ist absehbar, dass erhebliche Mittel (über 100.000 Euro) bei den Personalaufwendungen in den Fachbereichen Finanzen und Personal eingespart werden.

Aufgabe
Formulieren Sie den Deckungsvermerk, der im Haushalt der Stadt Prenzwalde abgebildet wurde. Prüfen und begründen Sie, ob die zusätzlichen Mittel zur Chlorbeschaffung aufgewendet werden dürfen.

Bearbeitungshinweise
- Betrachten Sie bei der Bearbeitung nur den Ergebnishaushalt.
- Als erheblich i. S. d. § 70 Abs. 1 BbgKVerf sind Mehraufwendungen anzusehen, wenn sie 2.500 Euro übersteigen.
- Die generelle Budgetierung nach § 23 Abs. 1 KomHKV ist ausgeschlossen.
- Eine Nachtragshaushaltssatzung ist nicht zu prüfen.

Übung 58

Am 28.11.2016 erhalten Sie folgendes Schreiben:

> **Stadt Prenzwalde**
> *FB Finanzen* *28.11.2016*
> *An die/den Beschäftigte/n für Haushaltsangelegenheiten*
>
> *Anschaffung eines Müllfahrzeugs*
>
> *Anlässlich einer Besprechung am 25.11.2016 zwischen dem Umweltdezernenten Sauber und dem Finanzdezernenten Lemming wurde festgestellt, dass ein zurzeit nicht*

mehr betriebsfähiges Müllfahrzeug dringend durch ein neues Fahrzeug zu ersetzen ist. Durch den unfallbedingten Ausfall des Müllfahrzeugs ist es bereits zu erheblichen Verzögerungen bei der Müllabfuhr im Stadtteil »Vogelsiedlung« gekommen. Ohne Einsatz eines neuen Fahrzeugs ist eine ordnungsgemäße Abwicklung der Abfallbeseitigung bereits in den nächsten drei Wochen nicht mehr sichergestellt. Ersatzfahrzeuge stehen nicht mehr zur Verfügung, der Abzug von Müllfahrzeugen aus anderen Stadtteilen würde das Problem lediglich verlagern, aber nicht beseitigen. Der bereits eingeholte Kostenvoranschlag des »Autohauses Flink« in Höhe von 200.000 Euro stellt das am Markt wirtschaftlichste Angebot dar. Da bei der Firma Flink ein entsprechendes Vorführfahrzeug vorhanden ist, sollte keine weitere Verzögerung eintreten. Ein entsprechender Ansatz ist im Haushaltsplan des Jahres nicht vorhanden.
Ich bitte Sie zu klären, ob die Anschaffung des Müllfahrzeugs möglich ist.

Mit freundlichen Grüßen

Lemming
Lemming

Aufgabe
Prüfen Sie ausführlich, ob und ggf. wie die erforderlichen Haushaltsmittel bereitgestellt werden können.

Bearbeitungshinweise

Auszug aus Hauptsatzung
Als erheblich i. S. d. § 70 Abs.1 BbgKVerf sind Mehraufwendungen/Mehrauszahlungen dann anzusehen, wenn sie im Einzelfall 200.000 Euro übersteigen.

Deckungsmöglichkeit

- Minderaufwendungen 210.000 €
- Mehrerträge 230.000 €
- Kredit 200.000 €
- Mehreinzahlung (Verkauf eines Grundstücks) 220.000 €

Übung 59

Der Haushaltsplan 2016 der Stadt Prenzwalde wurde am 03.02.2016 nach Genehmigung durch die Kommunalaufsichtsbehörde öffentlich bekannt gemacht. Zum Stand 01.07.2016 stellt sich die Mittelbewirtschaftung im Teilfinanzplan des Produkts 2711 – Volkshochschule wie folgt dar:

Produkt 2711 – Volkshochschule		Produktverantwortlich: Herr Schludrig		
Konto	**– AUSZUG – Teilfinanzplan / Investitionstätigkeit**	**Ansatz**	**Anord-nungen**	**Aufträge**
		Euro	Euro	Euro
	Einzahlungen			
	Zuweisungen vom Land	50.000	62.500	0
	Zuweisung vom Landkreis	500	0	0
	Spenden von privaten Unternehmen	3.000	2.000	0
	Spenden von Privatpersonen	2.500	25.000	0
	Gesamteinzahlungen	56.000	89.500	0
	Auszahlungen			
	Grunderwerb	125.000	120.000	0
	Herstellungskosten Anbau	450.000	400.000	37.500
	Herstellungskosten Außenanlage	45.000	0	0
	Sonstige Investitionsauszahlungen	1.000	700	300
	Inventarbeschaffung (GWG)	1.500	1.500	0
	Inventarbeschaffung (ab 1.000 Euro)	50.000	30.000	17.500
	Gesamtauszahlungen	672.500	552.200	55.300

Im laufenden Haushaltsjahr ist über die Verfügbarkeit von Haushaltsmitteln für die nachfolgenden Geschäftsvorfälle zu entscheiden:

1) Aufgrund des Alters einiger Inventargegenstände (Anlagegüter überwiegend bereits abgeschrieben) ist es erforderlich, die vorhandenen Unterrichtsräume mit neuen technischen Ausstattungsgegenständen (PC-Technik, Beamer etc.) zu bestücken (Kosten im Einzelfall über 1.000 Euro netto). Insgesamt werden 3.800 Euro benötigt.

2) Die Kapazität der Volkshochschule soll aufgrund der vorgesehenen Angebotserweiterung (Etablierung als Bildungs- und Freizeitzentrum) um einen Anbau erweitert werden. Die Baukosten für den 2. Bauabschnitt (1. Bauabschnitt Planungsleistung, Vermessungskosten, Herstellung der Bodenplatte etc. wurden bereits Ende 2015 ausgeführt) wurden ursprünglich auf 450.000 Euro geschätzt. Für eine zusätzlich benötigte Grundstücksteilfläche wurden 125.000 Euro geplant. Nunmehr stellt sich heraus, dass der Anbau insgesamt um rund 50.000 Euro teurer wird als geplant, wobei beim Grunderwerb aufgrund positiver Verhandlungen mit dem Eigentümer nur ein Betrag i. H. v. 120.000 Euro benötigt wird. Nach Fertigstellung des Anbaus soll die Herstellung der Außenanlagen beauftragt werden. Die eingeplanten Haushaltsmittel werden planmäßig benötigt.

Aufgabe

a) Prüfen und begründen Sie ausführlich, wie die dargestellten Geschäftsvorfälle finanziert werden können.

b) Bilden Sie die entsprechenden Konten.

c) Fertigen Sie den Antrag zur Bewilligung überplanmäßiger Aufwendungen / Auszahlungen. Nutzen Sie dafür das beigefügte Formblatt.

STADT PRENZWALDE
Antrag auf überplanmäßiger Aufwendungen, Auszahlungen, VE

Aktenzeichen

I. **Fachbereich:** ______________ **an FB Finanzen**

Haushaltsjahr

Produktkonto / Deckungskreis	Bezeichnung

Verfügbare Haushaltsmittel

Ansatz Aufwendungen/Auszahlungen/ Verpflichtungsermächtigungen ______________ EUR

______________ EUR

+ bereits erhöht um ______________ EUR

./. gesperrte Mittel ______________ EUR

Summe ______________ EUR

Es wird beantragt zu erhöhen

um ______________ EUR

auf ______________ EUR

> Überplanmäßige Aufwendungen / Auszahlungen sind nur zulässig, wenn die Aufwendungen / Auszahlungen unabweisbar sind und die Deckung gewährleistet ist.
>
> (§ 70 Abs. 1 BbgKVerf)

Bereits gebundene Mittel: ______________ EUR

Begründung für den Mehrbedarf (ggf. Anlage beifügen) :

____

____

____

____

____

Deckungsvorschlag unter Angabe des Produktkontos und des Betrages:

☐ bisher nicht veranschlagte Erträge/Einzahlungen für folgenden Zweck: ______________

____

☐ Mehrerträge/-einzahlungen / Wenigeraufwendungen/-auszahlungen / Wenigerinanspruchnahme / Verpflichtungsermächtigung bei:

Produktkonto	Bezeichnung	in Höhe von
		EUR
		EUR

Datum	Bearbeiter	Unterschrift Fachbereichsleiter

II.

VERFÜGUNG
durch den Fachbereich Finanzen

Die Erhöhung des Haushaltsansatzes für Aufwendungen / Auszahlungen / Verpflichtigungsermächtigungen wird

☐ genehmigt in Höhe von [EUR]

☐ und freigegeben ☐ die hauswirtschaftliche Sperre wird aufgehoben

☐ abgelehnt Begründung: ______________

Die überplanmäßige Aufwendung / Auszahlung / Verpflichtungsermächtigung wird gedeckt

☐ entsprechend dem angegebenen Deckungsvorschlag

☐ durch ______________________________

III. Entscheidung 20 / II ______________ **V. Entscheidung im Hauptausschuss am:** ______________

IV. Entscheidung OB-Beratung am: ______________ **VI. Beschluss in der SVV am:** ______________

Bitte Original an FB Finanzen Prenzwalde. Eine Kopie verbleibt beim beantragenden Fachbereich.

Bearbeitungshinweise und Haushaltsvermerke zum Teilhaushalt

- Eine generelle Budgetierung des Teilplans nach § 23 Abs. 1 KomHKV ist ausgeschlossen.
- Die Zuweisung vom Land ist zweckgebunden zugunsten der Herstellung des Anbaus.
- Das Konto »Grunderwerb« ist gegenseitig deckungsfähig mit den Konten für die Inventarbeschaffung des Produkts 2711 – Volkshochschule.
- Die Herstellungskosten für die Außenanlage sind einseitig deckungsfähig zugunsten der Herstellungskosten für den Anbau.
- Als erheblich sind Mehraufwendungen und Mehrauszahlungen i.S.d. § 68 Abs. 2 Nr. 2 BbgKVerf dann anzusehen, wenn sie 600.000 Euro übersteigen.
- Als erheblich sind Mehraufwendungen und Mehrauszahlungen i.S.d. § 70 Abs. 1 Satz 3 BbgKVerf dann anzusehen, wenn sie 10.000 Euro übersteigen.

Übung 60

In den Sommermonaten des Haushaltsjahres 2016 liegt dem Fachbereich Finanzen eine Mittelanforderung des Fachbereichs Bauwesen/Winterdienst vor. Demnach müssen für den anstehenden Winter die Streusalzvorräte aufgefüllt werden. Die im Haushaltsplan bereitgestellten Mittel i.H.v. 50.000 Euro reichen planmäßig für die Beschaffung eines Wintervorrats aus. Die Lagerhalle des Winterdienstes reicht jedoch für die doppelte Menge an Streusalz aus. In den vergangenen Jahren gab es erhebliche Preissteigerungen für das Streusalz, die sich nach den Informationen des Fachbereichsleiters Bauwesen/Winterdienst rasant fortsetzen werden. Der Fachbereich beantragt daher die Auslastung der Lagerkapazitäten durch die Beschaffung der doppelten Menge an Streusalz. Damit könnten zwei Winter überbrückt werden.
Daneben beantragt der Fachbereich Kultur zusätzliche Haushaltsmittel für das Konto »Förderung kultureller Vereine – kulturelle Feste«.
Nach der Förderrichtlinie der Stadt erfolgt eine Förderung kultureller Feste unter kulturpolitischen Voraussetzungen und im Rahmen der zur Verfügung stehenden Haushaltsmittel. Hintergrund des zusätzlichen Mittelbedarfs ist das anstehende Stadtjubiläum, das durch die Vereine besonders gewürdigt werden soll. Insgesamt beantragen dafür drei Vereine jeweils 30.000 Euro (die Anträge erfüllen die kulturpolitischen Voraussetzungen).

Aufgaben

a) Bilden Sie die Produkte und Konten.

b) Prüfen und begründen Sie ausführlich, ob die haushaltsrechtlichen Voraussetzungen für die Beschaffung des Streusalzes für zwei Winter sowie für die Bewilligung der Fördermittel für die kulturellen Feste erfüllt sind.

Bearbeitungshinweise

Insgesamt werden in beiden Fachbereichen die geplanten Haushaltsmittel bei verschiedenen Konten nicht ausgeschöpft, sodass erhebliche Einsparungen zu verzeichnen sind (jeweils ca. 200.000 Euro).

Die Zuständigkeit für die Beschlussfassung über- und außerplanmäßiger Aufwendungen und Auszahlungen liegt entsprechend der Regelung in der der Haushaltssatzung beim beschließenden Finanzausschuss (bei einem Mehrbedarf von 20.000 Euro bis 80.000 Euro für ein Konto).

Übung 61

Entsprechend den Hinweisen der Hausmeister des Rathauses von Prenzwalde erfolgte eine intensive bauliche Begutachtung des Rathausdaches. Dabei wurde festgestellt, dass die schweren Unwetter der vergangenen Hitzeperiode starke Schäden hinterlassen haben. Vielfach sind Dachschindeln stark beschädigt, sodass bereits eine teilweise Vernässung des Dachstuhls bzw. Dachbodens festgestellt wurde. Die Reparaturkosten wurden durch das mit der Begutachtung beauftragte Ingenieurbüro mit Gesamtkosten zwischen 50.000 Euro und 58.000 Euro eingeschätzt. Die Mittel für die Gebäudeunterhaltung sind bis auf einen Betrag von 25.000 Euro vollständig ausgeschöpft bzw. werden planmäßig bis zum Jahresende benötigt. Lediglich die Mittel für die Gebäudebewirtschaftung bleiben durch den Abschluss eines neuen Reinigungsvertrags für sämtliche städtischen Gebäude um fast 45.000 Euro hinter dem geplanten Ansatz zurück.

Aufgabe
Prüfen und begründen Sie ausführlich, ob die haushaltsrechtlichen Voraussetzungen zur Durchführung der Reparaturarbeiten vorliegen.

Bearbeitungshinweis
Der Erlass einer Nachtragssatzung ist nicht zu prüfen!

Übung 62

Der Leiter des Katastrophenschutzes der kreisfreien Stadt Rittersburgen machte in der letzten Sitzung des Stadtrates darauf aufmerksam, dass für die Hochwasserbekämpfung zwingend neue mobile Deichsysteme anzuschaffen sind. Diese Form der Hochwasserbekämpfung hat sich bei den vergangenen Hochwasserereignissen bewährt. Darüber hinaus ist eine Hochwasserbekämpfung an kritischen Bereichen in der Stadt kaum anders möglich. Grund für die Neuanschaffung ist, dass beim letzten Hochwasser die mobilen Deichsysteme stark beschädigt wurden und nicht noch einmal verwendet werden können bzw. nur mit einem erheblichen Risiko. Dabei machte er auf den Umstand aufmerksam, dass der benachbarte Landkreis gebrauchte, aber noch nicht genutzte mobile Deichsysteme (Restnutzungsdauer fünf Jahre) für einen Preis von 40.000 Euro kurzfristig abgeben könnte. Im Haushaltsplan 2016 stehen Haushaltsmittel in Höhe von 50.000 Euro und ein Haushaltsrest aus dem Jahr 2015 in Höhe von 20.000 Euro zur Verfügung. Von den Mitteln wurden bereits 40.000 Euro angeordnet, und 20.000 Euro sind durch weitere Aufträge gebunden.
Als Deckungsmöglichkeiten hat der Fachbereich Finanzen nachfolgende Haushaltspositionen ermittelt:

- Erlös aus dem Verkauf eines Feuerwehrfahrzeugs i. H. v. 20.000 Euro (Buchwert 15.000 Euro)
- geringere Abschreibungen i. H. v. 35.000 Euro
- Einsparungen bei den Bewirtschaftungskosten i. H. v. 5.000 Euro
- zusätzliche Mittel bei den Landeszuweisungen für kulturelle Feiern und Feste i. H. v. 30.000 Euro.
- Einsparungen bei der Sanierung der Kanalbrücke i. H. v. 300.000 Euro (100 v. H. Förderung durch Bundes- und Landesmittel)
- Einsparungen bei den Personalaufwendungen i. H. v. 100.000 Euro

Aufgabe
Prüfen und begründen Sie, ob das mobile Deichsystem angeschafft werden kann. Gehen Sie bei Ihrer Prüfung auf sämtliche Deckungsmöglichkeiten ein. Der Erlass einer Nachtragshaushaltssatzung ist nicht zu prüfen.

Übung 63

Für den Rettungsdienst der kreisfreien Stadt Prenzwalde wurde im Haushaltsplan 2016 die Anschaffung eines neuen Fahrzeugs vorgesehen. Das derzeit vorhandene Fahrzeug ist bereits aufgrund von Alterserscheinung mehrfach in der Vergangenheit ausgefallen. Der Rettungsdienst konnte daher nicht immer gewährleistet werden. Insofern duldete die Anschaffung nach Beginn des Haushaltsjahres 2016 auch keinen Aufschub. Nachdem die Angebote für das neue Fahrzeug vorlagen, wurde deutlich, dass die veranschlagten 150.000 Euro nicht ausreichen. Vielmehr entstehen im Vergleich zur Planung mindestens 50.000 Euro Zusatzkosten.
An den ursprünglich geschätzten Anschaffungskosten i. H. v. 150.000 Euro beteiligte sich das Land mit 50.000 Euro. Für die nunmehr auftretenden Zusatzkosten sagte das Land kurzfristig weitere 20.000 Euro zu.

Aufgabe
Prüfen und begründen Sie ausführlich, ob die haushaltsrechtlichen Voraussetzungen zur Durchführung der Anschaffung vorliegen.

Bearbeitungshinweis

- Die Zuweisung vom Land ist zweckgebunden zugunsten der Anschaffung des neuen Rettungsdienstfahrzeugs.
- Erheblich i. S. d. § 68 Abs. 2 Nr. 2 BbgKVerf sind nicht veranschlagte oder zusätzliche Aufwendungen bzw. Auszahlungen über 10.000 Euro.
- Erheblich i. S. d. § 70 Abs. 1 S. 3 BbgKVerf sind über- bzw. außerplanmäßige Aufwendungen und Auszahlungen, wenn sie 5.000 Euro übersteigen.
- Im Kulturbereich ist die Anschaffung neuer verbesserter Ausstattungsgegenständen für die Museen mit 50.000 Euro geplant.
- Für die Anschaffung eines neuen Rettungsbootes für die Feuerwehr sind 40.000 Euro veranschlagt.

F Haushaltssatzung

Der Haushaltsplan (siehe Abbildung 69) erhält als Bestandteil der Haushaltssatzung einen verbindlichen Charakter (vgl. § 66 Abs. 1 Satz 1, Abs. 3 BbgKVerf). Das heißt, dieser wird zu »Ortsrecht«.

I. Haushaltskreislauf

Die kommunale Haushaltswirtschaft setzt sich aus verschiedenen Phasen entsprechend des zeitlichen Ablaufs zusammen. Zunächst werden die voraussichtlichen Erträge und Aufwendungen, Einzahlungen und Auszahlungen, Investitionen, Verpflichtungsermächtigungen sowie Kreditaufnahmen in der **Planungsphase** in einem Haushaltsplan zusammengestellt. Dies stellt eine Zukunftsprognose dar und wird mit Beschluss der Gemeindevertretung bzw. des Kreistages über die Haushaltssatzung festgeschrieben. Diese Phase findet entsprechend dem Grundsatz der Vorherigkeit vor Beginn des Haushaltsjahres statt. Die **Ausführung bzw. Bewirtschaftung** des Haushaltsplanes findet entsprechend dem Grundsatz der Jährlichkeit und zeitlichen Bindung zwischen dem 01.01. und dem 31.12. des Haushaltsjahres statt. Hier werden die anfallenden Geschäftsvorfälle im Rahmen der doppelten Buchführung gebucht. Nach Abschluss des Haushaltsjahres werden die geplanten Haushaltsermächtigungen mit der tatsächlichen Bewirtschaftung gegenübergestellt (Kontrolle/Rückschau). Daraus wird der Jahresabschluss entwickelt und aufgestellt. Der Jahresabschluss stellt das Gegenstück zum Haushaltsplan dar. Hieraus wird deutlich, dass sich die Planung, Bewirtschaftung und Kontrolle eines Haushaltsjahres über insgesamt drei Jahre erstrecken.

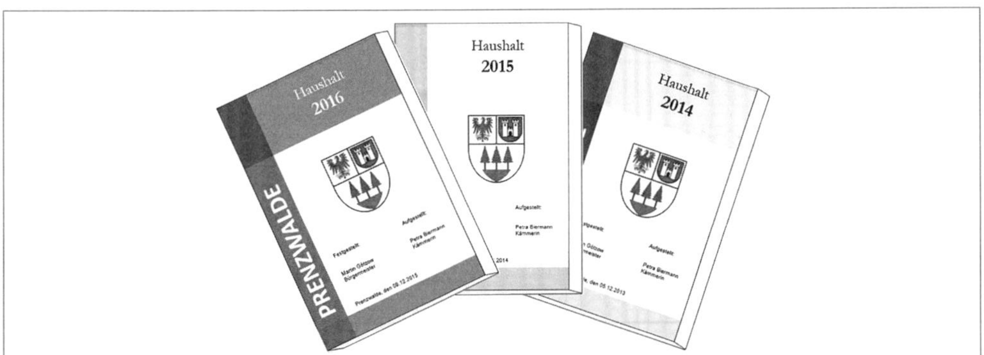

Abbildung 69: Haushaltspläne

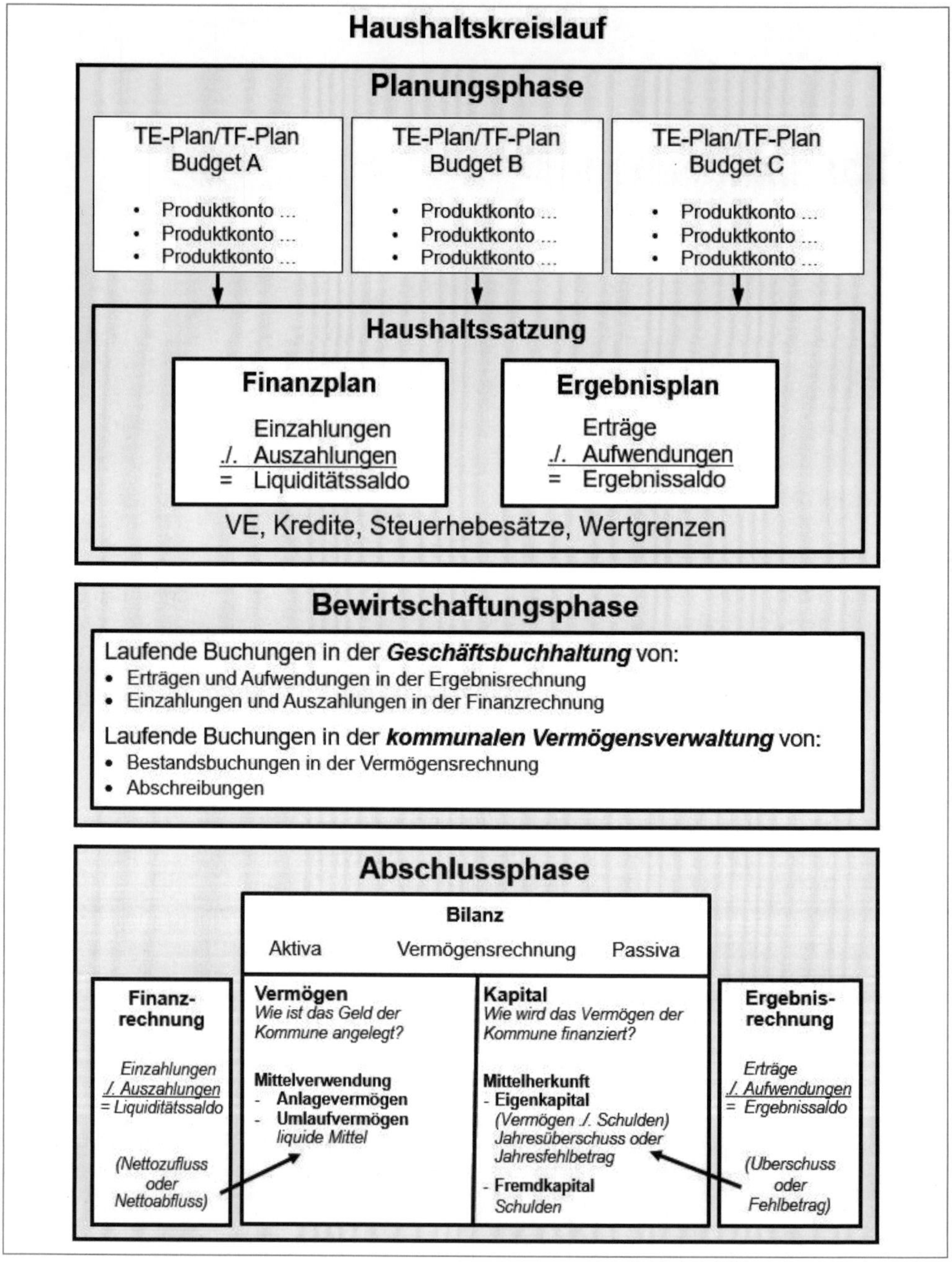

Abbildung 70: Haushaltskreislauf (Übersicht)

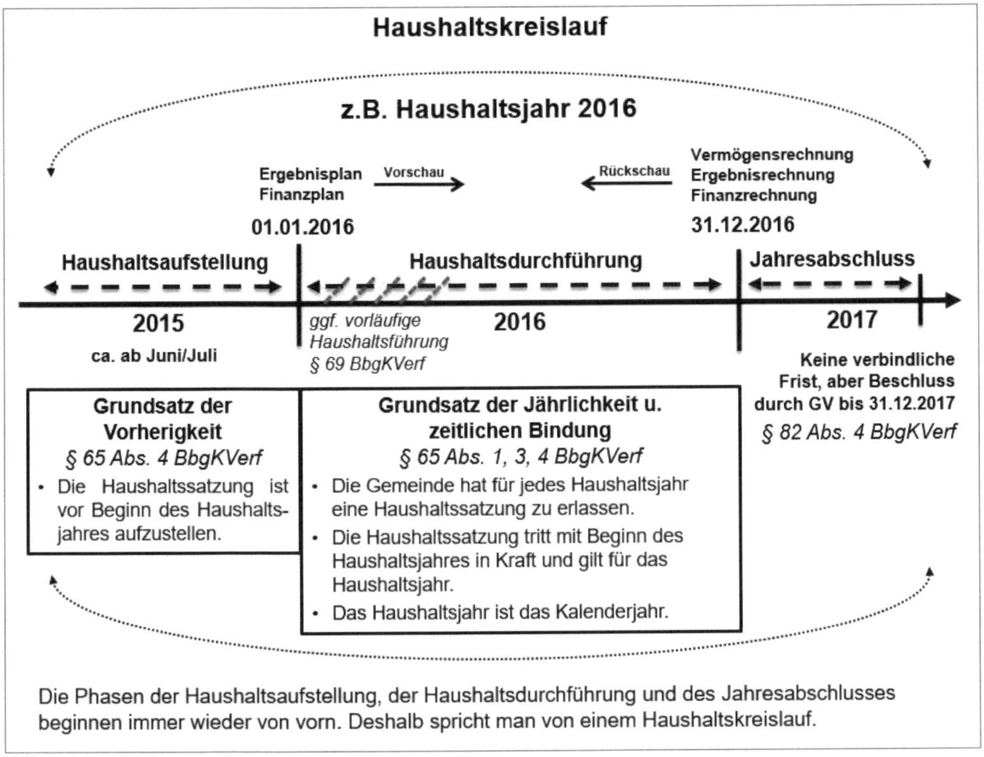

Abbildung 71: Haushaltskreislauf (Ablauf)

II. Besondere Stellung der Haushaltssatzung

Im Rahmen des Art. 28 Abs. 2 GG können die Kommunen auf der Grundlage des kommunalen Selbstverwaltungsrechts eigene Satzungen (Ortsrecht) erlassen. Eine dieser Satzungen ist die Haushaltssatzung. Diese kommt nach den Vorschriften des Kommunalverfassungsgesetzes zustande und bildet die rechtliche Grundlage für die Haushaltswirtschaft der Gemeinden.

Der Haushaltsplan ist nach § 66 Abs. 1 Satz 1 BbgKVerf Teil der Haushaltssatzung. Das heißt, auf Basis des Beschlusses über die Haushaltssatzung wird der Haushaltsplan mit seinen Festsetzungen (u. a. auch Bewirtschaftungsregeln wie die echte und unechte Deckungsfähigkeit, Zweckbindung, Übertragbarkeit etc.) und Ermächtigungen für die Führung der Haushaltswirtschaft verbindlich. Ansprüche und Verbindlichkeiten Dritter werden durch ihn weder begründet noch aufgehoben (vgl. § 66 Abs. 3 BbgKVerf).

Neben der Hauptsatzung nach § 4 BbgKVerf gehört auch die Haushaltssatzung zu den Pflichtsatzungen[90] (vgl. § 65 Abs. 1 BbgKVerf). Die Zuständigkeit zum Beschluss der Haushaltssatzung liegt ausschließlich bei der Gemeindevertretung, die Entscheidungsbefugnis

[90] Die Gemeinde hat für jedes Haushaltsjahr eine Haushaltssatzung zu erlassen.

kann die Gemeindevertretung nicht übertragen (§ 67 Abs. 4 i. V. m. § 28 Abs. 2 BbgKVerf). Der Inhalt der Haushaltssatzung ist im § 65 Abs. 2 BbgKVerf festgeschrieben. Nach § 66 Abs. 1 BbgKVerf ist der Haushaltsplan Teil der Haushaltssatzung und wird damit zur intern verbindlichen Rechtsnorm.
Die Haushaltssatzung gilt entsprechend dem Grundsatz der Jährlichkeit immer nur für ein Haushaltsjahr (§ 65 Abs. 1 BbgKVerf), wobei das Haushaltsjahr dem Kalenderjahr entspricht (§ 65 Abs. 4 BbgKVerf). Unabhängig vom Bekanntmachungstermin tritt die Haushaltssatzung frühestens zum 01.01. des Haushaltsjahres in Kraft und gilt bis zum 31.12. Sie kann damit auch rückwirkend in Kraft treten.

1. Doppelhaushalt

Mit § 65 Abs. 3 Satz 2 BbgKVerf wird der Kommune die Möglichkeit eröffnet, in der Haushaltssatzung Festsetzungen für zwei Haushaltsjahre vorzunehmen. Diese sind jedoch nach Jahren getrennt zu veranschlagen. Somit wird dem Grundsatz der Jährlichkeit auch in diesem Fall nicht widersprochen. Ergänzend hierzu sieht § 11 KomHKV vor, dass in diesem Fall die Ansätze für Erträge, Einzahlungen, Aufwendungen, Auszahlungen und Verpflichtungsermächtigungen für jedes der beiden Haushaltsjahre getrennt zu veranschlagen sind. Somit wird eine Trennung nach Jahren vollzogen.
Mit dem zweijährigen Haushalt soll der Kommune jedoch die Möglichkeit gegeben werden, zum einen ein höheres Maß an Planungssicherheit zu erreichen und zum anderen den Verwaltungsaufwand zu reduzieren.
Die strikte Trennung der Haushaltsjahre vollzieht sich auch im Haushaltsplan. Sämtliche Positionen des Ergebnishaushalts und des Finanzhaushalts sind getrennt für jedes der beiden Jahre auszuweisen. Der Haushaltsplan für zwei Jahre stellt insofern kein Instrument zur Flexibilisierung der Haushaltsplanung und Haushaltsbewirtschaftung dar.
Hierdurch erfolgt keine inhaltliche, rechnerische oder sachliche Zusammenfassung von zwei Haushaltsjahren, sondern es werden zwei Perioden parallel bzw. hintereinander abgebildet. Es gelten grundsätzlich alle Vorschriften und weitgehend auch die verbindlichen Muster zum Aufstellen und Bewirtschaften des Haushalts.
Lediglich die Werte der mittelfristigen Ergebnis- und Finanzplanung der Spalte »Planung Haushaltsjahr +1« müssen durch verbindliche Haushaltsansätze des entsprechenden Jahres ersetzt werden. Die Teilfinanzhaushalte sind darüber hinaus um eine weitere Spalte »Verpflichtungsermächtigungen« zu ergänzen, die sich auf das zweite Haushaltsjahr bezieht. Auch im Stellenplan sind zusätzliche Spalten für das zweite Haushaltsjahr anzufügen.

2. Erlass der Haushaltssatzung

Die in § 67 BbgKVerf aufgeführten Regelungen zum Erlass der Haushaltssatzung sind zwingend einzuhalten, da ansonsten eine rechtmäßige Haushaltssatzung mit den sich darauf ergebenden Rechtsfolgen ggf. nicht zustande kommen würde.

2.1 Ablaufschema zum Entstehen einer Haushaltssatzung

Das nachfolgende Schema (Abbildung 72) entspricht den internen Regelungen und Verfahrensweisen, wie sie in der Mehrzahl der Kommunen des Landes Brandenburg regelmäßig praktiziert werden. Gleichwohl können hiervon abweichende Schritte und zeitliche Festlegungen in der Praxis vorliegen, sofern sie nicht dem Wortlaut des § 67 BbgKVerf widersprechen. Die Zeitangaben beziehen sich auf das Jahr vor dem betreffenden Haushaltsjahr.

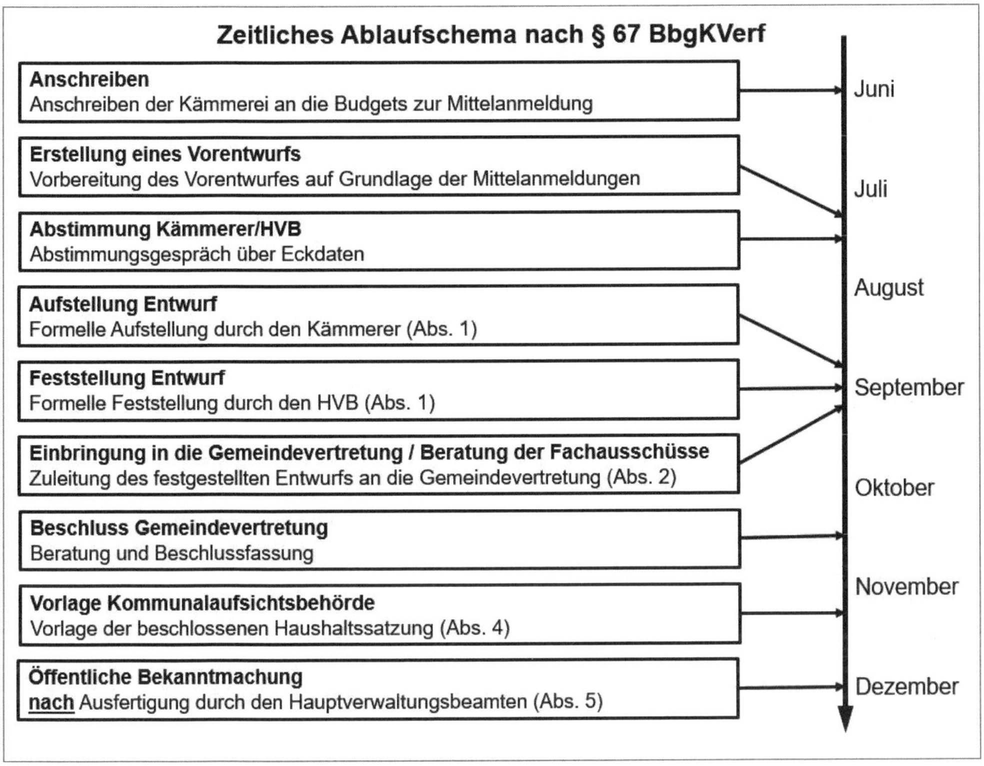

Abbildung 72: Zeitliches Ablaufschema nach § 67 BbgKVerf

Anschreiben

Etwa im Mai bis Juni werden die Budgetverantwortlichen vom Kämmerer angeschrieben und zur Mittelanmeldung bzw. Einnahmeanmeldung aufgefordert.

Erstellung eines Vorentwurfs

Auf Grundlage der Mittelanmeldungen wird etwa im Juli der Vorentwurf vom Kämmerer vorbereitet.

Abstimmung Kämmerer und Hauptverwaltungsbeamter (HVB)

Ende Juli/Anfang August findet dann das Abstimmungsgespräch über die Eckdaten zwischen dem Kämmerer und dem Hauptverwaltungsbeamten statt. Das bedeutet, dass bis zu diesem Zeitpunkt der Entwurf des Haushaltsplans bereits in einer mit allen Budgets der Kommune abgestimmten Fassung vorliegen muss.

Aufstellung und Feststellung Entwurf
Die formelle **Aufstellung** der Haushaltssatzung gem. § 67 Abs. 1 BbgKVerf erfolgt durch den Kämmerer im Anschluss an die Abstimmungsgespräche im September und wird dann dem Hauptverwaltungsbeamten offiziell zugeleitet.
Die formelle **Feststellung** gem. § 67 Abs. 1 BbgKVerf erfolgt ebenfalls noch im September durch den Hauptverwaltungsbeamten (Abbildung 73).

Aufstellungs- und Feststellungsvermerke

<u>Aufstellungsvermerk</u>

Die Haushaltssatzung und der Haushaltsplan der Stadt Prenzwalde für das Haushaltsjahr 2016 einschließlich des mittelfristigen Finanzplans für den Planungszeitraum 2017-2019 wurden aufgestellt und dem Bürgermeister vorgelegt.

Prenzwalde, den 07.09.2015

Petra Biermann
Kämmerin

<u>Feststellungsvermerk</u>

Die Haushaltssatzung und der Haushaltsplan der Stadt Prenzwalde für das Haushaltsjahr 2016 einschließlich des mittelfristigen Finanzplans für den Planungszeitraum 2017-2019 wurde festgestellt und der Stadtverordnetenversammlung zugeleitet.

Prenzwalde, den 11.09.2015

Martin Götzow
Bürgermeister

Abbildung 73: Aufstellungs- und Feststellungsvermerke

Einbringung in die Gemeindevertretung
Der Hauptverwaltungsbeamte leitet den von ihm festgestellten Entwurf der Haushaltssatzung im September/Oktober gem. § 67 Abs. 2 BbgKVerf der Gemeindevertretung zu. Soweit er von dem ihm vom Kämmerer vorgelegten Entwurf abweicht, hat der Hauptverwaltungsbeamte der Gemeindevertretung eine Stellungnahme des Kämmerers mit vorzulegen. Die Stellungnahme darf sich nur auf die Einhaltung der Haushaltsgrundsätze und der sonstigen haushaltsrechtlichen Bestimmungen beziehen.

Fachausschüsse
Unmittelbar nach Einbringung der Haushaltssatzung werden Teile davon in den jeweils dafür zuständigen Fachausschüssen beraten, z. B.:

- Ausschuss für Arbeitsmarkt
- Jugendhilfeausschuss
- Schul-, Kultur-, Sportausschuss
- Wirtschaftsförderungs- und Strukturausschuss
- Bau- und Vergabeausschuss
- Gesundheits- und Sozialausschuss

Auf Verlangen eines Fünftels der gesetzlichen Anzahl der Gemeindevertreter oder einer Fraktion kann der Kämmerer in der Beratung seine abweichende Auffassung darlegen. Die Darlegung darf sich nur auf die Einhaltung der Haushaltsgrundsätze und der sonstigen haushaltsrechtlichen Bestimmungen beziehen. Sofern Änderungen beschlossen werden, sind diese vor Beschlussfassung durch die Gemeindevertretung im Entwurf einzuarbeiten.

Gemeindevertretung

Möglichst bis Mitte November soll dann die Haushaltssatzung in der Gemeindevertretung beraten und anschließend beschlossen werden. Nach § 28 Nr. 15 BbgKVerf ist die Gemeindevertretung für den Erlass und die Änderung von Satzungen bzw. der Haushaltssatzung zuständig. Für die Beschlussfassung gelten die Vorschriften über die Beschlussfähigkeit und Beschlüsse gem. §§ 37, 38 BbgKVerf. Nach § 38 Abs. 1 BbgKVerf ist die GV beschlussfähig, wenn mehr als die Hälfte der gesetzlichen Anzahl der Mitglieder anwesend ist. Für die Beschlussfassung der Haushaltssatzung ist gem. § 39 Abs. 2 BbgKVerf die einfache Mehrheit erforderlich, da in den Vorschriften über den Erlass der Haushaltssatzung keine qualifizierte Mehrheit (z. B. absolute Mehrheit) vorgesehen ist.

Vorlage Kommunalaufsichtsbehörde

Die von der Gemeindevertretung beschlossene Haushaltssatzung ist anschließend unverzüglich der Kommunalaufsichtsbehörde vorzulegen. Die Vorlage soll spätestens einen Monat vor Beginn des Haushaltsjahres erfolgen. Enthält die Haushaltssatzung genehmigungspflichtige Teile, darf die Satzung erst nach Erteilung der Genehmigung öffentlich bekannt gemacht werden.

Öffentliche Bekanntmachung

Noch vor Beginn des Haushaltsjahres ist die Haushaltssatzung durch den Hauptverwaltungsbeamten zunächst förmlich auszufertigen und nach § 67 Abs. 5 BbgKVerf öffentlich bekannt zu machen (Abbildung 74).

Ausfertigungsvermerk

Die Übereinstimmung des Satzungstextes mit dem Willen der Stadtverordnetenversammlung der Stadt Prenzwalde sowie die Einhaltung des gesetzlich vorgeschriebenen Satzungsverfahrens werden bestätigt.

Prenzwalde, den 10.12.2015

Martin Götzow
Bürgermeister

Abbildung 74: Aufstellungsvermerk (Beispiel)

Auf die Bekanntmachung des Haushaltsplans kann verzichtet werden. In der Bekanntmachung ist darauf hinzuweisen, dass jeder Einsicht in die Haushaltssatzung nehmen kann (Abbildung 75).

Hinweis auf Einsichtnahme

Hinweis

Die Haushaltssatzung der Stadt Prenzwalde für das Haushaltsjahr 2016 mit ihren Anlagen gemäß des Beschlusses 0815/2015 liegt zu jedermanns Einsichtnahme im Rathaus der Stadt Prenzwalde, Hauptstraße 14-16 16123 Prenzwalde, Zimmer 411, aus.

Prenzwalde, den 10.12.2015

Martin Götzow
Bürgermeister

Abbildung 75: Hinweis auf Einsichtnahme der Haushaltssatzung

2.2 Beteiligung der Kommunalaufsicht

Die von der Gemeindevertretung beschlossene Haushaltssatzung muss gem. 67 Abs. 4 BbgKVerf zwingend der Kommunalaufsichtsbehörde vorgelegt werden (unabhängig davon, ob die Haushaltssatzung genehmigungspflichtige Bestandteile enthält).
Dies soll spätestens einen Monat vor Beginn des Haushaltsjahres erfolgen, damit der Kommunalaufsichtsbehörde ausreichend Zeit zur Verfügung steht, um die Festsetzungen der Haushaltssatzung und des Haushaltsplans zu überprüfen.
Nach § 110 BbgKVerf führt der Landrat die Kommunalaufsicht über die kreisangehörigen Städte und Gemeinden als allgemeine untere Landesbehörde. Die Kommunalaufsicht über die Landkreise und kreisfreien Städte führt das für Inneres zuständige Ministerium. Die Kommunalaufsicht ist so auszuüben, dass die Rechte der Gemeinden geschützt und die Erfüllung ihrer Pflichten gesichert werden. In Selbstverwaltungsangelegenheiten hat die Kommunalaufsicht sicherzustellen, dass die Verwaltung der Gemeinden im Einklang mit den Gesetzen erfolgt. Sie ist somit die Rechtsaufsichtsbehörde (§ 109 BbgKVerf).
Sofern die Haushaltssatzung genehmigungspflichtige Teile enthält, bedarf es der vorherigen Zustimmung, eine Anzeige bei der Kommunalaufsicht reicht nicht aus. Für die Genehmigung der Haushaltssatzung gelten die Regelungen des § 111 BbgKVerf.
Die Genehmigung soll unter dem Gesichtspunkt einer geordneten Haushaltswirtschaft erteilt oder versagt werden. Die Kommunalaufsicht kann die Genehmigung versagen, wenn eine nachhaltige und geordnete Haushaltswirtschaft durch die Kommune nicht sichergestellt oder zu erwarten ist, dass z. B. durch Kreditverpflichtungen die dauernde

Leistungsfähigkeit der Kommune nicht im Einklang mit einer ordnungsgemäßen Haushaltwirtschaft steht. Weiterhin kann eine Genehmigung auch unter Bedingungen und Auflagen erteilt werden.
Die genehmigungspflichtigen Teile der Haushaltssatzung ergeben sich direkt aus den Vorschriften der BbgKVerf und sind abschließend:

- für das Aufstellen eines Haushaltssicherungskonzepts (§ 63 Abs. 5 Satz 4 BbgKVerf)
- für die Verpflichtungsermächtigungen, wenn in den Jahren, zu deren Lasten sie veranschlagt sind, insgesamt Kreditaufnahmen vorgesehen sind (§ 73 Abs. 4 BbgKVerf)
- für die Aufnahme von Investitionskrediten (§ 74 Abs. 2 BbgKVerf)
- für das Eingehen kreditähnlicher Verpflichtungen (§ 74 Abs. 5 BbgKVerf)

2.3 Öffentliche Bekanntmachung

Nach § 67 Abs. 5 BbgKVerf i. V. m. der Bekanntmachungsverordnung (BekanntmV)[91] ist die Haushaltssatzung öffentlich bekannt zu machen. Enthält sie genehmigungspflichtige Teile, darf die öffentliche Bekanntmachung erst nach Genehmigung durch die Kommunalaufsichtsbehörde erfolgen.
Eine Ersatzbekanntmachung lediglich durch Auslegung nach § 2 Abs. 1 BekanntmV ist nur dann vorgesehen, wenn Pläne, Karten oder Zeichnungen Bestandteile der Haushaltssatzung sind. Dies ist in der Regel jedoch nicht der Fall, sodass die Haushaltssatzung zwingend öffentlich bekannt gemacht werden muss.
Mit der öffentlichen Bekanntmachung der Haushaltssatzung wird der Haushaltsplan i. d. R. mit seinen Anlagen zusätzlich öffentlich ausgelegt (z. B. als Aushang oder zur Einsichtnahme im Bürgerbüro).
Die Bekanntmachungen erfolgen nach § 2 Abs. 2 BekanntmV durch Veröffentlichung im amtlichen Bekanntmachungsblatt der Kommune oder durch Veröffentlichung im amtlichen Bekanntmachungsblatt des entsprechenden Landkreises bzw. bei kreisfreien Städten und Landkreisen durch Veröffentlichung im amtlichen Bekanntmachungsblatt der kreisfreien Stadt oder des Landkreises. Die Veröffentlichungsorgane und die Standorte der Aushänge werden in der Hauptsatzung der Kommune aufgeführt (vgl. Abbildung 76).
Die Haushaltssatzung tritt **zum 01.01. des Haushaltsjahres** in Kraft. Bei nicht rechtzeitiger Veröffentlichung tritt sie rückwirkend zum 01.01. in Kraft.

91 Verordnung über die öffentliche Bekanntmachung von Satzungen und sonstigen ortsrechtlichen Vorschriften in den Gemeinden, Ämtern und Landkreisen (Bekanntmachungsverordnung – BekanntmV) vom 01.12.2000 i. d. F. 20.04.2006 (GVBl.I/06, [Nr. 04,] S. 46, 48)

Hauptsatzung der Stadt Prenzwalde

STADT PRENZWALDE
DER BÜRGERMEISTER

Aufgrund der §§ 4 und 28 Abs. 2 BbgKVerf hat die Stadtverordnetenversammlung der Stadt Prenzwalde in ihrer Sitzung am 30.06.2010 folgende Hauptsatzung beschlossen:

§ 1 Name der Gemeinde

1) Die Gemeinde führt den Namen „Stadt Prenzwalde".

2) Sie hat die Rechtsstellung einer amtsfreien kreisangehörigen Stadt.

...

§ 11 Bekanntmachungen

1) Bekanntmachungen erfolgen durch den hauptamtlichen Bürgermeister.

2) Satzungen und sonstige ortsrechtliche Vorschriften der Stadt Angermünde sowie sonstige öffentliche Bekanntmachungen werden im „Amtsblatt für die Stadt Prenzwalde" bekanntgemacht. Beschlüsse oder deren wesentlicher Inhalt werden auf der Internetseite der Stadt Prenzwalde („www.prenzwalde.de, > Bürgerservice > Bürgerinfoportal > Sitzungskalender") bekannt gemacht.

3) Der Tag des Anschlags ist beim Anschlag, der Tag der Abnahme nach der Abnahme auf dem ausgehängten Schriftstück mit Unterschrift zu vermerken. Die Bekanntmachung ist mit Aushang bewirkt.

4) Die Bekanntmachungen erfolgen durch Aushang im Aushangkasten des jeweiligen Ortsteiles:

a)	im Ortsteil Bärenburg:	im Aushangkasten vor dem Grundstück Dorfstr. 1, 16123 Prenzwalde, OT Bärenburg
b)	im Ortsteil Felsmühle:	im Aushangkasten Parkplatz, Bürgerstr. 7, 16123 Prenzwalde, OT Felsmühle
c)	im Ortsteil Ziegenow:	im Aushangkasten an der Bushaltestelle, 16123 Prenzwalde OT Ziegenow

Abbildung 76: Hauptsatzung (Beispiel)

2.4 Besondere Merkmale

Die Haushaltssatzung kennzeichnen im Vergleich zu den übrigen kommunalen Satzungen die nachfolgenden Punkte:[92]

Haushaltssatzung (§ 65 BbgKVerf)	**Sonstige gemeindliche Satzung (§ 3 BbgKVerf)**
Die Kommunen sind verpflichtet, eine Haushaltssatzung zu erlassen (§ 65 Abs. 1 BbgKVerf).	Im Rahmen ihrer Satzungshoheit entscheiden die Gemeinden nach § 3 Abs. 1 BbgKVerf über den Erlass von Satzungen (außer Hauptsatzung gem. § 4 BbgKVerf).
Der Inhalt der Haushaltssatzung ist vorgeschrieben (§ 65 Abs. 2 BbgKVerf).	Der Inhalt wird nicht vorgeschrieben.
Die Haushaltssatzung hat eine verbindliche Form (vgl. verbindliche Muster VV Produkt- und Kontenrahmen).	Die übrigen Satzungen haben keine verbindliche Form.
Es besteht eine Vorlagepflicht bei der Kommunalaufsichtsbehörde (§ 67 Abs. 4 BbgKVerf).	Die sonstigen Satzungen können der Kommunalaufsicht mitgeteilt werden.
Genehmigung bei genehmigungspflichtigen Bestandteilen durch Kommunalaufsichtsbehörde	Die sonstigen Satzungen sind i. d. R. genehmigungsfrei.
Die Haushaltssatzung tritt frühestens mit Beginn des Haushaltsjahres in Kraft (§ 65 Abs. 3 BbgKVerf).	Die sonstigen Satzungen treten grundsätzlich frühestens am Tag nach der Bekanntmachung in Kraft.
Die Haushaltssatzung gilt zeitlich befristet (vgl. Grundsatz der zeitlichen Bindung nach § 65 Abs. 4 BbgKVerf).	Die sonstigen Satzungen gelten i. d. R. unbefristet.
Die Haushaltssatzung besitzt mit Ausnahme der Hebesätze für die Realsteuern keine Außenwirkung.[93] Sie bindet im Innenverhältnis nur die Gemeindevertretung und die Verwaltung (vgl. § 66 Abs. 3 BbgKVerf).	Die sonstigen Satzungen besitzen grundsätzlich eine Außenwirkung (z. B. Straßenreinigungssatzung, Baumschutzsatzung).
Die Haushaltssatzung kann nicht durch Dringlichkeitsentscheidung beschlossen werden.	Die sonstigen Satzungen können durch Dringlichkeitsentscheidung beschlossen werden.

[92] Vgl. Erdmann u. a., a. a. O., S. 110; Rose: Kommunale Finanzwirtschaft Niedersachsen, 3. Auflage, Kiel 2008, S. 64.

[93] Vgl. BVerwGE 10, DÖV 1960, S. 594.

2.5 Inhalt und Form der Haushaltssatzung

Haushaltssatzung
der Stadt Prenzwalde für das Haushaltsjahr 2016

Aufgrund des § 67 der Kommunalverfassung des Landes Brandenburg wird nach Beschluss der Gemeindevertretung vom 04.11.2015 folgende Haushaltssatzung erlassen:

§ 1

Der Haushaltsplan für das Haushaltsjahr 2016 wird

1. im **Ergebnishaushalt** mit dem Gesamtbetrag der

ordentlichen Erträge auf	15.300.000 €
ordentlichen Aufwendungen auf	15.280.000 €
außerordentlichen Erträge auf	110.000 €
außerordentlichen Aufwendungen auf	110.000 €

2. im **Finanzhaushalt** mit **dem** Gesamtbetrag der

Einzahlungen auf	16.200.000 €
Auszahlungen auf	16.700.000 €

festgesetzt.

Von den Einzahlungen und Auszahlungen des Finanzhaushalts entfallen auf:

Einzahlungen aus laufender Verwaltungstätigkeit	14.100.000 €
Auszahlungen aus laufender Verwaltungstätigkeit	14.400.000 €
Einzahlungen aus der Investitionstätigkeit	1.850.000 €
Auszahlungen aus der Investitionstätigkeit	1.830.000 €
Einzahlungen aus der Finanzierungstätigkeit	20.000 €
Auszahlungen aus der Finanzierungstätigkeit	432.000 €
Einzahlungen aus der Auflösung von Liquiditätsreserven	0 €
Auszahlungen an Liquiditätsreserven	0 €

Im § 1 der Haushaltssatzung werden die Gesamtsummen der Erträge und Aufwendungen für den Ergebnishaushalt (§ 4 KomHKV) sowie der Einzahlungen und Auszahlungen im Finanzhaushalt (§ 5 KomHKV) nachgewiesen. Der Nachweis der Einzahlungen und Auszahlungen im Finanzplan wird getrennt nach laufender Verwaltungstätigkeit, Investitionstätigkeit und Finanzierungstätigkeit sowie der Veränderung der Liquiditätsreserven dargestellt. Die Gesamtsummen ergeben sich aus den Teilergebnis- und Teilfinanzhaushalten nach §§ 6 bis 8 KomHKV.

§ 2

Der Gesamtbetrag der Kredite, deren Aufnahme zur Finanzierung von Investitionen und Investitionsförderungsmaßnahmen erforderlich ist, wird auf **20.000 Euro** festgesetzt. Im § 2 der Haushaltssatzung wird die Kreditermächtigung entsprechend § 74 BbgKVerf dargestellt. Diese ist ein genehmigungspflichtiger Bestandteil der Haushaltssatzung nach § 74 Abs. 5 BbgKVerf.

§ 3

Der Gesamtbetrag der Verpflichtungsermächtigungen zur Leistung von Investitionsauszahlungen und Auszahlungen für Investitionsförderungsmaßnahmen in künftigen Haushaltsjahren wird auf **960.000 Euro** festgesetzt.

Im § 3 der Haushaltssatzung werden die Verpflichtungsermächtigungen (VE) nach § 73 BbgKVerf dargestellt. Der Gesamtbetrag der Verpflichtungsermächtigungen bedarf nach § 73 Abs. 4 BbgKVerf der Genehmigung der Kommunalaufsichtsbehörde, sofern in den Jahren, zu deren Lasten sie veranschlagt sind, dafür insgesamt Kreditaufnahmen vorgesehen sind.

Beispiel: Genehmigung der Haushaltssatzung 2016 in Euro

	2017	***2018***	***2019***
Auszahlung aus VE 2016	*200.000*	*400.000*	*360.000*
geplante Kreditaufnahme	*100.000*	*250.000*	*60.000*
notwendige Genehmigung	***100.000***	***250.000***	***60.000***

*§ 3 der Haushaltssatzung enthält insgesamt 960.000 Euro Verpflichtungsermächtigungen. Davon sind jedoch nur **410.000 Euro** (100.000 € + 250.000 € + 60.000 €) genehmigungspflichtig.*

§ 4

Die Steuersätze für die Realsteuern werden für das Haushaltsjahr wie folgt festgesetzt:

1. Grundsteuer
   a) für die land- und forstwirtschaftlichen Betriebe (Grundsteuer A) 275 v. H.
   b) für die Grundstücke (Grundsteuer B) 390 v. H.

2. Gewerbesteuer 390 v. H.

Im § 4 der Haushaltssatzung werden die Realsteuerhebesätze (Grundsteuer A und B sowie die Gewerbesteuer) festgesetzt. Beschließt die Kommune nach §§ 3, 28 Abs. 2 Nr. 9 jedoch eine separate Hebesatzsatzung, hat der Ausweis in der Haushaltssatzung nur eine deklaratorische Bedeutung. Bei umlagefinanzierten Haushalten erfolgt hier die Festsetzung der Umlage (z. B. Kreisumlage, Verbandsumlage).

§ 5

1. Die Wertgrenze, ab der außerordentliche Erträge und Aufwendungen als für die Gemeinde von wesentlicher Bedeutung angesehen werden, wird auf **50.000 Euro** festgesetzt.
2. Die Wertgrenze, für die insgesamt erforderlichen Auszahlungen, ab der Investitionen und Investitionsfördermaßnahmen im Finanzhaushalt einzeln dazustellen sind, wird auf **10.000 Euro** festgesetzt.
3. Die Wertgrenze, ab der überplanmäßige und außerplanmäßige Aufwendungen und Auszahlungen der vorherigen Zustimmung der Gemeindevertretung bedürfen, wird bei

a) Aufwendungen auf **20.000 Euro,**
b) Auszahlungen für Investitionen und Investitionsförderungsmaßnahmen auf **50.000 Euro**
festgesetzt.

4. Die Wertgrenzen, ab der eine Nachtragssatzung zu erlassen ist, werden bei
   a) der Entstehung eines Fehlbetrags auf **500.000 Euro** und
   b) bei bisher nicht veranschlagten oder zusätzlichen Einzelaufwendungen oder Einzelauszahlungen auf **250.000 Euro**
   festgesetzt.

Im § 5 der Haushaltssatzung sind die Wertgrenzen für außerordentliche Aufwendungen / Auszahlungen (§ 4 Abs. 2 Satz 2 KomHKV), Einzeldarstellungen Investitionen (§ 8 Abs. 2 Satz 1 KomHKV), Zuständigkeit bei über- und außerplanmäßigen Aufwendungen / Auszahlungen (§ 70 Abs. 1 Satz 3 BbgKVerf) sowie Pflicht zur Nachtragssatzung (§ 68 Abs. 2 Satz 2) festzulegen.

§ 6
(Haushaltssicherungskonzept)
entfällt

Wenn ein Haushaltssicherungskonzept aufzustellen und darin der Zeitraum festzulegen ist, innerhalb dessen der Haushaltsausgleich wieder erreicht wird, muss dies im § 6 der Haushaltssatzung mit folgendem Wortlaut festgelegt werden:
»Nach dem Haushaltssicherungskonzept ist der Haushaltsausgleich im Jahr … wieder hergestellt. Die dafür im Haushaltssicherungskonzept enthaltenen Konsolidierungsmaßnahmen sind bei der Ausführung des Haushaltsplans umzusetzen.«

§ 7 ff.
(Weitere Festsetzungen)

Im § 7 der Haushaltssatzung können weitere Festsetzungen, die sich auf die Erträge und Aufwendungen, Einzahlungen und Auszahlungen, den Stellenplan u. a. beziehen, aufgenommen werden. Damit wird ermöglicht, den Haushalt rechtlich verbindlich zu steuern (z. B. Haushaltssperre, Bewirtschaftungsregeln und -vermerke).

Prenzwalde, den 04.11.2015

Siegel

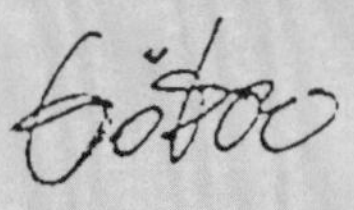

Götzow
Bürgermeister

Die Haushaltssatzung ist vom Hauptverwaltungsbeamten zu unterschreiben und mit einem Siegel zu versehen.

2.6 Zustandekommen der Haushaltssatzung

Die nachfolgende Abbildung 77 zeigt den typischen Ablauf der Prüfung einer formellen Rechtmäßigkeit beim Haushaltsaufstellungsverfahren.

Formelle Rechtmäßigkeit der Haushaltssatzung

- Organzuständigkeit liegt bei der Gemeindevertretung/Beschlussfassung nach § 28 Abs. 2 Satz 1 Nr. 15 BbgKVerf. Eine Übertragung auf andere Organe, z.B. auf einen Ausschuss, ist nach § 28 Abs. 2 Satz 2 BbgKVerf unzulässig.
- Vorlagepflicht der Haushaltssatzung bei der Kommunalaufsichtsbehörde nach § 67 Abs. 4 BbgKVerf, unabhängig davon, ob diese genehmigungspflichtige Teile enthält.
- Ermittlung der zuständigen Kommunalaufsichtsbehörde nach § 110 Abs. 1 BbgKVerf
- Das weitere Verfahren richtet sich danach, ob die Haushaltssatzung genehmigungspflichtige Teile enthält.

Genehmigungspflicht	**Keine Genehmigungspflicht**
Wirksamkeit erst mit Genehmigung nach § 111 Abs. 1 BbgKVerf	Beanstandungsrecht nach § 113 Abs. 1 BbgKVerf

- soweit eine Genehmigung bzw. keine Beanstandung der HH-Satzung erfolgte

- Veröffentlichung nach § 67 Abs. 5 BbgKVerf i.V.m. § 2 Abs. 2 BekanntmV

Abbildung 77: Rechtmäßigkeitsprüfung bei der Haushaltssatzung

2.7 Zusammenhang Teilpläne, Gesamtpläne, Haushaltssatzung

In der nachfolgenden Abbildung 78 wird ersichtlich, dass die Summe der jeweiligen Teilergebnishaushalte als (Gesamt-)Ergebnishaushalt vollständig erfasst und ohne die internen Leistungsverrechnungen (IL) in der Haushaltssatzung aufgeführt wird.
Im (Gesamt-)Finanzhaushalt werden zusätzlich zur summenmäßigen Addition der Teilfinanzhaushalte

- die Einzahlungen und Auszahlungen aus laufender Verwaltungstätigkeit,
- die Einzahlungen und Auszahlungen aus der Finanzierungstätigkeit und
- die Einzahlungen und Auszahlungen aus Liquiditätsreserven

erfasst. Diese Summen werden dann ebenfalls in der Haushaltssatzung erfasst.

Zusammenhang Teilpläne - Gesamtpläne

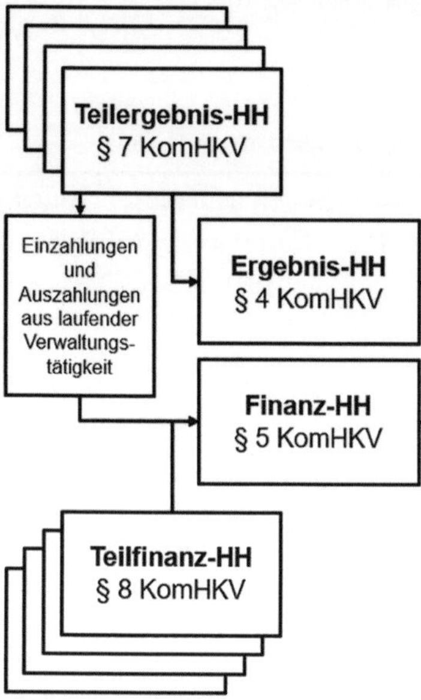

Haushaltssatzung
der Stadt Prenzwalde für das Haushaltsjahr 2017

...

§ 1

Der Haushaltsplan für das Haushaltsjahr 2016 wird

1. im **Ergebnishaushalt** mit dem Gesamtbetrag der

ordentlichen Erträge auf	15.300.000 EUR
ordentlichen Aufwendungen auf	15.280.000 EUR
außerordentlichen Erträge auf	110.000 EUR
außerordentlichen Aufwendungen auf	110.000 EUR

2. im **Finanzhaushalt** mit dem Gesamtbetrag der

Einzahlungen auf	16.200.000 EUR
Auszahlungen auf	16.700.000 EUR

festgesetzt.

Von den Einzahlungen und Auszahlungen des Finanzhaushaltes entfallen auf:

Einzahlungen aus laufender Verwaltungstätigkeit	14.100.000 EUR
Auszahlungen aus laufender Verwaltungstätigkeit	14.400.000 EUR
Einzahlungen aus der Investitionstätigkeit	1.850.000 EUR
Auszahlungen aus der Investitionstätigkeit	1.830.000 EUR
Einzahlungen aus der Finanzierungstätigkeit	20.000 EUR
Auszahlungen aus der Finanzierungstätigkeit	432.000 EUR
Einzahlungen aus der Auflösung von Liquiditätsreserven	0 EUR
Auszahlungen an Liquiditätsreserven	0 EUR

...

Abbildung 78: Zusammenhang Teilpläne – Gesamtpläne

Übungssachverhalte zu Kapitel F

Übung 64

Nach Abschluss des Haushaltsaufstellungsverfahrens erhalten Sie im November 2015 den nachfolgenden Zeitungsausschnitt von ihrem Finanzdezernenten, Herrn Lemming. Dieser ist sich unsicher, nachdem er das Haushaltsaufstellungsverfahren noch mal in so komprimierter Form nachgelesen hat, ob wirklich alles mit rechten Dingen zugegangen ist.

PRENZWALDER TAGESBLATT

VOM 19.10.2015

Ausschuss fasst endlich Beschluss

Nach hitzigen Diskussionen wurde die Haushaltssatzung. der Stadt Prenzwalde für das Jahr 2016 am vergangenen Mittwoch, dem 14. Oktober 2015, endlich durch den Finanzausschuss nach einer nicht öffentlichen Sitzung beschlossen. Da die Beschlussfassung in diesem Jahr wieder etwas spät erfolgte, wird die Haushaltssatzung 2016 nun bis März 2017 gelten. Glücklicherweise konnten sich die Mitglieder zu den strittigen Investitionen und der damit verbundenen Kreditaufnahme einigen. Der Ergebnisplan 2016 konnte trotz einer Vielzahl von Kürzungsvorschlägen jedoch nicht ausgeglichen werden. So wurden einige Konsolidierungsvorschläge heiß diskutiert. Ein Konsolidierungskonzept wurde letztendlich jedoch nicht verabschiedet. Dafür wurden die Haushaltsansätze für die Sozialhilfeleistungen pauschal um die Hälfte gekürzt. Die Mitglieder des Finanzausschusses gehen davon aus, dass die Anspruchsberechtigten durch die Streichung im Haushalt automatisch ihre Ansprüche nach dem SGB verlieren. Finanzdezernent Lemming war nach der Sitzung so euphorisch, dass er spontan die Haushaltssatzung unterschrieb, diese gleich am nächsten Morgen persönlich veröffentlichte und die Satzung an der dafür in Prenzwalde üblichen Schautafel des Rathauses vor mehreren Vertretern der Presse anbrachte. Gleichzeitig gab er bekannt, dass die Bürger die Satzung und den Haushaltsplan bis Ende der Woche in seinem Büro einsehen könnten. Danach wäre dies nicht mehr möglich.

Aufgaben

Prüfen Sie die einzelnen im Zeitungsartikel beschriebenen Punkte auf ihre rechtliche Zulässigkeit, und begründen Sie Ihre Ausführungen jeweils **kurz.** Stellen Sie nachvollziehbar dar, bis zu welchem Haushaltsjahr die Stadt Prenzwalde im Rahmen der Haushaltskonsolidierung den Haushaltsausgleich **spätestens** nachweisen muss.

Übung 65

Sie sind als Auszubildender in der Kämmerei der Gemeinde Prenzwalde eingesetzt und wirken bei der Erstellung der **Haushaltssatzung für das Haushaltsjahr 2016** mit.
Die beigefügte Haushaltssatzung soll in der Sitzung der Stadtverordnetenversammlung am 04.11.2015 beschlossen werden. In Vorbereitung der Sitzung ist sich der Bürgermeister, Herr Götzow, über einige haushaltsrechtliche Punkte unsicher, und es stellen sich ihm einige Fragen. Daher werden Sie beauftragt, die nachfolgenden Punkte zur Haushaltssatzung bzw. zum Beschlussverfahren zu klären.

Aufgaben

1) Geben Sie unter Angabe der einschlägigen Rechtsnorm an, ob die nachfolgende Haushaltssatzung genehmigungspflichtige Teile enthält. Dabei ist eine Nennung ausreichend.

Bearbeitungshinweise:
In den Jahren 2017 bis 2019 sind jeweils Kreditaufnahmen i. H. v. 2 Mio. Euro vorgesehen.

2) Wurde mit der nachfolgenden Haushaltssatzung gegen den Grundsatz des Haushaltsausgleichs verstoßen? Begründen Sie Ihre Antwort kurz.

3) Welche besonderen Merkmale kennzeichnen die Haushaltssatzung im Vergleich zu anderen gemeindlichen Satzungen? Stellen Sie dies anhand von drei Kriterien dar.

4) Damit die Verwaltung auch ab dem 01.01.2016 über sämtliche Haushaltsansätze frei verfügen kann, möchte der Bürgermeister am Tag nach der Beschlussfassung in der Stadtverordnetenversammlung die Haushaltssatzung öffentlich bekannt machen. Entspricht dies den gesetzlichen Vorschriften? Begründen Sie Ihre Antwort.

5) Unterstellt, die Haushaltssatzung würde erst nach dem 01.01.2016 rechtmäßig öffentlich bekannt gemacht. Gegen welchen Haushaltsgrundsatz hätte die Kommune verstoßen? Nennen Sie diesen mit Angabe der Rechtsvorschrift.

Haushaltssatzung
der Stadt Prenzwalde für das Haushaltsjahr 2016

Auf Grund des § 67 der Kommunalverfassung des Landes Brandenburg wird nach Beschluss der Gemeindevertretung vom 04.11.2015 folgende Haushaltssatzung erlassen:

§ 1

Der Haushaltsplan für das Haushaltsjahr 2016 wird

1. im **Ergebnishaushalt** mit dem Gesamtbetrag der

ordentlichen Erträge auf	15.300.000 EUR
ordentlichen Aufwendungen auf	19.280.000 EUR
außerordentlichen Erträge auf	110.000 EUR
außerordentlichen Aufwendungen auf	110.000 EUR

2. im **Finanzhaushalt** mit dem Gesamtbetrag der

Einzahlungen auf	16.200.000 EUR
Auszahlungen auf	16.700.000 EUR

festgesetzt.

Von den Einzahlungen und Auszahlungen des Finanzhaushaltes entfallen auf:

Einzahlungen aus laufender Verwaltungstätigkeit	14.100.000 EUR
Auszahlungen aus laufender Verwaltungstätigkeit	14.400.000 EUR
Einzahlungen aus der Investitionstätigkeit	1.850.000 EUR
Auszahlungen aus der Investitionstätigkeit	1.830.000 EUR
Einzahlungen aus der Finanzierungstätigkeit	1.000.000 EUR
Auszahlungen aus der Finanzierungstätigkeit	0 EUR
Einzahlungen aus der Auflösung von Liquiditätsreserven	0 EUR
Auszahlungen an Liquiditätsreserven	0 EUR

§ 2

Der Gesamtbetrag der Kredite, deren Aufnahme zur Finanzierung von Investitionen und Investitionsförderungsmaßnahmen erforderlich ist, wird auf **1.000.000 Euro** festgesetzt.

§ 3

Der Gesamtbetrag der Verpflichtungsermächtigungen zur Leistung von Investitionsauszahlungen und Auszahlungen für Investitionsförderungsmaßnahmen in künftigen Haushaltsjahren wird auf **1.500.000 Euro** festgesetzt.

§ 4

…

§ 5

…

Prenzwalde, den 04.11.2015

Götzow
Götzow
Bürgermeister

STADT PRENZWALDE · Landkreis Teltow-Barnim · Siegel

Übung 66

Trotz intensiver Vorbereitungen der Verwaltung wurde die Haushaltssatzung am 04.11.2015 durch die Stadtverordnetenversammlung **nicht beschlossen.** Die nächste Sitzung der Stadtverordnetenversammlung, in der die Haushaltssatzung 2016 nun frühestens beschlossen werden kann, findet erst am **10.02.2016** statt. Die Beschlussfassung in dieser Sitzung gilt jedoch als sicher. Die Mitarbeiter in der Verwaltung sind dennoch sehr verstimmt, da dadurch die Haushaltswirtschaft in der Zwischenzeit strengen Einschränkungen unterworfen ist. Dennoch ist im **Januar 2016** über die beiden nachfolgenden Geschäftsvorfälle zu entscheiden:

1) Die von einem Verein geführte Werkstatt für behinderte Kinder erhält seit mehreren Jahren von der Kommune einen Zuschuss i. H. v. 2.500 Euro zur Begleichung der Betriebskosten. Der Zuschuss soll bereits im Januar an den Verein ausgezahlt werden. Die Betriebskosten werden von dem Verein im Oktober 2016 beglichen. Eine rechtliche Verpflichtung zur Unterstützung des Vereins durch die Kommune besteht nicht.
2) Die Herstellung des sich seit Oktober 2015 im Bau befindlichen Grundschulgebäudes soll im Januar 2016 weitergeführt werden. Dazu sind Auszahlungen i. H. v. 100.000 Euro erforderlich, die als Verpflichtungsermächtigungen (VE) für das Haushaltsjahr 2016 veranschlagt wurden. Im November 2015 wurden bereits 300.000 Euro für diese Investitionsmaßnahme aufgrund einer entsprechenden Haushaltsermächtigung im Haushalt 2015 verausgabt.

Aufgaben

Prüfen und begründen Sie anhand der einschlägigen Rechtsvorschrift kurz, ob die beiden Maßnahmen im Januar 2016 zulässig sind. Nennen Sie für beide Sachverhalte die **Produktkonten mit deren Bezeichnung.**

Übung 67

Die kreisangehörige Stadt Prenzwalde mit 8.500 Einwohnern (Stand: 30.06.2015) befindet sich in der Aufstellungsphase des Haushalts 2016. Viele der neu gewählten Gemeindevertreter tun sich mit dem Verständnis des kommunalen Haushaltsrechts sehr schwer. Daher gestalten sich die Beratungen in den einzelnen Gremien und Ausschüssen entsprechend schwierig.

Wegen der schwierigen und damit langen Diskussionen wird es nicht gelingen, den Haushalt rechtzeitig im Jahr 2015 zu beschließen. Insbesondere auch die Änderungswünsche aus den verschiedenen Fachausschüssen müssen in der Verwaltung ausgearbeitet und in den Haushaltsentwurf aufgenommen werden. Der Bürgermeister Götzow sieht daher Schwierigkeiten für die ersten Monate des Haushaltsjahres 2016. Auch der angestrebte und seit mehreren Jahren erreichte Haushaltsausgleich wird nicht gelingen.

Angesichts dieser Probleme erwägt die Kämmerei einige Haushaltstricks. So sollen Haushaltspositionen, bei denen die Ermittlung der Haushaltsansätze sehr schwierig ist, nicht im Haushalt abgebildet werden oder nur sehr grob geschätzt werden.

Um weitere Diskussionen in der Stadtverordnetenversammlung zu vermeiden, soll die Haushaltssatzung durch den Finanzausschuss (Ausschuss nach § 43 BbgKVerf) beschlossen werden. In diesem Gremium sind überwiegend verständnisvolle Gewerbetreibende und damit mit der Buchhaltung bestens vertraute Stadtverordnete vertreten.
Die durch den Finanzausschuss beschlossene Haushaltssatzung soll vorsichtshalber nicht der Kommunalaufsichtsbehörde vorgelegt werden. Begründet wird dies u. a. damit, dass eine genehmigungspflichtige Kreditaufnahme ohnehin nicht erforderlich ist.

Aufgaben

a) Nehmen Sie zu den Erwägungen der Kämmerei anhand der einschlägigen Rechtsvorschriften Stellung, und stellen Sie die Rechtslage zu Beginn des Haushaltsjahres 2016 dar.

b) Beschreiben Sie und begründen Sie das Erfordernis des Haushaltsausgleichs.

Übung 68

Die Stadt Prenzwalde befindet sich in der Aufstellungsphase des Haushalts 2015. Viele der neu gewählten Gemeindevertreter tun sich mit dem Verständnis des kommunalen Haushaltsrechts sehr schwer. Daher gestalten sich die Beratungen in den einzelnen Gremien und Ausschüssen entsprechend schwierig.

Protokoll der Stadtratssitzung vom 10.02.2016

1. Sitzung der Stadtverordnetenversammlung der Stadt Prenzwalde am 10. Februar 2016 um 18.00 Uhr im Sitzungssaal des Rathauses

ÖFFENTLICHE SITZUNG

Der Bürgermeister Götzow eröffnet die 1. Sitzung der Stadtverordnetenversammlung und begrüßt dazu die Damen und Herren Gemeindevertreter, die Ortsbürgermeister, die Mitarbeiter der Verwaltung sowie die Presse. Er stellt die ordnungsgemäße Zustellung der Tagesordnung sowie die Beschlussfähigkeit der Stadtverordnetenversammlung fest.

TOP 1: Bericht der Verwaltung und des Bürgermeisters
TOP 2: Einwohnerfragestunde
TOP 3: Beschlussvorlagen
TOP 3.1.: BV 01/2016 – Haushaltssatzung/Haushaltsplan der Stadt Prenzwalde für das Haushaltsjahr 2016

Aufgrund der Langzeiterkrankung einiger Mitarbeiter konnte der Haushaltsentwurf 2016 nicht mehr rechtzeitig zur Sitzung der Stadtverordnetenversammlung am 4. November 2015 vorgelegt werden. Der Bürgermeister der Stadt Prenzwalde, Götzow, bringt nunmehr am 10.02.2016 den Haushaltsplanentwurf der Verwaltung in die Stadt-

verordnetenversammlung ein. In seiner Haushaltsrede macht er auf die Eckpunkte des Haushalts aufmerksam und erläutert das Haushaltsdefizit i. H. v. 3,98 Mio. Euro. Gleichzeitig entschuldigt er sich bei den Gemeindevertretern für die wieder einmal sehr späte Vorlage des Haushaltsentwurfs. Unter den Gemeindevertretern regt sich während der Sitzung erheblicher Unmut über den Haushaltsentwurf und allgemein zur Haushaltswirtschaft der Stadt.

***Gemeindevertreter A** machte seinen Unmut über einen Vorfall Ende des Jahres 2015 deutlich. Er wurde von mehreren Anwohnern seines Stadtgebiets darauf hingewiesen, dass die Verwaltung die Zahlung von Sozialleistungen in den Monaten November und Dezember 2015 eingestellt habe. Der Bürgermeister entgegnete sofort, dass die Haushaltsansätze 2015 ausgeschöpft waren und Zahlungen nur mit einer Haushaltsermächtigung geleistet werden dürfen. Als Ende Oktober 2015 das Problem bekannt wurde, sei es für den Erlass einer Nachtragshaushaltssatzung zu spät gewesen.*

***Gemeindevertreter B** kritisierte die späte Einbringung des Haushaltsentwurfs sehr stark. Er machte den Bürgermeister persönlich dafür verantwortlich. Er verwies auf die Vorschriften der BbgKVerf, dass der Haushalt für ein Jahr aufgestellt wird und sich nunmehr eine Abweichung zum Kalenderjahr ergeben würde. Seiner Ansicht nach bringt das sämtliche Planungen und Abläufe durcheinander.*

***Gemeindevertreter C** schlug vor, den bisher im Haushaltsentwurf vorgesehenen Neubau der Kindertagesstätte »Rasselbande« zu streichen und die dadurch frei werdenden Haushaltsmittel für die Sanierung der maroden Brücken zu verwenden. Durch diesen Vorschlag entbrannte eine heftige Diskussion, an deren Ende **Gemeindevertreter D** äußerte: »Was einmal im Haushaltsplan steht, darf nicht verändert werden. Eine Umsetzung ist damit zwingend erforderlich. Die Eltern hätten darauf einen Anspruch.« Schlagartig brach die Diskussion um diesen Punkt ab.*

***Gemeindevertreter E** kritisierte den Passus in der Beschlussvorlage zum Haushalt, dass die Bürger kein Einsichtsrecht in die Planungen und den beschlossenen Haushaltsplan hätten. Die Verwaltung begründete dies mit den einschneidenden Konsolidierungsmaßnahmen, die lieber nicht öffentlich werden sollten. Deshalb würde die Öffentlichkeit auch bei dieser Stadtverordnetenversammlung »ausgesperrt«.*

***Gemeindevertreter F** schlug vor, um diese heftigen Diskussionen in Zukunft zu vermeiden, den Haushalt für zwei Haushaltsjahre zu beschließen. So könnte man einigen Debatten aus dem Weg gehen und das Verfahren insgesamt abkürzen. Darüber hinaus sollen sämtliche Anlagen gestrichen werden, da diese überflüssig seien. Für das Jahr 2016 sollte der vorliegende Haushaltsentwurf aufgegeben werden und die Satzung des Jahres 2015 noch mal angewendet werden. Dem **Gemeindevertreter G** gefiel der Vorschlag gar nicht. Vielmehr sollte die Haushaltssatzung 2016 beschlossen werden. Um einige Spannungen aus der Diskussion zu nehmen, sollen die strittigen Produkte und Teilpläne bei der Beschlussfassung außen vor bleiben.*

***Gemeindevertreter H** machte seinen Unmut über die erheblichen Kürzungen beim städtischen Theater deutlich. Nur weil das Land Brandenburg sich aus der Finanzierung zurückzieht, müssen nicht zwingend zwei Sparten geschlossen werden. Vielmehr könnten die fehlenden Mittel für die Begleichung der Personalkosten entweder durch einen Investitionskredit oder durch einen Kassenkredit langfristig finanziert werden. Abschließend machte der Finanzdezernent, Herr Lemming, deutlich, dass, sollte es zu keinem Beschluss über die Haushaltssatzung kommen und keine Einigung über das Haushaltskonsolidierungskonzept erfolgen, er eine Haushaltssperre verhängen müsste. Dies sei aus seiner Sicht dann zwingend geboten, da die Schere zwischen Erträgen und Aufwendungen sowie Einzahlungen und Auszahlungen einfach zu groß würde.*

Die Haushaltssatzung 2016 wurde zur Abstimmung gestellt:

Abstimmungsergebnis:	*Ja:*	*4*
	Nein:	*7*
	Enthaltungen:	*6*

Aufgabe
Nehmen Sie kritisch zu den geschilderten Aussagen und Vorschlägen der Stadtverordneten, des Bürgermeisters sowie der Beigeordneten für Finanzen unter Angabe der einschlägigen Rechtsvorschriften ausführlich Stellung.

Übung 69

Die Kämmerei der Stadt Prenzwalde ist im September 2015 mit der Aufstellung des Entwurfs der Haushaltssatzung 2016 beschäftigt.

1) Aufgrund der Anmeldungen der Fachbereiche sowie weiterer Schätzungen und Berechnungen der Kämmerei ist für das kommende Haushaltsjahr mit folgenden Erträgen und Aufwendungen (analog Einzahlungen und Auszahlungen mit Ausnahme der bilanziellen Abschreibungen und investiven Zahlungen) zu rechnen:

a)	Steuern und allgemeine Zuweisungen	35.000.000 €
b)	Öffentlich-rechtliche Leistungsentgelte	7.100.000 €
c)	Privatrechtliche Leistungsentgelte	3.200.500 €
e)	Personalaufwendungen	27.123.500 €
f)	Aufwendungen für Sach- und Dienstleistungen	15.450.500 €
g)	Zuweisungen und Zuschüsse an Dritte	6.522.000 €
h)	Bilanzielle Abschreibungen	1.300.000 €
i)	Investitionsauszahlungen	6.500.000 €
j)	Investive Zuweisungen	3.000.000 €

2) Kredite sollen in Höhe der Finanzierungslücke des Zahlungsverkehrs aus Investitionstätigkeit im Finanzplan aufgenommen werden.

3) Nach der Bauzeitplanung des Fachbereichs Bauwesen sind im Haushaltsjahr 2016 folgende Bauaufträge zu erteilen:
- **k)** 6,5 Mio. Euro mit Kassenwirksamkeit im Haushaltsjahr 2016
- **l)** 5,0 Mio. Euro mit Kassenwirksamkeit im Haushaltsjahr 2017
- **m)** 4,2 Mio. Euro mit Kassenwirksamkeit im Haushaltsjahr 2018
- **n)** 1,8 Mio. Euro mit Kassenwirksamkeit im Haushaltsjahr 2019

4) Nach der mittelfristigen Ergebnis- und Finanzplanung sind folgende investive Kreditaufnahmen vorgesehen:
- **o)** 6,0 Mio. Euro in 2017
- **p)** 4,0 Mio. Euro in 2018
- **q)** 2,0 Mio. Euro in 2019

5) Für Zwecke der Liquiditätssicherung werden 2016 nach bisherigen Erfahrungen und dem Liquiditätsplan der Stadtkasse maximal 2.700.000 Euro benötigt. Der Bestand der liquiden Mittel beträgt 1,4 Mio. Euro.

6) Die Haushaltssatzung soll in der Sitzung der Stadtverordnetenversammlung am 04.11.2015 beschlossen werden.

Aufgabe

Stellen Sie den Entwurf der Haushaltssatzung der Stadt Prenzwalde für das Haushaltsjahr 2016 nach dem verbindlichen Muster auf, und erläutern Sie die Festsetzungen. Inwieweit unterliegt die Haushaltssatzung der Genehmigungspflicht?

G Vorläufige Haushaltsführung

I. Ursachen der vorläufigen Haushaltsführung[94]

Soweit die Haushaltssatzung bei Beginn des Haushaltsjahres noch nicht erlassen ist, befindet sich die Kommune nach § 69 Abs. 1 BbgKVerf in der vorläufigen Haushaltsführung (vgl. Abbildung 79).[95] Nach § 65 Abs. 4 BbgKVerf ist das Haushaltsjahr das Kalenderjahr, d. h., die vorläufige Haushaltsführung beginnt am 01.01. des Haushaltsjahres und endet mit Bekanntmachung der Haushaltssatzung nach § 67 Abs. 5 BbgKVerf.

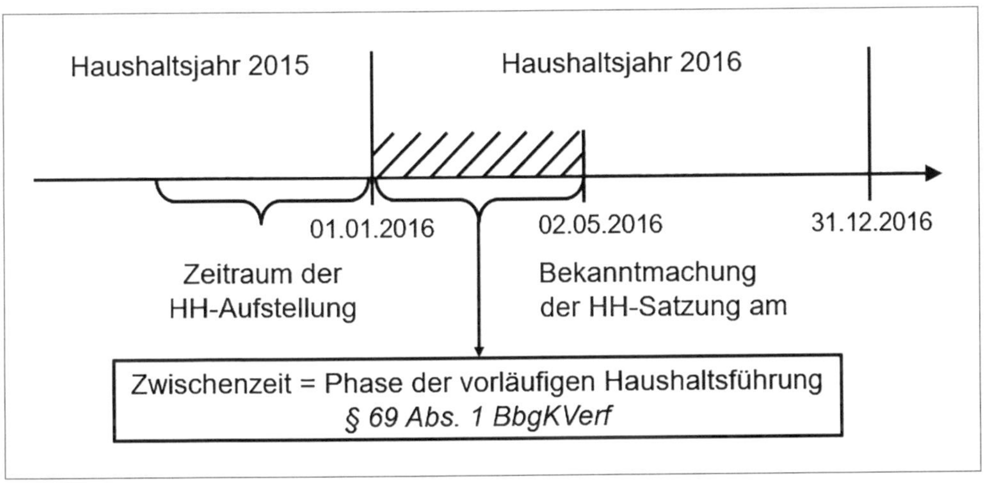

Abbildung 79: Vorläufige Haushaltsführung

Entsprechend § 65 Abs. 1 BbgKVerf hat die Kommune für jedes Haushaltsjahr eine Haushaltssatzung zu erlassen. Das Haushaltsjahr stellt dabei nach § 65 Abs. 4 BbgKVerf das Kalenderjahr dar. Die Haushaltssatzung tritt nach § 65 Abs. 3 BbgKVerf mit Beginn des Haushaltsjahres in Kraft und gilt für das Haushaltsjahr (01.01. bis 31.12.). Im Vorfeld muss die Haushaltssatzung das entsprechende Aufstellungsverfahren (Aufstellungsphase, Beratung und Beschlussfassung, Vorlagepflicht Kommunalaufsichtsbehörde, ggf. Genehmi-

94 Vgl. Runderlass des Ministeriums des Innern in kommunalen Angelegenheiten Nr. 1/2013 vom 24.07.2013 über Maßnahmen und Verfahren der Haushaltssicherung und der vorläufigen Haushaltsführung.

95 In der Praxis auch als »satzungslose Zeit« bezeichnet.

gung, öffentliche Bekanntmachung) durchlaufen. Dies stellt den Grundsatz der Vorherigkeit dar. Erfolgt dies nicht rechtzeitig, beginnt das Haushaltsjahr am 01.01. ohne rechtskräftige Haushaltssatzung. Damit liegt ein Verstoß gegen den Grundsatz der Vorherigkeit vor.
In der kommunalen Praxis ist es insbesondere bei defizitären Haushalten üblich, dass die Kommunen zu Beginn des Haushaltsjahres über keine rechtskräftige Haushaltssatzung verfügen. Mit Ablauf des 31.12. tritt dann die bisherige Haushaltssatzung außer Kraft. Damit die Kommune dennoch handlungsfähig bleibt, tritt der Zustand der vorläufigen Haushaltsführung ein. Es greift ein sog. »Nothaushaltsrecht«. Dieses war ursprünglich nur für einen zeitlich begrenzten Sonderfall gedacht, damit die Kommune bei einem etwas späteren Inkrafttreten der Haushaltssatzung in der Lage bleibt, ihre Aufgaben weiterzuführen. Dennoch sind die Regelungen zur vorläufigen Haushaltsführung auch für einen längeren Zeitraum mit einer nicht rechtskräftigen Haushaltssatzung gültig.[96] Die Bedeutung der Vorschrift des § 69 BbgKVerf ist, insbesondere bei einem entsprechenden Konsolidierungsdruck, erheblich gestiegen, da sich diese Kommunen regelmäßig in der vorläufigen Haushaltsführung befinden.

II. Einschränkungen der Haushaltswirtschaft

Während der Phase der vorläufigen Haushaltsführung besitzt die Kommune ein eingeschränktes Recht, Aufwendungen / Auszahlungen zu leisten sowie Erträge / Einzahlungen zu erzielen. Es besteht dabei das Ziel, schnellstmöglich eine rechtsgültige Haushaltssatzung vorzulegen. Dabei sind die Vorschriften zur vorläufigen Haushaltsführung restriktiv auszulegen.[97]
Bis zur Bekanntmachung der Haushaltssatzung regelt § 69 BbgKVerf mit Beginn des Haushaltsjahres die Zeit ohne rechtsgültige Haushaltssatzung. Die vorläufige Haushaltsführung räumt somit bis zur Bekanntmachung des neuen Haushaltsjahres ein eingeschränktes Recht zur Erzielung von Erträgen und Einzahlungen und zur Leistung von Aufwendungen und Auszahlungen ein.
Der im Entwurf aufgestellte Haushaltsplan der Kommune bleibt in der Zeit der vorläufigen Haushaltsführung dennoch die haushaltswirtschaftliche Leitlinie. Er hat eine unverzichtbare Funktion als buchungstechnische Basis und finanzwirtschaftliche Handlungsrichtlinie.
Grundsätzlich ist die Regelung des § 69 BbgKVerf für den (Ausnahme-)Fall einer nicht zeitgerecht rechtswirksam gewordenen Haushaltssatzung zur Überbrückung einer relativ kurzen Zeitspanne vorgesehen. Gleichwohl sind die Grundsätze des § 69 BbgKVerf auch für längere Zeiträume eines nicht rechtsgültigen Haushalts (z. B. bei Kommunen ohne ein genehmigtes Haushaltssicherungskonzept = haushaltslose Zeit) anzuwenden.

---

[96] Im Land Brandenburg gab es bereits Städte und Gemeinden, die sich das gesamte Haushaltsjahr über in der vorläufigen Haushaltsführung befanden.
[97] Vgl. RdErl. des Ministeriums des Innern vom 27.04.2007 zur vorläufigen Haushaltsführung, S. 2.

1. Maßnahmen nach § 69 Abs. 1 Nr. 1 BbgKVerf

In der Kommune muss während der vorläufigen Haushaltsführung die Wiedergewinnung des finanzwirtschaftlichen Handlungsspielraums durch Erlass der Haushaltssatzung oberste Priorität besitzen. Die wesentliche Zielsetzung der vorläufigen Haushaltsführung ist jedoch, dass grundsätzlich keine neuen Maßnahmen begonnen oder Verpflichtungen eingegangen werden dürfen, die das Budgetrecht der Gemeindevertretung durch Vorfestlegungen einschränken könnten.

Rechtliche Verpflichtung
Ist die Haushaltssatzung bei Beginn des Haushaltsjahres noch nicht bekannt gemacht, so darf die Kommune Aufwendungen und Auszahlungen leisten, zu deren Leistung sie **rechtlich verpflichtet** ist. Diese können sich aus einem Vertrag oder Gesetz ergeben. Keinesfalls dürfen rechtliche Verpflichtungen erst geschaffen werden.[98] Im Investitionsbereich könnten z. B. rechtliche Verpflichtungen bestehen, soweit sich herausstellt, dass ein kommunales Gebäude asbestverseucht oder einsturzgefährdet ist. Die rechtliche Verpflichtung könnte dabei aus bauordnungs-, brandschutz-, hygiene- und gesundheitsrechtlichen Vorschriften begründet werden.

Weiterführung notwendiger Aufgaben
Zudem darf die Kommune ebenfalls Aufwendungen und Auszahlungen leisten, die für die Weiterführung **notwendiger** Aufgaben **unaufschiebbar** sind. Diese Regelung mit den beiden unbestimmten Rechtsbegriffen »notwendig« und »unaufschiebbar« ermöglicht von allen Ausnahmetatbeständen noch die größte Möglichkeit, Maßnahmen trotz der vorläufigen Haushaltsführung durchzuführen. Gleichwohl sollte hier ein ähnlich enger Maßstab gewählt werden, wie er bei der Prüfung der Unabweisbarkeit bei über- und außerplanmäßigen Aufwendungen und Auszahlungen angelegt werden muss (vgl. hierzu Kapitel E.III.5., Seite 163).
Unaufschiebbar können Aufwendungen/Auszahlungen sein, wenn sie so eilbedürftig sind, dass ein Hinausschieben der Leistung bis zum Wirksamwerden der Haushaltssatzung bei vernünftiger Beurteilung der jeweiligen Lage als nicht mehr vertretbar angesehen werden muss. So wäre beispielsweise eine Unaufschiebbarkeit gegeben, wenn

- durch die Zahlungsverzögerung der Grundsatz einer sparsamen und wirtschaftlichen Haushaltsführung verletzt wird,
- der Kommune bzw. Dritten nachweislich ein wirtschaftlicher Schaden entsteht oder
- die Maßnahme zur Aufrechterhaltung des Dienstbetriebes erforderlich ist.

Dabei hat die Kommune einen Beurteilungsspielraum, welche Leistung im Interesse der Kommune bzw. der Bürger zwingend erforderlich ist.[99] Hier kommt es im Einzelfall darauf an, ob die sofortige Leistung der Aufwendungen und Auszahlungen sachlich notwendig

---

[98] Vgl. RdErl. des Ministeriums des Innern vom 27.04.2007 zur vorläufigen Haushaltsführung. S. 2.

[99] Vgl. Grimberg/Bernhardt/Mutschler/Stockel-Veltmann, Neues Kommunales Haushaltsrecht LSA, 2. Auflage, Witten 2010, S. 179.

ist. Dies kann z. B. den laufenden Betrieb und die Unterhaltung von Versorgungs- und Verkehrseinrichtungen, aber auch von kulturellen Einrichtungen (Spiel-, Sport- und Erholungsanlagen sowie soziale Einrichtungen) betreffen. Eine sachliche Notwendigkeit kann vorliegen, wenn ein Investitionsvorhaben aus tatsächlichen bautechnischen Gründen nicht aufgeschoben werden kann, weil dadurch z. B. unwirtschaftliche und unvertretbare Schäden zu erwarten sind oder die Nutzung der Einrichtung durch erhebliche Mängel beeinträchtigt oder nicht möglich ist.
Keinesfalls darf die Kommune die finanziellen Mittel für freiwillige Leistungen ausweiten, bzw. sie muss die Aufwendungen und Auszahlungen für bestehende freiwillige Leistungen streng begrenzen, sofern kein rechtlich bindender Beschluss der Gemeindevertretung vorliegt.

Beispiele für rechtliche Verpflichtungen
- *Mietverträge*
- *Arbeitsverträge/Leistungen nach Tarifvertrag*
- *Kaufverträge*
- *Leistungen nach dem SGB*
- *Leistungen der Jugendhilfe*
- *Unterhaltung der Infrastruktur (Verkehrssicherungspflichten)*

Beispiele zur unaufschiebbaren Weiterführung einer notwendigen Aufgabe
- *Beurteilungsspielraum, welche Leistungen im Interesse der Kommune bzw. der Bürger erforderlich sind*
- *Entscheidung im Einzelfall, ob eine sachliche Notwendigkeit zur sofortigen Leistung besteht*
- *Weiterbetrieb von Jugendeinrichtungen, Museen, Tierpark, Theater*
- *Reparaturen*
- *Unterhaltung der Infrastruktur (Vermögenserhalt), aber keine neuen und keine Ausweitung von freiwilligen Leistungen*

Auszahlungen für **Fortsetzungsmaßnahmen** dürfen insbesondere vor dem Hintergrund des Grundsatzes der Wirtschaftlichkeit und Sparsamkeit nach § 63 Abs. 2 BbgKVerf geleistet werden (z. B. kein Baustopp).[100]

Beispiel
Für den Bau des neuen Rathauses der Stadt Prenzwalde war im Haushaltsplan 2015 eine Verpflichtungsermächtigung i. H. v. 1 Mio. Euro vorgesehen. Wurde diese Ermächtigung im Jahr 2015 nicht ausgeschöpft, können darauf noch im Jahr 2016 und während der vorläufigen Haushaltsführung Aufträge ausgelöst werden. Als Konsequenz daraus können aufgrund der nunmehr vorliegenden rechtlichen Verpflichtungen auch Auszahlungen vor der öffentlichen Bekanntmachung der Haushaltssatzung 2016 geleistet werden.

---

[100] Vgl. Wiegand/Grimberg, Gemeindeordnung Sachsen-Anhalt, Kommentar zu § 96 GO, 3. Auflage, München 2003.

Weiterhin darf die Kommune insbesondere Bauten, Beschaffungen und sonstige Investitionsmaßnahmen, für die im Haushaltsplan eines Vorjahres Haushaltsansätze oder Verpflichtungsermächtigungen vorgesehen waren, fortsetzen.
Reichen die Deckungsmittel für die Fortsetzung der Investitionsmaßnahmen nach Absatz 1 Nr. 1 nicht aus, so darf die Kommune **Kredite für Investitionen** und Investitionsförderungsmaßnahmen aufnehmen. Hierbei bedarf die einzelne Kreditaufnahme der Genehmigung durch die Kommunalaufsichtsbehörde in Form einer Einzelgenehmigung. Dabei sind die Voraussetzungen des § 64 Abs. 3 BbgKVerf zwingend zu beachten (Nachrangigkeit der Kreditaufnahme).
Verpflichtungsermächtigungen aus Vorjahren gelten weiter. Neue Verpflichtungsermächtigungen dürfen nur in den engen Grenzen analog des § 69 Abs. 1 BbgKVerf eingegangen werden.

Beispiel
Die Stadt Prenzwalde befindet sich Anfang des Jahres 2016 in der vorläufigen Haushaltsführung nach § 69 BbgKVerf. Im Jahr 2015 war im Haushaltsplan für den Bau des Rathauses ein Betrag von 2 Mio. Euro eingestellt. Dieser wurde 2015 auch kassenwirksam. Der restliche Teil der Baukosten i. H. v. 500.000 Euro ist erst nach Abschluss des Innenausbaus zu zahlen. Dieser Anteil wurde in den Entwurf des Haushaltsplans 2016 aufgenommen. Der Innenausbau darf entsprechend der Regelung des § 69 BbgKVerf nunmehr im Jahr 2016 vor Bekanntmachung der Haushaltssatzung fortgesetzt werden. Dies dient dem wirtschaftlichen und sparsamen Handeln der Kommune, da damit z. B. ein Baustopp und damit ggf. steigende Baukosten (z. B. durch Schäden am Rohbau, Verwitterung etc.) vermieden werden können.

---

2. Maßnahmen nach § 69 Abs. 1 Nr. 2 BbgKVerf

Die Kommune darf während der vorläufigen Haushaltsführung **Steuern,** für die die Haushaltssatzung Rechtsgrundlage ist, **nach den Sätzen des Vorjahres erheben.** Diese Vorschrift bezieht sich somit auf die Realsteuern nach § 3 Abs. 2 AO, nämlich die Grundsteuer und die Gewerbesteuer. Beide Steuerarten haben zwar ihre Rechtsgrundlagen in Bundesgesetzen,[101] die Hebesätze der Grundsteuer A und B sowie der Gewerbesteuer werden jedoch in der Haushaltssatzung durch jede Kommune selbst festgelegt. Hinsichtlich der Rückwirkungsmöglichkeit wird auf Seite 161 (Weitergelten von Ermächtigungen der Haushaltssatzung) verwiesen.
Beschließt die Kommune eine separate Hebesatzsatzung, darf diese während der Phase der vorläufigen Haushaltsführung angepasst werden.
Sonstige Gemeindesteuern, wie Hundesteuer, Zweitwohnungsteuer oder Vergnügungsteuer, sind von der vorläufigen Haushaltsführung nicht betroffen. Für diese Steuerarten gelten separate Steuersatzungen, die in der Regel auch nicht der Jährlichkeit, wie die Realsteuern, unterworfen sind.

---

[101] Grundsteuergesetz (GrStG) und Gewerbesteuergesetz (GewStG).

3. Maßnahmen nach § 69 Abs. 1 Nr. 3 BbgKVerf

Weiterhin darf die Kommune Kredite umschulden. Es versteht sich von selbst, dass diese Ausnahmeregelung nur für Umschuldungsmaßnahmen herangezogen werden darf, die zu geringeren Zinsaufwendungen führen werden. Gerade in Zeiten von Niedrigzinsen sollte der Kommune daran gelegen sein, mit Kreditgebern Umschuldungsregelungen zu treffen, also Kredite mit höheren Zinsen in Kredite mit niedrigeren Zinsen umzuwandeln. Auch darf die Kommune Laufzeiten von Krediten verlängern.

4. Erträge und Einzahlungen

Erträge und Einzahlungen sind weiterhin rechtzeitig und vollständig zu erheben. Für Verkäufe (i. d. R. Vermögensveräußerungen[102]) gelten insofern keine Einschränkungen während der vorläufigen Haushaltsführung. Dennoch ist zu beachten, dass durch die Veräußerung keine zusätzlichen Aufwendungen entstehen, die den Ausnahmetatbeständen nach § 69 Abs. 1 dem Grunde nach widersprechen. Insofern bedürfen Veräußerungen von Vermögensgegenständen unter dem vollen Wert nach § 79 Abs. 3 BbgKVerf grundsätzlich der Zustimmung der Kommunalaufsichtsbehörde.
Finanzmittel, die losgelöst von der Haushaltssatzung erhoben werden (z. B. Mieten, Pachten, Gebühren aufgrund spezieller Gebührensatzungen, Hundesteuer, Vergnügungssteuer), dürfen auch während der Phase der vorläufigen Haushaltsführung erhöht werden.
Für die Einhaltung der Bestimmungen zur vorläufigen Haushaltsführung ist nach § 84 BbgKVerf der Kämmerer zuständig und somit verantwortlich. Der Umgang mit der vorläufigen Haushaltsführung innerhalb der Kommune sollte in einer internen Dienstanweisung festgelegt werden.
In der Praxis ist zur Mittelverwendung während der vorläufigen Haushaltsführung oftmals eine Freigabe durch die Finanzsteuerung erforderlich (vgl. Abbildung 80).[103] In vielen Kommunen werden Regelungen dergestalt getroffen, dass etwa 20 bis 30 % der Haushaltsansätze während der Zeit der vorläufigen Haushaltsführung gesperrt werden.

---

[102] Nach § 79 Abs. 3 BbgKVerf bedürfen Veräußerungen von Vermögensgegenständen unter dem vollen Wert der Genehmigung der Kommunalaufsichtsbehörde.

[103] Das dargestellte Muster wird in vielen Kommunen des Landes Brandenburg verwendet. Dabei kann es sowohl zur Freigabe von Haushaltsmitteln während einer Haushaltssperre nach § 71 BbgKVerf oder während der vorläufigen Haushaltsführung nach § 69 BbgKVerf genutzt werden.

Stadt Prenzwalde

Freigabeantrag

Ergebnis- und Finanzhaushalt

Fachbereich:

I. An den Fachbereich Finanzen

Haushaltsjahr	❑ Haushaltswirtschaftliche Sperre nach § 71 BbgKVerf ❑ Vorläufige Haushaltsführung nach § 69 BbgKVerf
Produktkonto Aufwand/Deckungskreis	Bezeichnung
Produktkonto Auszahlung/Deckungskreis	Bezeichnung

Haushaltsansatz (ohne Sperre)	______________	EUR	
Anordnungssoll	______________	EUR	per ______________
bisher freigegeben	______________	EUR	per ______________
davon durch Aufträge gebunden	______________	EUR	
beantragte Freigabe	______________	EUR	

Begründung:

______________ ______________ ______________
Datum Bearbeiter Unterschrift Fachbereichsleiter

II.

VERFÜGUNG

durch den Fachbereich Finanzen

Die Freigabe der Aufwendung/Auszahlung wird

❑ genehmigt in Höhe von **EUR**

❑ abgelehnt

Begründung:

geprüft:

Datum: Datum

______________ ______________
Unterschrift Unterschrift

Bitte Original an FB Finanzen Prenzwalde. Eine Kopie verbleibt beim beantragenden Fachbereich

Abbildung 80: Freigabeantrag

Übungssachverhalte zu Kapitel G

Übung 70

Der Bürgermeister der Stadt Prenzwalde ist sich im Hinblick auf die Regelungen zur vorläufigen Haushaltsführung unsicher, insbesondere welche Investitionen getätigt werden dürfen.

Aufgabe
Erläutern Sie jeweils ein Beispiel für eine zulässige Investitionsauszahlung, die
a) aus einer rechtlichen Verpflichtung resultiert,
b) die zur Weiterführung notwendiger Aufgaben dient sowie
c) eine Fortsetzungsmaßnahme darstellt.

Übung 71

Das Verfahren zur Aufstellung des Haushaltsplans 2016 war bei der Stadt Prenzwalde bis Anfang März 2016 immer noch nicht abgeschlossen. In dieser Zeit wurde ein Fahrzeug der Berufsfeuerwehr in einen Verkehrsunfall verwickelt. Das Fahrzeug musste als Totalschaden abgeschrieben werden. Um weiterhin den erforderlichen Brandschutz gewährleisten zu können (Pflichtaufgabe der Kommune nach dem Brandenburgischen Brand- und Katastrophenschutzgesetz – BbgBKG), musste unverzüglich ein Ersatzfahrzeug beschafft werden.

Aufgabe
Ist die Beschaffung des Ersatzfahrzeugs zulässig gewesen?

Abwandlung
Wie wäre der Sachverhalt zu entscheiden, wenn es sich um die zusätzliche Beschaffung eines Fahrzeugs für den Karnevalsumzug handelt?

Übung 72

Die Haushaltssatzung der Stadt Prenzwalde für das Haushaltsjahr 2016 wird voraussichtlich nicht vor März 2016 durch den Stadtrat beschlossen. In den Monaten Januar und Februar 2016 ist über die Zulässigkeit nachfolgender Geschäftsvorfälle zu entscheiden:
a) Für den Bau einer Kindertagesstätte werden im Jahr 2016 insgesamt 350.000 Euro benötigt. Im Jahr 2015 konnte nur der Rohbau fertiggestellt werden. Hierfür wurden bereits 150.000 Euro im Jahr 2015 ausgezahlt.
b) Aufgrund des extremen Winters 2015/2016 wurden einige Straßen stark beschädigt (Schlaglöcher etc.). Dadurch wurden diese fast unbefahrbar. Für den Rettungsdienst und die Feuerwehr ist es nur durch erhebliche Umwege möglich, einige Vororte zu erreichen.

c) Der Bau eines neuen Museums für Stadtgeschichte soll im März 2016 beginnen. Die Maßnahme befindet sich bereits seit vielen Jahren auf dem Wunschzettel der Stadtverordnetenversammlung.

Abwandlung
Wie ist der Fall zu betrachten, wenn die Maßnahme bereits im Jahr 2015 begonnen wurde und der Bau entsprechend fortgeschritten wäre?

Abwandlung
Der Bau des Museums soll im Jahr 2016 fortgesetzt werden. Die dafür notwendigen Auszahlungen belaufen sich 1,1 Mio. Euro. Aufgrund der angespannten Finanzsituation ist eine Kreditaufnahme unumgänglich.

d) Der Fachbereich Zentrale Dienste will die angefallenen Wartungskosten für die städtischen Kopierer und Drucker an die entsprechende Firma überweisen. Des Weiteren ist der Bestand an Toner weitestgehend aufgebraucht. Aus Kostengründen (15 v. H. Rabatt) möchte der Fachbereich gleich die benötigte Menge für das gesamte Haushaltsjahr bestellen.

e) Es ist beabsichtigt, die Pachten für Kleingärten sowie die Vergnügungsteuer zu erhöhen.

f) Der Kassenverwalter der Stadtkasse der Stadt Prenzwalde teilt dem Bürgermeister mit, dass die vorhandenen liquiden Mittel zur Leistung der bis Ende März zu erwartenden Auszahlungen nicht mehr ausreichen. Um die Zahlungsfähigkeit sicherzustellen, ist es zwingend erforderlich, einen Kassenkredit aufzunehmen. Der Kassenverwalter hält einen Kassenkredit i. H. v. 50.000 Euro für erforderlich.

Aufgabe
Prüfen und begründen Sie ausführlich, ob die Aufwendungen / Auszahlungen sowie die Erträge / Einzahlungen aus haushaltsrechtlicher Sicht geleistet bzw. beschafft werden dürfen.

H Nachtragshaushaltssatzung

I. Grundlagen zum Erlass einer Nachtragshaushaltssatzung

Entsprechend dem Grundsatz der Jährlichkeit nach § 65 Abs. 1 und 4 BbgKVerf wird die Haushaltssatzung für ein Haushaltsjahr aufgestellt. Aus dem Grundsatz der Vorherigkeit resultiert die Notwendigkeit, das Aufstellungsverfahren des Haushaltsplans sowie der Haushaltssatzung bereits Mitte des Vorjahres zu beginnen. Eine Vielzahl von Informationen und Planansätzen sind daraus folgend mit einer gewissen Unsicherheit behaftet. Insofern ist vielfach eine Fortschreibung des Haushaltsplans und der Haushaltssatzung durch eine Nachtragshaushaltssatzung erforderlich. Rechtsgrundlage hierfür ist § 68 BbgKVerf. Nach § 68 Abs. 1 S. 1 BbgKVerf kann die Haushaltssatzung durch den Erlass einer Nachtragshaushaltssatzung bis zum Ablauf des Haushaltsjahres beschlossen werden. In der Praxis wird dies jedoch nur bis Ende November des Haushaltsjahres möglich sein. Dabei sind insbesondere die Verfahrensvorschriften für den Erlass der Haushaltssatzung nach § 67 BbgKVerf analog anzuwenden. Dies gilt auch für die Genehmigungspflicht (bzw. Anzeigepflicht) durch die Kommunalaufsichtsbehörde.
Zwingende Voraussetzung für eine Nachtragssatzung ist das Vorliegen einer rechtswirksamen Satzung nach § 67 BbgKVerf.

Beispiel
Die Haushaltssatzung 2016 ohne zustimmungspflichtige Teile wurde Mitte November 2015 beschlossen, aber noch nicht bekannt gemacht. Aus vorher nicht bekannten Gründen zeigt sich Ende November 2015, dass die ursprünglichen Ertragsansätze nicht ausreichen werden, den 2016 jetzt schon zu erwartenden erheblichen Fehlbedarf im ordentlichen Haushalt auszugleichen. Dieser könnte nur durch eine Änderung der Haushaltssatzung ausgeglichen werden. Da noch keine rechtsgültige Satzung vorliegt, ist anstelle einer Nachtragssatzung noch 2015 eine neue Haushaltssatzung zu beschließen und bekannt zu machen.

II. Pflichten zum Erlass einer Nachtragshaushaltssatzung

Generell führt jede Änderung der Haushaltssatzung zum Erlass einer Nachtragshaushaltssatzung. Auch die Änderung von Haushaltsvermerken im Haushaltsplan entsprechend §§ 23 und 24 KomHKV (unechte und echte Deckungsfähigkeit, Übertragbarkeit) bedarf einer Nachtragshaushaltssatzung, da der Haushaltsplan entsprechend § 66 Abs. 1 Satz 1 BbgKVerf

Teil der Haushaltssatzung ist. Zu beachten ist dabei, dass die in § 4 der Haushaltssatzung festgeschriebenen Hebesätze nur bis zum 30.06. des laufenden Haushaltsjahres verändert werden dürfen (vgl. § 25 Abs. 3 Grundsteuergesetz bzw. § 16 Abs. 3 Gewerbesteuergesetz).

1. Pflichtnachtragssatzung

Konkrete Pflichten zum Erlass einer Nachtragshaushaltssatzung ergeben sich aus § 68 Abs. 2 BbgKVerf. Diese Regelungen beziehen sich gleichermaßen auf Aufwendungen (konsumtiver Aufwand) als auch Auszahlungen für Investitionen und Investitionsförderungsmaßnahmen.

Pflicht nach § 68 Abs. 2. Nr. 1 BbgKVerf
Eine Nachtragshaushaltssatzung ist unverzüglich zu erlassen, wenn sich zeigt, dass trotz Ausnutzung jeder Sparmöglichkeit beim ordentlichen Ergebnis ein erheblicher Fehlbetrag entstehen oder sich ein ausgewiesener Fehlbedarf erheblich erhöhen wird und der Haushaltsausgleich oder der ursprüngliche Fehlbedarf nur durch eine Änderung der Haushaltssatzung erreicht werden kann (Abbildung 81).
Entsprechend der Regelung des § 63 Abs. 4 BbgKVerf betrifft diese Regelung den Ergebnishaushalt. Wenn also die Erträge nicht die Höhe der Aufwendungen erreichen, ist grundsätzlich eine Nachtragshaushaltssatzung zu erlassen. Diese Pflicht besteht jedoch nur, soweit der Fehlbetrag erheblich sein wird und dieser durch den Erlass der Nachtragshaushaltssatzung beseitigt werden kann. Die Erheblichkeitsgrenze ist in § 5 Nr. 4 Buchst. a der Haushaltssatzung zu definieren. Da als Voraussetzung des § 68 Abs. 2 Nr. 1 BbgKVerf bereits sämtliche Sparmöglichkeiten ausgenutzt werden müssen, ist ein Ausgleich im Wesentlichen nur durch zusätzliche Finanzmittelbeschaffungen nach § 64 BbgKVerf denkbar.[104]

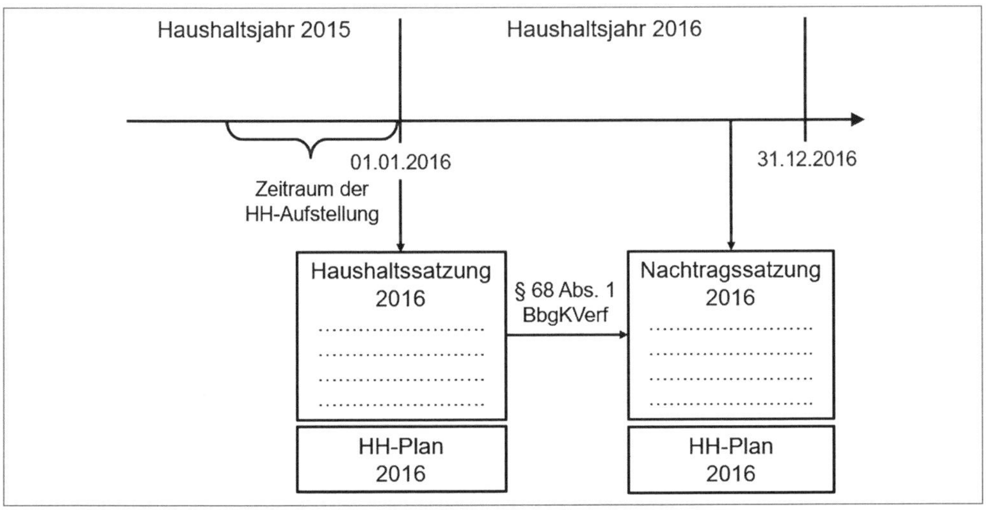

Abbildung 81: Nachtragshaushaltssatzung

[104] Vgl. auch Wiegand/Grimberg, Gemeindeordnung Sachsen-Anhalt, Kommentierung zu § 95 GO, 3. Auflage, München 2003.

Pflicht nach § 68 Abs. 2. Nr. 2 BbgKVerf

Eine weitere Pflicht besteht bei der Leistung von bisher nicht veranschlagten oder zusätzlichen Mehraufwendungen bzw. -auszahlungen, die im Vergleich zu den Gesamtaufwendungen und Gesamtauszahlungen erheblich sind. Hier bedarf es ebenfalls einer Festlegung der Erheblichkeitsgrenze in § 5 Nr. 4 Buchst. b der Haushaltssatzung. Die Erheblichkeitsgrenze kann als Prozentsatz oder absoluter Betrag festgelegt werden.
Mehraufwendungen und Mehrauszahlungen, die im Rahmen der flexiblen Haushaltsführung (echte und unechte Deckungsfähigkeit) nach § 23 KomHKV geleistet werden, führen nicht zum Erlass einer Nachtragshaushaltssatzung. Im Umkehrschluss bedeutet diese Regelung, dass unerhebliche über- und außerplanmäßige Aufwendungen und Auszahlungen entsprechend den Regelungen des § 70 BbgKVerf geleistet werden können.
Eine Pflichtnachtragssatzung ist nach § 68 Abs. 3 BbgKVerf beim Überschreiten von Wertgrenzen bei Umschuldungen nicht erforderlich.

2. Inhalt und Form der Nachtragshaushaltssatzung

Für den Erlass der Nachtragshaushaltssatzung ist das Muster 5.2 zu § 68 BbgKVerf der verbindlichen Muster zur VV Produkt und Kontenrahmen zu verwenden.[105]
Hier werden einerseits die bisherigen in der Haushaltssatzung festgeschriebenen Gesamtbeträge für den Ergebnishaushalt und den Finanzhaushalt, die Verpflichtungsermächtigungen, Kreditaufnahmen, Einzahlungen aus der Auflösung von Liquiditätsreserven bzw. Auszahlungen an Liquiditätsreserven, dargestellt. Im Anschluss werden die jeweiligen Veränderungen sowie die neuen Gesamtwerte dargestellt.

[105] Als Auszug dargestellt.

Nachtragshaushaltssatzung
der Gemeinde … für das Haushaltsjahr 20..

Auf Grund des § 68 der Kommunalverfassung des Landes Brandenburg wird nach Beschluss der Gemeindevertretung vom … folgende Nachtragshaushaltssatzung erlassen:

§ 1
Mit dem Nachtragshaushaltsplan werden

	die bisher festgesetzten Gesamtbeträge EUR	erhöht um EUR	vermindert um EUR	und damit der Gesamtbetrag einschließlich Nachträgen festgesetzt auf EUR
im Ergebnisplan ordentliche Erträge ordentliche Aufwendungen außerordentliche Erträge außerordentliche Aufwendungen				
im Finanzhaushalt die Einzahlungen die Auszahlungen davon bei den: Einzahlungen aus laufender Verwaltungstätigkeit Auszahlungen aus laufender Verwaltungstätigkeit Einzahlungen aus der Investitionstätigkeit Auszahlungen aus der Investitionstätigkeit Einzahlungen aus der Finanzierungstätigkeit Auszahlungen aus der Finanzierungstätigkeit Einzahlungen aus der Auflösung von Liquiditätsreserven Auszahlungen an Liquiditätsreserven				

(Alternativ: Die Erträge, Aufwendungen, Einzahlungen und Auszahlungen des Ergebnishaushalts und des Finanzhaushalts werden nicht geändert.)

§ 2
Der Gesamtbetrag der Kredite, deren Aufnahme zur Finanzierung von Investitionen und Investitionsförderungsmaßnahmen erforderlich ist, wird von bisher … Euro um … Euro erhöht/vermindert und damit auf ... Euro neu festgesetzt.

(Alternativ: Der Gesamtbetrag der bisher vorgesehenen Kredite wird nicht verändert.)
(Alternativ: Kredite werden nicht veranschlagt.)

Abbildung 82: Muster für Nachtragshaushaltssatzung

Übungssachverhalte zu Kapitel H

Übung 73

Die Haushaltssatzung 2016 der Stadt Prenzwalde ist entsprechend dem Grundsatz der Vorherigkeit im Dezember 2015 von der Stadtverordnetenversammlung beschlossen worden und wurde nach Genehmigung der Kommunalaufsichtsbehörde zum 01.01.2016 rechtswirksam. Im Laufe des Haushaltsjahres fallen die folgenden Sachverhalte an:

1) Es ist vorgesehen, eine neue Grundschule zu bauen. Im Vorjahr waren dafür bereits Haushaltsmittel i. H. v. 200.000 Euro veranschlagt und verausgabt. Für die Fertigstellung sind noch Mittel i. H. v. 1.200.000 Euro erforderlich. Eine notwendige Mittelanmeldung zur Planaufstellung ist jedoch unterblieben.

2) Der Bau der neuen Kanalbrücke ist mit Auszahlungen i. H. v. 4,5 Mio. Euro im Jahr 2017 und 6 Mio. Euro im Jahr 2018 geplant. Aufgrund der notwendigen Vorbereitungszeit dieses Großprojekts ist es erforderlich, den Gesamtauftrag bereits im Jahr 2016 auszuschreiben. Im Haushalt 2016 ist dieses Projekt bisher nicht berücksichtigt.

3) Durch das Hochwasser wurden einige Straßen der Stadt stark beschädigt. Die beschädigten Straßen stellen eine Gefahrenquelle dar. Daneben sind Rettungswege für die Vororte stark in Mitleidenschaft gezogen. Die nicht veranschlagten Instandsetzungsaufwendungen werden auf 1,8 Mio. Euro geschätzt.

4) Durch das Hochwasser ist eine Vielzahl von Betriebsstätten ansässiger Mittelständler in Mitleidenschaft gezogen worden. Die Stadt möchte diesen Firmen insbesondere zur Sicherung der Arbeitsplätze nunmehr unter die Arme greifen und sich mit Zuwendungen an den notwendigen Gebäudeherstellungskosten i. H. v. 100.000 Euro beteiligen. Haushaltsmittel sind für diesen Zweck bisher nicht veranschlagt.

5) Der Verein für soziale Gerechtigkeit beabsichtigt, im Haushaltsjahr 2017 eine neue Beratungsstelle für 180.000 Euro zu errichten. Die Stadtverordnetenversammlung Prenzwalde hat beschlossen, diese Baumaßnahme vollständig zu bezuschussen. Die bisher nicht geplanten Haushaltsmittel sollen je zur Hälfte im Jahr 2016 und 2017 ausgezahlt werden. Der Zuwendungsbescheid für die Gesamtsumme soll bereits im Jahr 2016 an den Verein ergehen.

6) Für die Kindertagesstätte »Rasselbande« ist zur Erweiterung der Kapazitäten ein Anbau erforderlich. Dieser ist zwingend notwendig, um den gesetzlich normierten Ganztagsanspruch umzusetzen. Die damit verbundenen Auszahlungen in Höhe von 160.000 Euro sind bisher nicht veranschlagt.

7) Der Neubau des Stadtmuseums, der bisher im Entwurf des Haushaltsplans nicht enthalten ist, soll vorgezogen werden und bereits im Haushaltsjahr 2016 beginnen. Den Mitgliedern der Stadtverordnetenversammlung ist der ursprünglich geplante Baubeginn im Jahr 2018 viel zu spät. Aus repräsentativen Gründen soll damit früher begonnen werden. Auszahlungen sind im Jahr 2016 voraussichtlich i. H. v. 350.000 Euro erforderlich. Im Jahr 2017 werden insgesamt 3,5 Mio. Euro benötigt. Die Gesamtauftragsvergabe soll bereits im Jahr 2016 erfolgen. Die Nutzung ist ab dem Jahr 2018 geplant.

8) Bei den Benutzungsgebühren und Bußgeldern werden gegenüber den bisherigen Haushaltsansätzen Mehrerträge/-einzahlungen i. H. v. 50.000 Euro erwartet. Der bisherige Haushaltsansatz betrug insgesamt 300.000 Euro.

9) Da die Leistungen nach dem SGB II bei Aufstellung des Haushaltsplans nur geschätzt werden konnten, zeichnet sich nunmehr eine Überschreitung des Haushaltsansatzes um 500.000 Euro auf 2,5 Mio. Euro ab.

10) Im Haushaltsjahr 2016 wird der nicht veranschlagte Neubau der Prenzwalder Grundschule erforderlich. Das bisherige Gebäude kann aufgrund seines Alters und Zustandes (Gebäude bereits mehrere Jahre abgeschrieben) nicht mehr genutzt werden. Im laufenden Jahr werden dafür insgesamt 1,8 Mio. Euro benötigt. Für die Fortsetzung im Haushaltsjahr 2017 fallen weitere 2 Mio. Euro an. Die Auftragsvergabe erfolgt jährlich. Das Gebäude muss zwingend zum Schuljahresbeginn 2017/2018 fertiggestellt werden, da ansonsten eine Beschulung der Schüler nicht gewährleistet werden kann.

11) Der Haushaltsplan der Stadt Prenzwalde wurde in der Planungsphase entsprechend des Grundsatzes des Haushaltsausgleichs nach § 63 Abs. 4 BbgKVerf ausgeglichen. Aufgrund einbrechender Steuererträge stellte der Kämmerer in der letzten Stadtratssitzung dar, dass sämtliche Sparmöglichkeiten und zusätzliche Finanzmittelbeschaffungen nicht ausreichen, um das Haushaltsloch zu stopfen. Zum Jahresabschluss rechnet er fest mit einem Fehlbetrag von 2 bis 3 Mio. Euro.

Bearbeitungshinweise

Die Gesamtsumme der ordentlichen Erträge beträgt	15.300.000 Euro
Die Gesamtsumme der Auszahlungen beträgt	16.700.000 Euro

Auszug aus der Haushaltssatzung der Stadt Prenzwalde

- *Erheblich i. S. d. § 68 Abs. 2 Nr. 1 BbgKVerf ist ein Jahresfehlbetrag, der 5 v. H. der Gesamtsumme der Aufwendungen im Ergebnisplan übersteigt.*
- *Erheblich i. S. d. § 68 Abs. 2 Nr. 2 BbgKVerf sind Mehraufwendungen/-auszahlungen, die je Geschäftsvorfall 1 v. H. der Gesamtsummen der Aufwendungen/-auszahlungen im Ergebnisplan/Finanzplan übersteigen.*

Aufgabe

Prüfen und begründen Sie ausführlich, ob die geschilderten Sachverhalte zu einer Pflicht zum Erlass einer Nachtragshaushaltssatzung führen.

Übung 74

Sie sind Mitarbeiter im Fachbereich Finanzen der Stadt Prenzwalde. Ihr Vorgesetzter, der Beigeordnete für Finanzen, Herr Lemming, hat Ihnen folgende E-Mail gesendet, die Sie heute Morgen erstmals lesen. Er erwartet die Klärung der Sachlage.

Ihre Sekretärin hatte die E-Mail bereits vorab gelesen und Ihnen freundlicherweise einen Auszug aus der Hauptsatzung angefügt.

Von: Lemming [mailto: lemming@stadt-prenzwalde.de] **EILT!!!**
Gesendet: Freitag, 01. Oktober, 13:21 Uhr
An: fachbereich-finanzen@stadt-prenzwalde.de
Betreff: Zusätzliche Mittel für die Straßenunterhaltung und eine Straßenreinigungsmaschine

Guten Morgen,
vor wenigen Minuten erhielt ich die Information von dem Außendienst des Fachbereichs Bauwesen, dass an mehreren Gemeindestraßen einige größere Schäden aufgrund des Unwetters der letzten Tage aufgetreten sind. Diese führen zur Beeinträchtigung der Verkehrssicherheit und sind unverzüglich zu beseitigen (man hat die Gefahrenquelle erst mal nur provisorisch gesichert).
Die Kosten werden 400.000 Euro betragen. Ich habe gleich in der entsprechenden Haushaltsüberwachungsliste nachschauen lassen, um zu sehen, ob noch entsprechende Mittel zur Verfügung stehen. Leider sind die Mittel bei dieser Buchungsstelle fast vollständig aufgebraucht und werden wohl auch planmäßig bis zum Ende des Jahres benötigt.
Ich habe jetzt die Befürchtung, dass wir die Unterhaltungsmaßnahmen nicht durchführen können bzw. die Pflicht haben, zunächst erst mal eine Nachtragssatzung zu erlassen.
Die Gesamtsumme der Aufwendungen im Ergebnisplan der Stadt beträgt ja nur 35.000.000 Euro und die der Auszahlungen im Finanzplan nur 40.000.000 Euro.
Weiterhin werden noch 40.000 Euro für den Kauf einer Straßenreinigungsmaschine benötigt. Die alte Maschine hatte in der letzten Woche einen Motorschaden. Der Fahrdienstleiter meint, dass eine Reparatur völlig unwirtschaftlich ist, da die Maschine schon zehn Jahre alt ist.
Im Haushaltsplan gibt es dafür jedoch keine Mittel. Die neue Maschine muss aber sehr kurzfristig beschafft werden, da sich die Straßenreinigung gerade in den Wintermonaten ja nicht ewig aufschieben lässt.
Von Herrn Hauptmann (Berufsfeuerwehr) habe ich gehört, dass das neue Rettungsboot doch nicht angeschafft wurde und deshalb Mittel i. H. v. 60.000 Euro nicht benötigt werden. Er würde den benötigten Betrag auch zur Verfügung stellen.
Weiterhin werden Mittel im Bereich der Personalaufwendungen und -auszahlungen i. H. v. 1.000.000 Euro eingespart. Dies teilte mir der Fachbereichsleiter Personalangelegenheiten mit.
Ich bitte Sie um kurzfristige Prüfung der Angelegenheit!
Mit freundlichen Grüßen

Lemming
Beigeordneter für Finanzen

Aufgabe

Prüfen Sie, ob sich aus dem geschilderten Sachverhalt eine Pflicht zum Erlass einer Nachtragshaushaltssatzung ergibt, und begründen Sie Ihre Ausführungen jeweils kurz.

Nennen Sie die Zuordnungsvorschriften zum Ergebnis- und/oder Finanzplan sowie die betroffenen Buchungsstellen für die Straßenunterhaltung und die Beschaffung der Straßenreinigungsmaschine.

Auszug aus der Haushaltssatzung der Stadt Prenzwalde

Erheblich sind Mehraufwendungen/-auszahlungen nach § 68 Abs. 2 Nr. 2 BbgKVerf, wenn sie je Geschäftsvorfall 1 v. H. der Gesamtsumme der Aufwendungen und/oder Auszahlungen des Ergebnis- und/oder Finanzplans übersteigen.

Übung 75

Die Stadt Prenzwalde befindet sich Mitte des Jahres 2016 in der Haushaltsdurchführung. Bisher konnten keine wesentlichen Abweichungen zur Haushaltsplanung festgestellt werden. Dies zeichnet die gute fachliche Arbeit des Fachbereichs Finanzen aus. Sämtliche Ermächtigungen (Aufwands- und Auszahlungsermächtigungen, VE) werden durch die Fachbereiche ordnungsgemäß bewirtschaftet. Der Haushaltsplan 2016 weist im Ergebnisplan 2016 ein ausgeglichenes Ergebnis auf.
In der wöchentlichen Oberbürgermeisterdienstberatung am 15. August 2016 werden die nachfolgenden Vorhaben mit den zuständigen Dezernenten und Fachbereichsleitern abgestimmt und letztlich beschlossen.

1) Zur Entlastung der Gewerbetreibenden ist eine Reduzierung der Gewerbesteuer um 10 v. H. vorgesehen. Dadurch entsteht ein Einnahmeausfall von rund 500.000 Euro 2016 und rund 1.000.000 Euro ab dem Jahr 2017. Grund hierfür ist eine zusätzliche Belastung der Gewerbetreibenden durch die Bundesregierung. Die gemeindliche Wirtschaft soll damit gestärkt werden und wachsen. Den Einnahmeausfall soll der »Haushalt auffangen«.
2) Für die Kindertagesstätte »Spielbude« ist eine Kapazitätserweiterung aufgrund steigender Kinderzahlen zwingend notwendig. Der Baumaßnahme soll Ende September 2016 beginnen. Der Bau wird voraussichtlich 400.000 Euro kosten. Mit der Fertigstellung ist im Mai 2017 zu rechnen. Die Auszahlungen verteilen sich mit 100.000 Euro auf das Jahr 2016 und 300.000 Euro auf das Jahr 2017. Den Auftrag erhält ein Generalunternehmer vor Beginn der Baumaßnahme. Das förmliche Vergabeverfahren hat bereits begonnen.
3) Die Kanalbrücke befindet sich seit geraumer Zeit in einem katastrophalen Zustand und muss dringend saniert werden. Die Brücke kann derzeit nur einspurig genutzt werden. Insbesondere im Feierabendverkehr bildet sich ein erheblicher Rückstau, und der Zustand verschlechtert sich täglich. Die Brücke wurde bereits für den gesamten Schwerlastverkehr gesperrt. Insbesondere besteht die Befürchtung, dass bei einer Vollsperrung der Brücke die Vororte der Stadt Prenzwalde durch die Feuerwehr und den Rettungsdienst nicht mehr erreicht werden können. Die Kosten für einen Neubau belaufen sich auf 12 Mio. Euro. Baubeginn soll im Februar 2017 sein. Bis dahin werden wohl auch alle Fördermittelbescheide vorliegen (90 v. H. – Förderung). Die Auftragsvergabe soll im Dezember 2016 erfolgen. Damit der Baubeginn rechtzeitig erfolgen

kann, muss noch in diesem Jahr eine Behelfsbrücke errichtet werden, um den Verkehr zweispurig an der maroden Brücke vorbeizuleiten. Die Kosten betragen 2 Mio. Euro. Zahlungswirksam werden die Mittel erst Anfang 2017. Für den Bau werden insgesamt vier Monate benötigt.

4) Durch einen Stromausfall im Rathaus der Stadt Prenzwalde wurde das gesamte Kabelnetz überprüft. Dabei wurde festgestellt, dass eine Reparatur großer Teile des Netzes zwingend erforderlich wird, um den Verwaltungsbetrieb aufrechtzuerhalten. Die Kosten belaufen sich auf rund 35.000 Euro. Die Maßnahme soll im Oktober 2016 durchgeführt und bezahlt werden.

Die dargestellten Maßnahmen sind im Haushaltsplan 2016 bisher nicht enthalten. Zur Finanzierung der vorgesehenen Maßnahmen stehen die nachfolgenden Möglichkeiten zur Verfügung:

- Durch den Verkauf von Gewerbeflächen an einen Großinvestor im Gewerbegebiet »Flugplatz« können Einzahlungen i. H. v. 500.000 Euro im Jahr 2016 generiert werden. Die Flächen wurden mit einem Buchwert von 300.000 Euro bewertet.
- Für den Bau der Behelfsbrücke steht eine bisher nicht ausgeschöpfte Kassenkreditermächtigung i. H. v. 2 Mio. Euro zur Verfügung.
- Bei den Personalkosten werden aufgrund der sog. Wiederbesetzungssperre von frei werdenden Stellen bis Jahresende 300.000 Euro eingespart. Die Personalkosten wurden einseitig deckungsfähig zugunsten des baulichen Unterhalts erklärt.
- Zur Finanzierung der Gewerbesteuersenkung sollen einige Gebühren sowie Eintrittsgelder um 15 v. H. angehoben werden. Es wird mit zusätzlichen Einnahmen von 15.000 Euro gerechnet.

Darüber hinaus stehen andere Finanzierungsmöglichkeiten nicht zur Verfügung.

Aufgaben

a) Prüfen und begründen Sie ausführlich, ob die dargestellten Maßnahmen zum Erlass einer Nachtragshaushaltssatzung führen. Gehen Sie dabei auch auf die vorgesehenen Finanzierungsmöglichkeiten ein. Bilden Sie sämtliche Produktkonten.

b) Erstellen Sie die Nachtragshaushaltssatzung nach dem verbindlichen Muster.

c) Prüfen und begründen Sie, ob der Bürgermeister der Stadt Prenzwalde zur Beschleunigung des Verfahrens von seinem Eilentscheidungsrecht Gebrauch machen kann.

Wertgrenzen lt. Hauptsatzung der Stadt Prenzwalde

• *erheblich i. S. d. § 68 Abs. 2 Nr. 1 BbgKVerf*	*800.000 Euro*
• *erheblich i. S. d. § 68 Abs. 2 Nr. 2 BbgKVerf*	*1.500.000 Euro*

I Bewirtschaftung der Haushaltsmittel

Der Haushaltsplan stellt nach § 66 Abs. 3 BbgKVerf die verbindliche Grundlage der Haushaltswirtschaft der Kommune dar.

I. Ablauf der Haushaltsbewirtschaftung

Die im Haushaltsplan festgeschriebenen Haushaltsansätze müssen nach § 28 Abs. 1 KomHKV so bewirtschaftet werden, dass sie zur Deckung aller Aufwendungen und Auszahlungen im Haushaltsjahr ausreichen. Sie dürfen erst dann in Anspruch genommen werden, wenn die Aufgabenerfüllung es erfordert. Dabei ist insbesondere der Grundsatz der Wirtschaftlichkeit und Sparsamkeit nach § 63 Abs. 2 BbgKVerf zu beachten (Rabatte ausnutzen, Skonto in Anspruch nehmen). Darüber hinaus ist das verwaltungstypische und das durch den Grundsatz der Jährlichkeit provozierte »Dezemberfieber« (unnötige Auszahlungen leisten, nur um den Haushaltsansatz zu verbrauchen) strikt zu vermeiden. In der Praxis hat sich der nachfolgende Ablauf entwickelt.[106]

Ablauf der Haushaltsbewirtschaftung	
Überprüfung der Haushaltsmittel	Bevor ein Bestellvorgang o. Ä. erfolgt, muss zwingend der Bestand an verfügbaren Haushaltsmitteln überprüft und ggf. angepasst werden (z. B. durch flexible Haushaltsführung oder überplanmäßige Mittelbereitstellungen).
Mittelreservierung (Vormerkung)	Die benötigten Mittel werden in der Haushaltsüberwachungsliste vorgemerkt und verringern dadurch die verfügbaren Haushaltsmittel
Prüfung des Vergabeverfahren	Prüfung der vergaberechtlichen Voraussetzungen und ggf. Einleitung eines Vergabeverfahrens
Bestellvorgang/Vergabe	Auslösung des Auftrags und Vermerk in der Haushaltsüberwachungsliste, soweit nicht schon eine Vormerkung erfolgt ist
Lieferung und Rechnungsbearbeitung	Prüfung der Lieferung und der Rechnung, Erfassung und Buchung im Haushaltsprogramm
Zahlungsanweisung	Erstellung der Kassenanordnung entsprechend KomHKV, Feststellung der sachlichen und rechnerischen Richtigkeit, Anordnung der Zahlung, Löschung der Vormerkung

[106] Vgl. hierzu auch Düngen/Zeiler, Rechnungswesen in der öffentlichen Verwaltung, Braunschweig 2013, S. 30.

Ablauf der Haushaltsbewirtschaftung	
Prüfung durch das Rechnungsprüfungsamt	Ggf. erfolgt eine Visa-Kontrolle[107] durch das Rechnungsprüfungsamt.
Abwicklung der Zahlung	Prüfung des Zahlungsbelegs (Kontonummer, Betrag etc.), Übergabe elektronischer Datenträger an Bank, Buchen der Zahlung durch die Stadtkasse

II. Haushaltsüberwachung

Die Inanspruchnahme von Aufwands- und Auszahlungsermächtigungen entsprechend § 28 Abs. 3 KomHKV ist dabei laufend zu überwachen. Diese Überwachung ist Aufgabe jeder anordnungsberechtigten Person in der Kommune. Um jederzeit zu erkennen, bei welchen Konten noch wie viele Haushaltsmittel zur Verfügung stehen, sind diese in den HKR-Programmen hinterlegt und somit jederzeit einsehbar (Berichte und Übersichten).[108]

III. Veränderung von Ansprüchen

Nach § 27 KomHKV sind Erträge vollständig zu erfassen und die rechtzeitige (zum Fälligkeitstermin) Einziehung der Forderungen sicherzustellen. Die Erhebung der Forderung stellt dabei eine Aufgabe des jeweiligen Fachbereichs dar. Grundlage für den Erlass z. B. von Bescheiden sind im hoheitlichen Bereich Satzungen, Gesetze oder Verordnungen bzw. Verträge im Rahmen des privatrechtlichen Handelns (z. B. Mietverträge). Damit die Stadtkasse Kenntnis von der Forderung erlangt, ist eine Annahmeanordnung zu fertigen. Soweit der Schuldner (Debitor) seiner Zahlungspflicht nicht nachkommt, ist es Aufgabe der Stadtkasse bzw. des Forderungsmanagements, die Forderung zu vollstrecken. Diese zwangsweise Einziehung kann z. B. Kontopfändungen, Gehaltspfändungen, Parkkrallen oder den klassischen Besuch des Vollstreckungsaußendienstes zur Folge haben. Dies gilt nur für öffentlich-rechtliche Forderungen. Bei privatrechtlichen Forderungen erwirkt die Kommune einen Mahnbescheid beim Amtsgericht und überlässt die Eintreibung der Forderungen einem Gerichtsvollzieher.

Kann der Schuldner seinen Zahlungspflichten nicht nachkommen, bietet § 31 KomHKV als Ausnahmeregelung zu § 27 KomHKV mehrere Möglichkeiten, den Anspruch der Kommune zu verändern.

Im § 31 KomHKV wird bewusst auf eine Definition der Begriffe »Stundung, Niederschlagung und Erlass« verzichtet und stattdessen auf die bundeseinheitliche steuerrechtliche Regelung der Abgabenordnung (AO) verwiesen.

[107] Die sog. Visa-Kontrolle findet als Stichprobenprüfung statt. Die Prüfung soll gewährleisten, dass die von Dritten der Stadt in Rechnung gestellten Beträge sachlich und rechnerisch sowie – erforderlichenfalls – in technischer Hinsicht richtig sind.

[108] In der kameralen Haushaltswirtschaft wurden diese Übersichten als Haushaltsüberwachungslisten (HÜL) bezeichnet.

1. Stundung

Eine Stundung i. S. d. § 222 AO bewirkt zunächst einen Zahlungsaufschub. Das heißt, der ursprüngliche Fälligkeitstermin wird hinausgeschoben. Die Kommunen können somit Ansprüche aus Forderungen ganz oder teilweise stunden, wenn die Einziehung bei Fälligkeit eine erhebliche Härte für den Schuldner bedeuten würde und der Anspruch durch die Stundung nicht gefährdet erscheint. Bei der Gewährung einer Stundung hat die Kommune einen Beurteilungsspielraum (»dürfen«).
Die Stundung soll in der Regel nur auf Antrag und gegen Sicherheitsleistung gewährt werden. Steueransprüche gegen den Steuerschuldner können nicht gestundet werden, soweit ein Dritter (Entrichtungspflichtiger) die Steuer für Rechnung des Steuerschuldners zu entrichten, insbesondere einzubehalten und abzuführen, hat. Die Stundung des Haftungsanspruchs gegen den Entrichtungspflichtigen ist ausgeschlossen, soweit er Steuerabzugsbeträge einbehalten oder Beträge, die eine Steuer enthalten, eingenommen hat. Voraussetzung hierfür ist ein Antrag des Schuldners. Hierbei muss der Schuldner darstellen, dass die Einziehung der Forderung bei Fälligkeit für ihn eine erhebliche Härte bedeuten würde (z. B. vorübergehende Zahlungsschwierigkeiten durch verspätete Lohnzahlungen). Wird eine Stundung gewährt, ist im Vorfeld zu prüfen, ob der Anspruch durch die Stundung nicht gefährdet wird, d. h., der Schuldner muss nach dem neuen Fälligkeitstermin noch zahlungsfähig sein (z. B. Anmeldung Insolvenzverfahren oder Schuldner hat mehrere Gläubiger oder Schuldner hat keinen festen Wohnsitz).
Im Rahmen der Stundung setzt die Kommune zunächst eine Stundungsfrist fest (einmalige Zahlung zu einem späteren Zeitpunkt, mehrere Raten). Dies teilt sie in einem Stundungsbescheid dem Schuldner mit. Dabei werden analog § 234 AO i. d. R. auch Stundungszinsen festgesetzt. Letztlich wird die Gemeindekasse über die Stundung informiert, damit keine zwangsweisen Einziehungsversuche erfolgen.

2. Niederschlagung

Bei einer Niederschlagung i. S. d. § 261 AO handelt es sich um eine befristete oder unbefristete Zurückstellung der Weiterverfolgung eines fälligen Anspruchs ohne Verzicht auf den Anspruch selbst. Für diese verwaltungsinterne Maßnahme ist keine Antragstellung erforderlich. Voraussetzung dafür ist, dass a) die Einziehung keinen Erfolg hat bzw. bisher hatte und b) die Kosten der Einziehung zur Höhe des Anspruchs unverhältnismäßig sind. Die Niederschlagung ist immer nachrangig zur Stundung. Das heißt, im Vorfeld sollte versucht werden, z. B. durch eine Ratenzahlung die Forderung, einzutreiben.
Eine befristete Niederschlagung erfolgt, wenn die Einziehung wegen der wirtschaftlichen Verhältnisse oder aus anderen Gründen vorübergehend keinen Erfolg haben würde, eine Stundung aus verschiedenen Gründen aber ausscheidet (z. B. Arbeitslosigkeit, mehrere Schuldner/Gläubiger, Krankheit – also z. B. keine Ratenzahlung möglich). Dabei muss die Kommune darauf achten, durch rechtzeitige Vollstreckungsmaßnahmen die Verjährung zu unterbrechen.
Eine unbefristete Niederschlagung erfolgt, wenn die Einziehung wegen der wirtschaftlichen Verhältnisse oder aus anderen Gründen dauerhaft keinen Erfolg haben wird (z. B. Tod des

Schuldners, mehrere fruchtlose Vollstreckungen, Auflösung der Firma, Arbeitslosigkeit im Alter).
Dabei räumt § 261 AO durch die Formulierung »dürfen« einen Ermessensspielraum ein.

3. Erlass

Die Voraussetzung für einen Erlass regelt § 227 AO. Ein Erlass ist ein endgültiger oder teilweiser Verzicht auf den Anspruch. Er erfolgt auf Antrag des Schuldners. Voraussetzung für einen Erlass ist, dass die Einziehung der Forderung nach Lage des Schuldners eine besondere Härte darstellen würde. Das heißt, dass der Schuldner z. B. unverschuldet in eine wirtschaftliche Notlage geraten ist und die Weiterverfolgung des Anspruchs seine Existenz gefährden würde (z. B. Einziehung einer Forderung führt zur Insolvenz eines Gewerbebetriebs, oder die Person müsste Sozialhilfe beantragen, wenn die Forderung eingezogen wird).
Vorrangig ist jedoch immer die Stundung oder die Niederschlagung der Forderung zu prüfen, da durch den Erlass endgültig auf den Anspruch verzichtet wird. Das heißt, ein Erlass wird nur im äußersten Notfall ausgesprochen.

4. Ausnahmen

Die Kommune kann nach § 31 Abs. 2 KomHKV davon absehen, Ansprüche von weniger als 20 Euro (Bagatellgrenzen) beizutreiben, wenn die Einziehung unwirtschaftlich ist. Zudem finden die Vorschriften der AO nach § 31 Abs. 3 KomHKV keine Anwendung auf abgabenrechtliche Ansprüche, wie die Grund- und Gewerbesteuer, die sonstigen Gemeindesteuern sowie die kommunalen Gebühren und Beiträge.

Übungssachverhalte zu Kapitel I – Bewirtschaftung der Haushaltsmittel

Übung 76

Die Stadt Prenzwalde hat für den Neubau der Kindertagesstätte »Bussibär« im Jahr 2016 insgesamt 800.000 Euro veranschlagt. Im Jahr 2016 fallen die nachfolgenden Geschäftsvorfälle an:

Nr.	Datum	Geschäftsvorfälle	Betrag
1.	02.01.	Eröffnungsbuchung	
2.	07.01.	Auftrag an ein Vermessungsbüro	500 €
3.	07.01.	Auftrag Herstellung Bodenplatte	50.000 €
4.	09.01.	Auftrag Gebäudeherstellung	450.000 €
5.	08.03.	1. Abschlag Bodenplatte	10.000 €
6.	20.03.	1. Abschlag Gebäudeherstellung	300.000 €
7.	25.03.	2. Abschlag Bodenplatte	10.000 €
8.	25.03.	Auftrag Innenausbau	150.000 €
9.	30.03.	Schlussrechnung Bodenplatte	60.000 €
10.	19.04.	Rechnung vom Vermessungsbüro	700 €
11.	20.04.	Schlussrechnung Gebäudeherstellung	445.000 €
12.	30.04.	1. Abschlag Innenausbau	70.000 €
13.	02.05.	Rechnung Baugutachter (ohne Auftrag)	1.000 €

Aufgaben

1) Eröffnen Sie die beigefügte Haushaltsüberwachungsliste für das o. g. Produktkonto des Finanzplans, und nehmen Sie die notwendigen Buchungen vor.

2) Erläutern Sie, wie zu verfahren ist, wenn die Haushaltsmittel bei dem o. g. Produktkonto aufgebraucht sind, jedoch noch zusätzliche Mittel für die Herstellung der Außenanlage benötigt werden.

Stadt Prenzwalde
Haushaltsüberwachungsliste[109]/Haushaltsjahr 2016/Amt für zentrales Gebäudemanagement

Produktkonto:
Ermächtigungen aus Vorjahren Euro
Ermächtigungsansatz lfd. Jahr Euro
Auszahlungsermächtigung insgesamt Euro

Nr.	Datum	Buchungstext	Gesamtermächtigung	Vormerkungen (Aufträge)	Anordnungen	Vormerkungen (Aufträge)	Anordnungen	Noch verfügbar

Formel: 4 − 7 − 8 = 9

[109] Muster in Anlehnung an Rose, Kommunale Finanzwirtschaft Niedersachsen, 3. Auflage, Kiel 2008, S. 268; Grimberg/Bernhardt/Mutschler/Stockel-Veltmann, Neues Kommunales Haushaltsrecht LSA, Witten 2010, S. 536.

Übung 77

Holger Trinkreich betreibt in der Stadt Prenzwalde das berühmte Brauhaus. Er bittet den Fachbereich Liegenschaften am 04.07.2016, den am 15.07.2016 fällig werdenden Kaufpreis für die Gaststätte (ehemals im Eigentum der Stadt) ein halbes Jahr später als ursprünglich im Kaufvertrag vereinbart, zahlen zu dürfen. Als Begründung führt er an, dass sich eine Erbschaftsauszahlung seiner kürzlich verstorbenen Mutter verzögert. Müsste er bei Fälligkeit zahlen, wäre er gezwungen, einen Dispokredit aufzunehmen.

Aufgabe
Prüfen Sie, ob dem Antrag von Herrn Trinkreich entsprochen werden darf.

Übung 78

Die Stadt Prenzwalde hat gegen den ortsansässigen Wurstfabrikanten »Schmalz« eine Gewerbesteuerforderung i. H. v. 5.000 Euro. Der Wurstfabrikant leidet aufgrund einiger größerer Investitionen derzeit unter Zahlungsschwierigkeiten. Die Bankkonten sowie Kreditrahmen sind vollständig ausgeschöpft. Die Gehälter seiner Angestellten kann er nur noch aus seinem Privatvermögen vorstrecken. Der Geschäftsführer bittet die Stadt Prenzwalde um Stundung der Gewerbesteuer um ein halbes Jahr, da er dann aus den getätigten Investitionen erhebliche Gewinne erwartet.
Der Geschäftsführer ist seit Jahren in der Stadt Prenzwalde sozial engagiert und fördert den Jugendsport. Nach seinen eigenen Aussagen ist er ein Ehrenmann.

Aufgabe
Prüfen und begründen Sie die rechtliche Zulässigkeit der beantragten Stundung.

Übung 79

Der Dachdeckermeisterbetrieb »Dichte-Pfanne GmbH« zahlt der Stadt Prenzwalde seit mehreren Monaten keine Gewerbesteuer. Der Rückstand hat sich mittlerweile auf über 7.000 Euro summiert. Am 01.04.2016 meldet der Dachdeckerbetrieb Insolvenz an. Der vorläufig bestellte Insolvenzverwalter stellt aufgrund der äußerst schlechten Geschäftstätigkeit des Geschäftsführers Masseunzulänglichkeit fest. Es sind weder Barmittel noch verwertbare Vermögensgegenstände vorhanden. Die Forderungen der Stadt können keinesfalls bedient werden.

Aufgabe
Prüfen und begründen Sie, ob die Stadtkasse der Stadt Prenzwalde eine Stundung, eine Niederschlagung oder einen Erlass ausspricht.

J Kommunales Kassenrecht

Die Gemeindekasse erledigt nach § 80 BbgKVerf alle Kassengeschäfte der Gemeinde. Hiervon kann die Buchführung ganz oder teilweise abgetrennt werden.
Die Aufgaben der Gemeindekasse sind in den §§ 38 ff. KomHKV definiert. Hierzu zählen die Annahme der Einzahlungen und die Leistung der Auszahlungen einschließlich Aufrechnungen, die Verwaltung der Kassenmittel und die damit verbundene Liquiditätsplanung, die Verwahrung von Wertgegenständen, die Buchführung sowie die Beitreibung von Geldbeträgen im Verwaltungszwangsverfahren und die Einleitung der Zwangsvollstreckung nach der Zivilprozessordnung.[110]
Zu den Kassengeschäften, die die Gemeindekasse nach § 38 Abs. 1 KomHKV zu erledigen hat, gehören insbesondere

- die Annahme der Einzahlungen und die Leistung der Auszahlungen (Zahlungsverkehr),
- die Verwaltung der Finanzmittel,
- die Buchführung einschließlich der Sammlung der Belege, soweit nicht eine andere Stelle ganz oder zum Teil damit beauftragt ist,
- die Mahnung,
- die Beitreibung von Forderungen und die Einleitung der Zwangsvollstreckung sowie die Festsetzung, Stundung, Niederschlagung und der Erlass aus den resultierenden Nebenforderungen (Gebühren, Säumniszuschläge, Verzinsungen und Auslagen).

Soweit ein externer Dritter ganz oder teilweise mit der Buchführung beauftragt wird, obliegt der Gemeindekasse nach § 38 Abs. 2 KomHKV die Erfassung und Dokumentation der Zahlungen sowie die Führung und Abstimmung der Konten für die liquiden Mittel und für die Finanzrechnung nach § 38 Abs. 3 KomHKV.
Der Gemeindekasse können weitere Aufgaben übertragen werden, soweit Rechtsvorschriften nicht entgegenstehen und die Erledigung der Aufgaben nach § 38 Abs. 1 KomHKV nicht beeinträchtigt wird.

[110] Für die Beitreibung von Forderungen wird auf das Handbuch für das Verwaltungszwangsverfahren (VZV-Handbuch) des Verbandes der kommunalen Kassenleiter verwiesen.

I. Anordnungsrecht

Die budgetbewirtschaftenden Organisationseinheiten werden durch den Haushaltsplan ermächtigt, Erträge/Einzahlungen anzunehmen sowie Aufwendungen/Auszahlungen zu leisten (vgl. Wirkung des Haushaltsplans, § 66 Abs. 3 BbgKVerf). Die in der Phase der Haushaltsbewirtschaftung anfallenden Geschäftsvorfälle und die damit verbundenen Buchungen werden durch die budgetbewirtschaftenden Organisationseinheiten angeordnet und durch die Gemeindekasse ausgeführt.
Entsprechend § 38 Abs. 1 KomHKV darf die Gemeindekasse nur aufgrund einer schriftlichen oder bei automatisierten Verfahren auf elektronischem Wege übermittelten Anordnung Zahlungen leisten bzw. annehmen. Das bedeutet, dass die Gemeindekasse Zahlungsvorgänge ausschließlich durch Verfügung der anordnenden Organisationseinheiten vornehmen darf. Entsprechend § 80 Abs. 1 BbgKVerf erledigt die Gemeindekasse alle Kassengeschäfte der Kommune (Grundsatz der Einheitskasse).
Das Anordnungsrecht stellt damit das Bindeglied zwischen den budgetverantwortlichen Dienststellen und der Gemeindekasse dar.

1. Anordnungsbefugnis

Entsprechend § 27 KomHKV hat die Kommune sicherzustellen, dass die ihr zustehenden Erträge erfasst und die Forderungen rechtzeitig eingezogen werden. Hieraus ableitend, sind die im Haushaltsplan enthaltenen Ermächtigungen zur Leistung von Aufwendungen und Auszahlungen so zu bewirtschaften, dass sie für das gesamte Haushaltsjahr ausreichen. Sie dürfen erst dann in Anspruch genommen werden, wenn es die Aufgabenerfüllung erfordert. Eine konkrete Ausführung des Haushaltsplans ist erst und nur durch eine Anordnung möglich. Um eine Anordnung zu vollziehen, ist eine Anordnungsbefugnis erforderlich. Eine Anordnungsbefugnis ist das Recht, eine Kassenanordnung unterschriftlich zu vollziehen und für die Gemeindekasse ausführungsreif zu machen.[111] Das originäre Recht der Anordnungsbefugnis steht dem Hauptverwaltungsbeamten zu. Nach § 54 Abs. 1 Nr. 2 BbgKVerf ist der Hauptverwaltungsbeamte (hauptamtlicher Bürgermeister/Landrat/Amtsdirektor) für den Vollzug der Beschlüsse der Gemeindevertretung verantwortlich. Hierzu zählt auch der Beschluss der Vertretung über die Haushaltssatzung und damit des Haushaltsplans nach § 66 Abs. 2 BbgKVerf.
Praktisch ist es jedoch nicht möglich, dass der Hauptverwaltungsbeamte sämtliche Zahlungsvorgänge in der Kommune anordnet. Hierfür sieht die KomHKV bestimmte Vertretungsregelungen (z. B. Beigeordnete nach § 59 BbgKVerf) vor. Diese gesetzliche Anordnungsbefugnis wird aus Zweckmäßigkeitsgründen auf nachgeordnete Mitarbeiter der Verwaltung (Amtsleiter, Fachbereichsleiter, Abteilungsleiter etc.) delegiert, sofern diese über die fachlichen Voraussetzungen verfügen. Dies hängt maßgeblich von der Größe der Verwaltung ab.
Diese Befugnisdelegation erfolgt in der Regel durch interne Verwaltungsanordnungen, Dienstanweisungen oder Geschäftsverteilungspläne. Dabei werden zum einen

[111] Bernhard/Schünemann/Schwingeler: Kommunales Anordnungs-, Kassen-, Rechnungslegungs- und Prüfungsrecht NW, 6. Auflage, Witten, 1996, S. 27.

organisationsspezifische Abgrenzungen vorgenommen (z. B. Amts- und Fachbereichsleiter erhalten die Anordnungsbefugnis für die in ihrer Zuständigkeit liegenden Organisationseinheiten). Zum anderen erfolgt üblicherweise eine betragsmäßige Abstufung (z. B. Abteilungsleiter sind bis zu einem Betrag von 10.000 Euro anordnungsbefugt). In Einzelfällen und bei besonderer Dringlichkeit können auch einzelne Mitarbeiter für bestimmte Vorgänge oder Produktkonten eine Anordnungsbefugnis erhalten. Damit wird ausgeschlossen, dass Unbefugte in den Haushaltsablauf eingreifen.[112]

Beispiel einer Anordnungsbefugnis mit betragsmäßiger Einschränkung

Anordnungsbefugnis

Unterschriftenkarte Nr.:	**0815**		
Produktbereiche:	**54 - Tiefbauamt**	mit Wirkung vom:	**01.01.2014**
Einschränkungen:		widerrufen ab:	
bis zu einem Betrag von 50.000 EUR, alle Produktkonten			

Dienststellung	Stelleninhaber - Druckschrift -	Stelleninhaber - persönliche Unterschrift -
Fachbereichsleiter Tiefbau	**Schludrig, Göttrick**	Schludrig
Bestätigt durch: **Dezernent**	**Lemming, Uwe**	Lemming

Abbildung 83: Anordnungsbefugnis

Die Anordnungsbefugnis (Abbildung 83) wird grundsätzlich personenkonkret erstellt. Dabei hat die jeweilige zur Anordnung befugte Person eine Unterschriftsprobe zu leisten. Diese dient der Stadtkasse und dem Prüfbereich (z. B. Rechnungsprüfungsamt) zur späteren Überprüfung einzelner Zahlungsanordnungen.

2. Anordnungszwang

Die Gemeindekasse darf nur auf eine schriftliche oder digitale Kassenanordnung Einzahlungen tätigen oder Auszahlungen leisten. Sie darf keinesfalls auf eine mündliche oder fernmündliche Anordnung hin im Rahmen der Kassenaufgaben tätig werden. Beim Eingang der Kassenanordnungen obliegt der Gemeindekasse die Prüfung, ob die Anordnungen den Vorschriften entsprechen.[113] Kassenanordnungen, die in der Form nicht den Vorschriften entsprechen oder die sonst zu Bedenken Anlass geben, darf sie nach § 42 Abs. 5

[112] Rose, Kommunale Finanzwirtschaft Niedersachsen, 3. Auflage, Kiel 2008, S. 347.

[113] Fachverband der Kommunalkassenverwalter e. V., Handbuch für das Kassen- und Rechnungswesen, Stand 2013, Siegburg 2013, Punkt 12.1, S. 1.

KomHKV erst ausführen, wenn die anordnende Stelle die Anordnung berichtigt hat oder sie aufrechterhält. Dies entbindet jedoch nicht die budgetbewirtschaftenden Fachämter davon, im Vorfeld der Mittelbindung und Anordnung zu prüfen, inwieweit die erforderlichen Haushaltsmittel zur Verfügung stehen. Dies ist keine Aufgabe der Gemeindekasse. Ein Anordnungszwang besteht insbesondere, um

- Einzahlungen anzunehmen oder Auszahlungen zu leisten (Zahlungsanweisung),
- Buchungen vorzunehmen, die die Bücher ändern und sich nicht in Verbindung mit Zahlungen ergeben (Buchungsanordnung), z. B. Abschreibungen, interne Leistungsverrechnungen, Rückstellungen,
- Gegenstände zur Verwahrung anzunehmen oder verwahrte Gegenstände auszuliefern (Ein- und Auslieferungsanordnungen) z. B. Urkunden, Kfz-Briefe, Schmuck.

3. Ausnahmen vom Anordnungszwang

Generell kommt dem Anordnungszwang ein hoher Stellenwert zu. Die Ausnahmen vom Anordnungszwang sind in § 43 Abs. 4 bis 6 KomHKV geregelt. Danach hat die Gemeindekasse **Einzahlungen** auch ohne Zahlungsanweisung anzunehmen und zu buchen, wenn

- für die Gemeindekasse zu erkennen ist, dass sie empfangsberechtigt ist,
- die Gemeindekasse von einer anderen Stelle Finanzmittel für Auszahlungen für Rechnung dieser Stelle erhält,
- Einzahlungen irrtümlich bei der Gemeindekasse eingezahlt und dann zurückgezahlt oder weitergeleitet werden,
- die Gemeindekasse Einzahlungen nach § 38 Abs. 1 Satz 3 selbst festsetzt (z. B. Gebühren, Nebenforderungen etc.).[114]

Diese Einzahlungen werden dabei in der Praxis auf sog. Verwahrkonten gebucht. Nach § 43 Abs. 4 Satz 2 KomHKV ist die Annahmeanordnung jedoch unverzüglich nachzuholen. Durch die Nachholung der Annahmeanordnung erfolgt die Verbuchung auf den sachlich richtigen Ertrags- und Einzahlungskonten. Beispielsweise sind hier nicht angekündigte Spenden oder vorzeitig (vor der eigentlichen Fälligkeit) gezahlte Abgaben der Bürger zu nennen.

Daneben bedarf es nach § 43 Abs. 6 KomHKV für abzuführende Mittel, die für eine andere Stelle angenommen wurden, keiner Auszahlungsanordnung. Hier sind insbesondere die Amtshilfeersuchen im Rahmen der Zwangsvollstreckung für andere Behörden zu nennen. Zieht die Gemeindekasse/Vollstreckungsstelle entsprechende Mittel von dem jeweiligen Schuldner ein, stellen diese eine Verbindlichkeit in der städtischen Vermögensrechnung (Bilanz) dar, da sie an die entsprechenden Behörden weiterzuleiten sind (z. B. GEZ-Gebühren oder Bußgelder anderer Städte und Gemeinden).

[114] Zum Beispiel Mahngebühren.

4. Arten, Formen und Inhalt der Kassenanordnungen

Nach § 38 Abs. 1 KomHKV werden die nachfolgenden Kassenanordnungen unterschieden:[115]

Zahlungsanweisungen § 38 Abs. 1 Nr. 1 KomHKV	Schriftliche Anordnung, um Einzahlungen anzunehmen oder Auszahlungen zu leisten und die damit verbundenen Buchungen vorzunehmen
Buchungsanordnungen § 38 Abs. 1 Nr. 3 KomHKV	Schriftliche Anordnung, Buchungen vorzunehmen, die die Bücher ändern und die sich nicht in Verbindung mit Zahlungen ergeben (z. B. Abschreibungen oder interne Leistungsverrechnungen)

Beispiel einer Zahlungsanweisung nach § 43 KomHKV[116]

Stadtkasse Prenzwalde
Kassenanordnung
zur Annahme von Einzahlungen
(Ausgangsrechnung)

Haushaltsjahr:[5]	2016
Journalnummer:	34.646
Anordnungsnummer:	765

Produktkonto:[5]	27110.43210/63210
Forderungskonto:	27110.16111
Forderungsart:	öffentlich-rechtliche Forderung
Forderungsbezeichnung:	Benutzungsgebühr
Mahnsperre:	Nein
Betrag:[1]	360,00 EUR
Zahlungsgrund:[2]	Teilnehmergebühr Kochkurs 2016 Az.: 10013/2016
Fälligkeit:[4]	15.02.2016
Personenkonto:[3]	401909 J. Klopp Pressingstr. 09 16123 Prenzwalde

sachliche Richtigkeit[6] — *G. Schludrig*
rechnerische Richtigkeit[6] — *G. Schludrig*

Datum der Anordnung: 17.01.2016[7]

Lemming
Anordnungsbefugter[8]

Zahlungsvermerke:	Keine
Prüfungsvermerke:	Keine

Daten für die Kosten- und Leistungsrechnung

Kostenstellen:	27110
Kostenträger:	21110000
Erlösart:	93210

Daten für die Anlagenbuchhaltung
Inventarisierungspflichtig: nein

Erstellt durch Benutzer: 4015 – Herr Wiener am 17.01.2016

Abbildung 84: Zahlungsanweisung (Beispiel)

[115] Vgl. auch Fachverband der Kommunalkassenverwalter e. V., Handbuch für das Kassen- und Rechnungswesen, Stand 2013, Siegburg 2013, Punkt 12.3, S. 4.

[116] Dies stellt kein verbindliches Muster dar. Es sollen nur die verbindlichen Bestandteile einer Zahlungsanweisung anschaulich und praxisnah dargestellt werden.

Die **Mindestinhalte** einer Zahlungsanordnung ergeben sich aus § 43 Abs. 1 KomHKV. Anhand der vorangestellten Zahlungsanordnung lassen sich diese wie folgt beschreiben:

1) Entsprechend Nr. 1 ist der anzunehmende oder auszuzahlende Betrag darzustellen. Hierbei ist ein Skonto abzuziehen (vgl. u. a. § 50 Abs. 1 Satz 3 KomHKV).

2) Der Grund der Zahlung ist nach Nr. 2 zwingender Bestandteil einer Zahlungsanordnung. Hierbei ist insbesondere durch die Angabe von Rechnungsnummer, Belegnummer, Aktenzeichen, Bescheidnummer oder Verwaltungsvorgang ein Bezug zum jeweiligen Geschäftsvorfall herzustellen.

3) Der Zahlungspflichtige oder Empfangsberechtigte ist nach Nr. 3 in die Zahlungsanordnung aufzunehmen. Diese werden in der Praxis im Rahmen der Buchhaltung häufig als Personen- oder Bürgerkonten geführt. Entscheidend dabei ist, dass der Zahlungspflichtige oder Empfangsberechtigte nicht nur benannt, sondern auch zweifelsfrei zu identifizieren sein muss. Das heißt, er muss regelmäßig mit vollstreckungs- und damit zustellfähigen Adressen erfasst werden.[117]

4) Der Fälligkeitstag als pflichtiger Bestandteil nach Nr. 4 ist einer der wirtschaftlich wichtigsten Inhalte einer Zahlungsanordnung. Insbesondere bei der in der Praxis vielfach angespannten Liquiditätslage sollten Auszahlungen nicht vor Fälligkeitstag ausgezahlt und Einzahlungen am Fälligkeitstag durch den Bürger eingezahlt oder per Lastschriftverfahren eingezogen werden. Daher sollte insbesondere in Bescheiden etc. ein eindeutiges Fälligkeitsdatum angegeben werden. Darüber hinaus ist der Fälligkeitstag bei Auszahlungen für einen möglichen Skontoabzug seitens der Kommune ausschlaggebend.

5) Die der Einzahlung oder Auszahlung zugrunde liegende Kontierung[118] und das Haushaltsjahr (Nr. 5) sind maßgebend u. a. für eine periodengerechte Zuordnung der einzelnen Vorgänge bzw. für die Prüfung der sachlich richtigen Zuordnung zum Produkt bzw. Konto entsprechend dem vom Statistischen Landesamt vorgegebenen Produkt- und Kontenrahmenplan. Darüber hinaus ist die Angabe entscheidend, um nachvollziehen zu können, ob für diesen Zweck noch Haushaltsmittel zur Verfügung stehen bzw. ggf. zusätzliche Haushaltsmittel im Rahmen der flexiblen Haushaltsführung durch Nachtragshaushaltssatzung oder über- und außerplanmäßige Aufwendungen/Auszahlungen bereitgestellt werden müssen.

6) Die Bestätigung der sachlichen und rechnerischen Richtigkeit[119] (Nr. 6) nach § 42 Abs. 2 KomHKV ist ein wesentlicher und unabdingbarer Bestandteil einer jeden Zahlungsanordnung. Die Bestätigung gibt Auskunft über die vorgenommene inhaltliche und rechnerische Prüfung der Anordnung und des damit verbundenen Geschäftsvorfalls (z. B. Rechnung). Sie dient auch dem Nachweis darüber, dass ausreichend Haushaltsmittel zur Verfügung stehen.

7) Das Datum der Anordnung (Nr. 7) ist maßgeblich für den Nachweis, wann eine Anordnung erstellt wurde. Dabei wird insbesondere Nachweis geführt, wann z. B. eine Rechnung in der Verwaltung vorliegt und zu welchem Zeitpunkt die Anordnung erstellt wird. Vielfach wird in der Praxis insbesondere bei Auszahlungen eine Anordnung erst

---

117 Klomfaß, Kommunales Kassenwesen, 1. Auflage, Siegburg 2011, S. 47.

118 Vielfach auch als Produktkonto bezeichnet (früher Haushaltsstelle).

119 Vgl. Feststellungsbefugnis.

erstellt, wenn bereits das Fälligkeitsdatum verstrichen ist. Hier sind insbesondere organisatorische Anpassungen vorzunehmen und Prüfroutinen zu entwickeln, um als öffentliche Hand eine gute Zahlungsmoral nachzuweisen.

8) Der Freigabeberechtigte oder Anordnungsbefugte (Nr. 8) gibt die Anordnung zur Zahlung durch die Gemeindekasse frei. Die Gemeindekasse[120] überprüft dabei, ob die Unterschrift von einer zur Anordnung befugten Person vorgenommen wird. Dabei ist die bereits dargestellte Unterschriftskarte mit der jeweiligen Unterschriftsprobe maßgebend.

Über den Mindestinhalt hinaus kann eine Zahlungsanordnung weitere für die Buchhaltung bzw. Nebenbuchhaltungen wichtige Daten und Informationen enthalten. Hier sind z. B. notwendige Daten für die Anlagenbuchhaltung (Inventarisierungspflicht, Inventarnummer etc.) oder Daten für die Kosten- und Leistungsrechnung (Kostenstelle, Kostenträger, Kostenart) zu nennen.

4.1 Befangenheit

Nach § 80 Abs. 2 BbgKVerf hat die Kommune einen Kassenverwalter und einen Stellvertreter zu bestellen, wenn sie ihre Kassengeschäfte nicht durch eine Stelle außerhalb der Gemeindeverwaltung besorgen lässt. Die anordnungsbefugten Gemeindebediensteten sowie der Leiter und die Prüfer des Rechnungsprüfungsamtes können nicht gleichzeitig die Stellung eines Kassenverwalters oder seines Stellvertreters innehaben.
Um Befangenheit auszuschließen, dürfen der Kassenverwalter und sein Stellvertreter untereinander, zum Hauptverwaltungsbeamten und zu anordnungsbefugten Bediensteten der Gemeinde oder des Amtes sowie zum Leiter und zu den Prüfern des Rechnungsprüfungsamtes in keinem die Befangenheit begründenden Verhältnis stehen (vgl. § 22 BbgKVerf). Zudem sind der Kassenverwalter, sein Stellvertreter und die übrigen Beschäftigten der Gemeindekasse nicht befugt, Zahlungen anzuordnen.

4.2 Trennungsgrundsatz / Vier-Augen-Prinzip

Der Trennungsgrundsatz nach § 44 KomHKV besagt, dass die Freigabe von Buchungen mit und ohne Zahlungswirksamkeit und die Ausführung der Buchungen nicht von derselben Person wahrgenommen werden dürfen. Zudem müssen Buchungsunterlagen sachlich und rechnerisch geprüft und festgestellt sowie von einem Berechtigten verantwortlich freigegeben werden.
Zu beachten ist weiterhin, dass Zahlungen grundsätzlich nur aufgrund einer schriftlichen Zahlungsanweisung angenommen oder geleistet werden dürfen.[121]
Die Gemeindekasse hat entsprechende Zahlungsanweisungen und Buchungsunterlagen vor ihrer Ausführung daraufhin zu prüfen, ob diese den rechtlichen Anforderungen entsprechen. Sie darf Zahlungsanweisungen, die den genannten Vorschriften nicht entsprechen, erst nach Berichtigung durch die anordnende Stelle ausführen. Analog gilt dies für die Vornahme von Buchungen, die nicht zahlungswirksam sind.

---

[120] In der Regel eine Stichprobenüberprüfung.

[121] Bei automatisierten Verfahren müssen Zahlungen auf elektronischem Wege durch entsprechende Verfahren oder Signaturen freigegeben werden.

Im Hinblick darauf, dass gerade kleine Kommunen ihre Kassengeschäfte immer häufiger von externen Dritten (Rechenzentren, private Dienstleister, andere Kommunen im Wege der interkommunalen Zusammenarbeit) aus- und durchführen lassen, nehmen die Regelungen des § 42 Abs. 2 und 3 immer größeren Raum ein. Danach dürfen bei automatisierten Verfahren Zahlungen auf elektronischem Wege nur dann übermittelt werden, wenn sie den Anforderungen des § 42 Abs. 1 und 2 KomHKV entsprechen. Bei automatisierten Verfahren kann anstelle der im schriftlichen Feststellungs- oder Freigabeverfahren zu leistenden Unterschriften die elektronische Signatur nach § 2 Nr. 2 oder 3 des Signaturgesetzes eingesetzt werden.

II. Feststellungsbefugnis

Nach § 42 Abs. 2 und § 43 Abs. 1 Nr. 6 KomHKV sind alle eine Buchung auslösenden Vorfälle, insbesondere jeder Anspruch und jede Zahlungsverpflichtung, auf ihren Grund und ihre Höhe zu überprüfen. Die Richtigkeit ist schriftlich oder durch elektronische Signatur zu bestätigen. Dies wird als Feststellung der **sachlichen und rechnerischen Richtigkeit** bezeichnet.
Konkrete Regelungen zur Feststellungsbefugnis und deren Form werden entsprechend § 44 Abs. 1 KomHKV in einer vom Hauptverwaltungsbeamten zu erlassenden Dienstanweisung festgelegt. Generell ist es möglich, die Befugnis für die sachliche Richtigkeit und die rechnerische Richtigkeit zusammen oder getrennt zu erteilen. Einen Überblick gibt die nachfolgende Darstellung.[122]

Sachliche Richtigkeit	Rechnerische Richtigkeit
Die Zahlungsanordnung, die Anlagen und begründenden Unterlagen sind richtig. Es wurde wirtschaftlich und sparsam entsprechend § 63 Abs. 2 BbgKVerf gehandelt. Die Lieferung und Leistung ist ordnungsgemäß durchgeführt.	Der anzunehmende oder auszuzahlende Betrag sowie alle Angaben in den Anlagen oder begründenden Unterlagen, die zur Ermittlung des Betrags erforderlich sind, sind richtig.
Feststeller sollte nur sein, wer alle Sachverhalte, deren Richtigkeit er zu bescheinigen hat, zu überblicken und zu beurteilen vermag.[123] Auszubildende dürfen nicht zur Feststellung ermächtigt werden.[124]	Feststeller sollte nur sein, wer in der Entgeltgruppe ... beschäftigt oder Beamte des mittleren allgemeinen Verwaltungsdienstes etc. ist. (konkrete Regelungen in internen Dienstanweisungen etc.). Auszubildende dürfen nicht zur Feststellung ermächtigt werden.[125]

122 Vgl. Fachverband der Kommunalkassenverwalter e. V., Handbuch für das Kassen- und Rechnungswesen, Stand 2013, Siegburg 2013, Punkt 12.3, S. 8.

123 Fachverband der Kommunalkassenverwalter e. V., Handbuch für das Kassen- und Rechnungswesen, Stand 2013, Siegburg 2013, Punkt 12.3, S. 8.

124 Bernhard/Schünemann/Schwingeler: Kommunales Anordnungs-, Kassen-, Rechnungslegungs- und Prüfungsrecht NW, 6. Auflage, Witten 1996, S. 91.

125 Ebd.

<table>
<tr><td>Die Feststellung hat grundsätzlich schriftlich durch den Vermerk »sachlich richtig« auf der Anordnung zu erfolgen. Bei mehreren Feststellern (z. B. Bauingenieure für einzelne Gewerke) ist die jeweilige Verantwortung durch mehrere Vermerke deutlich zu machen.</td><td>Die Feststellung hat grundsätzlich schriftlich durch den Vermerk »rechnerisch richtig« auf der Anordnung zu erfolgen. Bei mehreren Feststellern (z. B. Bauingenieure für einzelne Gewerke) ist die jeweilige Verantwortung durch mehrere Vermerke deutlich zu machen.</td></tr>
<tr><td colspan="2">In Abhängigkeit der jeweiligen Organisationsstruktur der Verwaltung können die Befugnis zur sachlichen und rechnerischen Richtigkeit eine oder mehrere Personen innehaben. Hat die Befugnis nur eine Person inne, ist der Vermerk »sachlich und rechnerisch richtig« auf der Anordnung anzubringen.</td></tr>
</table>

Übungssachverhalte zu Kapitel 10

Übung 80

Der in der Stadt Prenzwalde grundsteuerpflichtige Bürger Schludrig hat entsprechend dem Grundsteuerbescheid der Stadt Prenzwalde zum 15.02.2016 Grundsteuer B i. H. v. 55 Euro zu entrichten. Schludrig ist im Januar 2016 jedoch zu seiner neuen Freundin in die Gemeinde Muldstein umgezogen. Da er zum Fälligkeitstermin 15.02.2016 nicht zahlt, bittet die Stadt Prenzwalde die Gemeinde Muldstein am 01.03.2016 um Amtshilfe.
Die Gemeinde Muldstein zieht im Rahmen der Zwangsvollstreckung am 15.04.2016 den entsprechenden Betrag von Schuldrig ein. Der Betrag wird zunächst auf das Bankkonto der Gemeinde Muldstein eingezahlt und soll im Anschluss an die Stadt Prenzwalde weitergeleitet werden. Ohne Ankündigung überweist die Stadt Muldstein den Betrag mit dem Zahlungsgrund »offene Grundsteuer B, Schludrig, ihr Amtshilfeersuchen vom 01.03.2016« an die Stadt Prenzwalde.

Aufgabe
Prüfen und begründen Sie ausführlich, wie der geschilderte Sachverhalt buchungs- und anordnungsrechtlich bei der Gemeinde Muldstein und der Stadt Prenzwalde zu behandeln ist.

Übung 81

Sie sind Sachbearbeiter im Fachbereich Zentrale Dienste der Stadt Prenzwalde und erhalten die nachfolgende Rechnung.

Büroservice Aktenberg GmbH
-Der Anbieter für Büroartikel-
Radegaster Str. 88, 16123 Prenzwalde

Stadt Prenzwalde
Zentrale Dienste
Muldstraße 7

16123 Prenzwalde

Rechnung Nr. 4567/2016 vom 08.04.2016 Kunden Nr. 6688
-bitte unbedingt bei Zahlung angeben-

Ihr Auftrag vom 26.03.2016

Menge	**Gegenstand**	**Preis je Einheit**	**Gesamtpreis**
3	10.000 Blatt Kopierpapier	300 EUR	900 EUR
6	Farbtoner	100 EUR	600 EUR
			1.500 EUR
		zzgl. 19 % Umsatzsteuer	**285 EUR**
		Gesamtpreis	**1.785 EUR**

Zahlbar innerhalb von 14 Tagen mit 2 % Skonto

Kontoinhaber: Hans-Joachim Locher
Stadtsparkasse Prenzwalde
IBAN: DE48 1705 6060 2070 1128 84
BIC: WELADED1UMP

Finanzamt Prenzwalde
Steuernummer: 03/456/789

Aufgaben

a) Was bedeutet die Feststellung der sachlichen bzw. rechnerischen Richtigkeit?

b) Worin besteht der Unterschied zwischen einem Feststellungs- und Anordnungsbefugten?

c) Erstellen Sie zur aufgeführten Rechnung die formgerechte Auszahlungsanordnung.

Übung 82

Im Prenzwalder Tageblatt wird die nachfolgende Stellenausschreibung der Stadt Prenzwalde veröffentlicht:

Bei der Stadt Prenzwalde (8.500 Einwohner) ist zum nächstmöglichen Zeitpunkt die Stelle der/des

Abteilungsleiter/-in Finanzbuchhaltung

zu besetzen.

Zu den Aufgabengebieten zählen die Zentrale Geschäftsbuchhaltung, die Zahlungsabwicklung (Stadtkasse) sowie das Zentrale Forderungsmanagement. Der Abteilung sind derzeit insgesamt acht Stellen zugeordnet.

Sie sind eine zuverlässige, verantwortungsbewusste und einsatzfreudige Persönlichkeit mit Kenntnissen und Erfahrungen im kommunalen Haushalts- und Kassenrecht sowie der Forderungsvollstreckung (insbesondere bei der Vollstreckung in das unbewegliche Vermögen sowie im Insolvenzrecht). Sie verfügen über Verhandlungsgeschick, eine hohe Belastbarkeit sowie Durchsetzungsstärke. Darüber hinaus verfügen Sie über eine herausragende Teamfähigkeit und Führungskompetenz.

Die Stelle ist in Vollzeit zu besetzen und eingruppiert in eine EG 11 (Beschäftigte) bzw. A11 (Beamte). Darüber hinaus bietet die Stadt Prenzwalde hervorragende Arbeitsbedingungen (z.B. Gleitzeit, Lebensarbeitszeitkonten, Betriebskindergarten, Altersteilzeitregelungen).

Die Stadt Prenzwalde liegt im brandenburgischen Landkreis Teltow-Barnim direkt an der Havel und in der Nähe des weltbekannten Gartenreichs mit einer direkten Anbindung an die A11. Darüber hinaus verfügt die Stadt Prenzwalde über eine über die Landesgrenzen hinaus bekannte Kulturlandschaft.

Die Wohnsitznahme in Prenzwalde ist Voraussetzung für eine erfolgreiche Bewerbung. Schwerbehinderte Bewerber/-innen werden bei gleicher Eignung und Befähigung bevorzugt berücksichtigt.

Ihre aussagekräftigen Bewerbungsunterlagen (insbesondere Lebenslauf, lückenloser Tätigkeitsnachweis, Zeugnisse der Berufs- bzw. Studienabschlüsse, Dienst- und Arbeitszeugnisse, Referenzen) senden Sie bitte an die

Stadt Prenzwalde
Fachbereich „Personal"
Hauptstr. 14-16
165123 Prenzwalde

Herrn Bürgermeister Götzow

Dem Fachbereich Personal liegen nach Ende der Ausschreibungsfrist insgesamt die nachfolgenden sechs Bewerbungen vor.

1. **Stephan Papst, wohnhaft in Papstdorf, Bergstr. 4**
   Herr Papst ist Stadtamtmann und derzeit als Leiter des Fachbereichs Zentrale Dienste der Gemeinde Papstdorf tätig. Er war früher als Referent der Finanzdezernentin tätig. Er ist schwerbehindert.
2. **Stefanie Lemming, wohnhaft in Prenzwalde, Tiefer Grund 16**
   Frau Lemming ist als Hauptgeschäftsbuchhalterin (Stadtoberinspektorin) in der Zentralen Geschäftsbuchhaltung der Stadt Prenzwalde beschäftigt. Ihr Schwager, der

Beigeordnete für Finanzen in der Stadt Prenzwalde, unterstützt aus persönlichen Gründen (besonderes Vertrauensverhältnis) ihre Bewerbung. Ihre Ehe mit dem Bürgermeister der Stadt Prenzwalde ist seit fünf Jahren geschieden.

3. **Andreas Götzow, wohnhaft in Prenzwalde, Elbstraße 3**
   Herr Götzow ist derzeit stellvertretender Leiter der Stadtkasse (Entgeltgruppe 10) der Gemeinde Rittersburgen. Seine Bewerbung wird von seinem Onkel befürwortet. Dieser ist Bürgermeister in Prenzwalde.
4. **Martina Holzhausen, wohnhaft in Prenzwalde, Moosweg 44**
   Frau Holzhausen ist als Beschäftigte im gehobenen allgemeinen Verwaltungsdienst in der Anlagenbuchhaltung der Stadt Prenzwalde tätig. Ihr Ehemann ist Verwaltungsprüfer des städtischen Rechnungsprüfungsamtes.
5. **Heidi Gründlich, wohnhaft in Prenzwalde, Kurze Str. 12**
   Frau Gründlich ist als Stadtinspektorin in der Stadtkasse der Stadt Prenzwalde beschäftigt. Unter den Kollegen wird gemunkelt, dass sie ein Verhältnis mit dem Leiter des Rechnungsprüfungsamtes der Stadt Prenzwalde hat.
6. **Jeannine Frühling, wohnhaft in Harzburg, Lange Gasse 11**
   Frau Frühling ist als Buchhalterin in einer Anwaltskanzlei mit dem Spezialgebiet Insolvenzrecht beschäftigt. Sie ist ausgebildete Rechtspflegerin.

Aufgabe

Prüfen und begründen Sie, welche Bewerber die Voraussetzungen i. S. d. § 80 Abs. 3 i. V. m. § 22 BbgKVerf erfüllen und damit für die Besetzung der Stelle in Betracht kommen.

Abkürzungsverzeichnis

Abs.	Absatz
AfA	Absetzung für Abnutzung
AHK	Anschaffungs- und Herstellungskosten
AK	Anschaffungskosten
allg.	allgemein
AO	Abgabenordnung
apl.	außerplanmäßig
ARAP	aktiver Rechnungsabgrenzungsposten
Art.	Artikel
BauGB	Baugesetzbuch
BbgKAG	Kommunalabgabengesetz des Landes Brandenburg
BbgKVerf	Brandenburgische Kommunalverfassung
BbgLV	Brandenburgische Landesverfassung
BekanntmV	Bekanntmachungsverordnung
BewertL Bbg	Bewertungsleitfaden des Landes Brandenburg
BGA	Betriebs- und Geschäftsausstattung
BGB	Bürgerliches Gesetzbuch
BGBl.	Bundesgesetzblatt
BiRiliG	Bilanzrichtliniengesetz
BV	Beschlussvorlage
bzw.	beziehungsweise
ca.	circa
d. h.	das heißt
DRS II	Deutscher Rechnungslegungsstandard Nr. 2
ebd.	ebenda
EigV	Eigenbetriebsverordnung
einschl.	einschließlich
EStG	Einkommensteuergesetz
etc.	et cetera
e. V.	eingetragener Verein
evtl.	eventuell
f., ff.	folgende
gem.	gemäß
GewStG	Gewerbesteuergesetz
GG	Grundgesetz
ggf.	gegebenenfalls
GmbH	Gesellschaft mit beschränkter Haftung
GoB	Grundsätze ordnungsgemäßer Buchführung
GrStG	Grundsteuergesetz
GVBl.	Gesetz- und Verordnungsblatt
GWG	geringwertiges Wirtschaftsgut
HGB	Handelsgesetzbuch
HH	Haushalt
HHpl	Haushaltsplan
HK	Herstellungskosten
HKR	Haushalts- und Kassenrecht
HSK	Haushaltssicherungskonzept
HVB	Hauptverwaltungsbeamter
i. d. F.	in der Fassung
i. d. R.	in der Regel
i. d. S.	in dem Sinne
i. e. S.	im engeren Sinne
i. H. v.	in Höhe von
i. S. d.	im Sinne des
i. S. v.	im Sinne von
i. V. m.	in Verbindung mit
i. W.	im Wesentlichen
ILV	interne Leistungsverrechnung
inkl.	inklusive
InventRL	Inventurrichtlinie Sachsen-Anhalt
IT	Informationstechnologie
KAB	Kommunalaufsichtsbehörde
KAV	Kommunaler Arbeitgeberverband
KGSt	Kommunale Gemeinschaftsstelle für Verwaltungsmanagement
KitaG	Kindertagesstättengesetz
KKZ	Kommunale Kassenzeitschrift
KLR	Kosten- und Leistungsrechnung

KomHKV	Kommunale Haushalts- und Kassenverordnung
Kto.	Konto
lfd.	laufend
Lfd. Nr.	laufende Nummer
LHO	Landeshaushaltsordnung
LKO	Landkreisordnung Sachsen-Anhalt
LSA	Land Sachsen-Anhalt
lt.	laut
m. E.	meines Erachtens
MBl.	Ministerialblatt
MI	Ministerium für Inneres und Sport
Mio.	Millionen
MwSt.	Mehrwertsteuer
NKHR	Neues Kommunales Haushalts- und Rechnungswesen
Nr.	Nummer
o. Ä.	oder ähnlich
o. g.	oben genannt
p. a.	jährlich
PC	Personalcomputer
PRAP	passiver Rechnungsabgrenzungsposten
RBW	Restbuchwert
RdErl.	Runderlass
Rn.	Randnummer
RPA	Rechnungsprüfungsamt
S.	Seite
SKR	Standardkontenrahmen
sog.	sogenannt
StabG	Gesetz zur Förderung der Stabilität und des Wachstums der Wirtschaft
StWG	Stabilitäts- und Wachstumsgesetz
SV	Sozialversicherung
TVöD	Tarifvertrag für den öffentlichen Dienst
tw.	teilweise
u. a.	unter anderem
u. Ä.	und Ähnliches
üpl.	überplanmäßig
usw.	und so weiter
v. a.	vor allem
v. H.	vom Hundert
VbE	Vollbeschäftigten-Einheiten
VE	Verpflichtungsermächtigungen
vgl.	vergleiche
VO	Verordnung
VV	Verwaltungsvorschrift
z. B.	zum Beispiel
z. T.	zum Teil
ZKF	Zeitschrift für Kommunalfinanzen
ZPO	Zivilprozessordnung
ZV	Zweckverbände
zzgl.	zuzüglich

Abbildungsverzeichnis

Abbildung 1: Einordnung des kommunalen Haushalts- und Kassenrechts 13
Abbildung 2: Steuern 16
Abbildung 3: Abgaben 17
Abbildung 4: Haushaltsplan 21
Abbildung 5: Drei-Komponenten-Modell 25
Abbildung 6: Vermögensrechnung 27
Abbildung 7: Ergebnishaushalt 29
Abbildung 8: Zuordnung von Geschäftsvorfällen zu § 4 KomHKV 30
Abbildung 9: Ergebnisplan 31
Abbildung 10: Finanzhaushalt 35
Abbildung 11: Zuordnung von Geschäftsvorfällen zu § 5 KomHKV 37
Abbildung 12: Gliederung Vermögen 38
Abbildung 13: Auszug finanzstatistische Zuordnungsvorschriften zum Kontenrahmenplan 40
Abbildung 14: Mittelanforderung für Investitionen 43
Abbildung 15: Verpflichtungsermächtigung 44
Abbildung 16: Abschreibungskreislauf 46
Abbildung 17: AfA-Tabelle (Auszug) 47
Abbildung 18: Planmäßige/außerplanmäßige AfA 48
Abbildung 19: Veranschlagung außerplanmäßige AfA 49
Abbildung 20: GWG-Sammelposten 50
Abbildung 21: AfA von beweglichen Vermögensgegenständen 52
Abbildung 22: AfA (beispielhafte Darstellung) 54
Abbildung 23: Struktur des Produktrahmenplans 57
Abbildung 24: Produktrahmen 58
Abbildung 25: Finanzstatistische Zuordnungsvorschriften 59
Abbildung 26: Produktuntergliederung 60
Abbildung 27: Produktbeschreibung 62
Abbildung 28: Kontensystematik 66
Abbildung 29: Kontensystematik (Beispiel) 67
Abbildung 30: Kontenuntergliederung (Beispiel) 68
Abbildung 31: Zusammenhang Ergebnis- und Finanzkonten 69
Abbildung 32: Kommunaler Kontenrahmen 70
Abbildung 33: Gliederung des Produktrahmens 72
Abbildung 34: Horizontale und vertikale Gliederung des Haushaltsplans 72
Abbildung 35: Struktur der Teilhaushalte 90
Abbildung 36: Auszug von Muster 5.6 zu § 7 KomHKV – Teilergebnishaushalt 91
Abbildung 37: Organisationseinheiten und Produkte 92
Abbildung 38: Produktbezogene Daten 93

Abbildung 39: Teilergebnishaushalt (ordentliches Ergebnis) 94
Abbildung 40: Teilergebnishaushalt (Gesamtergebnis) 95
Abbildung 41: Teilergebnisrechnung 97
Abbildung 42: Teilfinanzplan 98
Abbildung 43: Teilfinanzrechnung 100
Abbildung 44: Teilergebnishaushalt (Beispiel Brandschutz) 101
Abbildung 45: Magisches Viereck 122
Abbildung 46: Ökonomische Prinzipien 123
Abbildung 47: Mittelfristige Ergebnis- und Finanzplanung 127
Abbildung 48: Stufen des Haushaltsausgleichs 128
Abbildung 49: Ausnahmen zur Bruttoveranschlagung 137
Abbildung 50: Periodengerechte Zuordnung von Finanzvorfällen 139
Abbildung 51: Grundsatz der sachlichen Bindung 148
Abbildung 52: Grundsatz der Gesamtdeckung 149
Abbildung 53: Ausnahmen von der sachlichen Bindung 152
Abbildung 54: Deckungsfähigkeit 153
Abbildung 55: Einseitige/gegenseitige Deckungsfähigkeit 154
Abbildung 56: Deckungskreise (Praxisbeispiel) 155
Abbildung 57: Fortgeschriebener Ansatz in der Ergebnisrechnung 156
Abbildung 58: Deckungsfähigkeit nach § 23 KomHKV 158
Abbildung 59: Ausnahmen vom Grundsatz der zeitlichen Bindung 160
Abbildung 60: Übertragung von Ermächtigungen 163
Abbildung 61: Überplanmäßige/außerplanmäßige Aufwendungen und Auszahlungen 164
Abbildung 62: Berechnungsschema des Bereitstellungsbedarfs 166
Abbildung 63: Prüfungsablauf üpl./apl. 167
Abbildung 64: Tatbestandsmerkmale der Unabweisbarkeit nach § 70 BbgKVerf 168
Abbildung 65: Wertgrenzen 170
Abbildung 66: Zuständigkeit bei Zustimmung nach § 70 BbgKVerf 170
Abbildung 67: Prüfschema zur Bereitstellung zusätzlicher Haushaltsmittel 172
Abbildung 68: Wertgrenze für Nachtragssatzungen 174
Abbildung 69: Haushaltspläne 183
Abbildung 70: Haushaltskreislauf (Übersicht) 184
Abbildung 71: Haushaltskreislauf (Ablauf) 185
Abbildung 72: Zeitliches Ablaufschema nach § 67 BbgKVerf 187
Abbildung 73: Aufstellungs- und Feststellungsvermerke 188
Abbildung 74: Aufstellungsvermerk (Beispiel) 189
Abbildung 75: Hinweis auf Einsichtnahme der Haushaltssatzung 190
Abbildung 76: Hauptsatzung (Beispiel) 192
Abbildung 77: Rechtmäßigkeitsprüfung bei der Haushaltssatzung 197
Abbildung 78: Zusammenhang Teilpläne – Gesamtpläne 198
Abbildung 79: Vorläufige Haushaltsführung 207
Abbildung 80: Freigabeantrag 213
Abbildung 81: Nachtragshaushaltssatzung 217
Abbildung 82: Muster für Nachtragshaushaltssatzung 219
Abbildung 83: Anordnungsbefugnis 234
Abbildung 84: Zahlungsanweisung (Beispiel) 236

Literatur- und Quellenverzeichnis

Adam u. a., Doppik-Leitfaden, 1. Auflage, Wiesbaden, 2010

Albers/Rohloff, Finanzierung kommunaler Investitionen, 3. Auflage, Wiesbaden 2007

Bals, Neues kommunales Finanz- und Produktmanagement, 2. Auflage, Universität Potsdam, Heidelberg/München/Berlin 2008

Bals/Fischer, Finanzmanagement im öffentlichen Sektor, 3. Auflage, Heidelberg 2014

Baunack-Bennfeld/Elsenbroich/Gladow u. a., Verwaltungsmodernisierung – Neue Steuerungsmodelle, 3. Auflage, Wiesbaden 2002

Beck'scher Bilanzkommentar, 6. Auflage, München 2006

Bernhardt/Mutschler/Stockel-Veltmann, Praktische Fälle aus dem kommunalen Finanzmanagement NRW, 1. Auflage, Witten 2008

Bernhardt/Schünemann/Schwingeler, Kommunales Anordnungs-, Kassen-, Rechnungslegungs- und Prüfungsrecht NRW, 7. Auflage, Witten 1999

Bernhardt/Schwingeler, Kommunales Finanz- und Abgabenrecht NRW, 11. Auflage, Witten 2008

Blenke/Grimberg, Kontierungshandbuch Sachsen-Anhalt, 2. Auflage, Ostbevern 2012

Coenenberg, Jahresabschluss und Jahresabschlussanalyse, Aufgaben und Lösungen, 12. Auflage, Stuttgart 2005

Corsten, Lexikon der Betriebswirtschaftslehre, 4. Auflage, München 2000

Dettmann/Hausmann, Prüfungsvorbereitung Verwaltungsfachangestellte, 3. Auflage, Troisdorf 2009

Dettmann/Hausmann, Verwaltungsbetriebswirtschaft Verwaltungsfachangestellte, 4. Auflage, Troisdorf 2007

Düngen/Zeiler, Rechnungswesen in der öffentlichen Verwaltung, 4. Auflage, Braunschweig 2013

Erdmann/Adam/Gräf/Kahl/Liese, Kommunale Finanzwirtschaft im Land Brandenburg, 4. Auflage 2014, Wiesbaden

Erkes/Friedl, 60 Fälle und Lösungen zum kommunalen Haushalts-, Kassen- und Rechnungswesen, Schriftenreihe Kommunales Bildungswerk e. V., Band 6, Kerpen, Bensbach 1994

Fachverband der Kommunalkassenverwalter e. V., Handbuch für das Kassen- und Rechnungswesen, Siegburg 2013

Fiebig, Kommunale Kostenrechnung und Wirtschaftlichkeitssteuerung, 3. Auflage, Berlin 2004

Fiebig, Kommunale Rechnungsprüfung, 4. Auflage, Berlin 2007

Grimberg, Analyse des kommunalen Jahresabschlusses, Ostbevern 2009

Grimberg, diverse Aufsätze und praktische Fälle zur Öffentlichen Finanzwirtschaft in: »afp«, Zeitschrift für die staatliche und kommunale Verwaltung, Boorberg-Verlag

Grimberg, Öffentliche Betriebswirtschaftslehre – Rechnungswesensysteme, Wirtschaftsplan, Kostenrechnung, Lehrbuch für Studium und Praxis, 3. Auflage, Ostbevern 2004

Grimberg, Öffentliche Finanzwirtschaft Sachsen-Anhalt, 5. Auflage, Ostbevern 2009

Grimberg, Produktplan der VG Gernrode/Harz, Semesterübergreifendes Studentenprojekt an der Hochschule Harz, Ostbevern 2009

Grimberg, Staatliches und Kommunales Haushalts- und Rechnungswesen, Fallübungen, Ostbevern 2014

Grimberg, Umstellungsprozess der Kommunen auf das NKHR von der Inventur bis zum Gesamtabschluss – Darstellung in: Praxis der Kommunalverwaltung, 03/2007, Kommunal- und Schulverlag, Wiesbaden

Grimberg/Bernhardt/Mutschler/Stockel-Veltmann, Neues Kommunales Haushaltsrecht LSA, 2. Auflage, Witten 2010

Grimberg/Gerstenberger, Aufsatz »Die Bildung von Rückstellungen im Neuen Kommunalen Haushalts- und Rechnungswesen«, Praxis der Kommunalverwaltung, 04/2008, Kommunal- und Schulverlag, Wiesbaden

Grimberg/Knödler/Gottschalk/Preiß, Kosten- und Leistungsrechnung in Kommunen, Ostbevern 2008

Grimberg/Löw, Aufsatz »Positionierung der Gemeindekasse im Neuen Kommunalen Haushalts- und Rechnungswesen – Organisation und Aufgabenverteilung innerhalb der Finanzbuchhaltung«, »APF«, Zeitschrift für die staatliche und kommunale Verwaltung, 8/2008, Boorberg-Verlag

Grimberg/Schiefelbein, Aufsatz »Aufsichtsbehördliche Anforderungen an den Prüfbericht für die Haushaltssatzungen nach dem Neuen Kommunalen Haushalts- und Rechnungswesen«, Praxis der Kommunalverwaltung, 04/2008, Kommunal- und Schulverlag, Wiesbaden

Grimberg/Schiefelbein, Der Prüfbericht der Kommunalaufsicht nach dem NKHR, Ostbevern 2009

Grimberg/Schneidewind, Grundlagen des Rechnungswesens in der öffentlichen Verwaltung, Ostbevern 2011

Grimberg/Stember/Niedostadek, Kommunalfinanzierung im Brennpunkt, Ostbevern 2010

Grimberg/Wiener, Der neue Haushaltsplan im NKHR, Produkte vs. Organisation?, APF 4/2010

Haberstock, Kostenrechnung I, 13. Auflage, Berlin 2008

Häfner, Doppelte Buchführung in Kommunen nach dem NKF, 3. Auflage, Freiburg 2005

Henkes, Der Jahresabschluss kommunaler Gebietskörperschaften, 1. Auflage, Berlin 2008

Henneke, Die Kommunen in der Finanzverfassung des Bundes und der Länder

Henneke/Pünder/Waldhoff, Recht der Kommunalfinanzen, 1. Auflage, München 2006

Henneke/Strobl/Diemert, Recht der kommunalen Haushaltswirtschaft, 1. Auflage, München 2008

Hieber, Öffentliche Betriebswirtschaftslehre, 5. Auflage, Sternenfels 2005

Hoffmann/Jänchen/Wirth, Neues Kommunales Haushalts- und Rechnungswesen im Freistaat Sachsen, 1. Auflage, Wiesbaden 2009

Hofmann/Beckmann, Praktische Fälle aus dem Kommunalrecht, 8. Auflage, Witten 2008

Hofmann/Hofmann/Küpper, Übungsbuch zur Finanzbuchhaltung, München 2004

Hofmann/Theisen, Kommunalrecht NRW, 13. Auflage, Witten 2008

Isemann/Müller/Müller, Kommunale Kosten- und Leistungsrechnung, Berlin 2009

Jossé, Bilanzen – aber locker, 4. Auflage, Hamburg 2001

Käß/Kellner, Haushalts-, Kassen- und Rechnungswesen, München 2003

KGSt-Bericht Nr. 7/1997, Auf dem Weg zum Ressourcenverbrauchskonzept

Kirchmer/Meinecke, Kommunale Doppik Sachsen-Anhalt, Kommentar, Stuttgart 2012

Klang/Grundlach/Kirchmer, Gemeindeordnung Sachsen-Anhalt, Kommentar, 3. Auflage, Stuttgart 2012

Klomfaß, Kommunales Kassenwesen, 1. Auflage, Siegburg 2011

Klümper/Möllers/Zimmermann, Kommunale Kosten- und Wirtschaftlichkeitsrechnung, 15. Auflage, Witten 2008

Kühner/Goldbach, Neues Kommunales Haushalts- und Rechnungswesen in Sachsen-Anhalt, 1. Auflage, Dresden 2010

Lasar, Kommunales Rechnungswesen in Niedersachsen, Band 1 Buchführung, 1. Auflage, Witten 2009

Lasar, Kommunales Rechnungswesen in Niedersachsen, Band 2 Jahresabschluss und Jahresabschlussanalyse, 1. Auflage, Witten 2011

Leitfaden des Ministeriums des Innern des Landes Brandenburg für die Erstellung von Wirtschaftlichkeitsuntersuchungen, Bearbeitungsstand: 15.05.2012

Leitfaden zur Bewertung und Bilanzierung des kommunalen Vermögens und der kommunalen Verbindlichkeiten (Stand: 23.09.2009)

Lubosch, Das Eigenbetriebsrecht im Land Brandenburg, Kommentar, 1. Auflage, Wiesbaden 2002

Ministerium für Inneres und Sport Sachsen-Anhalt, Leitfaden für Rats- und Kreistagsmitglieder, 2. Auflage, Magdeburg 2012

Mord-Wohlgemuth/Watz/Weise/Hoch/Ostgen, Kommunale Doppik Hessen, Grundriss für die Aus- und Fortbildung, Stuttgart 2008

Mutschler/Schlösser, Praktische Fälle aus dem kommunalen Finanzmanagement und Externen Rechnungswesen NRW, 2. Auflage, Witten 2013

Notheis/Ade, Das neue kommunale Haushaltsrecht Baden-Württemberg, 2. Auflage, Wiesbaden 2009

Oelgeklaus/Bernhardt/Mutschler/Stockel-Veltmann, Kommunales Haushalts- und Rechnungswesen Doppik Brandenburg, 2. Auflage, Witten 2010

Ropeter, Die praktische Prüfung der Verwaltungsfachangestellten, Praxishandbuch, 1. Auflage, Hardegsen 2002

Rose, Kommunale Finanzwirtschaft Niedersachsen, 3. Auflage, Kiel 2008

Rose, ZKF 2014, Nr. 4, S. 77–81

Runderlass des Ministeriums des Innern des Landes Brandenburg in kommunalen Angelegenheiten vom 24.07.2013 über Maßnahmen und Verfahren der Haushaltssicherung und der vorläufigen Haushaltsführung

Runderlass des Ministeriums des Innern des Landes Brandenburg vom 27.04.2007 zur vorläufigen Haushaltsführung

Runderlass des Ministeriums des Innern des Landes Sachsen-Anhalt vom 20.12.2013 zur Bilanzierung von Sonderposten

Scheffler, Bilanzen richtig lesen, 7. Auflage, München 2006

Schima/Zehetner, Die Kunst, Fälle zu lösen, 1. Auflage, München 2006

Schmidt, Aus der Praxis für die Praxis, Von der Eröffnungsbilanz zum Jahresabschluss. Die buchhalterische Simulation eines Haushaltsjahres, 1. Auflage, Martinroda 2007

Schmidt/Hähnlein, Gegenüberstellung von Kameralistik und doppelter Buchfühung, 1. Auflage, Martinroda 2005

Schmidt/Krause, Aus der Praxis für die Praxis, Grundlage der Anlagenbuchhaltung mit praktischen Übungen, 1. Auflage, Martinroda 2008

Schmolke/Deitermann, Industrielles Rechnungswesen, 36. Auflage, Braunschweig 2008

Schuster, Doppelte Buchführung für Städte, Kreise und Gemeinden: Grundlagen der Verwaltungsdoppik im Neuen Kommunalen Rechnungswesen und Finanzmanagement, 2. Auflage München 2007

Schuster, Einführung in die Betriebswirtschaftslehre der Kommunalverwaltung, 2. Auflage, Hamburg 2006

Schuster, Kommunale Kosten- und Leistungsrechnung, 2. Auflage, München 2002

Schuster, Neue kommunale Rechnungsprüfung, GemH 2006, S. 214

Schuster, Neues Kommunales Finanzmanagement und Rechnungswesen: Basiswissen NKF und NKR, 1. Auflage München 2007

Schwarting, Der kommunale Haushalt, 3. Auflage, Berlin 2006

Schwarting, Haushaltskonsolidierung in Kommunen, Leitfaden für Rat und Verwaltung, 2. Auflage, Berlin 2006

Schwarting, Kommunales Kreditwesen, 3. Auflage, Berlin 2007

Siepmann/Siepmann, Verwaltungsorganisation, 6. Auflage, Stuttgart 2004

Truckenbrodt/Zähle, Der Kommunale Haushalt in Aufstellung, Ausführung und Abschluss, 3. Auflage, Hamburg 2014

Warth, Der doppische Kommunalhaushalt in Brandenburg, 1. Auflage, Recklinghausen 2011

Wiegand, Kommunalverfassungsrecht Sachsen-Anhalt, Gemeindeordnung für das Land Sachsen-Anhalt, Loseblattsammlung Kommentar, Wiesbaden 2010

Wiegand/Grimberg, Gemeindeordnung Sachsen-Anhalt, Kommentar, 3. Auflage, München 2003

Wiener, Kommunales Haushalts- und Kassenrecht Sachsen-Anhalt, 2. Auflage, Hamburg 2015

Wirtschaft von A bis Z: Grundlagenwissen für Schule und Studium, Beruf und Alltag, 5. Auflage Mannheim 2013

Wöhe, Einführung in die Allgemeine Betriebswirtschaftslehre, 22. Auflage, München 2005

Wöhe/Kaiser/Döring, Übungsbuch zur Einführung in die Allgemeine Betriebswirtschaftslehre, 11. Auflage, München 2005

Wöhe/Kußmaul, Grundzüge der Buchführung und Bilanztechnik, 6. Auflage, München 2008

Index

A

Abgaben 128
Abschreibung, außerplanmäßige 49
Abschreibungen 45, 152
Abschreibungskreislauf 46
AfA-Tabelle 46
Aktiva 26
Aktivseite 26
Anlagevermögen 38
Anordnungsbefugnis 233
Anordnungsrecht 233
Anordnungszwang 234
Anschaffungskosten 39
Anschaffungsnebenkosten 39
Anschaffungspreisminderungen 39
Aufgabenerfüllung 121
Aufstellung 188
Aufstellungsverfahren 216
Aufwendungen, außerplanmäßige 163
Aufwendung, überplanmäßige 163
Außenverhältnis 19
Außenwirkung 19
Auszahlungen 32

B

Bagatellgrenzen 228
Barwert 124
Basisreinvermögen 26
Bedarfsdeckung 15
Bedarfsdeckungsfunktion 19
Befangenheit 238
Befugnisdelegation 233
Beiträge 16, 128
Bekanntmachungsblatt 191
Bewirtschaftung 183, 225, 229
Bewirtschaftungsgrundsätze 120
Bewirtschaftungsregeln 151, 185
Bilanz 24
Bindung, zeitliche 138, 158
Boni 137
Bruttoveranschlagung 120, 136
Buchführung 232
Buchungsanordnung 235, 236
Budgetdeckung 121
Budgetrecht 163
Budgetregeln 151
Budgetverbesserungen 160

D

Deckung 169
Deckungsfähigkeit 152
Deckungsfähigkeit, echte 156
Deckungsfähigkeit, einseitige 153
Deckungskreise 154
Deckungsreserve 169
Deckungsringe 154
Dienstanweisung 239
Dokumentationsgrundsatz 151
Doppelhaushalt 186
Drei-Komponenten-Modell 24

E

Eigenbetriebe 136
Eigengesellschaften 136
Eigenkapital 25
Eilentscheidung 170
Einnahmen 15
Einzahlungen 32
Einzelveranschlagung 120, 167
Ergebnishaushalt 27, 64, 90
Ergebnishaushalt, außerordentlicher 150
Ergebnishaushalt, ordentlicher 150
Ergebnisrechnung 27
Ergebnis- und Finanzplanung, mittelfristige . 30
Ergebnis- und Finanzrechnung 24
Erlass 228
Eröffnungsbilanz 26
Ersatzbekanntmachung 191
Erschließungsbeiträge 16
Ertragserzielung 15

F

Fachausschüsse 188
Feststellung 188
Feststellungsbefugnis 239
Finanzanlagevermögen 38
Finanzausstattung 14
Finanzhaushalt 32, 64, 90
Finanzhoheit 14
Finanzmittel 232
Finanzmittelbeschaffung 14
Finanzrahmen 151
Finanzrechnung 32
Finanzstatistik 32
Fördermittelbescheide 150

G

Gebühren 16, 45, 128, 212
Geldbestand 28
Geldleistungen 16
Gemeindekasse 232, 238
Gemeindevertretung 162, 185, 188, 189
Gesamtdeckung 121, 150, 168
Gewerbesteuer 211
Gewinnerzielung 15
Gewinn- und Verlustrechnung 27
Gleichgewicht, gesamtwirtschaftliches . . 122
Grundsätze ordnungsgemäßer Buchführung 120
Grundsteuer 211

H

Hauptsatzung 185
Hauptverwaltungsbeamter 187
Haushaltsausgleich 126
Haushaltsbewirtschaftung 225
Haushaltseinheit 120, 136
Haushaltsführung, flexible 154
Haushaltsgrundsätze 120, 121
Haushaltsjahr 207
Haushaltsklarheit 140
Haushaltskreislauf 183
Haushaltsplan 18, 90, 163, 183
Haushaltssatzung . . .158, 183, 197, 207, 216
Haushaltssicherungskonzept 126
Haushaltsüberwachung 226
Haushaltswahrheit 121, 140
Haushaltswirtschaft 208
Herstellungskosten 41

I

Innenverhältnis 19
Inventar 26
Investition 37
Investitionen 33, 211
Investitionsförderungsmaßnahmen 169
Investitionskredite 99
Investitionstätigkeit 33
investive Zuwendungen 52

J

Jahresabschluss 183
Jährlichkeit 120, 138, 166, 186, 216

K

Kämmerer 158, 187
Kapitalflussrechnung 32
Kapitalwert 124
Kapitalwertmethode 124
Kassengeschäfte 232
Kassenmittel 232
Kassenrecht 232
Kassenverwalter 238
Kassenwirksamkeitsprinzip 139
Kennzahlen 61, 63
Kommunalaufsichtsbehörde . . .14, 189, 190
kommunaler Kontenrahmen 69
Konten 66
Kontengruppe 66
Kontenklassen 64
Kontenrahmen 63
Kontenrahmenplan 66
Kontrollfunktion 20
Kostenvergleichsrechnung 124
Kredite 129
Kreditermächtigung 162

L

Leistungsabschreibung 48
Leistungsbeziehungen, interne 152
Leistungsverrechnungen, Interne 99
Liquiditätsreserven 34
Liquiditätssicherung 34

M

Maximalprinzip 123
Mehraufwand 172
Mehraufwendungen 171
Mehrbedarfsprüfung 172
Minimalprinzip 123
Mittelanmeldungen 42
Mittelherkunft 26
Mittelmehrbedarf 171
Mittelübertragung 156, 159, 161
Mittelverwendung 26

N

Nachtragshaushaltssatzung 167, 171, 173, 216
Niederschlagung 227
Nothaushaltsrecht 208
Nutzungsdauer 46

O

Öffentliche Bekanntmachung 189, 191
Öffentlichkeit 129
Ökonomisches Prinzip 123
Ordnungsfunktion 19
Organisationshoheit 13

P

Passivseite 26
periodengerechte Veranschlagung 139
Personalhoheit. 13
Pflichtnachtragssatzung 217
Planjahr 30
Planungshoheit 13
Politische Funktion 19
Produkt 55
Produktbereiche 57
Produktbeschreibung 55, 60
Produkte 57
Produktgruppen 57
Produktklassen 56
Produktkonto 72
Produktplan 55
Produktrahmenplan 55

R

Rabatte 137
Ressourcenverantwortung 60
Ressourcenverbrauch 18

S

Sachanlagevermögen 38
Sachziele 151
Satzungshoheit 13
Schenkung 41
Schulden 25
Selbstverwaltungsrecht 185
Sondervermögen 38
Sparsamkeit 126
Steuerhebesätze 161
Steuerhoheit 13
Steuern 15, 129, 211
Stundung 227
Subsidiaritätsprinzip 128

T

Teile, genehmigungspflichtige 190
Teilergebnishaushalte 93
Teilfinanzpläne 96
Teilhaushalte 90
Teilpläne 92
Trennungsgrundsatz 238

U

Überschuldung 127
Übertragbarkeit 121, 161
Umlaufvermögen 38
Unabweisbarkeit 168, 169
unechte Deckungsfähigkeit 156, 172

V

Verfügungsmittel 151, 154, 167, 169
Vermögensgegenstände 52
Vermögensrechnung 25
Verpflichtungsermächtigungen . .42, 162, 211
Verursachungsprinzip 139
Verwaltungsgebühr 16
Vier-Augen-Prinzip 238
Vollständigkeit 120, 136
Vorentwurf 187
Vorherigkeit 120, 138, 208
vorläufige Haushaltsführung 207

W

Werteverzehr 28
Wertezuwachs 28
Wertgrenze 50
Wirtschaftlichkeit 123
Wirtschaftsgüter, geringwertige 50

Z

Zahlungsanweisung 235, 236
Zahlungsverzögerung 209
Zielerreichung 61
Zinserträge 34
Zuordnungsvorschriften 39
Zuwendungen 53
Zwangsvollstreckung 232, 235
Zweckbindung 150, 151